国家社科基金项目
"基于外部效应的政府扶持冷链物流发展的机制及效果评价"（项目编号：17BJY102）
阶段性成果

谢如鹤 瑭杰 等 著

农产品冷链物流与政府扶持

COLD CHAIN LOGISTICS OF
AGRICULTURAL PRODUCTS
AND GOVERNMENT SUPPORT

社会科学文献出版社
SOCIAL SCIENCES ACADEMIC PRESS (CHINA)

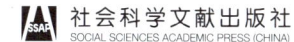

前　言

自 2017 年获得国家社科基金面上项目（基于外部效应的政府扶持农产品冷链物流发展的机制及效果评价，编号 17BJY102）以来，课题组开展了一系列调查研究工作。历时 4 个月，行程 2 万余公里，对广东省 21 个地级市和山东省、贵州省、河南省的冷链物流发展现状与政府的扶持情况进行调查，同时根据项目要求开展了相关研究，2020 年 10 月提交了结题报告。

本书的主要内容是该项目的部分研究成果，包括以珠三角地区为案例的冷链物流协同问题研究、水果采后预冷的外部效应及预冷节点布局优化、南方特色水果冷链物流外部效应分析及计算方法、基于温度管理的农超对接生鲜农产品定价、政府扶持农产品冷链物流政策的效果评价、政府扶持冷链物流企业发展的内部效应分析、消费者视角下食品冷链物流观念的市场普及度等。这些研究从不同方面对农产品冷链物流发展的前沿问题进行了较为系统、深入的分析，提出了一些既有理论价值也有现实指导意义的结论与建议。

本书由谢如鹤、瑭杰负责总体设计与具体研究，主要成员及执笔分工是：陈梓博（第 1 章）、皮晓芳（第 2 章）、廖晶（第 3 章）、罗湖桥（第 4 章）、瑭杰（第 5 章）、谢如鹤（第 6 章、第 7 章），邹毅峰、田泉、陈雯、黄向荣、尹梦菲、肖心怡也参与了上述研究工作。在研究过程中得到了政府有关部门与企业的大力支持，同时参阅了大量的文献资料，黄境玲、黄虹、陈欢同学为本书的后期整理做了大量工作。在此对提供帮助的部门和个人及参考文献的作者表示衷心的感谢。

由于作者水平有限，书中存在不足与不当之处，敬请读者批评指正。

作者　谨识

2020 年除夕于广州

目 录

第1章 冷链物流系统协同问题研究
　　——以珠三角地区为例 ·················· 1
　1.1 引言 ··· 1
　1.2 相关概念及理论基础 ···························· 12
　1.3 珠三角地区冷链物流系统协同的内涵分析 ······ 18
　1.4 珠三角地区冷链物流协同水平评价指标体系与测度方法 ··· 22
　1.5 珠三角地区冷链物流协同度计算及分析 ········· 32
　1.6 结论 ··· 45

第2章 水果采后预冷的外部效应及预冷节点布局优化 ··· 48
　2.1 引言 ··· 48
　2.2 相关概念与理论 ································· 59
　2.3 水果采后预冷的外部性价值量测算 ·············· 68
　2.4 考虑外部效应的前端预冷节点布局优化 ········· 73
　2.5 实证分析
　　——以从化荔枝为例 ···························· 78
　2.6 结论与展望 ······································ 93

第3章 南方特色水果冷链物流外部效应分析及计算方法 ··· 96
　3.1 引言 ··· 96
　3.2 相关概念及理论基础 ···························· 108
　3.3 南方特色水果冷链物流外部效应分析 ············ 116

3.4　南方特色水果冷链物流外部效应评价指标及计算模型构建 … 124
3.5　冷链物流外部效应仿真分析
　　——以荔枝为例 ………………………………………… 136
3.6　基于外部效应的荔枝冷链物流碳足迹优化分析 ………… 162
3.7　南方特色水果冷链物流发展建议 ………………………… 180
3.8　结论与展望 ………………………………………………… 184
附录1　荔枝全程冷链实验方案 …………………………………… 187
附录2　问卷调查 …………………………………………………… 189

第4章　基于温度管理的农超对接生鲜农产品定价 ………… 192
4.1　引言 ………………………………………………………… 192
4.2　相关概念及理论基础 ……………………………………… 202
4.3　基于温度管理的常规采收下农超对接生鲜农产品定价模型 … 209
4.4　基于温度管理的提前采收下农超对接生鲜农产品定价模型 … 219
4.5　实例分析 …………………………………………………… 229
4.6　结论与展望 ………………………………………………… 245
附录　步步高公司调研报告 ……………………………………… 248

第5章　政府扶持农产品冷链物流政策的效果评价 ………… 251
5.1　研究背景与意义 …………………………………………… 251
5.2　冷链与常温物流的市场份额模型 ………………………… 254
5.3　政府扶持对市场份额的影响效果分析 …………………… 257
5.4　结论与展望 ………………………………………………… 262

第6章　政府扶持冷链物流企业发展的内部效应分析 ……… 264
6.1　引言 ………………………………………………………… 264
6.2　政府扶持冷链物流的主要政策 …………………………… 266
6.3　冷链物流企业内部效应灰色关联度分析模型建立 ……… 269
6.4　企业内部效应变化实证分析 ……………………………… 271
6.5　总结 ………………………………………………………… 281

第 7 章　消费者视角下食品冷链物流观念的市场普及度 ………………… 282
　7.1　引言 ……………………………………………………………… 282
　7.2　文献综述 ………………………………………………………… 283
　7.3　市场调查分析 …………………………………………………… 284
　7.4　市场普及度的量化分析 ………………………………………… 289
　7.5　结论与建议 ……………………………………………………… 294

参考文献 ……………………………………………………………………… 297

第1章 冷链物流系统协同问题研究
——以珠三角地区为例

1.1 引言

1.1.1 研究背景与意义

1.1.1.1 研究背景

2009年，国务院印发《物流业调整和振兴规划》，物流业的发展迎来新一轮的改革生机。而伴随着物流业的改革和人们生活的需要，冷链物流开始不断受到关注。2017年，国务院印发《关于加快发展冷链物流保障食品安全促进消费升级的意见》，进一步肯定冷链物流不可或缺的作用。当前，国务院提出加快珠三角地区与香港、澳门一体化建设，以此进一步推动国家发展。但目前珠三角地区与香港、澳门的冷链物流发展还存在一定的差距，要促进三地经济生活快速融合，必须加快珠三角地区冷链物流建设的步伐。

作为珠三角地区区域物流的一部分，珠三角冷链物流系统的主要任务是连接珠三角地区农产品以及其他冷链品的生产与消费，实现珠三角地区农产品由生产向消费过渡，并保证在此过程中最大限度地节省流通费用，这也是珠三角农产品商贸流通的一种重要支撑和保障手段。发展珠三角冷链物流的意义在于：能够发挥农产品、农产品设施设备、冷链物流设施设备的作用，促使珠三角内农产品商品化，实现珠三角各个城市农产品的价值和使用价值，实现时间、空间效益；推动以城市为中心的珠三角农产品批发市场的发展；推动产业结构调整，提高服务业在区域经济中的比重，为珠三角交通运输业、邮电业、金融业等相关行业创造新的业务契机和发展空间，促进城市经济增长方式转变。

但是，珠三角冷链物流与香港、澳门的差距明显，珠三角地区农产品流通长期以来都存在巨大的隐患，轻保存、轻流通导致了农产品巨大的浪费与损失。因为缺乏冷链物流系统的保障，珠三角地区农产品未转为商品的现象较为普遍，或者仅在当地单一城市进行流通，丰收季节出现大量农产品堆积的局面，农民损失惨重，社会资源大量浪费。而这种低效的流转，反映出冷链物流行业的人流、商流、资金流均未形成，现代农产品经济无从谈起。

当前，珠三角地区的冷链物流正处于发展的初级阶段，其中存在较多的问题，总体而言有如下几个：现阶段冷链物流制度不完善，管理体制分割严重；冷链物流的成本较高；城市间冷链物流的发展水平不均衡且城市间的合作意识不够强；冷链物流协同水平低；有些城市的冷链基础设施较为落后；整个冷链物流产业现代化程度低，信息化的程度较低；冷链物流资源配置效率低，高绩效、综合性强的冷链物流服务相对缺乏；冷链物流的相关技术人员也极为缺乏；进城难、过桥过路费标准不一等怪象尚未消除。这些问题的存在使得珠三角冷链物流整体效率低，严重阻碍珠三角地区农产品经济的系统发展。

显然，珠三角地区冷链物流发展中出现上述问题的原因很多，但主要是目前人们尚未正确认识珠三角地区冷链物流协同的规律。冷链物流协同水平低，是珠三角地区冷链物流发展不平衡的根本原因。

我国的冷链物流发展处于萌芽阶段，和发达国家的差距是明显的。就珠三角地区而言，各城市的地理位置、冷链物流资源、城市经济发展水平、产业结构、人才资源、政府宏观调控及支持力度都有一定的差别，因而冷链物流的发展速度以及发展水平也会有所差异。倘若各城市没能对本城市冷链物流系统的协同水平和发展情况进行科学评价，总体上没有客观认识，就不会遵循本城市冷链物流系统发展的规律工作，最终导致片面地促进冷链物流某个环节的功能发展，缺乏从整体上系统考虑区域冷链物流问题，没有统一的规划与协同，珠三角的区域优势难以发挥，更难以融入珠三角地区建设。

1.1.1.2　研究意义

全面地考虑珠三角冷链物流协同的问题已经成为现阶段必须完成的任务。珠三角冷链物流协同是珠三角冷链物流有序自组织发展的重要内容，是珠三角乃至粤港澳大湾区冷链物流发展的重要前提。在协同学理论下研究珠三角冷链物流协同水平，对于促进珠三角冷链物流整体资源整合、形成珠三角冷链物流一体化、健全珠三角冷链物流系统全面发展机制、推动珠三角农产品经济发展和粤港澳协同发展都有着重要意义。

（1）理论意义

一直以来，冷链物流的研究偏向于技术与政策，本书从系统论的思想出发，基于协同学理论研究珠三角地区冷链物流的协同情况，能够进一步拓宽冷链物流的研究思路。

（2）现实意义

现阶段社会对冷链物流的协同水平认识不足，对于政府决策而言，了解珠三角地区各个城市的冷链物流协同水平，能够有针对性地制定冷链物流相关的政策，提出促进冷链物流发展的措施；对于冷链物流企业而言，了解珠三角地区各个城市的冷链物流协同水平，能够有针对性地制定企业发展路线，促进自身良性发展。

1.1.2　国内外研究现状

1.1.2.1　区域物流的研究

区域物流的发展是区域经济发展的重要前提，学者对区域物流的研究比较丰富。主要研究的角度有区域物流效率、区域物流与区域经济的联系、区域物流需求预测三个方面。

在区域物流效率方面，张馨月（2019）通过Malmquist指数的方法，对京津冀地区的物流效率进行静态至动态的转变研究，结果发现京津冀地区物流效率指数偏低，导致物流资源浪费较多，协同发展不足。霍伟、徐晓迪（2019）采用数据包络以及托宾模型，研究了我国不同地区的物流效率，发现当前我国东部区域物流效率最高，而中西部物流效率较低，但差距正在逐渐缩减，区域内物流资源的利用效率和市场化的程度是影响物流效率的重要因素。Wang、Luo（2019）利用 Grev-correlation 模型之间的集成程度来衡量区域物流的效率。在丝绸之路经济区域内进行研究，发现年平均效率约为0.47，应该通过加快智慧物流园区的建设来提高物流效率。何跃（2020）运用 DEA 中的 C2R 模型，研究了重庆地区近10年的物流效率。发现虽然重庆地区总体物流产值较高，但物流效率不高，在部分时间内投入过大导致产出过剩，且物流信息化水平较低。张云宁等（2020）通过三阶段 DEA 模型评价方式，对整个长江保护区的物流效率进行测度，结果显示长江保护区下游的物流效率较高而上游较低，技术发展在一定程度上限制了长江保护区上游物流效率的提高。Ilshat Gafurov 等（2014）研究了大型物流中心的建设对区域交通环境组织变化和区域经济效益提高的影响，并在此基础上探讨了大型物流中心建设对区域经济效益的影响。Liu（2014）提出，低碳经济是区域经济可持续发展的动力。物流业是近年来发展最快的行业。该学者以北京、天津、河北为例，分析了大都市地区物流业的发展状况。在低碳经济背景下，运用物流智慧建设新型物流产业，整合资源，减少浪费，提高效率保护环境。Purim Srisawat 等（2017）建立 MCDM 机制的模型，获取区域内政府、企业等与物流效率相关的指标数据，研究地理信息系统对区域物流效率的影响，发现模型能够在高度复杂的空间数据下支持决策，从而提高物流效率。吕玥珊（2020）运用 DEA 方法，将我国31个省份划分为内陆区域和沿边境或沿海区域进行物流效率测度与比较，发现我国物流效率自2009年开始有较大幅度提升，而沿海区域的物流效率要高于内陆区域。问晨璐等（2020）研究了西北10个样本城市的物流效率，对物流效率进行排序并提出提高物流效率的相关对策。

在区域物流与区域经济的联系方面，王玥（2019）分析了滇桂黔地区物流业与区域经济的相互关系，认为在革命老区落后的情况下，应全面进行政策引导，加快现代物流信息建设，加强物流相关的基础设施建设，以推动滇桂黔地区经济的可持续发展。罗建等（2020）认为区域物流与区域经济受彼此发展的影响很大。在耦合理论的基础上，建立区域物流与区域经济的耦合模型及指标体系。通过四川省的物流和经济数据分析，显示当前四川省物流与经济属于中级耦合阶段，其耦合水平还有成长空间。邱绍浪等（2020）选取了物流发展的 11 个序参量指标，结合序参量的测度方法，研究了黑龙江地区物流与经济的协同水平，发现总体上黑龙江区域物流与黑龙江区域经济处于低水平协同状态。许静艳（2020）通过对区域物流竞争力与区域经济进行协同分析，发现在 2007～2013 年期间，安徽省的物流竞争力发展与安徽省经济发展基本一致。但要提高物流竞争力则需要不断加强物流基础设施建设。路茜等（2020）对 2003～2017 年贵州省的物流与经济进行相关测度。王俊等（2019）认为区域经济一体化是现代经济发展的趋势，通过研究京津冀地区物流与经济的关系，并通过多元回归模型进行测度，提出相应建议。万艳春等（2019）通过投入产出的原理量化了珠三角地区物流与经济的关系，发现在 2005～2012 年期间物流的投入与经济产出协同度不断上升。

在区域物流需求预测方面，黄建华等（2019）发现福建省物流需求具有非线性波动的特征，因此结合自回归移动平均法（ARIMA）和主成分回归法（PCR）进行模型结合，提高预测精度，验证并预测了 2018～2022 年福建省的物流需求。买书魁（2019）采用熵权法与灰色关联法相结合的方法，对黑龙江区域物流需求的相关指标进行构建，最后选择 GA-SVR 模型对黑龙江区域物流需求进行预测，验证并预测了未来 3 年黑龙江的物流需求。牛娜（2019）分析了区域物流与区域农业经济的关系，认为合理预测区域物流的需求，需要考虑农业经济的影响，当前还需要根据区域的农业经济发展来对物流需求进行预测。崔雨欣（2019）与胡鹏基（2019）通过两种不同的方法，对城市区域的物流需求进行预测，并对预测结果进行了分析与总结。赵丛丛（2017）分析了当前区域物流需求的几种预测方法，认为遗传灰色 BP 神经网络预测是具有较高精度的区域物流预测方法，并用山东省物流需求数据进行验证，预测了山东省未来 5 年的物流需求。Yan（2020）为了提高单一预测模型的准确性、实用性和预测精度，建立了基于全程货物的物流需求组合预测模型。根据原始统计数据，分别建立两种模型。在此基础上，利用方差倒数的加权赋值法建立了组合预测模型，根据不同预测模型的预测结果，分别以平均相对误差、最大拟合误差和最小拟合误差三个评价指标进行分析。Liu（2018）认为物流需求预测需要快速响应和动态调整。因此结合时间序列和反向传播（BP）神经网络的特点，提出了一种将时间序列自回归移动平均模型（ARMA）和BP神经网络融合在一起的物流需求预测算法。首先将不同时间段的货运数据作为时间序列进行拟合，采用时间序列自回归-移动模型法对线性部分进行拟合得到剩余序列，并利用BP神经网络对非线性剩余部分进行处理。其次，通过指标综合和定量筛选，确定模型的输入和输出指标。最后，选取1978~2015年唐山货运数据作为原始数据进行实验对比，结果表明，该方法比单独使用时间序列或神经网络更准确。Wang（2018）用四川省社会物流总量来反映社会物流需求，分析了影响四川省社会物流需求的因素。总结了8项经济指标。首先采用时间序列预测模型［包括时间响应模型GM（1，1）］，建立了指数平滑模型、因果关系模型［包括多维预测模型GM（1，n）和BP神经网络模型］几种方法的组合模型。各预测模型的线性规划加权求解，发现组合预测模型的预测结果偏差最小。对上述几种模型进行后验差检验，并比较各种预测方法的预测结果。

1.1.2.2 冷链物流的研究

冷链物流的研究，主要从技术、成本、与环境的关系三个方面进行。

刘晨敏（2020）总结了国内现有蓄冷材料的成分、制冷原理与过程、蓄冷特征与蓄冷时长及其影响因素，理清了现阶段冷链物流中应用到相变蓄冷材料的情况，并对未来相变蓄冷材料的应用进行了预测。胡梦杰等（2020）分析了物联网科技在冷链物流中的应用，阐述了射频识别、传感器、人工智能等多个现代技术方法的应用原理与应用前景，旨在促使全民了解冷链物流。马玉杰（2019）在当前冷链物流耗能与低碳生活相悖的背景下，研究了冷链物流产业与环境保护的关系，构建碳最优的冷链物流系统，进而减少碳排放，达到冷链最优。孙敬宜等（2019）认为电子商务与冷链物流的结合能为生鲜农产品的商品化提供极大便利，构建了F2C模式下的冷链物流与电子商务结合的全新运作模式。于浩然（2020）通过分析冷链物流系统中各种制冷方式的优劣及其用处，提出能够节约制冷能源的方法，以此推动冷链物流的发展。许为龙等（2020）设计了一种冷链物流货柜检测系统，该系统是基于无线网络开发、以单片机STM32为核心的，会自动对货柜进行温度管理。

Qi等（2020）研究了基于最短调度时间的应急冷链物流资源，建立了应急冷链物流调度的数学模型，包括车辆损失、冷藏消耗和货物毁损。考虑实际配送路线的交通情况，基于网络优化思想和百度地图 API，采用启发式算法求解应急冷链物流调度模型。该模型自适应地调整信息素更新策略，以平衡解的收敛速度和多样性。结合帕累托本地搜索（PLS）是为了避免 local-best 解决方案，加快搜索以获得帕累托最优前沿，保持帕累托解集的多样性。实验表明，在突发性危机事件的救援方面，该方法具有较强的适用性和潜在优势。Liu 等（2020）认为当前的激烈竞争和绿色发展的要求，促使冷链物流公司将总配送成本和碳排放最小化，以获得竞争优势，实现可持续发展。该学者建立了一个联合配送—绿色车辆路径问题（JD-GVRP）模型，在该模型中，冷链物流公司通过考虑碳税政策来相互合作交付冷链商品。该学者基于 4 家冷链企业和 28 家客户的实际业务数据，采用模拟退火算法对模型进行优化。结果表明总成本与碳价格呈现正相关，而碳排放随着碳价格的升高而变化。此外，碳配额对排放路径没有影响。政府应倡导联合分配模式，制定有效的碳交易政策，更好地利用社会和产业资源，实现经济与环境的平衡。Leng 等（2020）提出一种基于冷链的低碳定位路由问题的成本节约、节能减排的双效模型。在模型中，第一个目标（经济和环境的影响）是总物流成本降到最低；第二个目标（社会效应）是减少货物的损失，从而提高客户满意度。在该模型中，根据客户对货物类型的要求（即一般货物、冷藏货物和冷冻货物）制定了相应的策略。Wang（2020）认为，为了应对激烈的市场竞争和低碳经济的需求，冷链物流企业必须关注客户满意度和碳排放。该成果从经济角度出发，建立了连锁物流网络的双目标数学模型。为解决多目标问题，提出了一种启发式优化框架。在该框架中，提出了四种选择策略和四种解决方案集的接受准则，以提高多角度的超启发式框架的性能。经比较，该算法的整体性能优于 NSGA – Ⅱ算法。一方面，冷链物流成本高，要求冷链物流企业对其提供的服务进行定价。另一方面，考虑到冷链物流成本，要求新兴电子商务企业对产品进行重新定价。双方的定价策略是否正确，影响了双方的收入，也影响了消费者的意愿。该成果基于 Steinbera 博弈模型和利益均衡分析，建立了以第三方冷链物流企业为主导的三级定价模型。以新兴电子商务公司为跟随者，以消费者为第二跟随者。通过对合作博弈和非合作博弈的分析，得出了我国冷链物流企业和新兴电子商务企业在冷链物流过程中的最优定价和最优收益。以两种不同类型的新产品为例，该成果在模拟两种新产品定价模型的基础上，比较了合作博弈和非合作博弈的策略，探讨了新的电子商务和冷链企业之间的利润在不同的价格范围的选择定价策略。

有少部分文献对冷链物流的供给与需求进行了分析，如唐磊等（2019）总结了不同农产品的运输要求、质量保存要求及销售途径的特点，研究了辽宁省生鲜农产品冷链物流供给与销售需求之间存在的矛盾，并提出了改进方案。Chen（2020）介绍了反向传播（BP）神经网络模型和主成分分析（PCA）方法，并将二者结合起来得到改进的 PCA-BP 神经网络模型，然后利用传统的 BP 神经网络模型和改进的 PCA-BP 神经网络模型对 A 市 2010～2018 年果蔬冷链物流需求进行实证分析。结果表明，影响当地冷链物流需求的主要因素是国内生产总值的增长速度、第一产业增加值、果蔬种植面积、果蔬消费价格指数。两种神经网络模型都能有效地预测冷链物流需求，但 PCA-BP 神经网络模型的预测值更接近实际值。BP 神经网络模型预测误差较大，在预测区间内波动明显。与 BP 神经网络模型相比，使用 PCA-BP 神经网络模型进行预测所需的时间更少。综上所述，改进的 PCA-BP 神经网络模型在预测冷链物流需求方面比传统的 BP 模型更快、更准确。

在冷链物流的发展模式上，学者们也进行了一定的探讨。梅宝林（2020）认为冷链物流模式的发展应该考虑区块链技术，去中心化、溯源数据记录等技术会助力农产品冷链物流的飞速发展。

1.1.2.3　协同学的研究

协同学理论最初是研究物理现象的理论，是 1971 年德国理论物理学家哈肯创立的一种复杂系统理论。随着社会的发展，学者们将协同学理论应用到了各个学科。Mu（2019）将协同学理论运用到了教育系统中。孟庆松等（1998）在科技－经济复合系统中提出，人造系统与自然系统相同，也是由几个序参量支配组成，序参量的突变是系统演化的根本原因，并给出了系统协同性的具体概念以及量化模型。王小宁（2019）则应用协同学研究大气污染的问题，认为大气污染要实现有效治理，就要推动关键序参量协同，推动整个治理系统从无序向有序发展。

在区域的研究中，吴振其（2019）构建了雄安新区与周边地区的协同度计算模型，在对其协同度进行分析后提出构建中心区域的决策提议，以保证整个区域系统的协同发展。黎巧等（2020）利用协同学研究了经济－生态建设的协同发展机理，发现当前长江经济带的上游地区城镇建设与生态文明建设存在不协同性，系统正趋向无序发展。

协同学在物流系统中的应用，主要有李建军等（2014）利用协同学，研究了江西省物流系统的协同性。他在研究中将物流系统划分为功能系统、需求系统、网络系统三个子系统，通过研究当前江西省的物流协同情况，为政府、企业进一步提高物流协同能力提供决策建议。张琦夫等（2020）研究了能源消耗与经济增长之间的系统关系，通过协同学构建了能源－经济系统模型，分析了武汉市能源消耗与经济增长之间的协同性。张向阳等（2018）认为影响回收物流系统的主要序参量为回收率与利润，通过构建两者的协同模型分析了回收物流在发展的不同阶段的突变表现。乐小兵（2015）利用协同学研究了我国物流与经济的协同情况，结果显示，2003～2012年，我国物流－经济系统有序发展，但经济发展速度比物流发展速度要更快，经济序参量的快速变化可能会导致物流－经济系统的不协同性，因此应该加快物流改革，促进物流业与经济协同发展。Patricia Guarnieri等（2020）分析了逆向物流中的情况，认为在逆向物流与循环经济之间具有协同关系，并就逆向物流－循环经济系统的协同情况进行了分析，最后提出了促进逆向物流与循环经济协同发展的建议。Zhang（2019）研究了冷链物流系统中的低碳物流减排系统，认为减排补贴能够在一定程度上促进系统协同发展。沿海地区物流系统的协同发展受到多方影响，因而需要对沿海地区的物流协同发展进行研究。

1.1.2.4 研究评述

珠三角地区冷链物流协同研究属于区域内物流研究，但目前区域物流的主要研究方向是区域物流需求、区域物流效率以及区域物流与区域经济之间的关系，没有在物流系统内部寻找促进物流发展的动因。冷链物流研究大多是从技术方面进行的，较少从管理的角度考虑整个冷链物流系统向前发展的内在因素。虽然协同学在物流上有所应用，但有关冷链物流系统的应用较少。

1.1.3 研究内容与技术路线

1.1.3.1 研究内容

本书的主要内容如下。

（1）总结了当前区域物流、冷链物流系统、物流协同的相关研究，指出本书的研究主题以及主要研究内容。

（2）阐述了本书所涉及的冷链物流系统、协同学、熵、耗散结构等理论。

（3）论证了珠三角地区冷链物流是典型的耗散结构，接着基于协同学的基本内容，分析了珠三角地区冷链物流协同的内涵。

（4）构建了珠三角地区冷链物流系统的序参量指标体系，建立了珠三角地区冷链物流协同水平的量化模型。

（5）基于2009~2018年的数据，量化分析了珠三角地区冷链物流协同水平，并就评价结果给出相应的对策建议。

1.1.3.2 技术路线

基于现有文献综述以及现阶段珠三角地区冷链物流系统的研究现状提出问题，笔者认为当前需要对珠三角地区冷链物流协同水平有科学正确的认识。基于提出的问题，本书对冷链物流协同的内涵及理论工具进行了概述，接着建立珠三角地区冷链物流的序参量指标模型，并提出了珠三角地区冷链物流协同水平的测度方式。最后根据2009~2018年10年的数据，对珠三角地区冷链物流协同水平进行了测度并分析，基于分析结果给出相对应的对策建议。

1.1.4 研究方法

珠三角地区冷链物流协同的研究是一项复杂的系统工程，本书采用的主要研究方法如下。

（1）对比分析法

通过对比分析能够直观显示珠三角地区9个城市之间的差异与共性。本书对珠三角地区 9 个城市冷链物流的协同水平进行了充分对比，通过对比分析寻找城市之间的差异性，以更好地提出发展建议。

（2）系统分析法

珠三角地区冷链物流系统，是由珠三角地区供给、需求、辅助三个子系统组成的。本书在建立序参量指标体系时，始终坚持系统性原则，充分利用系统分析法。

（3）理论与实践结合法

本书研究珠三角地区冷链物流系统的协同性，对珠三角地区是否符合理论研究进行讨论，而理论方法的效果需要实践来体现，因此本书实证分析了珠三角地区 10 年内冷链物流系统的协同情况。

本书的技术路线如图 1-1 所示。

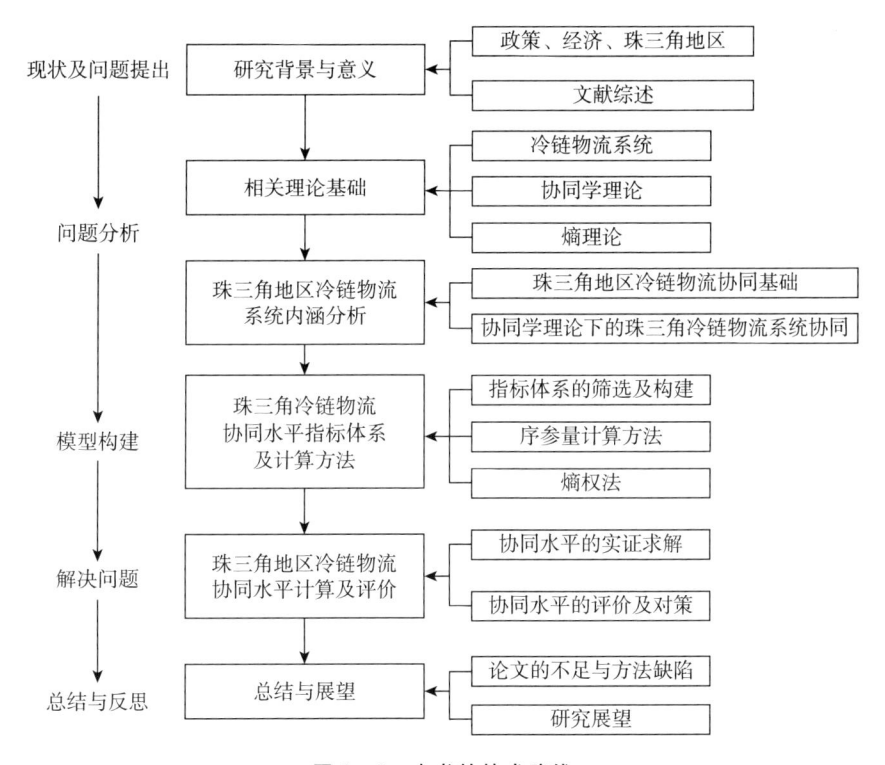

图 1-1　本书的技术路线

1.2 相关概念及理论基础

1.2.1 协同学理论

1.2.1.1 基本概念

协同学理论最初是用于研究物理现象的理论。1971年，德国物理学家哈肯在研究物理系统协同现象时，创立了系统协同研究的复杂系统理论。协同学理论的主要研究内容为：一个远离平衡状态的开放系统，在与外部系统不断进行物质或者其他能量交互转化的过程中，通过开放系统自身序参量的协同作用，逐渐使系统形成一个在时间、空间上协同有序的结构的过程。协同学理论的基础是系统论，因此囊括了耗散结构理论的大量内容，并与统计学及动力学相结合，通过不同研究方向的分析，描述不同开放系统从无序向有序转化的过程。

协同学理论的基本概念为：假设存在一个与外部系统有着物质能量交换的开放系统，而系统处于远离平衡的状态时，如果控制某个变量为一个定值，这个系统就会突变到另外一种有序结构，这就是自组织理论。而协同学理论就是研究在一个复杂系统中，各个子系统及其组成子系统的序参量产生协同效应，进而影响系统协同发生突变的一种自组织理论。在协同学理论中，一个复杂的系统是由一个或者多个子系统形成的，而这些子系统又由多个序参量控制，子系统及子系统序参量之间发生一定的相互作用，通过这种相互影响，复杂系统最终会形成一种新的结构。协同学的研究，是对开放系统从无序向有序转变过程的研究。

1.2.1.2 演化方程

利用协同学理论研究复杂系统，其基本结构方程为：

$$q = N(q,\alpha) + F \qquad (1-1)$$

在公式（1-1）中，q 代表着系统或者系统参量，不同系统有不同的定义，q 既可以是微观的量，如在物理学研究中，它可以表示一个粒子的坐标；q 亦可以是宏观的参量，如在社会经济研究中，它可以表示人均 GDP。α 为影响该参量变化的变量，它表示与参量之间存在着的相互影响。F 为随机涨落力，它描述了变量与参量之间的某种关系程度。建立一个系统的参量描述，是建立整个复杂系统方程的关键一步。

1.2.1.3 基本原理

协同学理论由系统论演化而来，所依据的原理主要有三个，分别为不稳定性原理、支配原理和序参量原理。

协同学由不稳定原理、支配原理和序参量原理三大基本原理构成。哈肯在研究中提出系统的突变取决于少数的序参量，序参量的涨落是开放系统从无序到有序转化的根本原因。

（1）不稳定性原理

不稳定性原理所描述的是开放系统在参量变化的情况下不能维持原有稳定有序结构的过程。在协同学理论中，不稳定性作为复杂系统演化发展的中介，具有简单而深刻的作用（见图1-2）。

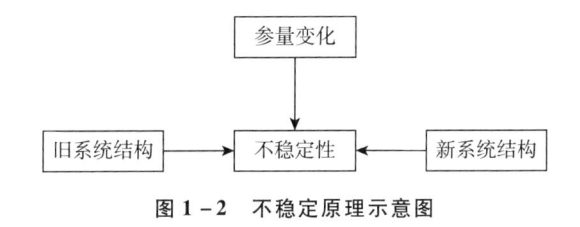

图1-2 不稳定原理示意图

（2）支配原理

根据协同学的不稳定性原理，当某个参量发生变化导致系统原有协同有序状态被打破时，协同学公式中的变量 α 可以分为两种，一种是对参量 q 变化影响较小的，另一种是对参量 q 变化影响较大的。前者随时间的变化对参量的变化很小，因此要促使系统参量发生变化的时间较长，甚至有可能趋于无穷长，因而在学术上被称为慢变量；后者对参量的影响大，被称为快变量。

支配原理认为，系统在远离突变点的情况下，快变量与慢变量皆未影响系统总体有序结构。而在迫近系统突变点的情况下，快变量并不会影响系统的变化，而慢变量则支配着系统的突变演化过程。于是可以得出支配原理的核心结论，即不同的变量对系统突变演化的贡献不同，系统总是由几个慢变量支配的，这几个少数变量支配着系统的协同演化。

（3）序参量原理

在复杂系统中，由支配原理可知，系统是由几个慢变量支配的。如果某几个慢变量主导了系统从无序向有序的发展，由旧的结构演化成新的结构，那么这几个主导的变量就称为序参量。序参量是复杂系统内部的变量，在系统处于无序结构时，序参量之间不存在相互关系，而当系统达到突变临界点时，序参量之间会发生相互作用，进而促使系统形成突变。

1.2.2 珠三角地区冷链物流系统

1.2.2.1 系统概念

珠三角地区冷链物流系统属于区域物流的范畴，区域冷链物流的概念目前鲜有学者提及。在区域物流的定义方面，董千里等（1998）认为区域物流是行政区域划分范围内的物流系统，何明珂（2007）认为区域物流系统是指在一个区域内包含所有物流七大要素等物流产业的物流系统，周凌云等（2009）则认为区域物流系统是与物流相关的各个企业或其他组织在区域内形成的特色复杂系统。

从学者们对区域物流系统的定义中可以找到共性，区域物流是一个复杂的系统，区域物流与区域物流系统所包含的意思是一样的，因此在这里视区域物流与区域物流系统为同一概念。本书借鉴学者们有关区域物流的定义以及研究者的理解，将珠三角地区冷链物流概念定义如下：珠三角地区冷链物流系统是指在珠三角地区范围内，以冷链物流供给为基础，以满足经济、生活需求为目标，进而影响冷链物流所有相关过程要素的复杂系统。

上述定义强调了珠三角地区冷链物流是供给、需求以及辅助功能之间的交互作用，认为珠三角地区冷链物流系统是受到上述三种子系统变量影响的。

1.2.2.2 系统组成

周凌云等（2009）认为区域物流系统归根到底是生产、消费与流通三者之间的有机组合，区域物流系统主要由物流供应、物流需求及影响供应、需求的辅助系统构成。王文波（2011）则依据点-轴系统理论，认为区域物流是由物流节点、通过物流运输而连接节点的面以及面辐射的范围形成的区域，即物流系统。可见不同学者基于不同研究角度对物流系统的定义有所区别，物流系统的具体组成可以有一定的变化。在总结学者们有关区域物流系统组成研究的前提下，结合冷链物流的范畴，本书认为珠三角地区冷链物流系统由供给、需求、辅助三部分组成（见图1-3）。

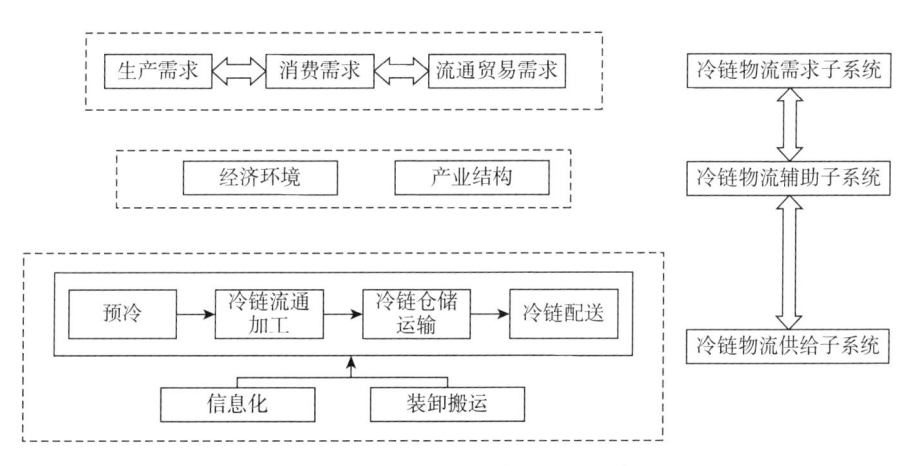

图1-3 珠三角地区冷链物流系统

（1）珠三角地区冷链物流供给系统

冷链物流由预冷、冷链流通加工、冷链仓储运输、冷链配送、装卸搬运等基本功能形成，这些基本环节是冷链物流基础研究的全部内容，而这些环节的最终表现，是冷链物流供给能力的全部体现。

（2）珠三角地区冷链物流需求系统

本书认为，冷链物流需求主要是基于珠三角地区生鲜农产品或其他冷链品因产生时间、空间转移而产生的，其中包含珠三角地区生鲜品或其他冷链品生产、消费以及流通贸易需求。

（3）珠三角地区冷链物流辅助系统

冷链供给与冷链需求在一定程度上受到产业结构以及经济大环境影响，因此在冷链物流系统中应包含产业结构和经济环境的辅助系统。

1.2.3 "熵"理论

能量不会凭空出现或被创造，也不会凭空消失，只能进行形式的转换或在物体之间转移，这是自然界的基本定律——能量守恒定律。1850年，德国科学家在研究卡诺热机的问题时发现，其他所有形式的能量都能够通过相对简单的方式转化为热能，但是热能如果没有发生外部作用，就不会转变为其他形式的能，这便是热力学第二定律的雏形。热力学第二定律可描述为：不存在从单一热源吸热将其完全转化为功而不伴随着其他额外的影响。为了在数学上更好地表述热力学第二定律的内容，柯劳修斯在1865年引入"熵"这个概念来描述某个系统的实时状态。在这里，能量守恒定律告诉我们，能量是守恒的，但能量的转化是具有一定的方向性的。一个系统的能量在没有其他额外影响的情况下，总是会从有效转化为无效、从有序状态转变为无序状态、从有效能转化为无效能。当这个系统中的能量全部转化为无效、无序、无效能的能量时，这些能量的总和即为"熵"。

随着历史的演进，科学研究内容不断丰富，熵的概念也逐渐被各个学科领域运用。在不同的学科领域中，对熵的具体表述有一定的差别，但本质上都是从上面所述的熵的概念中延伸出去的。熵是一种状态函数，是指当某一系统到达稳定状态时，熵就是确定的一个数值，与系统演化过程并无关系。因此，如果执着于熵值的研究是没有意义的，我们所关注的应该是系统中熵的变化情况。

现阶段熵的应用较多，主要学科有热力学、统计物理学以及信息熵。这些学科根据各自所需，对熵的计算方式进行了一定程度的修正，但大体上都是依据热力学的公式。在热力学中，能量总是能够由高温物体传向低温物体。对于高温物体而言，熵是减少的；对于低温物体而言，熵是增加的。而将两者视为一个系统时，由热力学定律可知，熵又是减少的，因为低温物体从高温物体中所吸收的能量，要比高温物体所丢失的能量少。因此，热力学第二定律也被称为熵增加定律。而在其他学科的应用上同样适用此条件。一个系统中所包含的信息量总是不能完全转化为另一种信息量（见表1-1）。

表1-1 不同学科的熵计算方式

学科	熵计算方式	说明
热力学	$dS = dQ/T$	热力熵的变化等于单位热力学温度的吸热量
统计物理学	$S = K\ln N$	物质系统的玻尔兹曼熵等于玻尔系统k与系统物质状态个数N的对数的乘积
信息熵	$H = -C\sum_{i=1}^{n} p_i \ln p_i$	变量$i \in [1, n)$中出现的概率为p_i，它所提供的信息量为熵值H

1.2.4 耗散结构

耗散结构的研究对象为开放的耗散系统，主要研究系统内部出现非线性作用而最终影响系统结构从无序状态转变为有序状态，再由低有序状态转变为高有序状态的过程及其影响机理。这里所说的耗散系统，是指一个包含多个子系统、子系统又包含多个序参量的复杂开放系统在远离平衡的状态中，经过巨涨落的作用而最终发生系统突变，变成稳定有序的时空结构。

耗散结构是协同学中研究系统从无序转为有序的重要内容，任何应用于协同学理论研究的系统，都必须是耗散结构。

1.2.4.1 形成条件

（1）系统必须是开放系统

一个系统的熵是由正熵和负熵两部分组成的。其中，系统本身有变成无序结构的趋势，会不断消耗自身能量，此时产生的是正熵。系统通过与外部环境进行一定的交互作用，吸收外部能量，此时产生的是负熵，当产生的负熵足够抵消正熵时，系统则向有序方向演化发展。

（2）系统必须远离平衡态

所谓平衡态，是指随着时间的变化，系统内部的参量不再发生变化，即已经固定不变，又或者是在系统内部，已经不存在能量的相互转移。达到上述任意条件，系统就属于平衡态。因此，耗散结构必须是一个开放系统，且具有远离平衡状态的性质。

（3）系统必须存在非线性作用

系统要从无序转为有序状态，则组成系统的各个子系统或者组成子系统的序参量之间不能是各自孤立存在的，也不能是通过简单的线性作用而存在。因为在系统的演化过程中，只有通过系统内部参量的非线性作用，才能促使系统形成有序结构。这种非线性作用是系统从无序向有序转化的动力。

（4）系统要能够产生巨涨落

从前面的几个特点中可知，一个远离平衡状态的系统一定要通过非线性作用才会最终成为耗散结构，而在这个转变过程中最重要的是某个参量能够发生"涨落"。"涨落"是指在一个开放系统中某个变量出现在线性点以外。对于一个复杂系统而言，这种"涨落"无处不在。每个变量对系统稳定性的影响程度是不相同的，在远离平衡的状态下，某个"涨落"可能通过某种非线性作用，最终使系统内部发生巨大变化，逐渐引导系统形成新的结构状态。

1.3 珠三角地区冷链物流系统协同的内涵分析

1.3.1 耗散结构的论述

1.3.1.1 系统动态开放

从冷链物流出现的意义角度看，珠三角地区冷链物流系统的主要任务是保障农产品或其他冷链品从生产资料转化为消费商品的过程中质量不受影响。现在以农产品为例，农产品从农户到生产加工企业再到超市等销售企业，冷链物流系统是不断与社会经济进行大量交互作用的，表现在冷链物流过程中冷链物流服务与外部企业进行信息交流、资金交换。通过冷链物流系统的相关统计内容以及农产品时效信息载体等，连接了珠三角地区生产、销售、金融等多个系统，冷链物流与这些外部系统的相互作用最终会不断促使冷链物流向有序方向演化。同时，珠三角地区冷链物流系统受到多个行业、多个政府部门的影响，这些行业或政府部门之间关系的波动、政策的颁布，都对冷链物流系统有着深刻的影响。

因此，珠三角地区冷链物流系统是与外界不断进行信息交换、产品交换、资金循环，从而满足社会需求并不断适应社会发展的动态开放系统。

1.3.1.2 系统处于远离平衡状态

平衡状态下的系统是孤立系统，系统不会再与外界系统或环境发生交互作用，处于并一直处于平衡状态。珠三角地区冷链物流系统是一个开放系统，为满足社会发展需要，珠三角地区冷链物流系统一直在外界系统影响下发生突变，是一种不稳定的结构状态。珠三角地区冷链物流系统通过自身的基础设施、流通渠道等不断向外界提供相应的服务或产品，在这个过程中不断消耗系统内部的物质冷链，产生正向的熵。与此同时，冷链物流系统从外部环境中吸收相应的资金、冷链物流技术，产生负熵。正负熵有可能存在相互抵消的现象，但在现实中此种情况发生的概率趋向无穷小，它们总是不会抵消，而是此消彼长。因此，珠三角地区冷链物流系统一直处于非平衡状态，总是会和外界进行物质能量交换。

冷链物流系统一直处于远离平衡状态的原因如下。

(1) 生产和消费存在着时空矛盾

产品的生产与消费是存在着时空矛盾的。以农产品为例，农产品的生产加工与销售均具有明显的季节性。再者，冷链物流中的供给系统所包含的预冷、冷藏、控温流通加工、冷链运输与配送等都存在着时空矛盾，物质资料不会在同一时间内发生。因此冷链物流内部总是会存在物质交换，冷链物流与外界的能量交换也总是非对称的。

(2) 供给与需求是非对称关系

就市场而言，供求平衡总是短暂而相对的，供求不平衡才是市场供求的普遍现象。基于这种非对称关系，冷链物流需要与外界不断进行信息交换，以不断提高自身的服务能力。

(3) 珠三角地区冷链物流子系统发展是不平衡的

珠三角地区冷链物流子系统的发展总是会因为某个因素而发展不平衡，这是一切事物发展的动因，也是珠三角地区冷链物流远离平衡状态的主要因素。在某一个确定的时间点，各个城市所拥有的冷链系统相关资源总是不均衡的，这些不均衡现象促使珠三角地区冷链物流系统处于远离平衡状态。

1.3.1.3 系统存在大量非线性作用

作为一个开放的区域系统，珠三角地区冷链物流系统存在着大量的非线性作用，这些非线性作用主要体现在如下几个方面。

(1) 在冷链物流供给子系统所包含的冷链物流企业之间总是会存在着一定的关系。在同一供应链下不同功能的企业之间存在着合作关系，在同一供应链下相同功能的企业存在着竞争关系。这种竞争与合作的关系不仅仅存在于企业中，凡是冷链物流相关机构，包括协会、研究所、管理部门等，这些机构因为所设定的目标不同、所拥有的冷链资源不同，因此必然会存在一定的竞争与合作。上述竞争与合作关系就是珠三角地区冷链物流系统存在非线性作用的最佳体现。这种非线性关系的存在，促使冷链物流相关机构不断对自身进行优化整改。从冷链物流系统的角度来看，会逐渐形成资源互补的有序结构。

（2）冷链物流系统中，因为地域差异，资源分布也是具有时空特性的。在珠三角地区，冷链物流基础设施、运输工具、资金、冷链技术等在地理位置上的分布总是不均衡的。而系统为更好地为人们提供服务，充分发挥珠三角地区冷链物流的资源作用，其自身会不断进行优化，而这种优化即为非线性作用。

（3）珠三角地区冷链物流子系统之间存在着非线性关系。这种非线性关系表现在产品可替代性，供给水平与需求水平、供给与需求和经济发展之间都是存在着非线性关系的，这些非线性关系广泛并一直存在于珠三角地区冷链物流子系统中。

（4）冷链物流与外部环境也存在大量非线性作用，如一个地区的政府重视程度较高，则该地区的冷链水平较高；而当一个地区政府对冷链物流的重视程度低，则该地区的冷链水平较低。

1.3.1.4 系统存在巨涨落

在珠三角地区冷链物流系统的发展过程中，因为珠三角地区政府重视程度的差异或者经济发展需要，最终导致珠三角地区冷链物流系统一直处于涨落的环境中。珠三角地区冷链物流发生巨涨落的原因可能有：对于供给子系统而言，某个冷链基础设施如冷库建设、冷藏车购买、加工中心重建或者信息系统的引入等都有可能使冷链物流系统发生巨大的变化，也就是"巨涨落"；政府的重视程度加强、科研经费的不断投入、冷链相关政策标准制定，都会使冷链物流系统发生变化。对于需求系统而言，某个产品的质量安全发生问题，会导致整个冷链物流系统瘫痪，从而产生巨涨落。这可能在冷链物流的全过程中，某个环节的细节错误就可能导致整个系统崩溃。

1.3.2 珠三角地区冷链物流协同

1.3.2.1 协同内涵

从协同学理论看，有序与无序在社会上普遍存在，有序就是协同。在一个系统中，各子系统之间的协同反应越大，则整个系统的整体性就越强。珠三角地区冷链物流协同是珠三角地区冷链物流系统的各子系统以及子系统要素之间的相互作用。子系统及其要素在发展过程中彼此之间的竞争与合作形成协同效应。在这里，冷链物流协同与冷链物流系统协同是同一事物。珠三角地区冷链物流系统的协同促使各个子系统从中吸取能量，共同推进冷链物流系统演化。

珠三角地区冷链物流系统协同的内涵，是珠三角地区冷链物流系统各个子系统之间的相互协同合作，最终形成良性的循环状态，促使冷链物流适应珠三角地区的经济、社会环境，最大限度地实现区域冷链物流的作用，为珠三角地区农产品及冷链品经济建设和人们生活提供稳定服务。其中，珠三角地区冷链物流协同是指系统各要素的协同，包括珠三角地区冷链物流供给协同、需求协同以及辅助子系统的协同。这些活动主体包括冷链物流供给企业、需求企业、消费者、网络运营商、高校、行业协会等。这些主体之间相互协同，才能实现珠三角地区冷链物流高效化、经济利益最大化。

1.3.2.2 协同内容

珠三角地区冷链物流协同是其子系统之间合作、协调的过程，是一种整体性的行为过程，是冷链物流系统整体性的表现。基于前面对珠三角地区冷链物流协同内涵的分析，这里从协同学理论的角度提出珠三角地区冷链物流协同的概念。珠三角地区冷链物流协同是指组成珠三角地区冷链物流系统的供给系统、需求系统、辅助系统相互之间的交织作用，最终构成特定开放的自组织系统协同。

（1）珠三角地区冷链物流供给协同

在珠三角地区冷链物流系统中，冷链物流供给系统主要表现在冷链物流企业的运营中，冷链物流的供给协同需要冷链物流企业与其他相关企业在企业业务、企业战略、企业管理等相关层面的密切配合和协调运营才会实现。随着珠三角地区冷链物流供给协同的持续推进，供给协同效应将更加明显，整个珠三角地区冷链物流系统的冷链物流服务水平以及服务效率不断提高。珠三角地区冷链物流供给协同具体方式包括冷链物流上下游企业运营操作环节的协调、冷链物流企业之间进行的并购活动、冷链物流企业之间横向的合作、冷链基础设施的投入等。

（a）珠三角地区冷链物流企业运作环节的协同。冷链物流系统中各环节之间的关联相当紧密，要提高珠三角地区整体的冷链物流运作效率，必须要从供应链整体角度考虑，各个环节要协同管理、协同运营。某些环节之间存在的责任不清晰会使企业之间存在损害利益的现象，如仓储与配送的矛盾。仓储量的减少以及周转的增加会大大降低仓储的成本，但配送因此会丢失部分市场。为了获取珠三角地区冷链物流整体效用，则需要每个环节之间的运作对象互相配合、相互支持，共同发挥珠三角地区冷链物流的供给效应。

（b）珠三角地区冷链物流企业之间的并购。随着珠三角地区冷链物流市场的发展，冷链企业的竞争日益增加，必然会推进冷链物流企业之间的并购。并购能够使冷链物流形成规模效应，增强区域内冷链物流企业的服务以及竞争能力。这种并购会促使冷链物流供给系统协同，最终形成一体化的大湾区冷链物流服务。

（c）珠三角地区产学研单位之间的合作。珠三角地区冷链物流产学研单位的合作能多种多样，有冷链物流技术的合作、冷链物流装备的合作、信息平台的搭建等。政府科研经费的投入会促进此类运作的实施，使得冷链物流供给能力协同性加强，形成整体化效应。

（2）珠三角地区冷链物流需求协同

珠三角地区冷链物流需求协同是指在大湾区内农产品或其他冷链品生产需求、消费需求、流通需求之间的协同。在考虑珠三角地区冷链物流的需求时，必须要根据现有生产需求、消费需求、流通需求做出与之适应的协调，三者之间的协同最终会促使珠三角地区冷链物流需求协同。

（3）珠三角地区冷链物流辅助系统协同

珠三角地区冷链物流辅助协同是指经济指标与第一、第三产业的协同性，经济的发展受到多方面的影响，其中第一、第三产业影响着冷链物流系统的协同。第一、第三产业的增加与经济发展，间接影响了珠三角地区冷链物流系统整体协同。

1.4 珠三角地区冷链物流协同水平评价指标体系与测度方法

1.4.1 珠三角地区冷链物流协同水平评价指标体系

1.4.1.1 构建依据

从协同学的角度来看，珠三角地区冷链物流系统是由多个序参量指标有机组合形成的有机整体，序参量指标体系是描述这个整体的具体手段，故指标体系的构建与设计步骤是珠三角地区冷链物流协同水平评价的重要一步，指标选取的好与坏会对评价结果的真实性、有效性以及准确性有直接影响。因此，建立一个完整的珠三角冷链物流协同序参量指标体系，必须要做到系统、规范、全面以及可量化计算，本书将按照这些要求来进行指标体系的构建。

1.4.1.2 指标体系构建原则

建立珠三角地区冷链物流协同水平序参量指标体系，其目的是科学地描述珠三角地区冷链物流系统在具体时间点的有序度情况，以判断珠三角地区冷链物流系统中的各要素协同程度。因此，本书将遵循科学性、系统性、可操作性等原则来构建珠三角地区冷链物流协同水平评价指标体系。

（1）科学性原则

一切指标体系的设计都要遵循科学性原则，序参量指标的选取必须科学，指标的描述要简单明了，指标的分类能够明显区分并清晰表达。珠三角地区冷链物流协同水平评价的序参量指标体系的建立要保证遵循科学性原则，首先是在保证序参量指标选择的全面、客观、准确和具体的同时，又能够保证指标符合逻辑关系、没有歧义。其次是指标分类清晰有条理，避免不同的指标所涵盖的内容范围存在交叉。最后，为进行量化计算，各指标的选取尽可能定量化，以避免主观因素过多而对最终结果造成较大影响。如果指标量化难度较大，应根据专家经验，采取定量与定性相结合的方法。

（2）系统性和针对性原则

珠三角地区冷链物流系统的协同受供给、需求以及辅助支撑等多个因素影响，这些因素又会相互影响从而形成完整的网络结构。为了保证协同评价指标体系的全面与完整，需遵循系统性原则。首先要深入学习指标的根本特征，研究指标体系如何通过并列、交叉或是互为补充的关系形成整体。在此基础上，对共同属性进行总结归类。

冷链物流作为物流发展的新业态，既具有物流的一般特征，也有其特殊性，传统的物流协同评价不能够完全用于冷链物流协同评价。因此，应在借鉴其他学者物流协同评价指标的基础上，结合冷链物流的独特性质，设计能够应用于冷链物流的协同水平评价序参量指标体系。

(3) 动态性和可操作性原则

珠三角地区冷链物流的协同水平会因环境的变化而不断变化波动。因此，评价指标的选取需能够动态匹配，跟随时间变化揭示冷链物流协同水平，以打破时间定点的局限。与此同时，指标体系要素的值应该是连续、完整并且公认的。政府报告、企业调研报告、统计年鉴等数据资料，能够为获取真实可靠数据服务。

1.4.1.3 序参量指标体系构建

从协同学的角度而言，协同是珠三角地区冷链物流各个系统指标在发展过程中所呈现的一致性表现，这种一致性被称为协同度。协同性决定了珠三角地区冷链物流系统在达到临界点时出现某种有序结构，或者说是整个珠三角地区冷链物流系统从无序向有序发展的趋势。协同学理论提出，系统的内部变量分为快与慢两种变量。其中，慢变量是促使系统变化的本质变量，即序参量。珠三角地区冷链物流系统的协同度基于支配量原理与序参量原理。在原理中，序参量有两种功效，其一是促进系统向稳定有序发展，称为正效用序参量，即序参量值越大，则系统的协同度越高；其二是促进系统向无序发展，称为负效用序参量，即序参量值越大，则系统的协同度越低。珠三角地区冷链物流系统协同的过程，就是序参量协同的过程聚合，协同度是序参量协同的度量。

吕红波等（2017）在研究区域物流协同时，认为供给子系统的序参量应该由A级物流企业数量以及货物周转量组成，而需求子系统的序参量由农业生产总值、工业生产总值、居民可支配收入、进出口商品总值、社会消费品零售总额构成，区域物流支撑子系统由公路里程、邮电业务总量构成。周兴建等（2012）则是通过冷藏车数量以及预冷保鲜率来研究国内外冷链物流发展水平。郭明德等（2019）研究冷链物流发展水平的指标体系是由宏观环境、设施设备能力、市场化程度组成，其中指标体系包含国内生产总值、农业生产总值、货运量、货运周转量、食品消费量等。

基于学者们对物流和冷链物流评价的指标体系，为更好地概括当前珠三角地区冷链物流的协同情况，本书建立珠三角地区冷链物流协同序参量指标体系（见表1-2）。

表 1-2　珠三角地区冷链物流协同序参量指标体系

子系统	二级指标	序参量	
珠三角地区冷链物流供给系统	物流运转能力	货运量（万吨）	X_1
		货运周转量（吨/公里）	X_2
	冷链物流经费投入	科技经费投入情况（亿元）	X_3
		固定资产投资总额（亿元）	X_4
珠三角地区冷链物流需求系统	生产需求	水产品肉产品产量（万吨）	X_5
		水果产量（万吨）	X_6
	消费需求	人均GDP（元）	X_7
		人均可支配收入（元）	X_8
		人均消费支出（元）	X_9
	流通需求	社会消费品零售总额（亿元）	X_{10}
		邮电业务总量（件）	X_{11}
珠三角地区冷链物流辅助系统	经济总量	GDP（亿元）	X_{12}
	产业增加	第三产业增加值（亿元）	X_{13}
		第一产业增加值（亿元）	X_{14}

1.4.1.4　指标体系分析

（1）珠三角地区冷链物流供给子系统指标分析与筛选

供给子系统的协同主要是珠三角地区冷链物流企业运作环节的协同、珠三角地区冷链物流企业之间的并购协同、珠三角地区产学研单位之间的合作协同三个方面。对于珠三角地区各个城市而言，冷链物流企业运作环节的协同、企业之间的并购协同，最终都会通过冷链物流运作能力显示，而冷链物流运作能力主要由货运量以及货运周转量两个序参量体现。因此，本书选择货运量以及货运周转量来反映珠三角地区的冷链物流运作水平。A级冷链物流企业数量的多少，实际上已经由这两个序参量所反映。A级企业数量越多，货运量与货运周转量将会越大，因此不必再选择A级企业数量作为序参量。冷链物流需要大量的冷藏车、冷库等基础设施设备，因此政府固定资产的投资会直接影响该地区冷链物流的供给能力，如2016、2017年政府专项资金的投入对冷链物流的影响巨大，因此政府固定资产投资也是冷链物流供给系统的序参量。科研经费的投入影响着冷链物流技术水平的高低，冷链物流与制冷工艺等技术息息相关，因此科研经费越多，则冷链物流供给能力越强。综上所述，供给子系统主要由 4 个序参量指标组成，即货运量、货运周转量、固定资产投资、科研经费投入。

（2）珠三角地区冷链物流需求子系统指标分析与筛选

与物流相同，冷链物流的需求是生产需求、消费需求、流通需求三者的有机结合，这三种需求之间的有序协同度越高，则代表该地区的冷链物流需求的协同水平越高。与常规物流不同，冷链物流的主要服务对象是农产品及其他一些冷链品，为更好地量化生产需求，本书确定生产需求的两个序参量指标为水产品和肉产品产量、水果产量，水产品和肉产品与水果具有不同的性质，两者之间同样存在着一定的非线性关系，因此两者同为生产需求的序参量；冷链物流的消费需求体现在消费者的消费能力上，消费能力的主要序参量为居民人均 GDP、居民可支配收入、居民消费支出，此三个序参量的有机结合反映了冷链物流需求系统中的消费需求。流通需求反映的是珠三角冷链物流贸易的主要情况，线下的贸易主要体现在社会消费品零售总额上。而线上贸易主要通过邮电业务量来体现。综上所述，需求系统的序参量指标为水产品和肉产品产量、水果产量、人均 GDP、居民可支配收入、居民消费收入、社会消费品零售总额、邮电业务量。

（3）珠三角地区冷链物流辅助子系统指标分析与筛选

珠三角地区冷链物流的协同，受到珠三角地区经济发展以及产业结构影响。其中，经济规模体现在国内生产总值上，而冷链物流主要受到第一产业与第三产业的影响，产业的增加会促进冷链物流的协同反应，故选取第一产业增加值、第三产业增加值作为产业结构的序参量。

由上面的论述可知，上述序参量指标体系均为正向指标。指标数值越大，则代表协同程度越高。

1.4.2　评价指标权重的确定

各个指标对该系统的贡献值有所差异，因而需要确定指标权重。而确定权重的方法较多，常见的权重确定方法有因子分析、相关系数、变异系数等。本书主要从客观上对珠三角地区的冷链物流协同度进行测度，因此选用熵权法。熵权法是一种客观的赋权法，主要反映序参量指标体系已有定值的情况下，各个序参量对结果影响的程度。从信息价值的角度来看，熵权是指某一序参量指标对整个研究目标对象提供有效信息的程度。对比几种权重确定方法并结合本书的研究内容与目标，本书选取熵权法来确定指标的权重。

假设随机变量 X 的取值为 x_i（$i=1,2,3,\cdots,L$），并且有 x_i 的概率为 $P(x_i) \geq 0$，其中有 $\sum_{i=1}^{L} P(x_i) = 1$，则随机变量 X 的概率分布为：

x_1	x_2	...	x_L
$P(x_1)$	$P(x_2)$	...	$P(x_L)$

定义随机变量 X 中 x_i 的熵为：

$$H(x_i) = -\frac{1}{\ln} \sum_{i=1}^{L} P(x_i) \ln P(x_i) \tag{1-2}$$

在信息熵的定义中，熵 $H(x_i)$ 为随机变量 x_i 所表示的信息量，是随机变量 X 不确定性的一种度量。当随机变量 X 中的某一个值 x_i 所取的概率 $P(x_i)$ 为 1 时，则该变量的熵 $H(x_i)$ 为 0，意思为该变量 x_i 携带了全部的信息量，随机变量 X 没有不确定性；而当随机变量 X 中各个取值 x_i（$i=1,2,3,\cdots,L$）的概率 $P(x_i)$ 相等时，随机变量 X 的熵 $H(X)$ 达到最大，此时 x_i 不携带任何的信息量，随机变量 X 具有最大的不确定性。

定义随机变量 X 的取值 x_i 的熵权定义为：

$$w_i = \frac{1-H(x_i)}{\sum_{i=1}^{L}[1-H(x_i)]}, i=1,2,\cdots,N \tag{1-3}$$

熵权可解释为随机变量 X 中包含了 L 个随机要素 $\{x_1, x_2, \cdots, x_L\}$。如果某个随机要素 x_i 上的客观取值概率差异较大，则表明该要素为随机变量提供了大的信息量；如果所有要素 x_i 的取值概率相同，则要素对随机变量的影响没有差异，此时随机变量具有稳定性，各要素熵权为 0。

熵权法适用于珠三角地区冷链物流协同评价指标体系的主要说明如下：在整个评价设计中，如果珠三角地区冷链物流协同水平在某个指标变量 x_i 上的客观取值概率差异较大，则表示该序参量指标提供给协同水平较多的有效信息；如果珠三角地区冷链物流协同水平在某个指标变量 x_i 上的客观取值概率差异较小或者没有差异，则表示该序参量指标提供的有效信息很少或根本没有向协同水平提供有用信息。

1.4.3 基于协同学理论的协同水平评价方法

珠三角地区冷链物流系统协同主要是冷链物流各个子系统之间存在某种规律的相互作用,这种相互作用具体表现为子系统序参量及子系统之间的竞争与协同。正是基于序参量及子系统之间的这种相互作用,珠三角地区冷链物流才会成为一个整体。这种协同效应促使珠三角地区各个子系统序参量以及子系统之间相互连接、相互影响、相互促进,最终增强了珠三角地区冷链物流系统的整体效应。

本书基于协同学理论,建立了反映珠三角地区冷链物流系统协同的序参量指标体系,序参量的有序度影响了各个子系统的系统协同度,各个子系统的协同有序度影响了珠三角地区冷链物流系统的协同度。总的来说,本书所说的珠三角地区冷链物流协同,是指在珠三角地区冷链物流系统中存在相互影响、相互协调而支配系统演化发展的序参量之间的交互作用,促使珠三角地区冷链物流系统向有序、可持续的方向发展,从而提高珠三角地区冷链物流整体效能,降低冷链物流成本,最终形成一体化的珠三角地区冷链物流服务体系。

1.4.4 珠三角地区冷链物流协同水平测度

1.4.4.1 序参量有序度的计算

假设在珠三角地区冷链物流系统 $S = f(S_1, S_2, \cdots, S_M)$ 中,包含 M 个子系统 S_j,$j \in [1, M]$。同时在珠三角地区的每个子系统 S_j 协同演化中包含 N 个序参量,序参量的集合 $e_{j1} = \{e_{j1}, e_{j2}, \cdots, e_{jN}\}$,其中 $N \geq 1$,$\alpha_{ji} \leq e_{ji} \leq \beta_{ji}$,$i \in [1, N]$。这里 α、β 为珠三角地区冷链物流系统发生变化的临界点上的序参量 e_{ji} 的下限和上限。

在协同学的理论中,存在正负两种功效的序参量,假设前面 K 个序参量 e_{j1},e_{j2},$\cdots$,e_{jK} 为正向序参量,其取值越大,则系统协同水平越高;反之则系统协同水平越低。后 $(N-K)$ 个序参量为负向序参量,其取值越大,则系统协同水平越低;反之则系统协同水平越高。在上面指标体系的构建过程中,我们已经论述了珠三角地区冷链物流各子系统的序参量均为正向序参量。

定义 $\mu_{ji}(t)$ 为系统 S_j 的第 i 个序参量 e_{ji} 在 t 时刻的有序度，其计算公式如下：

$$\mu_{ji}(t) = \begin{cases} \dfrac{e_{ji}(t) - \alpha_{ji}}{\beta_{ji} - \alpha_{ji}}, i \in [1, K] \\ \dfrac{\beta_{ji} - e_{ji}(t)}{\beta_{ji} - \alpha_{ji}}, i \in [K+1, n] \end{cases} \tag{1-4}$$

上述定义中，$\mu_{ji}(t) \in [0, 1]$，$\mu_{ji}(t)$ 的值越大，序参量 e_{ji} 对系统 S_j 有序度的贡献越大。在实际应用中，α_{ji}、β_{ji} 取不到最小和最大理想值，一般情况下取 $\alpha_{ji} \leqslant \min\limits_{t} e_{ji}(t)$，$\beta_{ji} \geqslant \max\limits_{t} e_{ji}(t)$。

1.4.4.2 子系统有序度的计算

计算子系统有序度前，需要对子系统序参量权重进行计算，熵权重计算方法如下。

假设计算得到序参量有序度（见表 1-3）。

表 1-3 序参量有序度

时间＼序参量	e_{j1}	e_{j2}	…	e_{jN}
t_1	$u_{j1}t_1$	$u_{j2}t_1$	…	$u_{jN}t_1$
t_2	$u_{j1}t_2$	$u_{j2}t_2$	…	$u_{jN}t_2$
…	…	…	…	…
t_T	$u_{j1}t_T$	$u_{j2}t_T$	…	$u_{jN}t_T$

依据李建军（2014），可以将序参量的概率分布视为：

$$P_{ji}(t) = \frac{\mu_{ji}(t)}{\sum_{t=t_1}^{tT} \mu_{ji}(t)} \tag{1-5}$$

其中，t 的取值 t_1 至 t_T，i 的取值为 1 至 N。

序参量的熵为：

$$H_{ji} = -\frac{1}{\ln T} \sum_{t=t_1}^{tT} P_{ji}(t) \ln P_{ji}(t) \tag{1-6}$$

熵权重为：

$$w_{ji} = \frac{1-H_{ji}}{\sum_{i=1}^{N} 1-H_{ji}} \qquad (1-7)$$

其中，i 的取值为 1 至 N。

在 t 时刻，子系统序参量 $\mu_{ji}(t)$ 的集成可以计算出子系统 S_j 对珠三角地区冷链物流系统的贡献程度。以往的研究者多以求和的方法来计算，但就珠三角地区冷链物流系统的现实情况而言，子系统 S_j 的有序度不仅取决于各个序参量有序度的大小，而且取决于系统的结构，故采取线性加权的方法进行集成。子系统 S_j 在 t 时刻的有序度为：

$$\mu_j(t) = \sum_{i=1}^{N} w_{ji}\mu_{ji}(t) \qquad (1-8)$$

其中 $w_{ji} \geq 0, i=1,2,\cdots,N, \sum_{i=1}^{N} w_{ji} = 1$。

定义式（1-8）中的 $\mu_j(t)$ 为系统 S_j 的有序度，$\mu_j(t) \in [0,1]$。$\mu_j(t)$ 越大，系统 S_j 在 t 时刻的有序程度就越高，反之就越低。其中权系数 w_{ji} 是序参量 e_{ji} 在子系统 S_j 中的权重，采用上面描述的熵权法进行确定。权系数 w_{ji} 含义是 e_{ji} 在保持系统 S_j 有序运行的过程中所起的作用或所处的地位。

1.4.4.3 系统协同度的计算

（1）子系统协同度

假设珠三角地区冷链物流子系统 S_j 的序参量 e_{ji}（$i=1,2,\cdots,N$）在最初 t_0 的时候有序度时 $\mu_{ji}(t_0)$，其发展到 t 时刻的有序度变为 $\mu_{ji}(t)$，则从 t_0 到 t 过程中，该子系统 S_j 内全部序参量 $e=\{e_{j1},e_{j2},\cdots,e_{jN}\}$ 的协同度，即子系统 S_j 的协同度 $SD_e(t,t_0)$ 可定义为：

$$SD_e(t,t_0) = \eta_e \sum_{i=1}^{N} w_{ji}|\mu_{ji}(t)-\mu_{ji}(t_0)| \qquad (1-9)$$

其中 $\eta_e = \begin{cases} 1, \min_{i=1,2,\cdots,N}\{\mu_{ji}(t)-\mu_{ji}(t_0)\} \geq 0 \\ -1, \min_{i=1,2,\cdots,N}\{\mu_{ji}(t)-\mu_{ji}(t_0)\} < 0 \end{cases}, e=\{e_{j1},e_{j2},\cdots,e_{jN}\}$

其中，权系数 w_{ji}（$i=1,2,\cdots,N$）是序参量 e_{ji} 在子系统 S_j 的序参量集合 $e=\{e_{j1},e_{j2},\cdots,e_{jN}\}$ 中的相对权重。

当子系统仅包含两个序参量的时候，按照式（1-9），子系统 S_j 的序参量集合 $e=\{e_{j1},e_{j2}\}$ 则从 t_0 到 t，在子系统 S_j 的协同度计算公式为：

$$SD_{\{e_{j_1}e_{j_2}\}}(t,t_0) = \eta_{\{e_{j_1}e_{j_2}\}} \sum_{i=1}^{2} w_{ji} |\mu_{ji}(t) - \mu_{ji}(t_0)| \qquad (1-10)$$

其中，

$$\eta_{\{e_{j_1}e_{j_2}\}} = \begin{cases} 1, \min_{i=1,2}\{\mu_{ji}(t) - \mu_{ji}(t_0)\} \geq 0 \\ -1, \min_{i=1,2}\{\mu_{ji}(t) - \mu_{ji}(t_0)\} < 0 \end{cases}$$

（2）系统协同度的计算

设珠三角地区冷链物流各子系统 S_j 在开始 t_0 时刻的有序度为 $\mu_j(t_0)$，在逐渐发展到 t 时刻有序度为 $\mu_j(t)$，则从 t_0 到 t 过程中，M 个子系统构成的珠三角地区冷链物流系统 $S = \{S_1, S_2, \cdots, S_M\}$ 的协同度 $SD_S(t, t_0)$ 定义为：

$$SD_S(t,t_0) = \eta_S \sum_{i=1}^{M} w_j |\mu_j(t) - \mu_j(t_0)| \qquad (1-11)$$

其中，$\eta_S = \begin{cases} 1, \min_{j=1,2,\cdots M}\{\mu_j(t) - \mu_j(t_0)\} \geq 0 \\ -1, \min_{j=1,2,\cdots M}\{\mu_j(t) - \mu_j(t_0)\} < 0 \end{cases}$，$S = \{S_1, S_2, \cdots, S_3\}$

上述序参量有序度、子系统有序度、子系统协同度、系统协同度的计算方法中，限定其取值的区间 [-1, 1]。在此情况下，它们的取值越大，则珠三角地区冷链物流子系统或系统的协同程度就越高；它们的取值越小，则珠三角地区冷链物流子系统或系统的协同程度就越低。该方法能够直观地反映珠三角地区冷链物流协同的现状。

在子系统和系统协同度的计算中，参数 η_e 和 η_s 的作用为：当且仅当 $\mu_{ji}(t) - \mu_{ji}(t_0) > 0$ 或 $\mu_j(t) - \mu_j(t_0) > 0$ 成立时，子系统或系统才算拥有正向的协同度。珠三角地区冷链物流系统协同度考虑了子系统 S_j 内全部序参量的情况，倘若其中一个序参量的有序度增加程度较大，而另外的序参量的有序度增加程度较小或减少，则子系统 S_j 不能处于较好的协同状态或根本不协同，具体表示为 $SD_e(t, t_0) \in [-1, 0]$；同理，系统协同度考虑了系统 S 中全部子系统的情况，倘若其中一个子系统的有序度增加程度较大，而另外的子系统的有序度增加程度较小或减少，则整个系统不能处于较好的协同状态或根本不协同，具体表示为 $SD_s(t, t_0) \in [-1, 0]$。

1.5 珠三角地区冷链物流协同度计算及分析

1.5.1 数据的获取与计算方式

为保证数据的有效与真实，本书的计算数据来源于广东省 2009~2018 年的统计年鉴。本书主要的计算手段为 SPSS、Excel 2013。

1.5.2 子系统协同度计算与分析

根据式（1-4）与式（1-6），对珠三角地区冷链物流供给子系统、需求子系统、辅助子系统三个子系统进行序参量有序度计算，参考孟庆松等（1998）的方案，采用线性拟合的方法求出 2019 年珠三角地区各系统序参量的指标数据，可直观地看出 2009~2018 年珠三角地区的序参量有序度变化情况。

下面以广州市的计算为例（后面均以广州市的计算为例）。广州市各子系统的序参量有序度及熵权重计算结果如表 1-4 所示。

根据所求得的广州市各子系统的序参量有序度及权重，依据式（1-8），计算出广州市冷链物流子系统的有序度，计算结果如表 1-5 所示。

表 1-5 广州市冷链物流子系统有序度

年份	S1	S2	S3
2009	0.0644	0.0707	0.0495
2010	0.0607	0.0963	0.1517
2011	0.1544	0.1505	0.2579
2012	0.2421	0.2221	0.3339
2013	0.3722	0.2918	0.4213
2014	0.4533	0.3648	0.5039
2015	0.5119	0.4775	0.5966
2016	0.6784	0.5473	0.7039
2017	0.8631	0.6439	0.8146
2018	0.9240	0.8769	0.8955

表 1-4　广州市冷链物流系统序参量有序度及熵权重

年份	X_1	X_2	X_3	X_4	X_5	X_6	X_7	X_8	X_9	X_{10}	X_{11}	X_{12}	X_{13}	X_{14}
2009	0.0325	0.0998	0.1579	0.2805	0.4395	0.5297	0.5749	0.6720	0.7993	0.9104	0.0325	0.0998	0.1579	0.2805
2010	0.0058	0.0137	0.0329	0.1343	0.2290	0.3161	0.3080	0.6464	0.9232	0.9339	0.0058	0.0137	0.0329	0.1343
2011	0.3313	0.0000	0.4615	0.4615	0.6234	0.6451	0.8598	0.7091	0.8598	0.9387	0.3313	0.0000	0.4615	0.4615
2012	0.0399	0.1792	0.2135	0.2933	0.4522	0.5543	0.6734	0.7421	0.7920	0.9040	0.0399	0.1792	0.2135	0.2933
2013	0.0565	0.1448	0.2557	0.3468	0.4976	0.6097	0.6957	0.7597	0.8367	0.8894	0.0565	0.1448	0.2557	0.3468
2014	0.0543	0.1465	0.2609	0.3703	0.4911	0.4058	0.5114	0.6308	0.7553	0.8913	0.0543	0.1465	0.2609	0.3703
2015	0.0717	0.1775	0.3321	0.4423	0.5711	0.4465	0.5581	0.6789	0.7808	0.8760	0.0717	0.1775	0.3321	0.4423
2016	0.0363	0.1728	0.2875	0.4009	0.4703	0.5811	0.7113	0.8222	0.9297	0.9071	0.0363	0.1728	0.2875	0.4009
2017	0.1857	0.2436	0.2487	0.3173	0.4063	0.4596	0.5794	0.6381	0.6628	0.7760	0.1857	0.2436	0.2487	0.3173
2018	0.1101	0.0151	0.0049	0.0296	0.0607	0.2452	0.3621	0.3980	0.5314	0.8423	0.1101	0.0151	0.0049	0.0296
权重	0.2204	0.456	0.1429	0.1811	0.1096	0.1037	0.0847	0.1123	0.0577	0.3134	0.2186	0.3869	0.4535	0.1596

根据式（1-10），计算广州市冷链物流子系统协同度，计算结果如表1-6所示。

表1-6 广州市冷链物流子系统协同度

年份	S1	S2	S3
2009	0.0201	0.0707	0.0495
2010	0.0910	0.0255	0.1021
2011	0.0937	0.0542	0.1063
2012	0.0877	0.0716	0.0760
2013	0.1301	0.0697	0.0874
2014	0.0811	0.0730	0.0826
2015	0.0585	0.1127	0.0927
2016	0.1665	0.0698	0.1072
2017	0.1847	0.0966	0.1107
2018	0.0609	0.2329	0.0809

1.5.2.1 供给子系统协同度对比

与上述广州市冷链物流子系统协同度计算方法相同，下面计算出珠三角地区9个城市各个子系统的协同度，这里以供给、需求、辅助系统进行区别，具体计算结果如表1-7所示。

表1-7 2009~2018年珠三角地区冷链物流供给子系统协同度对比

年份	广州	深圳	珠海	佛山	惠州	东莞	中山	江门	肇庆
2009	0.0201	0.0380	0.0448	0.0416	0.0252	0.0244	0.0464	0.0337	0.0348
2010	0.0910	0.2090	0.1612	0.0973	0.1249	0.0432	0.3903	0.1755	0.1629
2011	0.0937	0.1557	-0.0056	0.2763	0.2003	0.1017	0.1910	0.1445	0.2106
2012	0.0877	0.0296	0.0771	0.0550	0.1156	0.0776	0.1457	0.0587	0.0816
2013	0.1301	0.0691	0.0378	0.0948	0.0961	0.1381	0.1680	0.1279	0.0871
2014	0.0811	0.0427	0.1859	0.0777	0.1063	0.2829	0.0664	0.1695	0.1800
2015	0.0585	0.1247	0.0868	-0.0451	0.1431	-0.0229	0.0656	0.1561	0.1157
2016	0.1665	0.0523	-0.0546	0.2055	-0.0033	-0.1448	-0.0263	-0.0808	-0.0677
2017	0.1847	0.1485	0.0874	-0.0246	0.0737	0.1917	0.0430	0.1693	0.0933
2018	0.0609	0.1359	0.3250	0.1995	0.0933	-0.1510	-0.0078	0.0173	0.0787

在表1-7计算结果中，可以看到在2009~2018年10年期间，珠三角地区只有广州、深圳两个城市供给子系统的协同度全部处于正值并缓慢增长，其他7个城市均出现负值。其中，珠海在2011年和2016年出现负值，佛山在2015年和2017年出现负值，惠州在2016年出现负值，东莞在2015年、2016年、2018年出现负值，中山在2016年和2018年出现负值，江门在2016年出现负值，肇庆在2016年出现负值。前面已经论述了供给系统的协同主要表现在冷链物流企业上下游企业运营操作环节的协调、冷链物流企业之间进行的并购活动、冷链物流企业之间横向的合作、冷链基础设施的投入上，而出现负值则表明该年份在冷链物流企业之间的协调合作关系是不稳定的，这当中可能出现了企业同质化竞争的情况，也可能出现了冷链物流企业放弃了部分合作关系。

从图1-4中可以发现，在2015年以前，珠三角地区9个城市供给子系统协同度均在0.1处波动，属于缓慢协同阶段。2015年以后，珠三角地区各城市冷链物流供给子系统协同度开始出现波动大的情况。从供给系统的协同度角度分析，在2015年后，珠三角地区冷链物流行业之间的交互作用相对明显，导致有些城市开始放弃冷链物流业务，而有些城市则加强了冷链物流建设，供给协同水平提高。

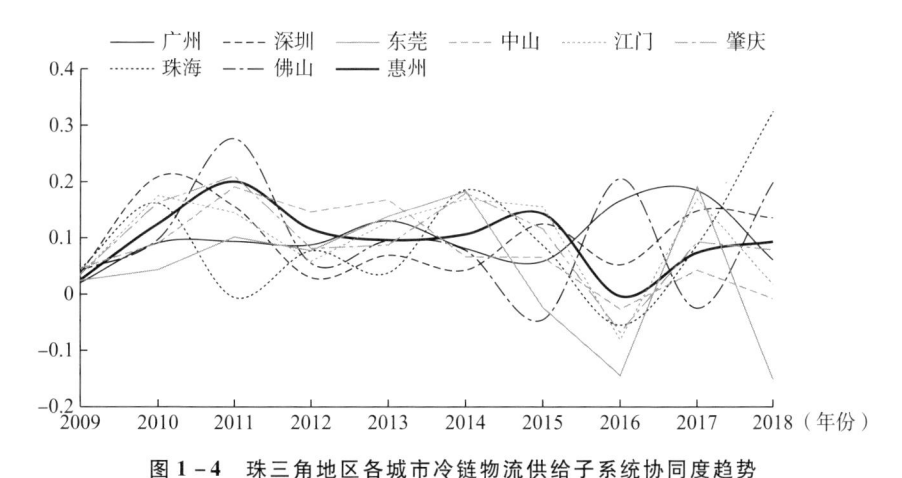

图1-4 珠三角地区各城市冷链物流供给子系统协同度趋势

1.5.2.2 需求子系统协同度对比

珠三角地区需求子系统协同度对比如表1-8所示。

表1-8 2009~2018年珠三角地区冷链物流需求子系统协同度对比

年份	广州	深圳	珠海	佛山	惠州	东莞	中山	江门	肇庆
2009	0.0707	0.0393	0.0726	0.0984	0.0992	0.0694	0.0888	0.0688	0.0650
2010	0.0255	-0.0724	0.0994	0.0351	0.1253	0.0467	0.0194	0.1149	0.1442
2011	0.0542	-0.0324	-0.2891	-0.1408	-0.0458	-0.0863	-0.0971	-0.0318	-0.0762
2012	0.0716	0.0480	-0.0084	0.0486	0.0975	0.0394	0.0557	0.0843	0.1091
2013	0.0697	0.0593	0.0996	0.0458	0.1126	0.0542	0.0622	0.0747	0.1098
2014	0.0730	0.0105	0.0616	-0.0675	-0.0888	-0.0087	0.0727	-0.1001	-0.0594
2015	0.1127	0.0409	0.0933	0.0548	0.0922	0.0793	0.1268	0.1018	0.1200
2016	0.0698	0.1356	0.0519	0.2590	0.1666	0.1458	0.2014	0.1856	0.2115
2017	0.0966	0.4779	-0.0010	-0.0850	-0.0342	0.0383	0.0938	0.0082	-0.0233
2018	0.2329	0.4138	0.2281	0.1763	0.1882	0.2765	-0.0964	0.3051	0.0998

从表1-8数据可以看出，2009~2018年，广州、深圳两个城市的需求协同逐渐提升，而深圳从2017年开始需求协同度超过0.3，需求系统的协同已经进入加速成长阶段；珠海在经历了2017年的挣扎后也在2018年进入了较好的需求系统协同阶段。从前面需求系统的定义上分析，2018年珠三角地区除中山外的8个城市，生产、流通、消费的冷链需求处于协同关系。而中山在2018年出现负值，生产、流通、消费的冷链需求出现了不协同的现象，可以看出自2016年开始，中山的冷链物流需求系统协同度就处于下降水平，可能是随着政府推动制造业等产业发展，一定程度上忽视了中山冷链物流的需求协同。

从图1-5可以看出，2009~2016年，除珠海在2011年出现较大程度下降外，其他城市在这些年间的冷链物流需求水平正在呈缓慢的螺旋式增长态势。这表明冷链物流需求系统在新的有序结构上突变较为严重，需要从外界吸收大量的能量。一旦外界能量发生变化，则自身无法保持原有有序状态，协同水平又发生跌落。总体而言，珠三角地区冷链物流需求系统协同水平正处于螺旋式上升阶段。

1.5.2.3 辅助子系统协同度对比

珠三角地区冷链物流辅助子系统协同度对比如表1-9所示。

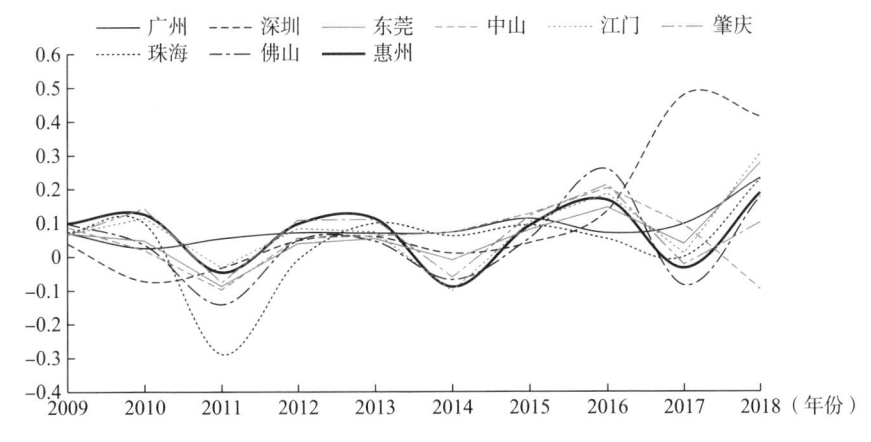

图 1-5　珠三角地区各城市冷链物流需求子系统协同度趋势

表 1-9　2009~2018 年珠三角地区冷链物流辅助子系统协同度对比

年份	广州	深圳	珠海	佛山	惠州	东莞	中山	江门	肇庆
2009	0.0495	0.0234	0.0400	0.0590	0.0337	0.0194	0.0526	0.0486	0.0391
2010	0.1021	0.0622	0.0677	0.1049	0.0919	0.0320	0.1080	0.0980	0.0861
2011	0.1063	0.0442	0.1043	0.1095	0.1144	0.0356	0.1650	0.1499	0.1310
2012	0.0760	0.0301	0.0732	0.0841	0.0813	0.0276	0.1045	0.0690	0.0641
2013	0.0874	0.0190	0.0822	0.0377	0.0916	0.0359	0.0689	0.0581	0.0807
2014	0.0826	0.0194	0.1058	0.0703	0.1060	0.0135	0.0764	0.0767	0.0813
2015	0.0927	0.0854	0.0964	0.0841	0.0685	-0.0580	0.0517	0.0763	0.0687
2016	0.1072	0.0840	0.0566	0.1120	0.1149	0.0499	0.0898	0.1083	0.1013
2017	0.1107	0.4284	0.1908	0.1033	0.1195	0.0321	0.0497	0.0898	0.1373
2018	0.0809	0.1224	0.0870	0.1221	0.0876	0.0512	0.1262	0.1219	0.0879

从表 1-9 中可以看出，除东莞在 2015 年的数据出现负值外，其他城市在 2009~2018 年冷链物流辅助子系统的协同度均为正值。冷链物流辅助系统协同水平处于缓慢增长阶段，但总体协同水平过低，表明珠三角地区第一产业与第三产业及其经济数据的相关度不足，推断出工业在经济系统中仍旧占据较大份额，且第一产业与第三产业的协同度不足，表明在珠三角地区冷链物流辅助系统中，农业与服务业的相关协同一直处于较低水平。

从图 1-6 可以看出，2009~2018 年，珠三角地区冷链物流辅助系统一直处于较低协同水平，且没有发生突变。

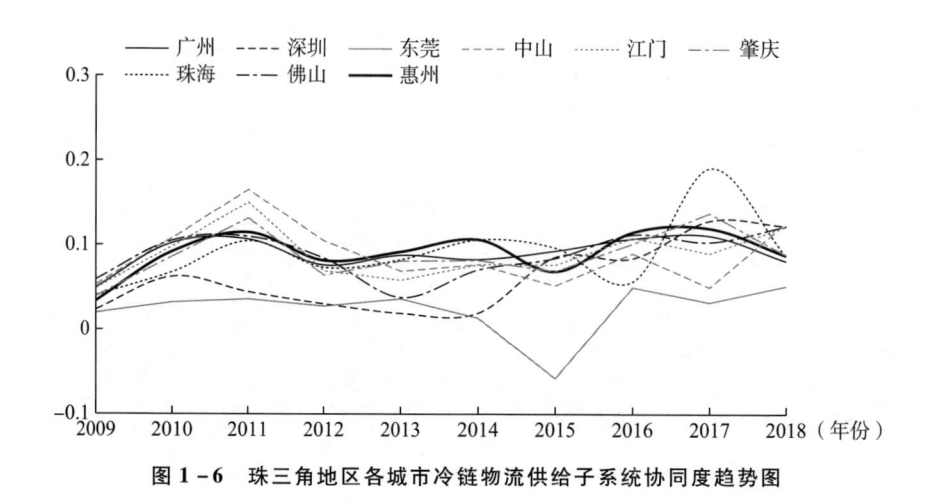

图 1-6 珠三角地区各城市冷链物流供给子系统协同度趋势图

1.5.3 子系统间协同度的计算与分析

从表 1-5 中我们已经得知广州市冷链物流子系统的有序度，根据式（1-7）求得子系统熵权重，进而根据式（1-10）分别求得广州市冷链物流供给子系统与需求子系统协同度、广州市冷链物流供给子系统与辅助子系统协同度、广州市冷链物流需求子系统与辅助子系统协同度，如表 1-10、表 1-11、表 1-12 所示。

表 1-10 广州市冷链物流供给子系统与需求子系统的协同度

年份	$S1$ 有序度	$S2$ 有序度	协同度
2009	0.0644	0.0707	0.0021
2010	0.0607	0.0963	0.0137
2011	0.1544	0.1505	0.0124
2012	0.2421	0.2221	0.0219
2013	0.3722	0.2918	0.0252
2014	0.4533	0.3648	0.0328
2015	0.5119	0.4775	0.0437
2016	0.6784	0.5473	0.024
2017	0.8631	0.6439	0.1114
2018	0.9240	0.8769	0.0269

表 1-11　广州市冷链物流供给子系统与辅助子系统之间的协同度

年份	S2 有序度	S3 有序度	协同度
2009	0.0707	0.0495	0.0965
2010	0.0963	0.1517	0.1088
2011	0.1505	0.2579	0.1135
2012	0.2221	0.3339	0.1382
2013	0.2918	0.4213	0.1574
2014	0.3648	0.5039	0.1736
2015	0.4775	0.5966	0.2082
2016	0.5473	0.7039	0.2448
2017	0.6439	0.8146	0.2794
2018	0.8769	0.8955	0.0965

表 1-12　广州市冷链物流需求子系统与辅助子系统之间的协同度

年份	S1 有序度	S3 有序度	协同度
2009	0.0644	0.0495	0.0037
2010	0.0607	0.1517	0.0182
2011	0.1544	0.2579	0.0161
2012	0.2421	0.3339	0.0176
2013	0.3722	0.4213	0.0291
2014	0.4533	0.5039	0.0156
2015	0.5119	0.5966	0.0182
2016	0.6784	0.7039	0.0361
2017	0.8631	0.8146	0.0863
2018	0.9240	0.8955	0.1391

1.5.3.1　供给子系统与需求子系统之间的协同度对比

与广州市的计算方式一样，珠三角地区冷链物流供给子系统与需求子系统的协同度如表 1-13 所示。

表 1-13　2009~2018 年珠三角地区九市供给子系统
与需求子系统之间的协同度对比

年份	广州	深圳	珠海	佛山	惠州	东莞	中山	江门	肇庆
2009	0.0021	0.0126	0.0178	0.0112	0.0137	0.0042	0.0127	-0.0138	0.014

续表

年份	广州	深圳	珠海	佛山	惠州	东莞	中山	江门	肇庆
2010	0.0137	0.0276	0.0235	0.0134	0.0254	0.0057	0.0145	0.0034	0.0363
2011	0.0124	0.0239	0.0268	0.0148	0.0627	0.0078	0.0198	0.0093	0.0391
2012	0.0219	0.0252	-0.0052	0.0121	0.0763	0.0225	0.0262	0.0139	0.0583
2013	0.0252	0.0307	0.0163	0.0269	0.0096	0.0366	0.0358	0.0156	0.0304
2014	0.0328	0.0135	0.0124	0.0218	0.0112	0.0386	0.0414	0.0274	0.0304
2015	0.0437	0.0377	-0.0255	0.0205	0.0204	0.0457	0.0577	0.0382	0.0363
2016	0.024	0.0039	0.0968	0.0324	-0.0657	-0.0078	-0.0118	-0.0053	0.039
2017	0.1114	0.0362	-0.0352	0.0421	0.0763	0.0129	0.0622	0.0392	0.0583
2018	0.0269	0.1207	0.0763	0.052	0.0687	0.0266	0.0218	0.0564	0.0304

从表1-13容易看出，2009~2018年，珠三角地区9个城市的冷链物流供给子系统与需求子系统的协同度处于较低协同水平，这表明虽然珠三角地区冷链物流供给与需求是协同的，但当前供给与需求水平过低，阻碍了珠三角地区冷链物流的进一步发展。相对而言，深圳、珠海、惠州的供给需求协同水平在2018年最高。

从图1-7中可以看出，2009~2015年，珠三角地区冷链物流供给与需求协同水平稳定但协同水平较低。自2015年起，珠三角地区冷链物流供给子系统与需求子系统的协同水平波动较大。这可能是自2015年起，供给系统中的企业并购、企业之间的竞争等导致各地冷链物流系统开始出现波动。

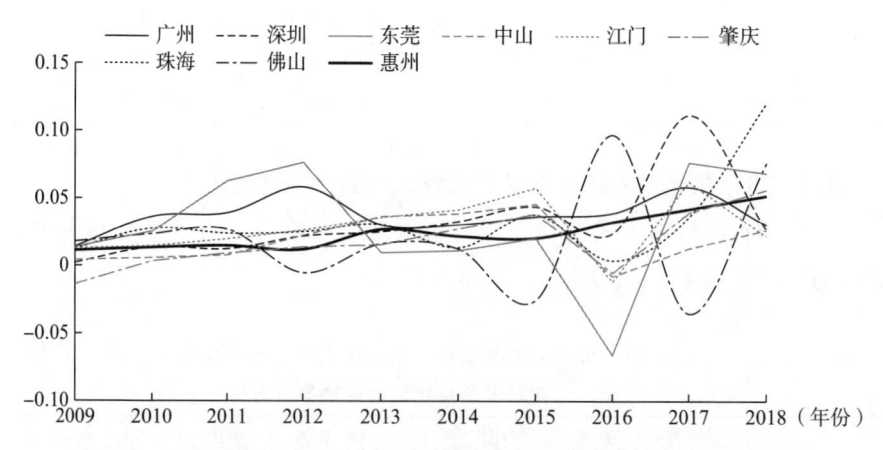

图1-7 珠三角地区各城市冷链物流供给子系统与需求子系统协同度趋势

但总体而言，从 2015 年起，随着波动的进一步发生，珠三角地区冷链物流供给子系统与需求子系统正向着更高的协同水平发展。

1.5.3.2 供给子系统与辅助子系统之间的协同度对比

从表 1-14 中可以看出，佛山、东莞两个城市冷链物流的供给子系统与辅助子系统之间的协同度负值较多，说明在某些年份，佛山、东莞两个城市的冷链物流供给与当前产业增加及经济总量是不协同的。供给系统的调整在这两个城市出现的频率较高，供给子系统仍需要吸收大量外界能量才能够与辅助子系统保持协同有序状态。

表 1-14 2009~2018 年珠三角地区九市供给子系统与辅助子系统之间的协同度对比

年份	广州	深圳	珠海	佛山	惠州	东莞	中山	江门	肇庆
2009	0.0037	0.0437	0.0132	0.0151	0.0136	0.0165	0.0132	0.01432	0.0142
2010	0.0182	0.0582	0.0437	-0.0164	0.061	0.0152	0.0495	0.0678	0.0441
2011	0.0161	0.0536	0.0064	0.1036	0.0308	-0.0558	0.0003	-0.0002	0.0068
2012	0.0176	0.0563	0.0707	-0.0173	0.0551	0.0811	0.0412	0.0784	0.0654
2013	0.0291	0.0687	0.1238	0.0983	0.0665	-0.0636	0.0409	0.0326	0.067
2014	0.0156	0.0835	0.0235	0.0235	0.0167	0.015	0.025	0.04324	0.06436
2015	0.0182	0.1182	0.0437	-0.0164	0.061	-0.0152	0.0495	0.0678	0.0441
2016	0.0361	0.1236	0.0064	0.1036	0.0308	-0.0558	0.0003	-0.0002	0.0068
2017	0.0863	0.1163	0.0707	-0.0173	0.0551	0.0811	0.0412	0.0784	0.0654
2018	0.1391	0.1872	0.1238	-0.0983	0.0665	-0.0636	0.0409	0.0326	0.0672

从图 1-8 中可以看出，佛山与东莞这两个城市的供给子系统与辅助子系统之间的协同波动极大，反映了两个城市内部冷链物流的供给与当前的经济、产业不匹配，而在管理时可能因为没有及时对不同影响变量进行修正，所以冷链物流供给子系统与辅助子系统出现不协同现象。除了这两个城市外，其他城市的冷链物流供给与需求处于较低的协同水平。但自 2017 年以来，供给与辅助的协同出现了较大的波动，在社会经济、产业结构变化较慢时，可以推断出各城市的冷链物流供给能力发生了变化。

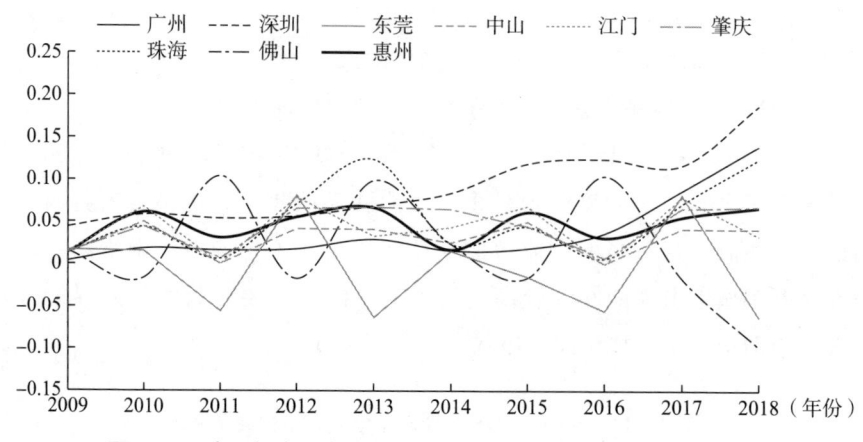

图1-8　珠三角地区冷链物流供给子系统与辅助子系统协同趋势

1.5.3.3　需求子系统与辅助子系统之间的协同度对比

珠三角地区冷链物流需求子系统与辅助子系统之间的协同度计算结果如表1-15所示。

表1-15　2009~2018年珠三角地区九市冷链物流需求子系统与辅助子系统之间的协同度对比

年份	广州	深圳	珠海	佛山	惠州	东莞	中山	江门	肇庆
2009	0.0965	0.1467	0.1037	0.0646	0.0572	0.1457	0.1383	0.0451	0.0265
2010	0.1088	0.1114	0.1057	0.0761	0.0915	0.1058	0.1079	0.0503	0.0595
2011	0.1135	0.1417	0.1153	0.0875	0.1108	0.1045	0.1003	0.0583	0.0611
2012	0.1382	0.1068	0.1109	0.0962	0.1089	0.1087	0.1108	0.0694	0.0872
2013	0.1574	0.1068	0.1594	0.1005	0.1189	0.1087	0.1108	0.0724	0.0978
2015	0.1736	0.1376	0.1636	0.1123	0.1213	0.1254	0.1466	0.0803	0.1067
2016	0.2082	0.2076	0.2101	0.1073	0.1072	0.1652	0.1052	0.0978	0.1274
2017	0.2448	0.2114	0.2057	0.1212	0.1115	0.1058	0.1079	0.1003	0.1495
2018	0.2794	0.2417	0.2153	0.1475	0.1108	0.1045	0.1003	0.1283	0.1512

从表1-15可以看出，珠三角地区冷链物流需求子系统与辅助子系统在2009~2018年的协同值均为正值，这表明在珠三角地区，冷链物流的需求与产业增长、经济增长是相互促进的。其中，广州、深圳地区的冷链物流需求子系统与辅助子系统的协同度较其他城市更高，东莞、中山两个城市的协同度较低。

从图 1-9 可以看出，相对于供给子系统与需求子系统、供给子系统与辅助子系统之间的协同情况，珠三角地区冷链物流需求子系统与辅助子系统之间的协同度则没有发生太大的波动，呈现逐年提升的状态，说明珠三角地区对于冷链物流的需求和经济产业增长具有一致性。

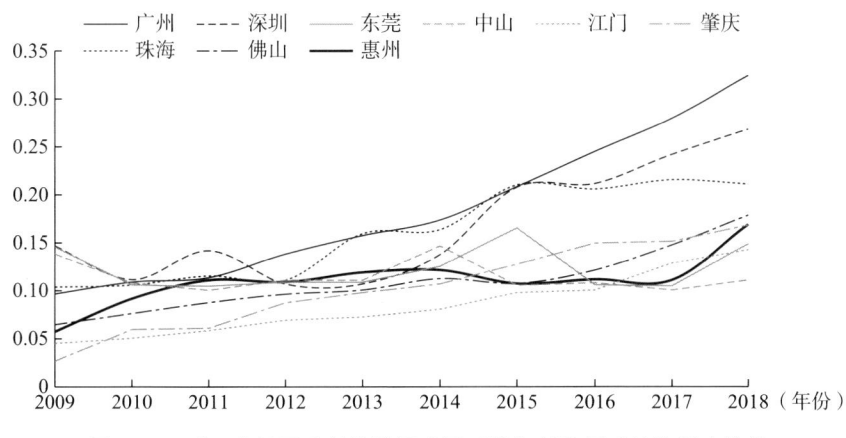

图 1-9 珠三角地区冷链物流需求子系统与辅助子系统协同度趋势

1.5.4 系统协同度的计算

计算得到广州市冷链物流系统协同度如表 1-16 所示。

表 1-16　2015~2018 年广州市冷链物流系统协同度

年份	$S1$ 有序度	$S2$ 有序度	$S3$ 有序度	协同度
2009	0.0644	0.0707	0.0495	0.0605
2010	0.0607	0.0963	0.1517	0.1069
2011	0.1544	0.1505	0.2579	0.1935
2012	0.2421	0.2221	0.3339	0.2717
2013	0.3722	0.2918	0.4213	0.3668
2014	0.4533	0.3648	0.5039	0.4460
2015	0.5119	0.4775	0.5966	0.5344
2016	0.6784	0.5473	0.7039	0.6484
2017	0.8631	0.6439	0.8146	0.7774
2018	0.9240	0.8769	0.8955	0.8985

计算得到珠三角地区冷链物流系统协同度如表1-17所示。

表1-17 珠三角地区冷链物流系统协同度对比

年份	广州	深圳	珠海	佛山	惠州	东莞	中山	江门	肇庆
2009	0.0605	0.1108	0.2037	0.1818	0.0888	0.1262	0.1946	0.0904	0.1124
2010	0.1069	0.1134	0.2494	0.2084	0.169	0.1451	0.1548	0.1779	0.1804
2011	0.1935	0.1725	0.1899	0.2907	0.2594	0.1591	0.2499	0.2695	0.2683
2012	0.2717	0.2082	0.2376	0.3539	0.3571	0.2111	0.3525	0.34	0.3535
2013	0.3668	0.258	0.3113	0.4127	0.457	0.2945	0.4497	0.4253	0.4463
2015	0.446	0.2829	0.4282	0.4407	0.4999	0.5554	0.5219	0.4762	0.5135
2016	0.5344	0.3679	0.5206	0.4734	0.6004	0.4367	0.6002	0.5858	0.6155
2017	0.6484	0.4573	0.5401	0.6635	0.6935	0.4472	0.6876	0.6583	0.6967
2018	0.7774	0.8021	0.6351	0.6642	0.7482	0.5447	0.7483	0.7478	0.7646

从表1-17中可以看出，珠三角地区冷链物流系统整体的协同水平较高。2009~2011年，所有城市的冷链物流系统协同水平在0~0.3的水平，属于缓慢发展阶段；进入2012年后，部分城市如佛山、惠州、中山、江门、肇庆等进入了加速发展阶段；从2017年开始，广州、佛山、惠州等城市协同水平为0.6以上，冷链物流快速发展。

从图1-10中可以发现，2009~2018年，珠三角地区冷链物流系统协同度呈线性增长。这表明在一定程度上，珠三角地区冷链物流是协同发展的。

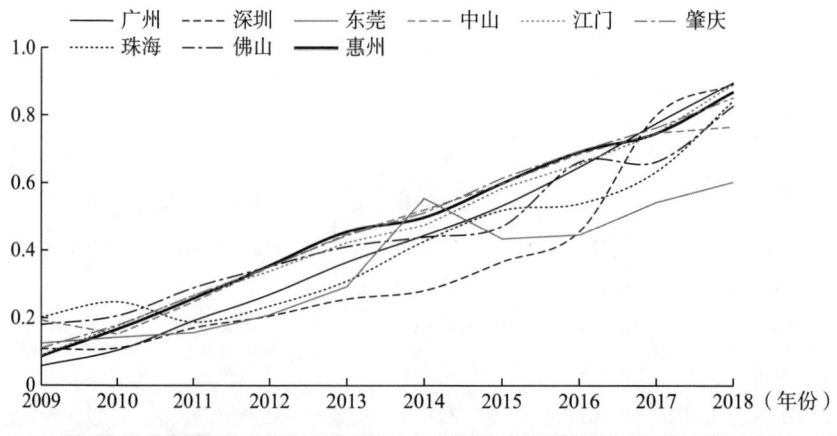

图1-10 珠三角地区2009~2018年各城市冷链物流子系统协同度比较

以上对珠三角地区冷链物流各个子系统的协同度、子系统之间的协同度以及系统协同度进行了计算。结果显示，整个珠三角地区，冷链物流协同度是呈线性增长态势的，但各个子系统中序参量的协同水平仍旧较低，供给子系统与需求子系统的协同度较低，供给子系统与辅助子系统的协同度较低。

1.5.5 提高协同水平的建议

（1）整合珠三角地区冷链资源，促进珠三角地区冷链物流供给系统协同

珠三角地区经济发展势态良好，但冷链物流因为发展起步较慢，目前要进一步完善相关的基础设施，加快冷链仓库的有序建设，加快全程冷链的体系构建，完善珠三角地区冷链物流功能，促进珠三角地区冷链物流供给系统协同。

（2）政府应进一步支持冷链物流发展

目前，冷链物流的发展尚处于初级阶段，特别需要政府在冷链政策、扶持资金上给予具体支持。

（3）加快培养冷链物流人才

目前珠三角地区冷链物流行业人才较少，冷链物流需要操作、技术等方面的专业人才，因此应加强高校与企业之间的产学研合作。

（4）加大监管力度

冷链物流与普通物流不同，冷链物流所保障的绝大部分是食品的品质，因此比其他物流更加需要监管，防止在市场上出现"劣币驱逐良币"的现象。

1.6 结论

1.6.1 主要结论

（1）珠三角地区冷链物流系统是典型的耗散结构。珠三角地区冷链物流系统是一个满足社会需求、适应社会发展的动态开放系统，系统不断与外界进行信息、产品、资金等方面的交换，从而促进系统向协同有序方向演化。冷链物流企业之间的竞争与合作具有的非线性作用、冷链物流资源

分布的非线性特征等构成了珠三角地区冷链物流系统的非线性作用。冷链基础设施等的建设使得冷链物流会出现巨涨落现象。

（2）珠三角地区冷链物流协同是供给子系统、需求子系统、辅助子系统三者的有机结合。珠三角地区的冷链物流系统，从供给方面来说，涵盖了冷链物流全功能要素的部分。供给的协同，就是冷链物流功能要素的协同。冷链资源的分配总是不同的，需求系统的协同表示着冷链资源分配的均匀问题。冷链物流系统受到经济总量与产业结构影响。三个子系统自身产生的协同作用以及三个子系统相互之间的协同作用，就是整个珠三角地区冷链物流系统的协同作用。

（3）珠三角地区冷链物流系统协同态势良好，但子系统协同情况较差。当前珠三角地区9个城市的冷链物流系统协同处于较高水平，但供给子系统与需求子系统、供给子系统与辅助子系统以及子系统序参量之间的协同水平较低，应该通过加强冷链物流基础设施建设、政府政策支持及监管、培养人才等方式，提高珠三角地区冷链物流系统各子系统及序参量之间的协同度，从而推动珠三角地区冷链物流向更高的协同水平发展。

1.6.2 主要创新点

（1）研究视角

以往冷链物流系统的研究，主要是从供应链的角度进行的。而本书从协同学的角度出发，研究宏观上冷链物流系统的协同情况，是对冷链物流研究理论的创新。

（2）研究内容

在研究内容上，本书的创新主要体现在：一是通过对已有文献的综述及现阶段珠三角地区冷链物流系统的概念分析，提出了珠三角地区冷链物流系统的定义，即由珠三角地区冷链物流供给、需求、辅助三个子系统有机组合而成的系统；二是充分考虑了学者们对冷链物流系统的研究，提出珠三角地区冷链物流主要的序参量指标体系；三是分析了珠三角地区冷链物流的协同情况，在一定程度上发现了现阶段珠三角地区9个城市中的协同问题，为认识当前珠三角地区冷链物流提供了帮助。

1.6.3　研究展望

（1）研究内容需要更加深入、完善

本书是基于协同学理论对珠三角地区冷链物流系统协同进行的研究，但冷链物流与物流的具体差异在文中没有充分说明，需要今后从不同角度论述冷链物流的独特性。另外，不同的视角也是冷链物流研究的重点关注内容，今后可从政府宏观管理视角、珠三角地区冷链相关企业视角、资源分配视角对珠三角地区冷链物流协同进行阐述。

本书仅研究了珠三角地区冷链物流的协同水平，今后可从珠三角地区冷链物流协同发展与协同成长的角度进一步研究，研究珠三角地区冷链物流协同发展的机制，为珠三角地区冷链物流发展做出更大的贡献。

（2）指标体系需要进一步完善

本书基于协同学的理论，建立了珠三角地区冷链物流协同水平的序参量指标体系，但基于现阶段数据可获取性，难以完成更大更完善的序参量指标体系构建，如冷库、冷藏车等关键指标难以获得，而仅用货运量与货运周转量这两个指标进行模糊描述。今后应增加调研，充分做好数据的收集，使研究内容更加符合社会活动的实际情况，更好地显示学术的作用。

本书所建立的指标体系中全部为定量指标，缺乏定性指标，没有体现专家意见在冷链物流协同中所起的重要作用。今后应增加问卷调查等方式，获取一定数量的定性指标，使指标体系更加完善。

（3）协同水平的评价方法需要修正

本书基于协同学理论，使用序参量的方法，对珠三角地区冷链物流的协同水平进行量化计算，使用熵权法确定序参量指标权重。今后可以使用主客观相结合的方法确定权重，并进行对比研究，从而选择更优的方法。

总之，珠三角地区冷链物流的协同及协同机制、发展机制的研究对实现珠三角地区冷链物流一体化以及珠三角地区一体化均具有相当的理论价值以及实际意义，我们要不断拓宽研究领域，不断总结现有研究，继续完善珠三角地区冷链物流协同理论体系。

第 2 章 水果采后预冷的外部效应及预冷节点布局优化

2.1 引言

2.1.1 研究背景及问题的提出

2.1.1.1 研究背景

随着中国经济的高速发展以及经济体制的不断深化，人们的饮食倾向于消费快速化、品种多样化和食品健康化，保鲜保质成为时下的新追求。但是，食品安全事故频出，运输途中腐损率居高不下，我们对食品安全提出了更高的要求。在农产品市场需求复杂多变的背景下，冷链物流扮演着无可替代的角色。

我国从改革开放以来始终是果蔬生鲜类产品的供给大国，其中种植面积与总产量两项指标都具有显著的比较优势。《中国统计年鉴》的数据显示，2016 年我国生鲜农产品总产量为 14.8 亿吨，其中水果、蔬菜、肉类、水产、奶类等生鲜农产品的产量分别为 27375 万吨、76918 万吨、8625 万吨、6699 万吨、3870 万吨，近 10 年来都保持着 4% 左右的增长速度。在农产品品质需求不断走高的今天，生鲜市场的产品持续上行，产品供给规模也在日益扩张。2016 年前后国内生鲜市场的订单额达 4.7 万亿元，同比增长 8.8%，其市场交易量同比增长 5.1%。但是我国局部范围内水果腐损近 1200 万吨，蔬菜 1.3 亿吨，如果按近年的市价进行折算，损失在千亿元以上。主要原因有：①预冷普及率低，生鲜果蔬腐损率较高；②预冷基础设施不完善，布局不合理；③缺乏预冷意识，操作不规范；④缺乏完善的预冷标准规范和法律法规。从这个角度来看，冷链物流基础设施布局以及冷链物流的规范化成为促进我国农业生产效率提升的关键。

对于该类问题，中央和各地相关部门出台了一揽子指导政策。2017年2月中央一号文件《中共中央、国务院关于深入推进农业供给侧结构性改革加快培育农业农村发展新动能的若干意见》概述了对于农业冷链物流相关基础设施建设的指导办法，并提出了产供直销挂钩的思路；同年4月，国务院办公厅印发《关于加快发展冷链物流保障食品安全促进消费升级的意见》，指出要以体制机制创新为动力，以先进技术和管理手段应用为支撑，以规范有效监管为保障，构建"全链条、网络化、严标准、可追溯、新模式、高效率"的现代冷链物流体系；8月，交通运输部印发《加快发展冷链物流保障食品安全促进消费升级的实施意见》，该意见立足于促进冷链物流规范健康发展，保障食品药品流通安全，推动物流业供给侧改革等。

以上意见表明，加强冷链物流保证、提升各地的冷链物流基础设施质量、保障鲜活农产品质量和食品流通安全一直是国家高度重视并且还需要进一步研究落实的问题。

2.1.1.2 问题的提出

优化冷链物流网络并选择合适的冷链物流模式配送新鲜农产品，成为亟待解决的问题。毋庆刚（2011）认为，农村作为水果的"最先一公里"，还存在着浪费、预冷不及时、冷链设施不完善、冷库资源配置失衡、产品滞销腐烂、运输配送时无温度控制、系统化的冷链物流体系不完善等问题。国家统计局官方数据显示，国内的果蔬生鲜产品在配送过程中损耗占比达20%~30%，在发达经济体中这项数据仅为1.7%~5%。举例说明，蔬菜配送前如果第一时间经过接手处理，其腐损率一般是低于5%的，而采摘之后常温运输的腐损率会是预冷之后的6倍多，高达30%。根据中国产业信息网公布的数据，国内截至2015年底，果蔬、肉类和水产的冷链运输比例分别为30%、50%和65%。即使采用了冷链运输，如果前端缺少及时预冷处理，其腐损率依然可达15%。

由此看来，针对不同农产品类型，辅以不同形式的冷链物流配送形式，提高物流运输效率，降低运输过程中损毁占比，从而提高整个农产品供给效率是解决问题的根本路径。综上分析，本书将在分析生鲜水果冷链物流模式的基础上，探索新型冷链物流前端配送模式，并切实解决以下三个问题。

（1）构建水果前端冷链物流新模式

通过对现有生鲜农产品前端冷链物流的界定和模式的总结，明确制约前端冷链物流模式的因素，并构建"产地—集货—预冷节点"的前端冷链物流新模式。

（2）水果采后预冷的外部价值量测算

水果采后预冷具有很明显的经济效益和外部效应。经济效益显而易见，外部效应常常被人忽略。本书通过对水果采后预冷的外部效应进行具体分析，并利用市场价值法对其进行价值量的测算，真实反映预冷之后的冷链运输可为社会创造多少价值，从而为政府提供可靠的数据性参考，为其政策提供支撑。

（3）基于外部效应的预冷节点布局优化

在考虑预冷外部效应的基础上，以预冷节点布局的总操作成本最小化、外部效用最大化为双目标函数，分析外部效应对前端冷链布局的影响，从而提供政策建议。

2.1.2　研究目的及意义

本书在分析水果冷链物流现状、生鲜农产品冷链物流前端节点环境和物流模式的基础上，对现阶段的农村冷链物流前端物流模式进行创新，并利用市场价值法、参数比较法等方法对冷链模式的外部效应进行测算，并通过对广东从化荔枝的实证分析，确定外部效应的价值量和前端预冷节点的选址。在提高生鲜农产品的流通效率、优化前端物流、为政府提供决策支撑、促进农业和物流业的发展、保证食品安全等方面具有重要意义。

（1）现实意义

合理规划冷链物流前端网络节点对优化整个物流网络起着重要作用。农村冷链物流前端节点是城乡农产品流通的首要环节，是整个物流体系的开端，是产品的集散中心。农村冷链物流的前端节点规划合理，不仅能够减少生鲜农产品的损耗，加快流通速度，增加企业利润，还可以充分提升农户在议价过程中的地位，获得更高比例的盈余，提高第一产业的国民收入水平。另外，也为城镇居民享受更新鲜的农产品供给服务、确保农产品安全有效运达目的地起到重要作用。合理选择物流模式，有利于降低冷链配送过程中的果蔬运输成本，减少损耗，解决效率低下等问题。

本书在探究冷链运输配送产生的外部效应的同时，对预冷体系有着全方位的深入研究。冷链配送给农产品市场、产业链衍生部门甚至整个社会的经济带来了积极的影响。本书对预冷处理造成的外部效应进行考量后，也深入探究了外部效应的影响范围和影响程度，还验证了采后预冷在物流配送过程中的重要作用，可为地方政府建设冷链预冷节点等基础设施提供参考依据。

（2）理论意义

本书优化了前端冷链物流网络。以果蔬产品在冷链配送过程中可能出现的缺陷作为思路起点，对已有的农产品配送链物流模式进行分析和实地调研，并对冷链前端等相关概念进行界定，进而创新性地提出"产地—集货—预冷节点"的前端冷链物流模式。

本书构建了水果采后预冷的外部效应指标及其具体测算方法。外部效应在经济上研究较多，然而国内外学者对冷链外部效应方面的研究甚少。冷链运输具有很明显的外部效应，本书通过对水果采后预冷的外部效应的指标进行界定，并提出测算其价值量的方法。通过对从化荔枝的实证分析，为水果的发展规划提供新思路，同时为政府和投资者的管理运营提供一定的决策依据。

2.1.3 国内外研究现状

2.1.3.1 生鲜农产品冷链物流研究

我国关于果蔬产品冷链配送的研究成果并不丰富，学界在讨论冷链物流时也主要集中在概念范围界定、配送运输模式和产品风险保障等方面，很少有微观范围的实证研究。在概念定义方面，王之泰（2010）汇总和分析了冷链物流在不同背景环境下的概念界定，提出了符合时代要求的新定义，即冷链是对特定物品在生产制造、流通、物流、应用和消费过程中使用的链式低温保障系统。朱仕兄（2012）在已有文献研究的基础上对我国冷链物流的前、中、后段进行了理论综述，结论显示，我国的冷链物流配送主要症结为技术落后。以生鲜农产品为主的市场缺乏固定的规则和风险防范措施，冷链物流的相关规定和规范有待改善。

在冷链发展现状方面，赵英霞（2010）、王家旭（2013）、孙春华（2013）等学者指出现阶段我国生鲜农产品冷链物流存在基础设施不足、市场环境尚不成熟、冷藏冷冻技术落后、缺乏整体规划、企业规模及运作水平有待提高、人才匮乏等问题，并提出要进行冷链物流技术更新和产品研发、加强各级之间的衔接、丰富法律和相关政策等建议。谢如鹤（2014）从预冷产品的品牌打造、各级冷链配送的设施建设、冷链的逐级配送标准、农户与市场的规则规范等方面进行了多角度、契合实际的方法研究。汪旭晖、张其林（2016）则主张通过"互联网+"的方式解决现有问题，通过将大数据运用于物流配送过程，走出冷链物流的窘境。

在冷链物流模式方面，对生鲜农产品冷链物流模式的经营主体、配送模式、流通方式等问题进行了多方位的研究。杨光华等（2009）对冷链配送的研究区域进行了划分，并针对不同区域运用不同方法进行测度。郭家德（2012）、欧海燕（2012）等物流专家总结前人研究成果，归纳了四类农产品物流配送模式，即以农产品粗加工为主的厂商、农产品供需中转商贩、农超对接终端超市企业及以第三方物流为主导的果蔬生鲜配送模式。杨芳、谢如鹤（2012）在对物流系统工程进行实证研究的过程中，将配置要素以可达矩阵的方式进行建模和换算，并对物流配送的整体系统进行了建模和分析。袁清（2013）对我国不同区域的生鲜农产品配送模式进行研究，提出了我国果蔬生鲜农产品配送的多种模式，即以农户批发为主的配送模式、以市场供需交换为主的批发市场模式、以市场为主的物流厂商配送模式、以家庭农产和农业专业合作社为导向的配送模式、以农超对接形式为导向的配送模式、以次级生鲜产品加工企业为导向的配送模式和以第三方物流为主导的物流模式，并提出农产品物流配送模式的问题在于各级单位的合作意识淡漠、主要的配送技术有待升级等。肖锭（2014）重新整合和定义了冷链配送的概念，将我国的生鲜农产品配送模式归为三大类，即以农户为主导的供应模式、以粗加工为主体的供应厂商配送模式、以农超对接为主导的超市收购农产品物流模式三种，此外还进行了冷链运输过程中降低成本的计量分析。赖修源（2016）在各区域的微观实证中归纳了陕西模式、山东寿光模式、福建永辉模式等几类有着良好示范性的创新模式，并在此基础上学习了荷兰和美国的物流发展模式，表明物流发展模式应以"农户＋新型农业经营主体＋冷链配送节点＋超市、生鲜市场等需求终端"为路径，对区域性农产品配送进行全面的完善。

相较于国内研究成果，国外对生鲜农产品冷链的研究体系已趋于完整，研究对象主要是冷链物流配送技术对整体市场运行的影响、冷链物流模式或者网络的优化问题、冷链配送中各级主体的运作效率以及在产业管理方面切合实际的分析。S. J. James 和 C. James（2010）分析了周围环境中气温上升对食品冷链的影响，认为气候变化引起的环境温度提高对当前发展的食品冷链将产生实质性影响。Rong 和 R. Akkerman 等（2011）将食品质量置于冷链配送体系中加以考虑，通过模拟食品质量退化的方式，利用混合整数线性规划模型来求解，做出合理的生产和分配规划，同时达到食品质量和成本标准。Shabani 和 Saen 等（2012）提出一种新的冷链标杆管理法，指出供应链管理的黑暗领域即那些货架寿命短且需要专门设备和销售、存储和配送设施的产品。出于这个原因，开发一个线性模型，通过选择最佳销售代理商的方法来提高冷链运作的管理水平。Teimoury 和 Nedaei 等（2013）使用多目标的系统仿真模型，归纳出进口政策对生鲜农产品供应链的影响行为和关系。Validi 和 Bhattacharya 等（2014）对不同生鲜农产品分销渠道进行分析，建立了绿色多目标优化模型，探讨如何最大限度地减少 CO_2 排放和降低分销链运输总成本，并采用多目标决策方法 TOPSIS 法，对总费用与 CO_2 排放量进行权衡，找到切实可行的运输路线。

Verbic（2006）探讨了冷链物流模式中的易腐货物保存参数，即易腐货物的强度、易腐货物的保存效果和保存效果的延迟。这些参数值的确定可以降低冷链物流链的腐损率。Mir Saman Pishvaee 和 Reza Zanjirani Farahani 等（2010）认为供应链的效率取决于如何设计物流网络。为达到整体最优，他们提出了正逆向物流网络连续模型，并运用基因算法，对多目标混合整数规划进行最优求解。Sara Hosseini 和 Wout Dullaert（2011）强调网络设计阶段的不确定因素。通过分析实施阶段如何减少不确定因素造成的不利影响，做出了基于减少不利因素的随机规划，对物流网络进行稳健优化。JI

Ming-Jun 和 CHU Yan-Ling（2012）通过对多个贸易港口进行实证调研，分析了辐射状的物流配送体系发展模式，确定了每个港口规模效应最大化以及整个系统运输成本最小化的情况，并通过动态腹地划界和改变交通容量使模型更加接近现实，最后运用算例证明模型的有效性。Hao S. B. 等（2013）结合信息技术在冷链物流网络企业中的应用，构建和实施冷供应链物流网络模型，从而提高了网络结构的运行效率。

2.1.3.2　生鲜农产品冷链物流节点选址研究

国内学者姜大立等（1998）是生鲜物流配送选址理论与实践方面的先行者。他们认为除了考虑运输费、配送中心的投资费用和管理费之外，还需考虑到腐败和侵蚀导致的物品损耗，并通过启发式算法对离散的易腐食品配送中心的选址模型进行求解。索志林、王栋（2007）从多个物流厂商的需求角度来分析各个层级物流配送点的选址规则，并将实证研究抽象归纳成为厂商理论中的成本缩小模型。随着研究的成熟，近年来对选址的研究从离散到连续、从成本最小化的单一目标函数转变为多目标函数。王敏等（2009）在先前学者研究成果基础上，通过控制变量法，将生鲜农产品的腐损率和时间点进行拟合规划，通过不同的函数和计量模型来设计冷链物流节点的选址。他们采用遗传算法对模型进行求解，相对完整地克服了农产品物流选址这一难点。

在提高农业生产效率的过程中，多位学者走在研究冷链物流节点选择的前列。朱自平等（2011）、李梦觉等（2011）系统分析了农产品物流配送中心的选址原则、因素等，分别建立了AHP方法下的多目标规划和离散的成本最小化模型，对物流中心进行最优选址。李磊、张彦玲（2013）通过对易腐农产品的分析，在总成本的基础上考虑了腐败成本，运用G1法和熵值法构建成本最小模型，并通过更贴合实际的生长算法对相关情形做出模拟，计算了此过程中的效率。孙曦（2014）通过运用层次分析法和德尔菲法构建与农产品物流节点相关的指标体系，将模型问题与定性讨论相结合，解决了实际中的选址问题。肖建华等（2015）通过对多种混合模式的实证问题进行回归分析，以非等覆盖半径为核心思想，在动态的情形下对冷链配送节点进行对比选取，最后还解决了方法的实效问题。张文峰、梁凯豪（2017）将最大距离、产量、容量都作为约束条件，进行多元回归模型分析，在新算法的基础上进行了拟合优度的检验，最终确定物流选址，形成网络效应。

近年来随着冷链物流的兴起，许多学者开始关注冷链物流对生鲜农产品物流整个系统网络的影响。龚树生、梁怀兰（2006）认为各级冷链物流配送需求有本质的区别。单个主体供需过程、不同局域内的供需配给过程、局域以外的多方外部环境配给过程都是物流网络需求更新的种类，在不同的环境和区位下，供需要求也不同。庞燕、王忠伟（2010）在湖南省新时代要求的背景下，对其物流贸易体系进行了整数规划模型的模拟检验。针对不同农产品的配给需求，提出了适合当地的方法。谢婷等（2015）考虑到农产品轴辐式物流网络的特点及生鲜农产品的时效性，以提高客户满意度为出发点，建立了总成本最小的农产品网络节点选址模型，用混合蛙跳算法（SFLA）对模型进行求解，将时间可靠性应用于农产品选址，可以有效提高客户满意度和节约成本。贺盛瑜、马会杰（2016）在以生态效应为研究主线的理论体系中，研究了物流配送模式的生态系统演进方式。在系统理论构建的基础上，通过多元 Logistic 的方程进行实际生产中需求程度的影响因素分析，在环境和外部特征一致的情况下对优化方案进行整合。

国外学者 Dantzig 和 Ramser（1959）最早提出车辆路径问题，他们致力于对带时间窗、多车辆等更加复杂的现实问题进行研究。Yoshiaki Shimizu 等（2008）基于时间窗的两级多车辆选址问题，提出了一种多目标优化模型即 MHPV 方法，旨在减少碳足迹和整个网络温室气体排放所带来的成本，在可持续食品供应链网络中得出最优选址。Liu S. 等（2011）提出了一种新的混合启发式算法来解决这个问题，它结合了粗糙集方法和模糊逻辑。该算法首先采用粗糙集方法获得目标权重。建立目标值后，计算综合评价值，最终得到替代配送中心的最优选址。Amorim P. 和 Almada-Lobo B.（2014）提出了一种新的多目标模型，使生鲜产品的新鲜状态最大化和配送成本最小化，并得出小容量带有时间窗的车辆路径和大容量车辆路径存在相互冲突的结论。Sahar Validi 和 Arijit Bhattacharya（2014）运用 TOPSIS 法，构建了绿色多目标优化模型，用遗传算法算出最优的可持续路线和最优选址。

2.1.3.3 生鲜农产品冷链物流的外部效应研究

国内外学者对于生鲜农产品冷链物流的外部效应研究甚少，国内有关绿色物流、低碳物流外部效应的研究较多，但缺乏对农产品冷链物流外部效应指标体系的研究及清晰、统一的核算方法。姜宁、黄万（2010）以冷链物流的补贴政策为导向，进行了多方实证分析，从研发配比的内涵角度进行思考，认为政策的加强往往伴随着物流效率的提升，但政府补贴的增加与厂商的投入获利比并不一定存在正向关系，而且在不同行业也呈现不同的差距。刘荣港等（2011）详细介绍了绿色物流的内涵及其外部效应和相应的政策建议。舒辉、李建军（2013）通过对绿色冷链配送模式的思考，建立了不完全信息下的合作博弈模型，对企业的外部性进行了深入讨论，从而证明政府应尽量减少监督成本，严惩负外部效应，奖励正外部效应。林晶（2015）在成本内部化的假设上，对环境、能源、人力资本等问题进行了多角度的测量，并从市场机制、公共政策和社会福利等方面对物流外部性的补偿对策进行了分析。

国外学者对交通轨道的外部效应研究较多。Rothengatter（2000）介绍了运输的外部效应是如何发生的，以及如何通过税收和补贴来消除。在外部效应的量化方面，可以在新古典效用理论或风险分析的基础上进行。Tom Von Woensel 等（2001）量化了公路车辆对环境的动态影响，指出在大多数排放模型中，根据特定的道路类型使用恒定速度，可以有效降低排放量。Jason D. Lemp 等（2008）指出汽车外部成本包括温室气体和其他气体的排放、碰撞成本、道路拥挤和空间消耗等。通过估算美国市售乘用车和轻型货车的外部成本，发现轻型载货汽车的外部性成本远高于客运汽车。在冷链方面，国外学者的研究视角集中在冷链技术的应用和评价体系方面。Gogou 等（2015）认为冷链管理可以提高产品的新鲜度和安全性。基于冷链数据库的冷链预测软件能够根据现有的或用户定义的动力学数据计算不同冷链阶段的产品货架期状态。Defraeye 等（2016）认为对冷链性能进行更全面的评估是开发更具资源效率和能源智能的食品供应链的关键。通过冷藏集装箱实验，证明了容器的冷却性能取决于它的存放和对流冷却的方式，并对生鲜产品冷链运输的效果进行了评价。

2.1.3.4 文献评述

在生鲜农产品冷链物流方面，国外研究已经相当成熟，而我国仍停留在宏观方面。我国生鲜农产品冷链物流现状与发达国家相比，仍存在着基础设施分配不均、资源配置不合理、冷藏技术落后、标准体系不健全等问题。在生鲜农产品冷链物流模式方面，国外农业以规模化的经营为主，不同于我国农业小批量、易分散的现状，所以国外农产品冷链模式的研究内容与我国生鲜农产品冷链物流模式不同，但都是以整个生鲜农产品供应链网络为出发点进行分类与优化。我国学界对于前端生鲜农产品物流的定义、分类研究较少。关于农产品冷链物流外部效应方面的研究更是少之又少，大多数是耕地、轨道交通外部价值量的测算或者评价体系方面的研究，在冷链方面缺乏有效的测算方法。

2.1.4 主要研究内容及方法

2.1.4.1 主要研究内容

（1）生鲜农产品冷链物流前端网络及外部性的内涵与特征

本书对外部性、冷链物流、物流节点、冷链物流节点等相关概念进行界定，并重点讨论外部效应的含义、特征、组成和相互关系，厘清外部效应的内涵和分类，明确冷链物流领域外部效应的研究范围。此外，广泛调研和探讨文献研究，为本书前端冷链物流模式的研究提供参考。

（2）生鲜农产品前端冷链物流模式研究

现有的生鲜农产品冷链物流模式，按区域划分，可以分为区域内和区域外冷链物流模式。按经营主体划分，可分为以大型加工企业为主导、以大型批发市场为主导、以连锁超市为主导三种生鲜农产品冷链物流模式。本书在已有的模式下，将区域、经营主体、冷链设备，作业环节等因素全都考虑在内，创新性地提出了新型冷链物流模式，具体见图2-1。

（3）水果采后预冷外部效应的价值量测算

本书以生鲜农产品中的水果为例，在提出新型前段冷链物流模式的基础上，通过文献研究、实地调研、归纳演绎分析水果采后预冷会产生哪些外部效应，并对其产生的外部效应进行详细说明和价值量测算。

（4）基于外部效应的预冷节点布局优化

本书在水果采后预冷外部效应最大化背景下，构建水果采后前端配送二级模型，即集货—预冷中心—经营主体。建立总操作成本最小、外部效应最大化的多目标函数，对预冷节点的选址布局进行优化。

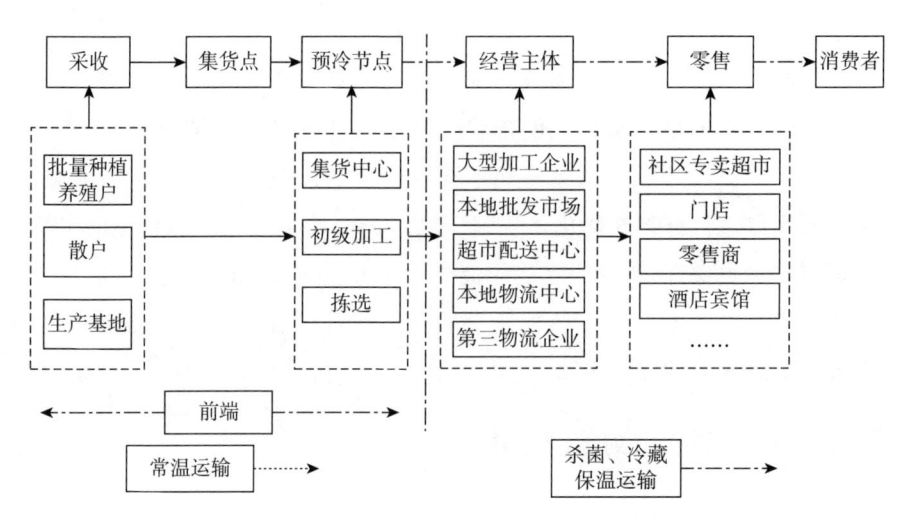

```
采收 → 集货点 → 预冷节点 → 经营主体 → 零售 → 消费者

批量种植养殖户        集货中心        大型加工企业      社区专卖超市
散户          →      初级加工        本地批发市场      门店
生产基地              拣选           超市配送中心      零售商
                                   本地物流中心      酒店宾馆
                                   第三物流企业      ……

前端 ←——————————→                杀菌、冷藏
常温运输                          保温运输
```

图 2-1 新型生鲜农产品冷链物流模式

（5）实证分析——以从化荔枝为例

本书在分析从化荔枝前端冷链物流模式的基础上，通过实地调研确认相关选址、运输数据，运用所建的多目标模型测算在从化推行新型冷链物流模式后会产生的外部效应以及具体的价值量，从而为政府投资者提供决策参考。

2.1.4.2 研究方法

本书采取定量分析与定性分析、理论研究与实证研究相结合的方法，综合运用市场价值法、替代参数、数学建模等多学科的知识，进行冷链物流前端物流模式和产生的外部效应测算研究，具体研究方法如下。

（1）文献研究。通过对国家、商业部、地方政府出台的农业政策、物流政策以及国内外文献研究现状进行分析，提出本书的研究问题；采用文献研究和归纳演绎的方法，对生鲜农产品冷链物流节点、物流模式、冷链前端物流等形成初步的认识，确定本书解决问题的理论、方法和技术路线。

（2）问卷调查法。通过设计调查问卷与实施调查，来获取从化荔枝的冷链物流现状、选址的相关因素、运输过程中生鲜品的腐损率、单位运输成本等相关现实数据。

（3）市场价值法。市场价值法是环境经济效应分析中的主要方法，也称生产力损失法。在分析外部环境不确定性时，通过测算损益数量增减，进行市场成本总量和环境经济总效应的精确度量，即将外部环境和其影响因素看作生产函数中的要素，在其影响因素变化和调整时，对整个市场的收益进行全面的核算。用产品的市场价格来计算由此引起的产值和利润的变化，便可对环境的影响进行价值量的测算。

（4）替代参数法。是指某一特定的生态服务功能价值或效应在已经被测算出来的基础上，通过修正待评估的生态区域中的生物生长量、环境和土地质量等因子，计算出待评估区域中某一特定的生态系统服务功能中的价值量效应。

（5）数学建模与仿真法。本书对外部效应和前端预冷节点进行系统的分析，分别从定义变量、解释变量、目标函数、约束条件等方面进行数学模型的构建，最后通过实际数据的收集和相关参数的确定，利用 lingo 软件对模型进行仿真求解。

2.1.5 技术路线

见图 2-2。

2.2 相关概念与理论

2.2.1 外部性的相关概念

2.2.1.1 外部性起源

英国著名微观经济学家亚当·斯密于 1776 年在自己的著作《国富论》中提出了"看不见的手"的作用，并认为不能忽略"分工受市场广狭的限制"。施蒂格勒（2008）却认为这两者之间存在矛盾，无法兼容，即"斯密困境（Smith Dilemma）"。与其相对，在 20 世纪 70 年代，经济学家马歇尔（Marshall）（2015）对上述问题做出了解答，他将市场的规模经济划分为内外两个部分，并且运用规模经济与规模不经济的理论对长期范围内的"马歇尔冲突"进行了宏观层面的解释。在市场中，规模效应或规模经济带来的厂商利润增加，一部分来源于产业整体（即一个产业包含的所有厂商）全面的发展，另一部分来源于单个经济体生产效率的上升。前者称作外部经济（external economies），后者称作内部经济（internal economies），这里的"外部经济"被认为是对外部性问题最早的阐述。庇古则在马歇尔研究

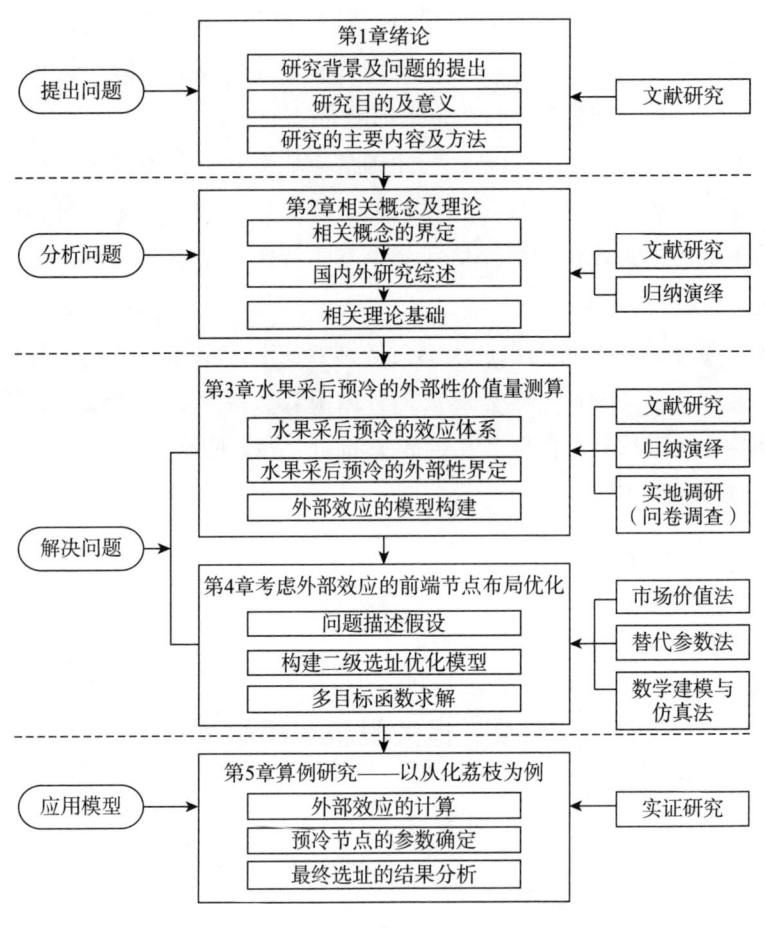

```
提出问题 → ┌─第1章绪论──────────┐  ┌──────┐
          │ 研究背景及问题的提出 │ ← │文献研究│
          │ 研究目的及意义      │  └──────┘
          │ 研究的主要内容及方法 │
          └──────────────────┘

分析问题 → ┌─第2章相关概念及理论─┐  ┌──────┐
          │ 相关概念的界定      │ ← │文献研究│
          │ 国内外研究综述      │  │归纳演绎│
          │ 相关理论基础        │  └──────┘
          └──────────────────┘

解决问题 → ┌─第3章水果采后预冷的外部性价值量测算─┐  ┌──────────┐
          │ 水果采后预冷的效应体系              │ ← │文献研究    │
          │ 水果采后预冷的外部性界定            │  │归纳演绎    │
          │ 外部效应的模型构建                  │  │实地调研    │
          └──────────────────────────────────┘  │(问卷调查)  │
                                                └──────────┘

          ┌─第4章考虑外部效应的前端节点布局优化─┐  ┌──────────┐
          │ 问题描述假设                        │ ← │市场价值法  │
          │ 构建二级选址优化模型                │  │替代参数法  │
          │ 多目标函数求解                      │  │数学建模与  │
          └──────────────────────────────────┘  │仿真法      │
                                                └──────────┘

应用模型 → ┌─第5章算例研究——以从化荔枝为例─┐  ┌──────┐
          │ 外部效应的计算                    │ ← │实证研究│
          │ 预冷节点的参数确定                │  └──────┘
          │ 最终选址的结果分析                │
          └────────────────────────────────┘
```

图 2-2 本书技术路线

的基础上进行了全方位的总结和归纳，他认为市场并不能成为克服外部性的最有效手段。在资源配置的过程中，往往存在着信息不对称、垄断组织的干预等因素，因此，政府的宏观调控成为解决外部性问题的关键，而在具体的实施过程中，正的外部性需要予以补贴，负的外部性需要实施征税，解决负外部性的政府手段也被称为"庇古税"。

同时，新制度经济学的奠基人之一科斯也提出了"科斯定理"，以期对外部性造成的市场失灵问题予以解释。该理论阐述了在产权明晰并且交易成本很小的前提下，市场是解决外部性问题的最有效方式。在实际的运用中，科斯定理展现出极强的解释能力。

2.2.1.2 外部性的概念

王传伦、高培勇（1995）认为，外部性又称为"外部效应"、"溢出效应"和"外部影响"等。外部效应（externality）通过对实际经济活动中不同生产者和消费者进行描述，表明在正常经济行为进行时，不同经济体的行为导致其他经济体在完成资源配置时受到了不确定的影响，因而造成交易过程与预期的不一致性。也就是说，市场价格并没有真正地体现外部效应导致的经济交易成本或者效应的变化。从外部效应的接收主体角度，外部效应是指当一个行为不在自己的考虑范围内时所产生的受益或者受损的情况，即强加给没有参与这一决策的成本，或额外获得不属于自己行为的收益。上述两种不同角度的定义，在本质上是一致的，即外部效应都是某个经济主体对另一个经济主体产生的一种外部影响，而这种影响又不能通过市场价格进行买卖。

2.2.1.3 外部性的分类

（1）正外部性与负外部性

在传统的微观经济学理论中，外部性因损益的不同而被划分为正的外部性和负的外部性。正外部性也称为"外部经济""正外部经济效益"，是指一个经济主体的生产或者消费活动给另一些经济主体带来的有利影响，而接收有利影响的经济主体并不需要为此付出任何成本。负外部效应也称之为"外部不经济""负外部经济效益"，是指一个经济主体的生产或者消费活动对另一些经济主体造成不利的影响却又不承担任何的赔偿。

（2）生产外部性与消费外部性

在市场资源实际的配置过程中，外部性往往导致资源无法达到预期的福利水平。在生产领域中，厂商的生产过程有许多难以预期的因素，这些因素导致厂商产量的变化，成为生产的外部性；同理，在消费市场上，一些消费者的行为可能会造成其他消费者购买偏好的改变，致使消费倾向发生变化，这个现象可以称为消费的外部性。举例说明，生产中的负外部性是生产带来的外部负效应（外部成本），最常见的外部负效应就是环境污染。A区域的工厂排放废气污染空气或排放污水导致河流污染，给周边区域造成极大损害却不必承担任何补偿。

消费外部性主要是消费者在购买过程中消费偏好的转变而导致其选择倾向的转变，致使外部性的形成。正外部性主要是消费刺激带来的消费倾向的扩大，例如，甲地区的居民注射了预防传染病的疫苗，乙地区的居民可能会因此而减少染病的机率；甲地区的现代化购物中心可能会使乙地区的居民得到"货比三家"的机会从而降低购物成本。这些消费的集聚性和扩散性形成的外部收益，也正是区域协作希望获得的社会效果。而负外部性则是消费者预判产品价格或收入变化致使消费倾向收敛的过程。例如，甲地区的居民向乙地区出行较多，造成乙地区道路拥挤，居民出行不便；甲地区的居民把城市垃圾堆放在与乙地区接壤的地方，造成乙地区环境污染。以上这些都是消费活动造成的负外部性。消除这种区域间消费的负外部性，是区域一体化建设的重要社会目标。

（3）代内外部性和代际外部性

假定当事人为甲和乙，不管是甲对乙产生外部性影响，还是乙对甲产生外部性影响，如果甲、乙同处于一个时间和空间内，那么甲和乙的外部性称为代内外部性，即如果甲对乙实施了外部性，乙是可以在同一时间和空间感受到的，双方或许可以通过谈判或其他方式消除和减轻外部性的影响。而代际外部性是指甲和乙生活在不同的时间和空间内，如果乙是外部性的承受者，则当乙承受外部性的影响时，甲已经不存在了，乙只能无条件地接受甲给他造成的外部性影响。代内外部性和代际外部性为分析资源环境外部性所产生的上一代人对下一代的资源掠夺提供理论依据。

（4）市场机制的外部性与政府行为的外部性

外部性根据形成机制分为市场机制的外部性和政府行为的外部性。市场机制的外部性是市场失灵给经济主体带来收益或损失的经济结果。市场失灵的表现很多，外部性是其中之一。市场失灵的正外部性是由超脱于市场价值观之外的市场主体行为带来的社会效应，如慈善家、志愿者的社会公益行为给人们带来的好处，应该成为区域经济发展的社会动力之一。市场失灵带来的负外部性是市场价值无法反映的社会损失。例如，著名的"公地悲剧"理论阐述了公共资源利用的负外部性，即某个人使用公共资源会对他人运用该公共资源造成影响——公共资源因已经有人使用，所以其总量减少而影响到他人对该公共资源的利用。

2.2.1.4 外部效应内在化

外部效应内在化是一种解决外部性问题的新思路。不同于庇古税与科斯定理，内在化主要是通过一些有效的手段使得多个厂商或多个消费者在分配和利用资源的过程中将目标一致化，通过理性的预期使资源配置的过程达到帕累托最优的状态，以期在生产或消费过程中，成本或期望达到最优状态，这样的调整过程被称为外部效应内在化。

近现代研究理论主要推崇的是庇古税和科斯定理，两者所代表的流派各有不同。庇古理论虽然是在凯恩斯学派之前提出，却与凯恩斯的萧条经济学理论不谋而合，他们均认为政府是优化市场配置的关键，宏观调控可以消除负的外部性使市场配置达到帕累托最优。

与之相对，科斯则认为，当产权明晰并且交易过程中的成本很小甚至可忽略不计时，市场会成为实现帕累托最优的最重要工具。这种理论的应用也符合了福利经济学第一定理和第二定理，但在市场实际运行过程中，资源的配置并不像预期那样容易。以上述两种理论为指导，具体的外部效应内在化的措施有政府征收税款、政府补贴、法律手段。

2.2.2 物流节点的相关概念

2.2.2.1 物流节点的内涵

孙莹等（2009）认为，物流节点是指构建物流系统网络的过程中，连接各个物流线路的结节之处。物流节点和物流路线共同组成了基本的物流网络。线路是指运输配送过程中的每个节点连接起来的总和，与此相对，物流节点是指在配送过程中用于储藏货物、承担分货转换等功能的处理机构。随着现代物流业的快速发展，完善高效的物流系统更加依赖于协调、顺畅的物流节点功能的发挥。物流节点不仅具有一般的物流基础功能，还承担指挥调度与收集信息的职能。对于生鲜农产品来说，冷链物流节点是整个生鲜农产品物流网络的灵魂，因而得到了更多人的关注。

2.2.2.2 物流节点的功能

（1）物流节点的衔接功能。长途运输过程中，经常需要多式联运，预留节点可以通过转变运输方式来衔接不同的运输手段。短途运输中，节点也能进行"门到门"的运输，利用托盘等工具来保证衔接通畅。因此，高品质、高速地将货物运到目的地离不开物流节点的衔接。

（2）物流节点的信息功能。物流节点同时也兼有获取一手信息、进行适时决策的功能，在现代供应链网络中也起到了难以替代的作用。当今的社会已经不限于表层上的货物交换，更重要的是要掌握信息并进行权变反应。而在物流体系中，物流节点正是有着这样的功能，并且它还是分析信息、进行检索、共享信息这个过程中承上启下的核心机构，只有物流节点在运行过程中相互配合、相互反馈才能形成良好的物流配送系统。

（3）物流节点的管理功能。胡雪梅（2016）认为，物流配置是一个涉及面广、影响因素多的组织过程，在实际操作中必须依靠完善的规则和有序的执行力，而物流系统的指挥场所与管理设施大多建立在物流节点上，随着物流行业的不断发展，其管理功能也不再局限于单一节点上的管理，而是延伸到物流线路中，甚至是整个物流网络，从而保证整个系统运转的有序进行。

2.2.2.3 冷链物流节点的分类

如上所述，谢如鹤（2014）认为，物流节点的选取是整个物流系统得以正常运转的关键，只有依靠功能齐全、区位合适的物流节点，才能达到产品冷链配送的高效无误。而冷链物流节点与一般的物流节点相比，具有一定的特殊性，主要是仓储、配货、包装等环节的货物需要冷冻配送，且以生鲜农产品为主。由于冷链物流节点的主要功能、设施布局以及冷链物流节点所在区域经济发展水平对其功能的要求不同，因此本书从物流活动所涉及的主体内容、冷链物流活动所涉及的功能以及冷链物流服务方面，将冷链物流节点进行分类，如表2-1所示。

表2-1 冷链物流节点初步分类

	一级节点	二级节点	三级节点	四级节点
节点类型	1. 产地预冷站及冷库 2. 枢纽型的冷链物流园区 3. 战略性储备冷库 4. 一级批发市场	1. 区域综合性冷链物流园区 2. 大型冷链物流中心 3. 中转性冷库 4. 二级批发市场	1. 冷链物流中心 2. 冷链（共同）配送中心 3. 分配性冷库 4. 农贸市场	1. 零售终端 2. 社区（食堂）冷柜 3. 家庭冰箱 4. 自提智能冷柜

2.2.4 生鲜农产品冷链物流的主要模式

冷链运输配送具有不可替代的特征，可进行地区性差异、运输方式、农产品选择等多种方式的分类。影响冷链配送效率的关键在于各级节点之间的联系是否具有效率。毕国通（2017）认为，冷链物流配送主要是由上游的农户、中游的营销商或是初级加工企业、下游的生鲜消费群体组成，这三者形成的产业链具有市场多元化的特点。因此，各级产业部门不同，所选择的冷链配送模式也有所差异。

2.2.4.1 以大型加工企业为主导的农产品冷链物流模式

初级和次级的农产品加工可以为上游农户的生鲜农产品带来高的附加值，并且形成新的特色产业来带动该类农产品的发展，有着培育品牌产业、提高劳动吸纳能力等优势。我国的农产品加工厂商至今已经粗具规模，这类企业的稳定运行是解决"三农"问题的重要抓手。伴随着生鲜农产品加工业的进步，各个经营主体也由之前的产业单一、加工粗放、资本不足、市场需求低向着产业多元、加工安全、融资充裕和高定向性市场需求转变。生鲜农产品加工业的普及，为消费者和超市等终端供应者提供了多类选择的利好，增强了市场抗风险能力并对市场需求有着更深层次的保障。因此，生鲜农产品加工业处于物流供应链中游的核心地位，通过其资本优势来对市场需求和农户供给进行调节和配置。郭家德（2012）认为，在该模式中，大型农产品加工企业作为核心企业，根据自身的资源，通过自检或联合建立社区专卖店、直接进入超市，控制销售终端，组织农产品冷链物流，如图 2-3 所示。

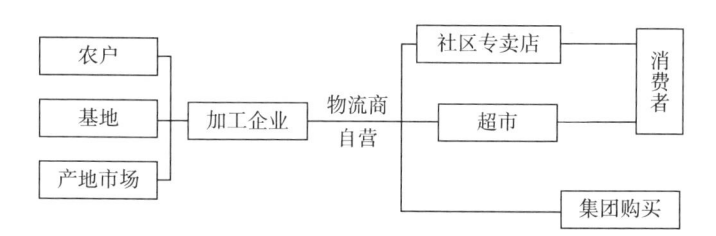

图 2-3 以大型加工企业为主导的农产品冷链物流模式

2.2.4.2 以大型农产品批发市场运营商为主导的农产品冷链物流模式

基于前文的模式，在农产品供应体系中，批发市场和超市等终端供应商往往起到了控制市场有效需求的核心作用。肖锭（2014）认为，大型农产品批发市场运营商通过前向一体化将农产品的生产、集散、批发环节连接起来，通过后向一体化将农产品的分销和零售环节连接起来，形成农产品的生产、收购、加工、销售、储存保鲜、配送以及提供市场信息等一体化的冷链物流模式，即由农户或生产基地、批发市场运营商、零售商和消费者共同组成的供应链，如图 2-4 所示。

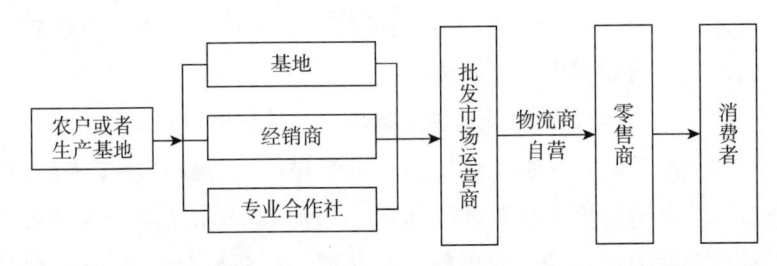

图 2-4 以大型农产品批发市场运营商为主导的农产品冷链物流模式

在这种模式中，批发市场起着承上启下的信息交换中心的作用，批发市场通过零售商等将下游的市场需求信息传达给上游经销商、合作社等。同样，上游的生产信息通过批发市场反馈给下游企业。除了信息的交换传达之外，批发市场也承担着物流调度的作用，能够缓解供需不平衡，确保在农产品冷链物流模式的各个节点都有能满足市场需求的品种和数量，提高货品流转率，降低库存，压缩成本。

2.2.4.3 以连锁超市为主导的农产品冷链物流模式

农产品的质量安全一直是消费者乃至整个社会最为关注的问题。面对市场缺陷，为了推行规范政策，国家也相应发布了绿色农产品、有机农产品、ISO 认证等多项关于农产品质量保护的政策，各类带有认证标识的产品也相继进入了消费者的视野。2016 年国家统计局官方网站的调查数据显示，大型综合性生鲜超市已经成为顾客选择生鲜食品的第一选择，而质量保障、配送的高效率，都是以超市为主导的供应链体系的最佳预期和最优选择。

在该模式中，连锁超市居于中转的核心地位，它以市场需求为中心，向农产品流通上游延伸。连锁超市与专业合作社、农产品经销商或者加工企业合作，共同兴建农产品冷链物流基地或者生产基地，以此来保障自己有安全充足的一手货源，且自建的物流基地可以及时便捷地向超市门店进行生鲜果蔬的配送（如图 2-5 所示）。

图 2-5 以连锁超市为主导的农产品冷链物流模式

2.2.5 生鲜农产品前端预冷

将现有的生鲜农产品冷链物流模式进行总结细分。按区域分，可以分为区域内和区域外的冷链物流模式；按经营主体分，可分为以大型加工企业为主导、以大型批发市场为主导、以连锁超市为主导的冷链物流模式。本书在已有的模式下，将区域、经营主体、冷链设备、作业环节等因素全都考虑在内，并进行水果采后预冷，创新性地提出了新型冷链物流模式，如图 2-6 所示。

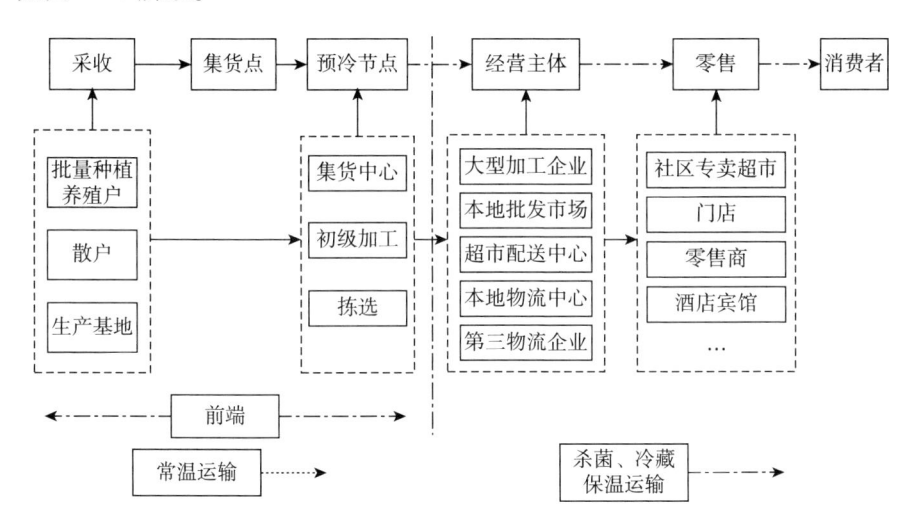

图 2-6 新型冷链物流运作模式

采收—集货点—预冷节点为前端物流范围，采收之后到集货点、集货点到预冷节点均为常温运输，预冷之后的配送均为冷链配送。

2.3 水果采后预冷的外部性价值量测算

水果采后预冷的基本功能就是将果蔬迅速降到最佳温度，使果蔬保持在最佳品质。除了基本功能之外，本章将对水果采后预冷的生态效应、社会效应和经济效应进行详细阐述（见表2-2），并界定外部效应的测算范围，从而构建外部效应函数。

表2-2　水果采后预冷的效应种类

效应种类	生态效应	社会效应	经济效应
	耕地效应、垃圾处理效益、碳排放效应	预冷的食品安全效应、产品价格效应、社会保障效应、科技进步效应	降低农产品损耗率、提高装载率、提高农民边际收入、降低农民边际成本、延长货架期、提高运输能力

2.3.1 水果采后预冷的效应体系

2.3.1.1 生态效应

王强等（2001）认为，水果采后预冷的生态效应是指人们的生产活动使自然界的生物系统产生的对人类生活环境和生产条件的有利效果，是基于水果采后预冷这个生产活动部分而非整个荔枝生产周期，是与人类感知无关的效应之和。生态效应具体包括耕地效应、垃圾处理效应和碳排放效应。

耕地效应。水果采后预冷可以降低水果的腐损率，从而提高产量，相当于提高耕地的利用率。也就是说在生产同样产量的水果时，可以用更少的耕地，即节约了耕地面积。而耕地对于环境方面具有明显的正外部效应，除了可以进行大气调节、气候调节、水分调节以外，对于土壤的形成、生物的栖息地、废弃物的处理等也有着重要作用，然而这些效应并不能通过市场机制的价值量反馈给生产主体。

垃圾处理效应。垃圾处理效应主要是指由于腐损率的降低，每年处理掉的果蔬垃圾相对减少。从环境方面看，垃圾的减少有利于环境的改善，减少废弃物的排放。从社会方面看，垃圾的有效减少可以减少占地面积，因为目前处理生活垃圾多是采用填埋和焚烧的方式。从经济价值方面看降低了处理垃圾的成本，减少的垃圾可以充分发挥其机会成本，重新创造新的价值。

碳排放效应。水果采后预冷之后的配送流程全部都是冷链运输。冷链运输与一般常温运输相比,在路途中多了一项制冷过程的碳排放。碳排放的增加直接关系到全球变暖、降雨不均、雾霾增多等与人类生活息息相关的变化。为了应对碳排放,就要付出相应的治理成本,因此碳排放效应为负的外部效应。

2.3.1.2 社会效应

水果采后预冷的社会效应是指水果采后预冷对社会发展所起的积极作用或产生的有益效果,是以预冷过程为客体的操作流程对主体产生直接或者间接的影响效应,也即能满足人民日益增长的物质文化生活需要,对个人身体、生理或社会组织的积极效应。该效应包括预冷的食品安全效应、产品价格效应、科学技术进步效应、社会保障效应等。

王文生等(2016)定义了预冷的食品安全效应,即水果在短时间的降温预冷,可以抑制酶和乙烯的释放,降低果蔬生理代谢率,减少生理病害从而保证食品的安全。

产品价格效应。如果水果采后预冷技术普遍推广,那么果蔬反季节、跨区域销售会更加普及与便利。产品由于时令性而产生的价格差会变小,消费者可以一年四季买到价格差不多的产品。

科学技术进步效应。预冷技术从最开始的冰水预冷、通风预冷到现在冷库预冷、制冷水预冷和差压预冷等,随着预冷的普及和需求的不断提高,技术会加速更新换代,以适应市场需求。

2.3.1.3 经济效应

水果采后预冷的经济效应是指在一定投入和市场需求条件下,由于农产品前端进行预冷而延长农产品的产业链条和价值链条,从而产生的货币化收益,主要包括降低农产品损耗率、提高农民边际收入、降低农民的边际成本、提高装载率、延长货架期、提高运输能力等。该效应的大小,应考虑预冷设施的投入成本和农产品的市场价格等因素。经济效应是水果采后预冷而造成的可见的经济价值量的增加,这些增加都可以直接作用在经济主体上,因此属于水果采后预冷的内部效应。

2.3.2 水果采后预冷的外部性界定

根据公共物品的有关理论，水果采后预冷的生态效应和社会效应具有明显的非排他性和非竞争性。首先，水果采后预冷产生耕地效应，理论上全球都可以从这个生态系统中受益，国家或者个人并不能阻止其他人获得收益。同时，对于种植者而言，无论他们意识到与否，他们都客观享受着空气环境变好、耕地节约所带来的水土、气候改善等。其次，水果采后预冷的生态效应和社会效应也存在着完全的非竞争性，不存在拥挤成本和边际生产成本。因此，水果采后预冷的生态效应和社会效应在总体上符合公共物品的两个基本特征，都具有明显的外部效应，而本书进行测量的主要是生态效应的外部性，即耕地、垃圾处理和碳排放的价值量测算。

2.3.3 水果采后预冷的外部效应模型构建

目前，有关产业外部效应的研究较多，但缺乏对农产品冷链物流外部效应指标体系的研究及清晰、统一的核算方法。水果采后预冷的外部性主要是指生态效应，对水果采后预冷的外部性的测算，即是对生态效应中的耕地效应、垃圾处理效应和碳排放效应的相关测算，其量化的实质就是对水果采后预冷的过程中三种效应的一种测度。

2.3.3.1 节省耕地的价值量模型

(1) 问题描述

水果采后及时预冷可以降低其腐损率，腐损率的降低又增加了实际产量，所以可根据单位面积的产量推算出节省的耕地面积，从而根据节省耕地的价值量来进行外部效应的测算。

谢高地等 (2003) 认为，耕地的外部效应是指基于耕地生态系统的产品或者生命系统支持功能直接或间接产生的一种外部效应，对其价值量测算的实质是对该范围内耕地生态系统服务功能效应的一种测度。而服务功能效应的测度，可将一般生态系统服务功能效应或价值的测算方法作为基础。本书采用谢高地等人制定的生态系统服务价值（见表 2-3）来进行一般生态系统服务功能的测算，再根据该地区的经济环境水平进行相应的调整。

生态服务价值又被称为当量因子，学界将其定义为生态系统产生服务的相对贡献大小的潜在能力，即 1 公顷全国平均产量的农田，每年自然条件下粮食产量的经济价值。据此将权重因子表转换成当年生态系统服务单价表，经过综合分析，确定了 1 个生态服务价值当量因子的经济价值量等于当年全国平均粮食单产市场价值的 1/7。

表 2-3 中国陆地生态系统服务价值当量因子

项目	森林	草地	农田	湿地	水体	荒漠
气体调节	3.50	0.80	0.50	1.80	0	0
气候调节	2.70	0.90	0.89	17.10	0.46	0
水源涵养	3.20	0.80	0.60	15.5	20.38	0.03
土壤形成与保护	3.90	1.95	1.46	1.71	0.01	0.02
废物处理	1.31	1.31	1.64	18.18	18.18	0.01
生物多样性保护	3.26	1.09	0.71	2.50	2.49	0.34
食物生产	0.10	0.30	1	0.30	0.10	0.10
原材料	2.60	0.05	0.01	0.07	0.01	0
娱乐文化	1.28	0.04	0.01	5.55	4.34	0.01

（2）模型构建

牛海鹏（2010）认为，耕地的外部效应分为区域外部效应和区际外部效应。区域外部性是对耕地直接利用者而言的，区际外部性是对于耕地保护目标较高的产区而言。本书的耕地外部性只考虑区域外部性，即在本地区所产生的外部效应。假设该地区有 i 个生产基地，该地的外部效应不具有溢出性，且每个生产基地的土地质量一样，每亩水果产量相同且产品的市场价格以当年的平均市场价格为基准。

单个生产基地节省的耕地面积表示为

$$L_i = \frac{M_i}{q_i} q_i \theta = K_i q_i \theta \quad (2-1)$$

该耕地面积的外部价值量和为

$$PL_i = L_i N \sum E_i \quad (2-2)$$

该地区的耕地外部价值量综合为

$$PL = \sum_{i}\sum_{l} L_i \times N \times E_l \qquad (2-3)$$

其中，q_i 为 i 地区的农产品产量（吨），M_i 该 i 地区的耕地面积（公顷），θ 为水果的净腐损率，K_i 为生产单位农产品需要的耕地面积，PL 为耕地面积所产生的外部价值量总和，L_i 为节省的耕地面积，N 为该区域自然条件下单位面积所生产的农产品价值，E_l 为生态系统中的单位生态服务的价值当量因子。

2.3.3.2 垃圾处理的价值量测算

水果腐损率降低，相当于提高了可销售的水果产量，从而减少整个社会处理垃圾的成本。通过对垃圾的分类，计算出当地处理单位垃圾的社会成本，从而测算出垃圾处理的总价值量。

垃圾按照可否回收可分为厨余垃圾、可回收垃圾、有毒有害垃圾、不可回收垃圾四种。按照地域分为农村垃圾和城市垃圾，农村垃圾又可分为生活性垃圾和生产性垃圾两大类。高海硕等（2012）认为，生活性垃圾是相对于生产性垃圾来说的，主要是指村民在日常生活中或者为日常生活提供服务的活动中产生的固体废物。而生产性垃圾主要包括种植业垃圾（主要是一些种植物的残余即秸秆、地膜、农药化肥包装等）、养殖业垃圾（主要指畜禽粪便等）、工业垃圾、医疗垃圾和建筑垃圾。腐烂的果蔬垃圾一般被当作农村的生活垃圾来处理。

国内在生活垃圾的成本核算方面缺少统一标准，不同地区的核算价格不同。陈科（2002）等基于垃圾计量收费的定价思路，估算北京市1998年生活垃圾收集、转运、填埋的社会成本，分别为21.7元/吨、37.0元/吨、39.1元/吨。何品晶等（2010）认为垃圾处置成本应涵盖收集、运输、转运、处理等环节的费用，并计算了2009年杭州市余杭和临安的垃圾处理成本，分别为253.5元/吨和276.6元/吨。刘松毅等（2013）基于市场价格的核算办法，估算了2012年北京市生活垃圾卫生填埋的全社会成本为1530.8元/吨，其中包括收集成本905.1元/吨、转运站成本54.0元/吨、运输成本150.0元/吨、卫生填埋成本421.7元/吨。

因此本书从生活垃圾的收集、转运、填埋等整个垃圾处理环节来进行水果预冷所减少垃圾的价值量测算。

具体公式如下：

$$G = \sum_i (\theta_1 - \theta_2) \times q_i \times P_L \qquad (2-4)$$

其中，G 为区域减少的垃圾处理的价值总量，θ_1 为无预冷的常温运输的腐损率，θ_2 为有预冷的低温配送的腐损率，q_i 为 i 生产基地的水果产量，P_L 为处理单位果蔬垃圾的当地市场价格。

2.3.3.3 碳排放的价值量测算

测算碳排放的方法分为两种，一是投入产出的道路运输碳排放模型，二是过程分析的道路运输碳排放测算模型。本书采用后者来计算水果采后预冷之后冷链路径的碳排放量。

过程分析法是基于"生产活动—运输方式—油耗"理论的一种测算方法。在道路运输碳排放测算模型中，不同能耗类型的车辆所产生的碳排放不同，根据现有车型、车辆数量、行驶里程数、单位行驶的能源消耗来测算。具体公式如下：

$$TCE = \sum_v \sum_u N_{vu} M_{vu} F_{vu} PE_v R_v \qquad (2-5)$$

其中，TCE 为基于过程分析法的道路运输过程中碳排放的市场价值量，v 为道路运输能源类型，u 为道路运输车辆类型，N_{vu} 为使用能源 v 的车辆类型 u 的数量，M_{vu} 为使用能源 v 的车辆类型 u 的行驶里程，F_{vu} 为使用能源 v 的车辆类型 u 的单位行驶里程燃料消耗量，PE_v 为能源类型 v 的 CO_2 排放系数，R_v 为碳税税率。

2.4 考虑外部效应的前端预冷节点布局优化

前端预冷节点的选址对于构建整个水果供应链冷链物流体系、降低物流成本、提高水果物流企业的效益有着重要意义。进行前端预冷节点的选址要考虑很多因素，首先对问题进行描述，其次对水果前端预冷节点布局优化问题进行相关假设，最后在成本分析的基础上，构建考虑外部效应的前端预冷节点优化模型。

2.4.1 问题描述

前端预冷节点布局优化问题就是预冷节点如何选址的问题，主要是解决预冷节点的数量、地理位置、规模等问题。根据本章介绍，前端冷链物流节点有产地（批量种植养殖户、散户、生产基地）、集货、预冷节点。集货点一般都建立在产地附近，考虑到建立预冷中心之后冷链运输配送成本的增加，因此构建"集货—预冷中心—经营主体"的二级前端物流网络。供应商快速集货之后，运送到预冷节点，预冷节点将水果预冷达到标准之后再送往经营主体进行加工、销售等下一步操作。

问题描述如下：在某一区域内，有 i 个集货点，已有和备选的预冷节点一共有 j 个，预冷后的水果将送往 k 个经营主体，每个预冷节点把水果只送往一个经营主体。预冷节点的选址，包括单一预冷节点的选址和多个预冷节点的选址。本书重点讨论多个预冷节点选址的问题。多个预冷节点选址是在已有的预冷节点的基础上，增加一些备选的预冷节点，在其中选出一定数目的预冷节点构成前端冷链配送的网络系统（如图2-7所示），使得前端冷链物流网络的总成本最小。

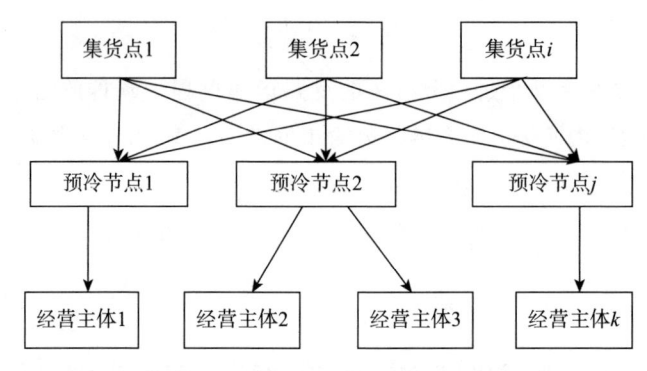

图2-7 预冷节点选址模式示意图

2.4.2 模型假设

（1）供应点、配送中心与需求点的地理位置为已知。

（2）预冷节点的数量和位置已知。

（3）车辆以固定速度行驶。

（4）建立和经营预冷节点的费用已知，且不考虑环境因素、环境保护等产生的费用。

（5）前端物流网络中载体为车辆，中间不考虑同级转运的情况。

（6）所有经营主体需要的水果都有预冷节点来供给，不存在相互调剂情况。

（7）各预冷节点和经营主体的需求已知，在一定时间内保持稳定。

（8）不考虑各个预冷节点所拥有车队的规模限制，但是各个物流中心的最大容量是确定的，并在一段时间内保持稳定。

（9）预冷节点所预冷的水果总量不大于生产基地的水果数量。

2.4.3 模型建立

2.4.3.1 符号说明

（1）相关集合说明

$I=\{1,\cdots,i\}$，为水果集货地的个数；$J=\{1,\cdots,j\}$，为预冷节点的个数（已有的和备选方案）；$K=\{1,\cdots,k\}$，为经营主体的个数。

（2）参数说明

P为可建的预冷节点的最多个数，F_j为建立预冷节点的固定费用，w_j为建立预冷节点的单位可变成本系数，W_j为第j个预冷节点的转运量，P_f为水果的市场价格，θ_1为常温运输的腐损率，θ_2为预冷低温运输的腐损率，C_{ij}为生产地i到预冷节点j的单位运输成本，S_{ij}为生产地i到预冷节点j的距离，C_{jk}为预冷节点j到经营地k的单位运输成本，S_{jk}为预冷节点j到经营地k的距离，q_k为经营地k的需求量，L_i为节省的耕地面积，N为该区域自然条件下单位面积所生产的农产品价值，E_t为生态系统中的单位生态服务的价值当量因子，q_i为i生产基地的水果产量，P_L为处理单位果蔬垃圾的当地市场价格，F_{vu}为使用能源v的车辆类型u的单位行驶里程燃料消耗量，PE_v为能源类型v的CO_2排放系数，R_v为碳税税率。

（3）决策变量

$Cost$表示前端冷链物流的成本，U表示前端冷链物流的外部效应的价值量，Q_{ij}为生产地i到预冷节点j的水果运输量，Q_{jk}为预冷节点j到经营地k的水果运输量，v为道路运输能源类型，u为道路运输车辆类型，N_{ij}为生产地i到预冷节点j的车辆数量，N_{jk}为预冷节点j到经营地k的车辆数量。

（4）0、1变量

$$Z_j=\begin{cases}1,\text{第}j\text{个备选预冷节点被选中建立预冷节点;}\\0,\text{其他。}\end{cases}$$

$$X_{ij} = \begin{cases} 1, & \text{第 } j \text{ 个备选预冷节点由生产地 } i \text{ 直接供应；} \\ 0, & \text{其他。} \end{cases}$$

$$X_{jk} = \begin{cases} 1, & \text{第 } k \text{ 个经营地由预冷节点 } j \text{ 直接供应；} \\ 0, & \text{其他。} \end{cases}$$

2.4.3.2 目标函数

（1）前端冷链物流总成本目标

$$\min Cost = \sum_{j=1}^{J} F_j Z_j + \sum_{j=1}^{J} w_j W_j + \sum_{i=1}^{I} \sum_{j=1}^{J} X_{ij} C_{ij} Q_{ij} S_{ij} + \sum_{j=1}^{J} \sum_{k=1}^{K} X_{jk} C_{jk} Q_{jk} S_{jk} + P_f (\sum_{i=1}^{I} \sum_{j=1}^{J} \theta_1 X_{ij} Q_{ij} + \sum_{j=1}^{J} \sum_{k=1}^{K} \theta_2 X_{jk} Q_{jk}) \quad (2-6)$$

其中，$\sum_{j=1}^{J} F_j Z_j$ 表示建造预冷节点所需要支付的固定成本，$\sum_{j=1}^{J} w_j W_j$ 表示建造预冷节点所需要支付的变动成本，$\sum_{i=1}^{I} \sum_{j=1}^{J} X_{ij} C_{ij} Q_{ij} S_{ij}$ 表示从集货点到预冷节点的运输费用，$\sum_{j=1}^{J} \sum_{k=1}^{K} X_{jk} C_{jk} Q_{jk} S_{jk}$ 表示从预冷节点到经营者主体的运输费用，$P_f(\sum_{i=1}^{I} \sum_{j=1}^{J} \theta_1 X_{ij} Q_{ij} + \sum_{j=1}^{J} \sum_{k=1}^{K} \theta_2 X_{jk} Q_{jk})$ 表示易腐食品因腐烂而导致的货损成本。

（2）水果采后预冷外部效应的价值量目标

$$\max U = \sum_{i} \sum_{l} L_i \times N \times E_l + \sum_{i} (\theta_1 - \theta_2) \times q_i \times P_L - (\sum_{i=1}^{I} \sum_{j=1}^{J} X_{ij} S_{ij} N_{ij} F_{vu} PE_v R_v + \sum_{j=1}^{J} \sum_{k=1}^{K} X_{jk} S_{jk} N_{jk} F_{vu} PE_v R_v) \quad (2-7)$$

其中，$\sum_{i} \sum_{l} L_i \times N \times E_l$ 表示节省耕地而产生的外部效应的价值量，$\sum_{i} (\theta_1 - \theta_2) \times q_i \times P_L$ 表示果蔬垃圾量减少而带来的外部效应的价值量，$\sum_{i=1}^{I} \sum_{j=1}^{J} X_{ij} S_{ij} N_{ij} F_{vu} PE_v R_v$ 表示由集货点到预冷节点所产生的碳排放价值量，$\sum_{j=1}^{J} \sum_{k=1}^{K} X_{jk} S_{jk} N_{jk} F_{vu} PE_v R_v$ 表示由预冷节点到经营主体所产生的碳排放价值量。

2.4.3.3 约束条件

$W_j = \sum_{k=1}^{K} X_{jk} \times q_k$ 表示经营地的需求量和第 j 个预冷节点配送的需求量一

致；$Q_{jk} = W_j$ 表示转运量和需求量一致；$Q_{ik} \geq \sum_{k=1}^{K} X_{jk} \times q_k$ 表示配送量要大于等于需求量；$\sum_{i=1}^{I} \sum_{j=1}^{J} X_{ij} Q_{ij} \geq \sum_{j=1}^{J} \sum_{k=1}^{K} X_{jk} Q_{jk}$ 表示产地的供给量大于等于预冷节点的配送量；$\sum_{k=1}^{K} X_{jk} \leq Z_j \times k$ 表示实际经营主体的个数小于等于预冷节点的个数；$\sum_{j=1}^{J} Z_j \leq P$ 表示预冷节点的个数限制；$X_{ij} \geq 0$，$X_{jk} \geq 0$，$Z_j \geq 0$，$\theta_1 \geq 0$，$\theta_2 \geq 0$，表示量的非负要求；I、J、K、P 是大于 0 的整数。

2.4.4 目标函数的求解过程

2.4.4.1 多目标求解方法

（1）约束法

对于多目标决策问题，从中选取任意目标如 $f(x)$ 作为基本目标，而将其他目标作为约束条件处理，这样就把多目标优化问题转为单目标问题。

（2）主要目标法

在实际问题中通过对多目标决策进行分析讨论，抓住其中一个主要目标，而其他目标只要满足一定要求即可。例如对于上述多目标决策，选取 $f(x)$ 为主要目标，而对其他目标只要满足一定要求即可，这样就把多目标求解问题转化为单目标求解问题。

（3）线性加权法

线性加权法又称为权重法，在多目标决策中是求非劣解最早的一种方法。若有 n 个目标 $f(x)$，按其重要程度分别给予相应的权重系数，这样就转变成求单目标最优解的问题，所得的最优解也就是原来多目标决策问题的非劣解。

2.4.4.2 成本函数和外部效用函数的求解处理

在对前端冷链网络求解时，外部效应经常被忽略不计，因此要充分考虑成本最小化和外部效应最大化的目标，主体不同两者的偏好也不同。对于多目标问题的求解，首先是要将多目标进行转换。

将效应最大化目标转换成等价的形式：

$$\min U = -\sum_i \sum_l L_i \times N \times E_l - \sum_i (\theta_1 - \theta_2) \times q_i \times P_L +$$

$$\left(\sum_{i=1}^{I}\sum_{j=1}^{J}X_{ij}S_{ij}N_{ij}F_{vu}PE_{v}R_{v} + \sum_{j=1}^{J}\sum_{k=1}^{K}X_{jk}S_{jk}N_{jk}F_{vu}PE_{v}R_{v}\right) \quad (2-8)$$

将原来的成本最小函数和效应最大函数相加得函数 $f(x)$ 即：

$$\min f(x) = \sum_{j=1}^{J} F_j Z_j + \sum_{j=1}^{J} w_j W_j + \sum_{i=1}^{I}\sum_{j=1}^{J} X_{ij} C_{ij} Q_{ij} S_{ij} + \sum_{j=1}^{J}\sum_{k=1}^{K} X_{jk} C_{jk} Q_{jk} S_{jk} +$$

$$P_f \left(\sum_{i=1}^{I}\sum_{j=1}^{J} \theta_1 X_{ij} Q_{ij} + \sum_{j=1}^{J}\sum_{k=1}^{K} \theta_2 X_{jk} Q_{jk}\right) - \sum_{i}\sum_{l} L_i \times N \times E_l - \sum_{i}(\theta_1 - \theta_2) \times q_i \times P_L +$$

$$\left(\sum_{i=1}^{I}\sum_{j=1}^{J} X_{ij} S_{ij} N_{ij} F_{vu} PE_v R_v + \sum_{j=1}^{J}\sum_{k=1}^{K} X_{jk} S_{jk} N_{jk} F_{vu} PE_v R_v\right) \quad (2-9)$$

将多目标模型转换成单目标模型，即外部效应内在化，将外部效应函数所产生的成本也考虑在预冷中心布局的总成本规划之中。

2.5 实证分析

——以从化荔枝为例

从化区隶属于广州市，位于广州市东北部，是珠江三角洲到粤北山区的过渡带。从化地形从北向南呈阶梯状，以山地、丘陵、谷地为主。东南端良口镇的天堂顶海拔1210米，为从化区最高点，最低点则为太平镇的太平村，海拔16.2米。从化统计局数据显示，辖区有耕地1.36万公顷、园地4.52万公顷、林地11.45万公顷、牧草地5.28万公顷、其他农用地926.66公顷、城镇村及工矿用地1.11万公顷、交通用地3680公顷、水域8960公顷、没有开发利用土地73.33公顷。

从化地处珠江三角洲通往粤北、辐射湘赣地区的交通要地，是广州东北部交通枢纽核心。从化城区到广州市中心60公里，通过广州北部快线只需半小时的车程，交通便捷。从化西邻"空港"，南与广州开发区中新知识城相连，地处广州CBD"半小时~1小时生活圈"，能够快速集聚海内外资源和人流、物流、资金流、科技流、信息流，为城市发展提供高效便捷的通行保障。

2.5.1 从化荔枝的基本概况

从化因其优越的地理位置和亚热带季风气候条件，非常适宜荔枝生长。荔枝品类众多，有糯米糍、桂味、状元红等30多个品种，每年产量达数万吨，销往全国各地。从化统计局 2016 年统计信息显示，从化现有荔枝种植面积 20.40 万亩，荔枝产量 3.50 万吨，是名副其实的荔枝之乡。

以前从化荔枝主要是通过采购商就地采购。采购商到田间直接进行荔枝的采买，然后将其运到各地进行销售。从事保鲜、出口等业务的企业与农户签订订单，把荔枝运走，但比例不高。但是近年来，电子商务快速发展，从化本地也相应建立了果蔬冷藏库。现在电子商务的物流模式为政府组织合作社，果农采果，将果蔬送至冷藏库，然后按量与地理位置匹配相应的物流。

经调研，目前从化共有 14 个荔枝生产基地，包括温泉镇 4 家，太平镇 2 家，城郊街 2 家，鳌头镇 2 家，良口镇、街口街、江埔街各 1 家，还有国道上的 1 个果场。本书以这 14 个荔枝生产基地的耕地面积和荔枝生产量为测算依据。根据所建立的模型，先对其采后预冷的外部效应进行分析，再基于外部效应进行预冷节点的布局优化。

2.5.2 外部效应的计算

2.5.2.1 节省耕地的相关参数

（1）节省耕地的面积

根据对从化农产品相关企业的实地调研，目前从化市有 14 个以荔枝为主要农产品的生产基地。根据实验结果，不预冷常温（25℃）运输、不预冷低温（4℃）运输、预冷常温（25℃）运输、预冷低温（4℃）运输 4 种物流条件下的"妃子笑"果实腐烂率分别为 15.19%、11.11%、4.35% 和 3.75%。因此预冷低温运输比不预冷常温运输的腐损率降低了 11.44 个百分点。由于本书计算的是净外部效应，所以根据式（2-1），设荔枝的腐损率 θ 为 0.1144，可得出由于采后预冷而节约的荔枝耕地面积。14 个荔枝生产基地节约面积参见表 2-4。

表 2-4 从化各荔枝生产基地的水果采后预冷的节省耕地面积

序号	荔枝生产基地	荔枝面积（公顷）	荔枝产量（吨）	腐损率	节约耕地（公顷）
1	温泉镇云星村云台山荔枝基地	87.23	223.38	0.1144	9.98
2	温泉镇平岗村金鸡社荔枝基地	1528.23	3913.38	0.1144	174.83

续表

序号	荔枝生产基地	荔枝面积（公顷）	荔枝产量（吨）	腐损率	节约耕地（公顷）
3	温泉镇天湖村黄竹田荔枝基地	2989.04	7654.10	0.1144	454.03
4	温泉镇新南村石古塘荔枝基地	449.48	1150.99	0.1144	68.28
5	太平镇荔枝无公害标准化生产基地	113.90	291.67	0.1144	17.30
6	神岗镇荔枝无公害标准化生产基地	234.50	600.49	0.1144	35.62
7	良口镇荔枝无公害标准化生产基地	921.43	2359.54	0.1144	139.97
8	街口镇荔枝无公害标准化生产基地	134.00	343.14	0.1144	20.35
9	江埔镇荔枝无公害标准化生产基地	674.22	1726.49	0.1144	102.41
10	九里步国营果场（荔枝）	0.54	1.39	0.1144	0.08
11	鳌头镇横江青龙果场荔枝基地	2696.88	6905.96	0.1144	409.66
12	城郊镇荔枝无公害标准化生产基地	916.94	2348.03	0.1144	139.28
13	民乐镇荔枝无公害标准化生产基地	898.96	2301.99	0.1144	136.55
14	棋杆镇荔枝无公害标准化生产基地	2022.66	5179.47	0.1144	307.24
	合计	13668	35000	—	2015.59

资料来源：从化区政府门户网站和统计年鉴2016年的数据。

（2）自然条件下单位耕地面积所生产的农产品价值

单位耕地面积的生态服务价值量，一般通过谢高地等（2003）制定的当量因子表（见表2-3）中的因子进行相对应的测算。陆地生态系统分为农田、湿地、水体、荒漠、森林、草地6个一级大类。谢高地等学者提出的6个生态系统9个项目的单位面积生态服务价值是根据全国的平均水平值来进行测算的，因此不同地区的生态价值表还应根据该地区的经济环境水平进行相应的调整。本书将荔枝的耕地面积与农田相对应，并进行修正。1个生态服务价值当量因子的经济价值量等于当年全国平均粮食单产量市场价值的1/7，因此在计算从化地区种植荔枝耕地面积的外部生态价值量时，对9个项目中的"食物生产"的单位服务价值进行修正，从而测算出总的荔枝耕地面积外部生态价值量。

从化地区从2016年开始推广新技术，进行分区域试点，有条理地进行品种改良。通过高接换种等技术，将淮枝替换为井岗红糯等品种。2017年的收购价更是超过了20元/斤，最高卖到26元/斤，但是糯米糍、桂味等荔枝品种价格则稳定在10元/斤左右。根据从化农业部门统计，从化2016年荔枝总产量3.5万吨，产值约3.8亿元，所以无论品种，荔枝的平均价格为10857.14元/吨（10.86元/公斤）。以从化2006~2016年荔枝的年产量数据，可以计算得出平均年产量为3.15万吨。2016年的荔枝市场价格为10.85元/公斤，种植荔枝的面积为13668公顷，考虑到没有人力投入的自然生态系统提供的经济价值为市场经济价值的1/7，可得出从化荔枝耕地自然生产荔枝的经济价值为3574.56元/公顷。

（3）单位生态服务价值量

再根据表2-3，可得出从化地区节省的荔枝耕地面积的单位生态价值量为24700.23元/公顷，具体如表2-5所示。

表2-5 从化荔枝耕地单位面积生态价值量

单位：元/公顷

项目	当量因子	生态服务价值
气体调节	0.5	1787.28
气候调节	0.89	3181.36
水源涵养	0.6	2144.74
土壤形成与保护	1.46	5218.86
废物处理	1.64	5862.28
生物多样性保护	0.71	2537.94
食物生产	1	3574.56
原材料	0.1	357.46
娱乐文化	0.01	35.75
合计	6.91	24700.23

2.5.2.2 垃圾处理的相关参数

（1）荔枝垃圾的处理方式

水果垃圾含水量高，有机成分含量高，热值较低。"两高一低"的特点使其焚烧处理投资大，难以广泛应用。好氧堆肥的水果垃圾处理方法可以实现减量化，但是各类垃圾中有毒有害的物质难以探究，所以技术达标困难。而厌氧发酵技术对于水果垃圾的处理具有明显优势，不仅可以达到减量化效果,而且可以将垃圾进行资源化利用。然而其投资成本过高,普及率较低。高海硕等(2012)的调查数据显示,目前广东省农村57.76%的垃圾为生活垃圾,主要的处理方式为卫生填埋。从化荔枝大多生产于从化的农村地区,因此,本书在计算荔枝垃圾的外部效应时以卫生填埋的成本来进行价值量测算。

(2) 荔枝垃圾处理的单位社会成本

目前生活垃圾的成本没有统一的核算标准,不同地区处理垃圾的社会成本也不同。由于缺乏广州市处理垃圾的相关数据,本书将在刘松毅等(2013)确定的北京的全社会卫生填埋成本的基础上进行修正,得出广州的全社会卫生填埋成本。

为了准确且有可比性,有必要先把陈科等(2012)2012年的北京市价格调整为同年广东省的相对可比价。具体方法是根据《中国统计年鉴》中的区域居民消费指数进行相应调整。由于贴现率的选择在跨期成本(或收益)分析中影响显著,因此在对未来的价格进行预测时,将利率考虑在内。中国人民银行从2015年5月11日起下调金融机构人民币贷款利率为5.1%,存款基准利率为2.25%。本书选择5%作为基准贴现率,并考虑通货膨胀,采用2016年的居民消费指数进行修正,得出单位垃圾填埋处置的社会成本为2292.2元/吨,具体数据参见表2-6。

表2-6 全社会处理垃圾的单位成本

单位:元/吨

成本类型	成本明细		单位成本 (2012年,北京)	单位成本 (2012年,广州)	单位成本 (2016年,广州)
收集成本	公用桶成本		41.5	41.4	62.1
	运输成本		293.9	293.1	440.1
	密闭式清洁站成本	基建折旧	5.3	5.3	7.9
		土地成本	40.9	40.8	61.2
		运行维护成本	523.6	522.1	784.1
	小计		905.2	902.7	1355.4

续表

成本类型	成本明细		单位成本（2012年，北京）	单位成本（2012年，广州）	单位成本（2016年，广州）
转运成本	转运站成本	基建折旧	9.9	9.9	14.8
		土地成本	5.0	5.0	7.5
		运行维护成本	39.1	39.0	58.6
	运输成本		150.0	149.6	224.6
	小计		204.0	203.5	305.5
卫生填埋成本	基建折旧		29.4	29.3	44.0
	土地成本		282.2	281.4	422.6
	运行维护成本		110.0	109.7	164.7
	小计		421.6	420.4	631.3
合计			1530.8	1526.6	2292.2

2.5.2.3 碳排放的相关参数

（1）碳排放系数的确定

不同能源的碳排放系数不同，部分能源的碳排放系数见表2-7。由于从化现在进行集货运输的大多数是常温汽油车，因此本书选择汽油的碳排放系数作为计算碳排放的价值量参数。

表2-7 各种能源的碳排放系数

名称	单位	数值	来源
天然气	千克CO_2/千克	2.699	IPCC
标准煤	吨CO_2/吨标准煤当量	2.4567	国家发改委能源研究所
车用汽油	千克/升	2.263	IPCC
电能	千克/千瓦时	0.853	南方电网

（2）其他相关系数

假设集货点到预冷中心、预冷中心到经营主体的车型载货量均为每辆5吨，车速为55公里/小时，集货点到预冷节点的常温车辆耗油量为15升/100公里，预冷节点到经营中心的冷藏车耗油量为18.6升/100公里。根据《中国碳税税制框架设计》，2020年碳税税率为40元/吨，即碳排放成本为0.04元/千克。

2.5.3 采后预冷节点的参数确定

2.5.3.1 产量的预测

只有科学地预测出从化未来 5 年的荔枝产量，才能得到最优化的预冷节点布局方案。预测的一般方法为定性法、因果法和历史映射法。每一类方法都会由于时间的长短和历史数据的不同而产生不同的预测结果。本书先用历史映射法中的移动平均预测法，对从化未来 5 年的荔枝产量进行预测，再根据实际情况对预测结果进行修正。

移动平均预测法模型计算步骤如下。

（1）首先确定移动平均时移动跨距，以 $N=3$ 位设定跨距。

（2）根据统计年鉴的基础数据，确定实际产量 X_t 的值。

（3）求出一次移动平均值 A_t^1，$A_t^1 = \frac{1}{N}(X_t + X_{t-1} + \cdots + X_{t-N-1})$。

（4）同理可以求出二次移动平均值 A_t^2（如表 2-8 所示）。

（5）建立平滑模型

由表 2-8 可见，预测年度荔枝产量 Y_{t+T} 呈线性缓慢增加，因此可以设为 $Y_{t+T} = a_t + b_t T$。其中 a_t 为预测的真实数据，近似于 X_t；b_t 为斜率。根据表 2-8 中的数据，使用移动平均法，可以求出：

$a_{2016} = 2 \times 3.6 - 3.4 = 3.8$

$b_{2016} = 2/(3-1) \times (3.6 - 3.4) = 0.2$

所以 $Y_{2016+T} = 3.8 + 0.2T$

以此种方法可以预测得出从化 2023 年的荔枝产量将达到 $3.8 + 0.2 \times 7 = 5.2$ 万吨。然而，荔枝的产量还取决于当年的气候条件以及总的种植面积。根据从化国民经济和社会发展统计公报，2006~2016 年，荔枝的耕地面积基本与上年持平，也就是近年来，荔枝的种植面积并没有发生较大变化。因此这样预测的结果并不可靠，从历史数据也可以看出来。

由于耕地面积很难增加，在维持现有果园面积的情况下，荔枝的产量高了，销售季短就会造成浪费；荔枝产量低了，又满足不了市场需求。因此本书选取历年产量的最高值，来满足最大的需求量，即荔枝的预计产量与 2014 年的 3.7 万吨相同。

表2-8 从化2006~2016荔枝产量及对应的平均值

单位：万吨

年份	产量	一次移动平均值（$N=3$）	二次移动平均值（$N=3$）
2006	1.93		
2007	2.54		
2008	2.08	2.18	
2009	2.34	2.32	
2010	2.84	2.42	2.31
2011	2.89	2.69	2.48
2012	2.97	2.90	2.67
2014	3.7	3.19	2.93
2015	3.59	3.42	3.17
2016	3.5	3.60	3.40

资料来源：从化统计局统计数据，2013年荔枝数据缺失。

2.5.3.2 备选地址的位置

考虑到集货中心是产地市场的基础环节，主要目的是把小而分散的产量迅速集中到一起，再进行整体配送以达到节约成本、有效配置资源的效果，一般设立在生产地附近。按新型前端冷链物流模式，将农贸市场定义为经营主体。目前，从化总共有14个荔枝生产基地、5个经营主体（即农贸市场）。根据产量和地理位置，我们将产地1和产地10合并成集货点P1，产地4和产地5合并成集货点P4，其他生产基地的集货点就设在生产基地，则一共有12个集货点且地理位置已知（见图2-8）。综合考虑从化区自然环境、经济区域、地理位置、交通便利程度等多方面因素，本书确定了5个备选预冷节点，并给每个集货点、预冷节点和经营主体都编上编号。集货点用P来表示，预冷节点用W来表示，经营主体用A、B、C、D、E来表示（见图2-9）。其中，集货点的集货量以预测的从化荔枝产量为基准。具体各节点之间的距离见表2-9、表2-10。各集货点的集货量和各经营主体的需求量见表2-11和表2-12。

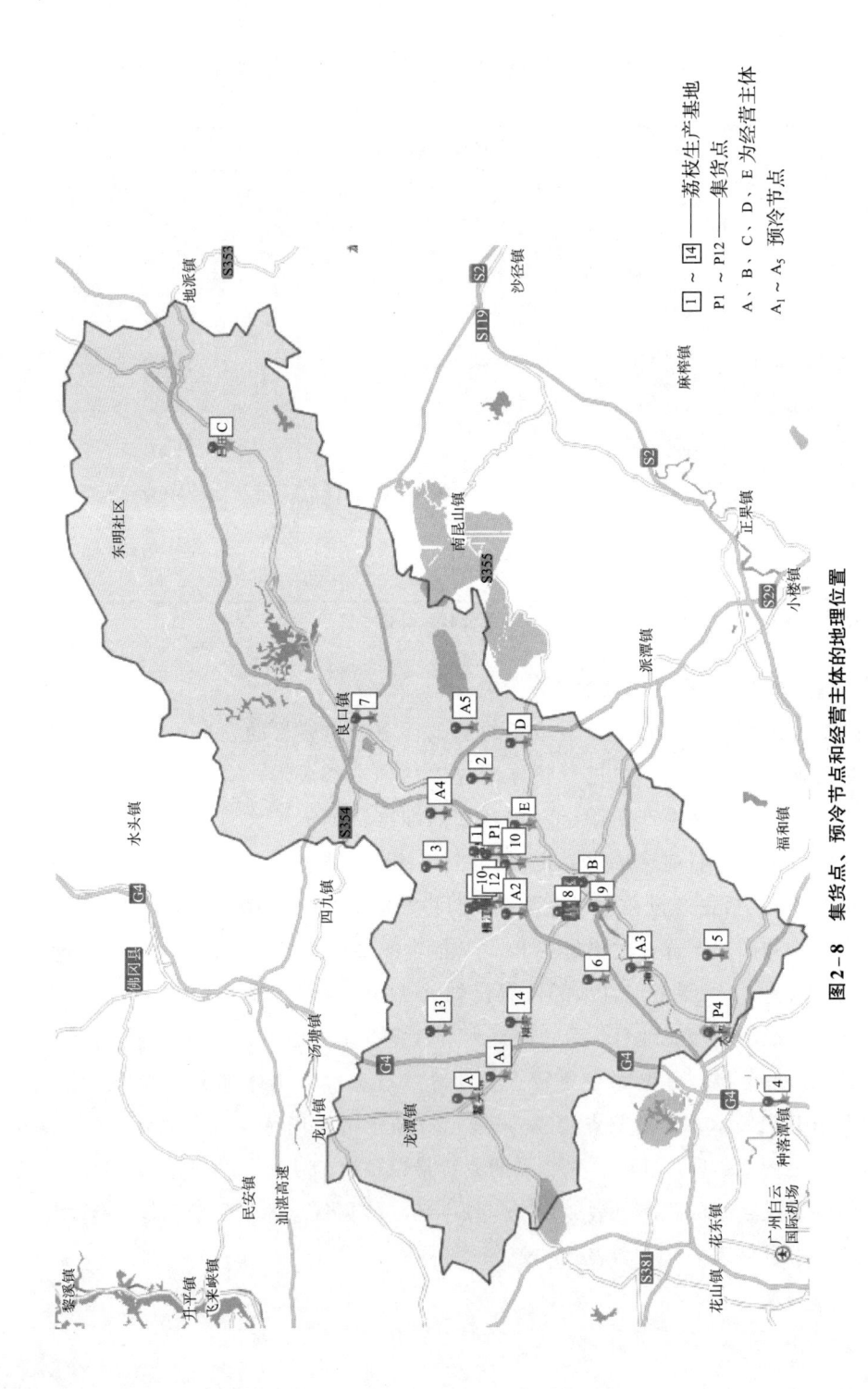

图2-8 集货点、预冷节点和经营主体的地理位置

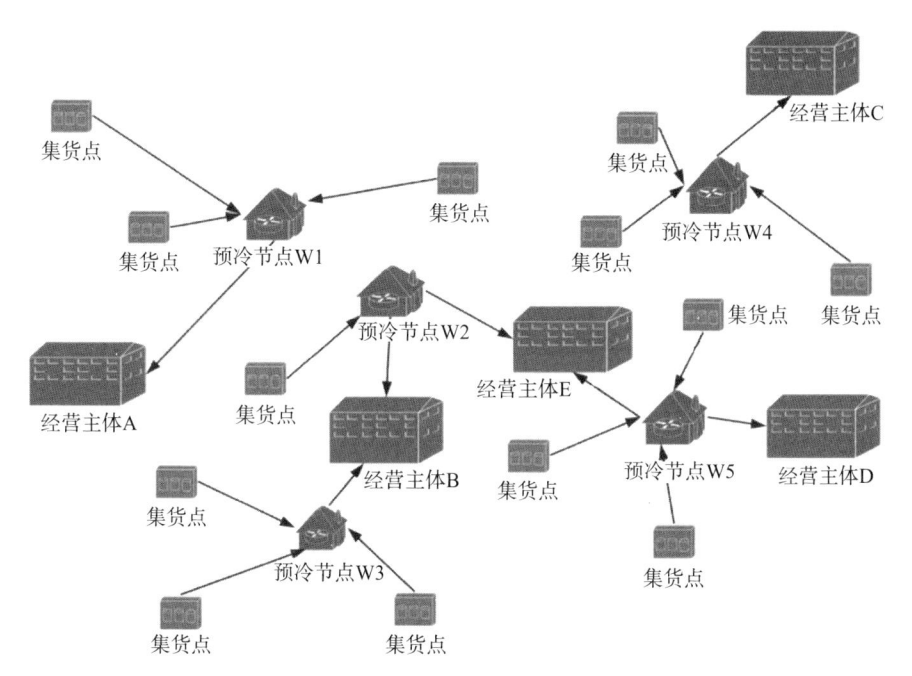

第 2 章　水果采后预冷的外部效应及预冷节点布局优化

图 2-9　水果采后预冷的前端冷链拓扑

表 2-9　集货点到预冷节点的距离

单位：公里

集货点	W1	W2	W3	W4	W5
P1	23.3	13.8	23.5	8.2	14.7
P2	32.0	15.9	23.6	8.3	4.7
P3	35.0	19.2	30.1	8.5	19.4
P4	27.9	24.0	9.4	33.8	45.3
P5	13.8	14.4	6.2	25.4	27.9
P6	40.8	26.3	36.8	15.0	21.7
P7	16.3	5.6	10.0	18.0	25.5
P8	21.4	9.0	8.9	18.3	21.5
P9	23.7	3.4	18.4	11.6	18.4
P10	19.7	3.6	19.1	11.7	17.5
P11	20.1	2.6	18.0	12.0	18.5
P12	5.0	14.3	18.5	26.6	31.5

表 2-10　预冷节点到经营主体的距离

单位：公里

预冷节点	A	B	C	D	E
W1	3.9	19.3	73.4	31.1	26.9
W2	21.9	8.3	59.9	20.7	13.5
W3	20.6	8.9	78.4	23.6	17.1
W4	33.3	16.2	48.8	17.9	12.1
W5	39.3	19.0	52.8	11.5	10.6

表 2-11　各集货点的集货量

单位：吨

生产地	P1	P2	P3	P4	P5	P6
数量	224.77	3913.38	7654.10	1422.66	600.49	2359.54
生产地	P7	P8	P9	P10	P11	P12
数量	343.14	1726.49	6905.96	2348.03	2301.99	5179.47

表 2-12　经营主体的需求量

单位：吨

经营主体	A	B	C	D	E
需求	13000	7500	4700	4200	4500

2.5.3.3　预冷中心相关参数确定

（1）荔枝的预冷方法

目前对荔枝进行预冷的方法有冰水预冷、冷库预冷、制冷水预冷、强制通风预冷和差压预冷五种。

冰水预冷：指用冷水或者加冰水对荔枝进行喷淋或者浸泡。在荔枝预冷中应用最多，速度快，10~20分钟即可将果肉温度降到10℃左右，投资少，但易造成部分荔枝冻伤，且利于病菌的传播。

冷库预冷：指将生鲜农产品放在冷库中降温。应用较多，时间较长，13个小时左右可将果肉温度从27℃降到3℃。单次预冷量大，投资也高。

制冷水预冷：用冰水对荔枝进行降温。制冷水预冷机能够自动调节水温，精确控制预冷时间，预冷速度快，设备成本相对较高，减少对人工的依赖，应用规模较小。

强制通风预冷：是利用冷风机强制冷空气在装箱的荔枝之间循环流动，从而对箱内的荔枝进行冷却。一般用时 12～24 个小时，预冷速度较慢，投资较小。

差压预冷：包装箱或货堆的两侧必须打孔，包装后放在通风道两侧，造成空气压力差，使冷空气经过货堆或包装箱时将荔枝热量带走。差压预冷速度相对较快，60～70 分钟可将果肉温度从 27℃降到 3℃，单次预冷量大，投资较大，但易造成荔枝表皮失水，应用相对较少。

预冷中心（节点）的最佳规模就是用最少、最合理的物流量来满足市场最大的预冷需求。以荔枝为例，荔枝每年的生产销售时间为 5～8 月这四个月（123 天），预测从化 2023 年荔枝产量为 3.7 万吨，即每天需要预冷的荔枝量约为 300 吨。

如果采用冰水冷却设备流水线，可将初温 30℃降到目标温度 5℃，其预冷时间为 15～30 分钟，处理能力为 200 千克/小时，虽然应用广，投资较少，但是每天按流水线 8 个工作小时计算，一天的处理量只有 1600 千克。假设该地有 5 个预冷中心，那么每个预冷中心需要 38 条流水线同时工作 8 小时才能满足每天的荔枝预冷量，可见冰水预冷并不能满足每日全部预冷的需求。因此本书选取单次预冷量大且适应性强的冷库预冷作为荔枝预冷的方法。

（2）预冷节点的规模

在新型前端冷链物流模式中，预冷节点不仅起着预冷的作用，还有拣选、冷藏的功能。从化荔枝的生产基地主要在农村地区，预计未来的年需求量约为 3.7 万吨。与大批量的冷冻品相比，小型冷库即可满足荔枝的冷却需求。假设当地有 5 个预冷中心的话，预冷的日处理量为 60 吨，则预冷节点建设规模的计算如下。

存储吨位：$G = 60$ 吨。

果蔬占地面积：$F = 6$（一般 1 吨占地 5～6 立方米）。

冷库的容积有效利用率：$P = 0.55$（一般取 0.55）。

冷库的容积：$V = G \times F / P$

该蔬果保鲜冷库容积：$V = 60 \times 6 / 0.55 = 655$ 立方米

根据预冷时间和日处理量来估算年周转容量。所有预冷节点的周转容量之和要满足荔枝年产量要求,建设具有贮藏功能的预冷节点投资相对较大,从化最多建设 2~3 个。因此备选的 5 个预冷节点的容量分别为年周转量最大 30000 吨、25000 吨、24000 吨、17000 吨、20000 吨,任意两个预冷节点的容量之和都大于该地的荔枝年产量。

(3) 预冷节点的投资成本

依据广东省农业机械研究所调查,农村建设 60500 立方米的小型冷库,投资金额在 6 万~25 万元。由于从化地区各预冷节点、集货点和经营主体的距离较近,荔枝的配送费用占比较小。为避免投资成本的影响,不能合理规划出最小成本的配送路径,因此本书统一将 5 个备选预冷节点的投资运营成本设定为每个 20 万元(见表 2-13)。

表 2-13　备选预冷节点的投资成本、单位管理成本、仓库年周转量

预冷节点	W1	W2	W3	W4	W5
投资运营成本(万元)	20	20	20	20	20
单位管理成本(元/吨)	3	4	5	2	4
仓库年周转量(吨)	30000	25000	24000	17000	20000

2.5.3.4　其他相关参数

(1) 腐损率

根据实验结果显示,荔枝贮藏后 15 天(4℃),不预冷常温(25℃)运输和预冷低温(4℃)运输物流条件下的妃子笑果实腐烂率分别 15.19% 和 3.75%,可分别计算出 15 天内每小时的腐损率为 0.0422% 和 0.0100%。由于在从化地区内运输,距离较短,都在 1 小时之内,冷链与常温的腐损率都按 1 小时的腐损率计算,因此 θ_1 为 0.0422%、θ_2 为 0.0100%。

(2) 单位运输成本

从集货点 i 到预冷节点 j 的单位运输成本 C_{ij} 为 0.03 元/吨·公里,从预冷节点到经营主体 k 的单位运输成本 C_{jk} 为 0.08 元/吨·公里。

2.5.4　模型求解

通过 Lingo 软件,将上述参数代入模型求解,可以分别得到预冷节点的选择结果、集货点和预冷中心的配送范围、外部效应产生的价值量等。

从选址结果来看,在备选址1和备选址4建立预冷节点将会使成本最小化,具体集货点和预冷节点的配送路径和运输量参见结果表2-14。

表2-14 最优配送路径和配送量

集货点	运输量(吨)	预冷节点	运输量(吨)	经营主体
P4	342.64	W1	13000	A
P5	600.49			
P7	343.14			
P8	1726.490			
P9	6057.75			
P10	2348.03		5900	B
P11	2301.99			
P12	5179.47			
P1	224.77	W4	1600	B
P2	3913.38		4700	C
P3	7654.10		4200	D
P6	2359.54		4500	E

根据表2-14的结果,可以求出前端构建预冷节点之后的前端总成本、耕地、垃圾处理和碳排放的总价值量(见表2-15)。

表2-15 总成本与外部效应价值量

单位:元

名称	价值量
总成本	736794
耕地的外部效应	49785479
垃圾处理的外部效应	9178000
碳排放	-3119

2.5.5 讨论及建议

综观以上计算结果可知,备选地址W1和W4为最优的预冷节点。通过综合比较,W1和W4两地有大量土地有待开发,同时交通便利,地理位置优越。其中,W1与广州市冷链物流发展规划中的从化物流园区鳌头冷链物流基地位置一致，符合实际的总体规划。

在具体价值量方面，建立两个预冷节点的总成本为73.7万元。经预冷节点处理后按每吨果蔬增值700元计算，荔枝经过预冷之后运销可为农户增值2590万元。而预冷之后，假设后续产品全程冷链，将会产生的外部总体效应为5896.3万元，是整个预冷节点运作成本的80倍，是整年荔枝销售总额的1/5，其中节省耕地的外部价值量为4978.5万元，垃圾减少产生的外部价值量为917.8万元，碳排放的外部价值量为-3119元。

农民、果蔬贮运户或专业合作组织投资预冷节点，政府进行补贴，不仅可以为自身创造经济价值，也能为社会创造正外部效应。而预冷节点的推广，在调节果蔬产销矛盾、延长供应期、稳定和增加农民收益等方面发挥着积极的作用，可作为我国产地果蔬冷链物流网络的重要组成部分。因此建议如下。

(1) 完善预冷基础设施，合理布局冷链物流网络

预冷中心功能的充分发挥，意味着水果预冷之后的低温加工、配送、卸载、销售的整个环节都是冷链系统。而各个环节的实现，都需要专门的冷链设施来保证。生鲜农产品预冷设施的建立和合理布局，不仅可以有效提高生鲜水果的品质，降低腐损率，还可以延长货架期，增加经济收益。政府应统筹物流相关的专项资金，加大对冷链物流设施设备的投资建设力度。目前我国生鲜农产品的产地都在农村地区，对于发展农村地区的预冷设施及低温存储和配送中心，政府的扶持尤为重要。政府要引导物流企业完善冷链运输装备，并加大政策鼓励力度，吸引民营、外资企业进入果蔬冷链物流领域，促进我国冷链物流行业的蓬勃发展。

(2) 建立行业标准，保证食品安全

针对前端冷链物流现状，政府和相关部门应尽快制定相关标准和法律规范，如不同水果预冷温度的标准、冷藏温度标准、运输操作标准、包装材料和规格标准、农产品品质检验标准等。加强质量安全认证与监管，加强法律体系的建设，对不按规定操作或未达到相关标准就进入市场流通的企业进行法律制裁，对违规者进行严惩。政府立法、监管部门执法、行业组织守法，通过政府、组织和个人的合作，共同建立完善严格的标准体系和质量安全控制体系，营造良好的市场环境，推动生鲜农产品冷链物流的

(3) 重视冷链流通，提高冷链意识

生鲜果蔬的采摘、配送、存储、销售都离不开冷链物流。严格执行冷链流通，减少断链现象，对于保障消费者身体健康、提升生活品质、推动经济发展等发挥着重要作用。然而，生鲜果蔬经过高成本的冷链流通之后，其价格也随之增长，而消费者并没有为冷链流通所增加的成本价值付费的意识，他们更倾向于选择价格较低的产品。因此提高消费者对冷链物流的认知，不仅可以扩大冷链消费市场，还可以稳定产品价格，增加企业收益。因此，要加大冷链专业知识的培训力度，充分利用报纸、电视和网络等途径宣传冷链流通，提高社会各界对食品安全的重视，普及冷链物流对社会和健康的重要性。重视冷链流通，提高流通率，坚持全程冷链，减少腐损浪费。

(4) 政府加强扶持，完善相关政策

生鲜农产品冷链物流节点的构建，用地规模大，投资强度高，技术性强，回收期长，企业难以进入。政府应制定一套合理的冷链物流企业扶持机制，不仅仅考虑经济成本收益，也要将外部效应和食品安全考虑在内，加大对冷链物流企业的扶持力度，从税收、土地、资金等多方面给予扶持和帮助。在资金方面，鼓励金融机构为冷链企业甚至个人提供信贷支持，形成多渠道投入机制。在市场方面，鼓励农村发展一批属于自己的生鲜龙头企业，走品牌化、专业化、国际化道路。在运输工具方面，放宽对冷藏车跨区域运营的管理，减少收费站开门检验的次数。在技术方面，加大研发投入，建立科技支撑体系，加快生鲜农产品加工业的结构调整和升级。

2.6　结论与展望

2.6.1　主要结论

生鲜农产品的前端冷链物流可以产生巨大的外部效应，合理优化其布局还可以提升我国冷链物流行业水平，从源头上保障生鲜食品安全品质，促进我国社会主义市场经济健康蓬勃发展。因此，本书在研究理论的基础上，通过对生鲜农产品现有物流模式的研究总结，界定了预冷节点所产生的外部效应,从而进一步优化前端预冷节点的布局。本书主要成果如下。

(1) 对国内外有关外部效应、冷链物流节点的相关概念和研究方法进行了界定和梳理。在分析物流节点的基础上,考虑冷链物流区别于一般物流的易腐性、及时性、低温等特性,按照冷链物流的服务特点和功能,将冷链物流节点初步分为四大类。在研究现有生鲜农产品冷链物流模式的基础上,将区域、经营主体、冷链设备、作业环节等因素全部考虑在内,创新性地提出了新型前端冷链物流模式。

(2) 构建了前端预冷所产生的外部效应价值量模型。通过系统分析前端预冷产生的效应,从社会、生态、经济三方面进行了具体的分析,并根据外部效应所具有的非竞争性和排他性来界定本书所研究的外部效应范围。再根据市场价值量法,将生态效应中的节省耕地、垃圾减少和碳排放相应地转换成价值量模型。

(3) 将外部效应与前端预冷节点相结合,构建了基于外部效应的水果采后前端预冷节点优化布局模型。在节点进行优化时,不再一味地考虑总成本最小,还考虑外部效应最大化。通过模型的构建,将总成本最小化模型和外部效应最大化模型相结合,转换成单目标函数,解决了前端冷链物流预冷节点选址优化问题。

(4) 以从化荔枝为例进行了实证分析。通过分析从化荔枝现有的前端物流状况,构建新型前端冷链物流模式。通过对从化荔枝的系统仿真,验证了模型的有效性,并算出在从化地区建立前端预冷中心,总运营成本为73.7万元,而其产生的外部效应价值量为5896万元,为政府在扶持冷链物流行业、推广冷链物流技术方面提供了投资补偿依据。

2.6.2 主要创新点

(1) 选题上,目前对于生鲜农产品的前端冷链物流和前端冷链物流模式的研究较少,而对水果采后预冷的外部效应价值量测算的研究更少,本书以水果采后预冷的外部效应为出发点,构建了基于外部效应的前端预冷节点的优化布局模型。

(2) 研究视角上,分别对生鲜农产品前端物流节点的影响因素、生鲜农产品前端物流模式进行评价,从而构建适合水果的前端冷链物流模式,并以从化荔枝为例，验证新型前端物流模式的有效性和实践性。

（3）研究结论上，运用市场价值法和数学建模等方法，测算出了水果采后预冷产生的外部效应的货币价值量，为政府或者投资者提供了依据。

2.6.3 研究展望

本书基于外部效应的视角来考虑前端冷链物流节点的布局优化问题，通过对预冷外部效应的评价测量，对前端预冷节点的布局进行了一定深度的研究，取得了一些成果和结论，但在以下方面还需要进一步研究和探讨。

（1）外部效应的指标确定。本书在构建外部效应价值量模型时，因以往对冷链物流的外部效应指标缺乏统一的界定和衡量，因此先依据公共理论中界定的外部效应特征，即非竞争性和排他性，来衡量前端冷链物流所产生的外部效应范围。其中，预冷所产生的社会效应也属于外部效应，但是由于其价值量不易衡量，本书只考虑了生态方面的价值量测算。如要进行全面的预冷节点外部效应的测算，应将社会效应考虑在内，计算食品安全、产品价格稳定、科技进步等产生的效应。

（2）在构建预冷节点模型中，由于从化地区范围小、配送成本差距不大，固定成本对于设施选址的影响较大，因此假设预冷节点建立时费用一致。然而在现实中，不同容量的预冷设施固定建设费用存在差异。在考虑外部效应时，可在跨区域、跨地区的大范围内进行整个冷链物流网络的优化，使外部效应和总体成本在冷链物流系统中达到平衡。

第 3 章　南方特色水果冷链物流外部效应分析及计算方法

3.1　引言

3.1.1　研究背景与意义

3.1.1.1　研究背景

在我国经济发展和人均消费水平蒸蒸日上的当下，水果消费市场得到了快速的发展，种植水果成为农民致富的一大手段，而水果要实现大规模流通，冷链物流的发展必须与之相匹配。通过大力发展水果冷链物流，有助于居民消费需求的满足与农民收入的提高。

我国南方地区属于热带、亚热带季风气候区，气候炎热、降水充沛，适宜种植的水果种类繁多，达 3000 多种，其中主要特色水果有荔枝、火龙果、香蕉、龙眼、芒果、柑橘等。近几年，我国政府对水果产业及其冷链物流的健康发展非常重视，党中央颁布了一些惠农政策，如党的十九大报告指出，农业、农村、农民问题是关系国计民生的根本性问题，必须始终把解决好"三农"问题作为全党工作的重中之重，要坚持农业农村优先发展，按照产业兴旺、生态宜居、乡风文明、治理有效、生活富裕的总要求，建立健全城乡融合发展体制机制和政策体系，加快推进农业农村现代化，大力推动水果产业成为农民经济中的朝阳产业，进一步振兴农村经济，增加农民的收入，以更好地推进精准脱贫、精准扶贫。改善城乡居民的生活水平，改善生态环境，促进农业的可持续发展。党中央多次在中央 1 号文件中强调要加快农产品冷链物流系统建设。中央和地方政府也对大型冷藏保鲜设施等重要项目给予了必要的引导和扶持。财政部与商务部于2016年联合下发了《关于中央财政支持冷链物流发展的工作通知》，强调财政资金主要立足于弥补市场失灵、支持冷链物流发展和追溯体系建设中的薄弱环节和重点领域，包括监控体系建设、标准化建设、公共信息服务平台建设、先进适用技术改造、相关从业人员培训等。

但我国现有南方特色水果冷链物流体系尚未完全形成，管理粗放、组织机构松散等问题依旧阻碍着体系的进一步形成，无法满足农业现代化、居民消费以及水果扩大外销的要求，突出表现在以下方面。南方特色水果的流通渠道太落后，很多果农都是老农民，他们的销售渠道单一，丰收时，出现增产不增收现象。南方特色水果多种植在山区或偏远地区，冷链物流设施设备的缺乏，导致该地区冷链物流流通率偏低。而南方特色水果保鲜时效短，从而导致由于物流费用过高最终放弃采购的现象出现。目前，冷链物流从技术的先进程度、企业的发展状况、行业的集中度，到相关法律法规与标准体系的建设都处于较低水平，同时生鲜水果集中上市，保鲜能力的缺乏造成水果滞销和价格波动季节性强的矛盾，导致农民收入不稳定，出现"果贱伤农"现象，也导致居民消费价格飙升而出现"果贵伤民"现象。据统计，目前全国冷链物流企业100强所占的市场份额仅为10%，每年易腐食品的总调度运量达3亿吨，综合冷链流通率仅为19%，长期以来易腐食品在流通环节中损失严重，其中水果流通率在20%～30%，每年在物流过程中损耗占比达20%以上（在国际发达经济体中这项数据仅显示为1.7%～5%），物流成本占销售价格的40%～70%（是发达国家的2倍），导致包括生鲜电商在内的水果供应链发展受到严重制约。由于南方特色水果冷链物流产业自身的特点，单纯依靠市场调节难以满足其发展需求，因此政府对南方特色水果冷链物流产业进行扶持是非常必要的。南方特色水果冷链物流产业的建设和经营成本都高于普通物流业，具有竞争中的先天劣势。尽管我国各级政府非常重视对农产品冷链物流发展的支持，出台了一系列的相关政策，但主要是通过财政专项补贴及税费减免的途径，而且缺乏科学的扶持机制，因此，应进一步发挥冷链物流的优势效应，为南方特色水果冷链物流的发展提供保障，建立一套南方特色水果冷链物流外部效应衡量指标体系，考察其对经济、资源、环境、社会等方面产生的影响。

农产品冷链物流通过降低农产品损耗所节省耕地的面积算法不统一，说法各异；节省耕地并转变土地使用功能从而可以间接减少碳排放，然而冷链物流设施设备本身与普通物流相比碳排放较高，总体效果如何并没有具体核算；冷链物流对农民增产增收、物价稳定性和食品安全性的具体贡献也没有统一的测算手段。综上所述，考虑到不同生鲜农产品在运输过程中腐损程度的差异，本章的主要研究对象为南方特色水果。在分析南方特色水果冷链物流外部效应的基础上，对外部效应的衡量指标、计算方法进行深入研究，并根据调研结果，进行实证分析，切实解决以下几个问题。

（1）建立南方特色水果冷链物流外部效应指标体系。本书通过分析南方特色水果冷链物流的特性，分析外部效应的影响因素，结合对国内外农产品冷链物流外部效应评价指标体系的调查研究，根据科学性、非相容性、可操作性原则，建立南方特色水果冷链物流外部效应的评价指标体系。

（2）确定南方特色水果冷链物流各指标的计算方法，对南方特色水果冷链物流外部效应进行科学的核算。本书通过对南方特色水果冷链物流外部效应指标体系进行分析，结合南方特色水果冷链物流特性，根据定量、可操作性、数据可得性、科学性原则对各个指标进行详细的描述及解释，最后对指标进行量化。

（3）基于外部效应，构建全程冷链物流碳足迹测算优化模型。本书通过对南方特色水果冷链物流的外部效应进行价值量分析，结合双渠道流通模式，构建全程冷链物流碳足迹测算优化模型，以降低全程冷链物流的碳足迹为目的。

3.1.1.2 研究意义

本书在分析南方特色水果冷链物流研究现状、南方特色水果冷链物流一般特性的基础上，对南方特色水果冷链物流产业外部效应进行全面的评价，分析南方特色水果冷链物流外部效应的影响因素及影响程度，并构建南方特色水果冷链物流外部效应评价指标体系，对于充分发挥市场和政府对资源配置的调节作用，促进具有正外部效应的冷链物流产业发展有重要的理论指导意义和实际应用价值。

（1）理论指导意义。本书结合南方特色水果冷链物流相关特性及外部效应理论的分析，界定了南方特色水果冷链物流的外部效应，并分析了其内涵，同时运用定量分析法确定了测算外部效应评价的方法，构建了南方特色水果冷链物流外部效应指标体系，同时构建了全程冷链物流的碳足迹优化模型，为政府扶持南方特色水果冷链物流产业提供了理论依据。

本书旨在建立科学的外部效应量化指标体系和衡量方法，在学术上可以厘清这些指标的内涵及其计算方法。水果冷链物流可以显著减少水果在物流过程中的损耗，从而间接达到帮助农民增产增收、保证食品安全、稳定农产品价格、节省耕地、减少碳排放的目的，具有正向的外部效应。

（2）实际应用价值。本书所建立的南方特色水果冷链物流外部效应评价体系，能从各个角度全面认识南方特色水果冷链物流产业带来的社会、经济以及环境等外部效应，可以帮助政府认识南方特色水果冷链物流发展现状及存在的问题，进而及时采取补救措施，扬长避短；也可以帮助政府及时了解现有扶持机制的运行情况，适时调整扶持手段以适应新变化，充分实现扶持效果，为投资者的管理运营提供一定的帮助，助力农产品冷链物流健康发展。

建立科学、有效的政府扶持机制，可以充分发挥政府"看得见的手"的调控能力，克服市场失灵，促进冷链物流产业的内部和外部效应的提升。

综上所述，深入研究政府对南方特色水果冷链物流产业扶持机制的运作过程和效果评价体系，具有重要的理论指导意义和实际应用价值。

3.1.2　国内外研究综述

3.1.2.1　农产品冷链物流相关研究

水果冷链物流产业作为一个系统工程，是基于制冷技术，通过保持生鲜水果从生产到最终消费各个环节的低温状态来降低腐损，从而保证生鲜水果品质的物流体系。总的来说，国内外学者主要从以下几个方面对南方特色水果冷链物流进行研究。

（1）关于农产品冷链物流的现状、问题以及对策方面的研究。黄利伟（2007）以我国目前农产品冷链物流的发展现状为出发点，通过定性与定量研究，分析了制约农产品冷链物流发展的主要因素，并参考发达国家的管理经验，根据我国国情总结出了适合我国农产品冷链物流发展的策略。而徐宏峰等（2012）运用文献分析法，分析了国内外冷链物流的研究现状，发现国内外学者对冷链物流的研究偏向于定性，而且对需求预测的重视程度不够，建议应重视对冷链物流成本优化的定量分析。朱仕兄（2012）在国内生鲜农产品冷链物流发展现状的基础上，指出国内生鲜农产品冷链物流体系的问题主要在于供应链各环节间的衔接性差、基础设施设备与技术落后、相关企业结构组织化程度低以及法律法规的不健全。基于此，提出政府首先应当完善生鲜农产品冷链物流体系的总体规划，然后通过加大投入来提升技术水平与设施设备的普及率，进而优化生鲜农产品冷链物流供应链，完善相关法律法规与标准体系的建设。王红梅（2016）结合生鲜农产品供应链与产品的特性进行研究，发现生鲜农产品冷链物流发展的主要问题依旧是流通率低、专业化程度低与人才紧缺，基于此提出了降本增效的主要途径。Nedaei 和 Teimoury 等（2013）利用多目标系统仿真模型，探究了新鲜农产品供应链中进口政策的影响及关系。

（2）关于农产品物流质量与安全风险的研究。杨玮等（2018）通过分析农产品质量安全的影响因素，对供应链上的监测、追溯等信息进行了整合，以此为基础构建了质量安全预警指标体系。宋宝娥等（2013）则通过三角模糊层次分析法对影响农产品质量的各指标权重进行了测算，并进一步结合模糊综合评判法，构建了质量安全评价模型。张琰（2017）考虑到成本约束，结合理论和实际的分析，对生鲜农产品冷链物流各环节所遭遇的风险因素进行了确定。在构建了风险因素体系后，通过因子分析法提取了关键风险因素，从而构建了包含 17 个风险预警指标的风险预警体系，以此提高生鲜农产品冷链物流的风险预警水平。Ann Marucheck 等（2011）认为，在农产品物流运行体系中，影响农产品质量与安全、损害消费者健康的风险是不可容忍的。Singh 等（2005）认为生鲜农产品腐败的过程，取决于时间和环境状况，尤其是温度、光照、湿度、静压力及震动等物理因素。Valli 等（2011）认为准确地预测与监控农产品腐坏变质的过程是十分必要的。Siracusa 等（2008）指出在生鲜农产品物流运行体系中需要重点监控包装、运输、仓储等环节。Cai 等（2010）基于生鲜农产品变质会同时带来产品数量与质量降低的假设，提出供应商的保鲜努力有助于生鲜农产品数量和品质的提高，并基于此研究了生鲜农产品供应链的优化与协调。Blackburn 等（2009）以瓜类和玉米类农产品为研究对象，研究了如何通过冷藏方式延缓其变质速度，减少价格损失量，进而达到供应链的整体协调。S. J. James 和 C. James（2010）分析了环境温度升高对食品冷链的影响，结果表明，气候变化引起的环境温度升高将对当前食品冷链的发展产生重大影响。

Rong 和 Akkerman 等（2011）针对冷链配送系统中的食品质量问题，采用混合整数线性规划模型，通过对食品质量退化进行模拟，得到了一个符合食品质量和成本标准的合理的生产配送计划。

（3）关于冷链物流成本的研究。樊艳琳（2015）在分析了生鲜电商冷链物流成本的基础上，探讨了降低冷链物流成本的模式。艾青益（2015）则对农村生鲜产品物流成本偏高的原因进行了探索，并从多个维度提出了解决措施。梁东辉（2014）在价值流理论的指导下，对水产品冷链流程中各环节价值流的变化进行了分析，提出应通过降低无效操作来优化水产品冷链运输流程。Validi 和 Bhattacharya（2014）在分析不同生鲜农产品分销渠道的基础上，建立了一个绿色多目标优化模型，以最大限度地减少 CO_2 排放和分销链运输的总成本。

（4）关于农产品冷链物流运营机制的研究。伏红勇等（2015）介绍了一种风险补偿协调机制。许金立等（2011）对农产品供应链协同机制进行了研究。汪旭辉等（2016）研究了如何利用电子商务解决生鲜农产品在流通中遇到的问题。赵姜等（2013）研究了针对鲜活农产品价格特征的政策调控措施。周树华等（2011）对连锁超市生鲜农产品供应链的信息管理体系建设进行了研究。陈丽新等（2010）对我国农产品虚拟水流动格局进行了机理研究。黄福华等（2009）研究了一种封闭供应链环境的绿色农产品共同物流模式。韩松（2008）从技术和装备两方面对农产品的发展进行了评析。洪岚（2010）则从生鲜农产品冷链物流投资不足的现状出发，提出在产量与消费需求迅速增长之下，消费者食品安全意识的提高进一步凸显了冷链基础设施薄弱、专用性强以及存在投资风险等问题。Shabani 和 Saen 等（2012）提出了一种新的冷链管理基准方法，将那些需要专用设备和销售、储存、配送设施且货架期短的产品视为供应链管理的黑暗领域。为此，建立了一个线性配对模型来选择最佳销售代理商，以提高冷链运营的管理水平。

(5) 关于南方特色水果冷链物流的研究。谢如鹤等（2013）以典型的亚太热带水果为例，研究了龙眼供应链中各环节存在的安全风险，研究发现适当的冷链物流条件有助于降低供应链中龙眼的品质安全风险。杨松夏等（2014）研究了不同保鲜运输方式对荔枝果实品质的影响。陈锐亮等（2002）对枇杷的储藏保鲜进行了研究。苏云中等（1999）对枇杷的保鲜技术进行了研究。余华荣等（2010）提出广东龙眼、荔枝应以市场为导向，加强对产业的扶持力度和宏观调控，推进采后预冷、加工、储存技术现代化。

3.1.2.2 冷链物流外部效应相关研究

国内外学者对产业外部效应的研究较多，但缺乏对水果冷链物流外部效应指标体系及核算方法的研究。以节省耕地为例，中国物流与采购联合会对果蔬损耗率进行研究，估计如果运输过程中的果蔬损耗率降低5%，换算成土地则可节省约1亿亩耕地。而刘烦康、叶健恒（2011）从全国耕地的粮食平均单产能力出发，估计我国每年损失的粮食和果蔬相当于2900万公顷（4.35亿亩）耕地的产量。另外，Defraeye等（2016）建立了一个生鲜产品冷链运输的效果评价体系；Gogou等（2015）利用冷链数据库对冷链食物保质期进行估计。对水果冷链物流外部效应的研究主要集中在物流活动过程中交通运输的外部效应的研究。而研究者们对交通运输的外部效应的探讨则主要集中在交通运输的外部成本和交通运输外部成本内部化途径以及绿色物流、低碳物流等方面。如Werner Rothengatter（2000）研究了运输的外部效应，并对运输系统外部效应的基本类型进行了界定：①运输与人力资本、环境等不可再生资源相互作用的外部效应，如交通事故、环境污染；②系统内部交互产生的外部效应，如交通拥挤等；③交通与政府、私营生产商和消费者交互产生的外部效应。Johansson（1995）构建了交通拥挤的外部成本模型，基于此得出了各类道路使用者的社会纯收益模型，进而以纯收益最大化为目标，得到了拥挤税收的模型。Nathaniel Baum-Snow等（2000）通过整理1980～1990年5个重要城市轨道交通系统更新前后的数据资料，基于回归分析估计了更新后的轨道交通线路对房地产价值的影响，并提出了新轨道交通的外部效益，对通勤模式、受益群体以及租赁和房屋价格受到的影响进行了分析。林逢春等（2005）基于条件价值评估法

(CVM），评估了上海城市轨道交通的社会效益，并进一步通过计量经济学检验法对评估结果的有效性进行了检验。R. O. Goss（1979）则在《航运的社会责任》中指出港口垄断存在的危险，同时也讨论了港口的外部性，包括海事安全、污染等。张华强（2009）在其硕士论文《集装箱港口外部性》中研究了集装箱港的外部性，对港口运行所带来的不同外部性进行了分析，同时结合定性与定量的方法，就港口污染和港口拥挤这两个重要的外部性进行了分析。Tom Van Woensel 等（2001）构建了机动车对环境的动态影响模型，指出该模型相较于大部分以恒定速度建模的排放模型能更有效地衡量机动车的环境外部性。王云儿等（2006）以逆向物流的外部效应为研究对象，提出政府可以通过干预逆向物流以实现外部效应内在化，并对政府和企业间博弈进行了分析。周启蕾等（2007）基于物流活动的外部性与外部成本内部化之后的利益分配，对物流系统内外各主体之间的博弈进行了分析。赵奕凌（2010）基于外部性理论，分析了 3PL（第三方物流）框架内及其"正外部性"实现的制约因素，最后构建了 3PL 自觉实现绿色物流的制度安排。姜宁、黄万（2010）以高技术产业为例对政府的补贴效应进行了研究，基于 R&D（研究与开发）活动存在一定外部性的视角，强调了政府通过补贴来激励企业增大 R&D 投入的必要性，但政府补贴的缺陷在于其并不能确保企业增加 R&D 投入，而且具有滞后性和细分行业的差异性。虽然关于产业保护的理论和工具很丰富，但尚未应用于我国冷链产业保护研究。刘荣港等（2011）详细地介绍了绿色物流的内涵及其外部效应，并给出了相应的政策建议。舒辉等（2013）通过对绿色冷链配送模式的思考，建立了博弈模型，对冷链企业的外部效应进行了深入的探讨，结果表明政府应减少监督成本，严惩负的外部效应，奖励正的外部效应。林晶（2015）通过假设，对环境问题、人力资本、能源问题等进行多角度测量，并从公共政策、社会福利和市场机制等方面对物流外部效应的补偿进行了分析。皮晓芳（2018）主要从生态、社会、经济的视角，根据不同受益主体，从垃圾处理、碳排放、节省耕地三方面对水果预冷外部效应评价指标体系进行了价值量的测算，结果表明碳排放为负的外部效应，垃圾处理、节省耕地为正的外部效应。

3.1.2.3 冷链物流碳足迹相关研究

目前，国内外对冷链物流碳排放的相关研究中，Strutt 等（2008）利用生命周期评估的方法对水产品的碳足迹进行了评价分析。刘倩晨（2010）通过生命周期评价法核算了冷链物流的碳排放，并以番茄为实例计算了各环节的碳排放。谢如鹤等（2013）通过对鲜荔枝在物流与运输全过程进行品质变化分析，结果表明荔枝在低温条件下并通过预冷杀菌等措施，极大地减缓了褐变进程，并指出，为延长货架期，销售时也要处于低温环境下。姚漫等（2013）考虑双渠道交易方式，构建模型并通过算例分析验证了其实用性。曹武军、李新艳（2014）考虑了新鲜度对生鲜农产品需求量的影响，对生鲜农产品双渠道供应链的协调进行了研究。蔡依平等（2015）利用生命周期评估的方法对冷链物流碳足迹进行了计算分析。刘玲、陈淮莉（2015）综合考虑了各渠道需求的影响因素及消费者行为的不同，构建了双渠道联合库存下的多周期生产－销售最大收益模型。汪传旭、李辉（2018）研究了在政府补贴和碳排放限量情况下的双渠道闭环供应链决策。

3.1.2.4 文献评述

本书通过对农产品冷链物流、冷链物流外部效应及冷链物流碳足迹测算优化相关研究进行梳理，对南方特色水果冷链物流外部效应相关研究进行了总结和归纳，发现国内学者关注的热点多为如何降低冷链物流的成本、保障食品安全、减少冷链物流的碳排放量、优化农产品冷链物流企业的运营机制，主要对农产品冷链物流本身存在的问题、发展的现状、部分效果进行了研究，缺乏对冷链物流整体产生效果的分析，缺乏关于南方特色水果冷链物流外部效应的分析及评价、政府对南方特色水果冷链物流扶持的机制、扶持效果的评价指标与方法等方面的研究。有部分学者对个别效应的核算方法由于指标的内涵、统计口径不统一等原因，计算结果差异较大，也有部分学者仅对冷链物流部分环节的部分外部效应进行了测算，冷链物流外部效应的测算不完整，其中对碳排放效应的考虑不够全面，没有考虑生产环节碳排放量的减少等，还缺乏双渠道流通的模式大背景下对全程冷链物流活动碳足迹的优化分析。

学界普遍认为应该采取政府和市场相结合的机制对物流市场进行调节，应该充分发挥政府激励和政府规制两个功能，建设有利于物流发展的外部制度环境，并认为农产品在物流过程中的质量与安全需要依赖完善的冷链物流。针对目前相关研究的匮乏，本书对南方特色水果冷链物流外部效应

第3章 南方特色水果冷链物流外部效应分析及计算方法

进行分析,完善外部效应的计算方法和综合评价指标体系。

3.1.3 研究内容及技术路线

3.1.3.1 研究内容

本章主要由8个部分组成,具体内容和章节安排如下。

(1) 对研究背景、研究意义以及国内外研究现状进行了归纳总结。本章先对农产品冷链物流研究现状以及南方特色水果冷链物流外部效应研究现状两部分进行了综述,之后简要介绍主要研究内容、技术路线和研究方法,并归纳出主要创新点。

(2) 介绍相关概念及理论基础。主要对南方特色水果冷链物流的概念、特性及外部效应理论进行了分析,为后续的研究奠定了理论基础。

(3) 南方特色水果冷链物流外部效应分析。从经济效应、社会效应、环境效应、资源效应4个方面对南方特色水果冷链物流外部效应的影响因素及影响程度进行了分析。

(4) 南方特色水果冷链物流外部效应评价指标体系构建。在对南方特色水果冷链物流外部效应进行分析的基础上,选取南方特色水果冷链物流外部效应的5个评价指标并构建评价指标体系,还针对价值可量化的4个评价指标构建量化模型。考虑到食品安全指标不能量化,为达到综合评价南方特色水果冷链物流外部效应的目的,还对5个指标构建了效应系数计算模型。

(5) 仿真研究。以广东荔枝为例,结合本书构建的外部效应评价指标体系,综合评估荔枝采用冷链物流过程中的外部效应;结合双渠道流通模式,构建荔枝全程冷链物流碳足迹测算的优化模型并进行仿真分析。

(6) 对南方特色水果冷链物流发展的建议。根据仿真结果得出主要的研究结论,并结合结论提出可行性建议,包括南方特色水果销售渠道的完善、南方特色水果冷链物流的发展以及补贴政策。

3.1.3.2 技术路线

本书按照提出问题、分析问题、解决问题的逻辑顺序,基于南方特色水果冷链物流的发展现状提出问题,同时介绍了南方特色水果冷链物流及其外部效应等相关研究现状,并指出目前南方特色水果冷链物流外部效应方面的研究空白，总结出南方特色水果冷链物流产业发展的痛点和难点。从经济效应、社会效应、环境效应、资源效应4方面运用案例分析法对南方特色水果冷链物流外部效应的影响因素及影响程度进行了分析。基于南方特色水果冷链物流外部效应的5个指标，构建了评价体系，并针对其中4个价值可量化的评价指标构建量化模型。为达到综合评价南方特色水果冷链物流外部效应的目的，本书还对5个指标构建了效应系数计算模型。以广东荔枝为例，结合本书构建的外部效应评价指标体系，综合评估荔枝采用冷链物流过程中的外部效应，最终得出荔枝冷链物流活动存在显著的正外部效应的结论。根据效应系数模型计算出效用系数，并据此给出5个指标的显著程度。基于外部效应对全程冷链物流碳足迹进行优化分析，证明运用冷链物流能为社会及环境带来积极的影响。最后，为政府扶持南方特色水果冷链物流产业提出政策建议（见图3-1）。

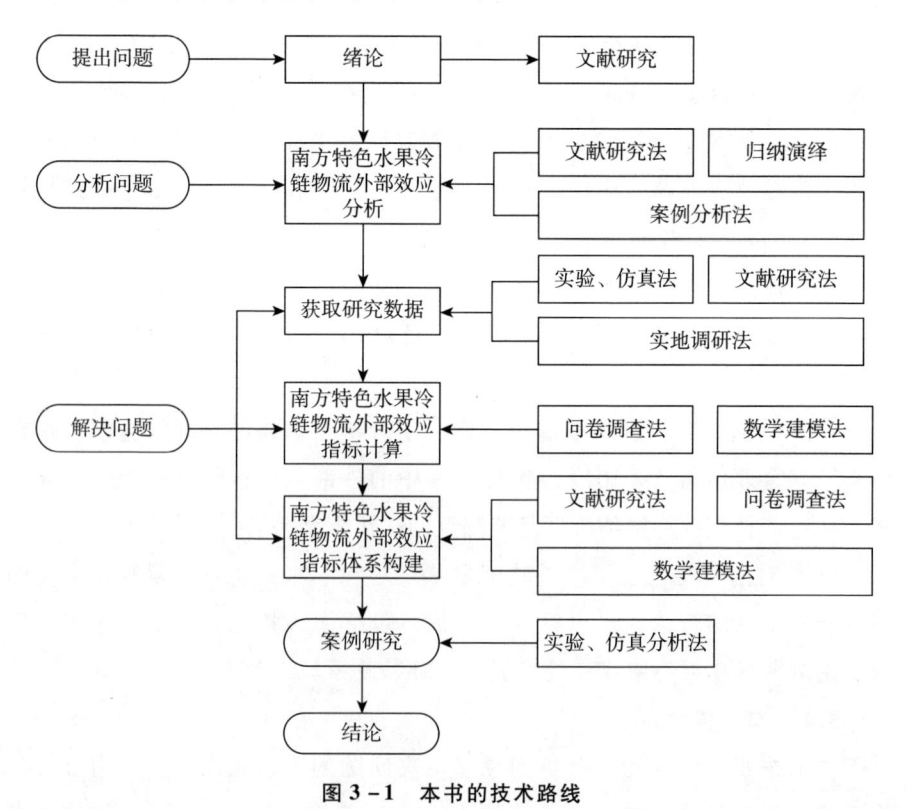

图3-1 本书的技术路线

3.1.4 研究方法

本书总体采用了定量与定性分析相结合的方法，结合研究内容与目标，研究方法如下。

（1）文献分析法。目前关于南方特色水果冷链物流外部效应的专门研究不多，仅散见于相关研究之中。通过文献检索分析，了解研究现状，借鉴其他学科的理论与方法并进行交叉分析，可获得新的突破。例如，国际贸易中的幼稚产业保护理论已经很成熟，文献也较丰富，可以为研究我国冷链物流这一幼稚产业的保护提供理论参考。

（2）案例分析法。国内外有相关的产业保护案例，比如我国对光伏产业、新能源汽车产业都有长期的补贴政策，这些都为解决南方特色水果冷链物流产业的政府扶持问题提供了宝贵的经验。本书采用类比分析及案例分析法，建立科学、合理、有效的政府扶持冷链物流的机制和效果评价体系。

（3）专家访谈和实地调查法。南方特色水果冷链物流产业扶持政策受到产业发展实际、政策资源总量等多方因素影响。在分析产业自身特点及提炼对策建议的过程中，需要面向政府部门、冷链物流各个环节的专家以及消费者代表进行广泛、深入的访谈和调查，特别是对南方主要特色水果的物流损耗率和物流成本更需要实地调研和跟踪调查，从而得到准确、全面的资料和结论。根据研究目的，利用专家的专业知识和经验，通过推理、判断和分析来确定南方特色水果冷链物流外部效应的评价指标与评价方法。通过设计调查问卷并实施调查、收集与分析数据，来计算南方特色水果冷链物流食品安全信心指数。

（4）数据建模与仿真法。本书对南方特色水果冷链物流外部效应进行系统分析，根据其特性构建数学模型。利用广州大学物流实验室运输综合模拟实验台，全程测量荔枝的冷藏运输和常温运输产生的能耗，收集数据，利用 R 语言软件对模型进行仿真分析求解。在投入产出法的指导下，本书结合其分析思想，"自下而上"分析了冷链物流碳足迹的计算模型，具有合理性与可行性。

3.2 相关概念及理论基础

3.2.1 南方特色水果冷链物流的相关概念

3.2.1.1 南方特色水果的相关概念

(1) 南方特色水果及其产业的界定

目前,学术界关于特色水果及其产业的定义尚不明确。谢成华等(2012)认为特色水果产业是适应该区域气候、环境和资源特点的区域特色产业和传统优势产业。罗诚(2015)认为特色水果是指在该区域具有"人无我有,人有我优"的竞争优势的水果品种,主要包括龙眼、荔枝、香蕉、枇杷、芒果、柑橘等,属于时鲜水果,与大宗水果错开上市,具有效益高、营养价值高、竞争优势强和多样化特点。笔者认为,与北方特色水果相比,南方的特色水果具有明显的地域特色、区域优势以及品种优势。

(2) 南方特色水果的特点

生产的地域性。南部地区主要指秦淮线以南的地区,主要包括江苏大部、安徽大部、浙江、上海、湖北、湖南、江西、福建、云南大部、贵州、四川东部、重庆、陕西南部、广西、广东、香港、澳门、海南等地区。该地区与东部地区地形差异较大,主要位于二、三级阶梯。属亚热带季风气候、热带季风气候,主要为热带季风气候,夏季高温多雨,冬季温和少雨,受夏季风影响大,雨季长,年降水量在800毫米以上。

生产的季节性。南方特色水果具有季节性的特点,只在每年特定的季节产出,因而其销售的价格会因季节的不同而不同。由于我国储存水果的冷库等基础设施不足,南方特色水果只能当季销售。当供给大于市场需求时,出现农民增产不增收的现象;而非当季时,其货源又非常紧张。

购买具有随机性。与购买其他产品不同,是否购买水果以及购买何种水果非常随意,不具有目的性。

储存的短时性。南方特色水果属于易腐食品,在常温下极易氧化,一般最多能储存10~15天,其口感也随着储存的时间增加而变差。

流通损耗率高。南方特色水果具有易变质、易腐损的特性,流通过程中对环境的湿度、温度及操作的方法、设施要求都非常高,稍有不当,很容易造成物理损伤和腐损。

损耗的不可逆转性。水果从收获到损坏、腐烂和变质都是一次性不可逆的。

水果的低附加值性。目前我国南方特色水果行业还没有形成品牌效应，再加上水果的深加工能力差，南方特色水果消费多为新鲜食用，附加值较低。

3.2.1.2 水果冷链物流的相关概念

（1）冷链物流定义

谢如鹤、刘广海（2017）认为，冷链一般是指为保证冷藏冷冻食品的质量，减少其损耗，在生产、加工、运输、贮藏、销售、配送、流通的各个环节一直处于规定的低温环境中的系统工程。

（2）水果冷链物流定义

适用冷链物流流通的产品主要有三类：一是初级农产品，如肉、水产品、花卉和新鲜果蔬等；二是加工食品，如速冻食品和奶制品等；三是特殊产品，如试剂、药品等。

孙婕（2010）认为，水果冷链是指从水果采摘开始，到分级、包装、贮存、运输、销售的各个环节一直处于规定的低温环境中，即水果从离开田间到到达消费者手中，始终处于"冷链"状态，能够确保水果新鲜、保障水果质量并减少腐损的供应链系统。

（3）水果冷链物流的组成

杨松夏等（2014）认为，完整的水果冷链包括预冷、分级、包装加工、运输、贮存、配送、销售以及出口等。其中，水果的种植基地、预冷包装加工是水果冷链物流的上游环节，贮存库、产地批发市场等是中间环节，农贸市场、连锁超市、餐馆等是下游环节。水果流通过程中其品质对环境温度的要求非常苛刻，需要全程采取恒温控制。水果冷链物流流程如图3－2所示。

①预冷

水果采收后，预冷技术会延缓品质劣变。通过清洗、预冷可以快速消除果实的田间热，减少呼吸，并减慢成熟腐烂的速度。目前，国内常采用的水果预冷方法主要有冰水预冷、冷水预冷、强制通风冷库预冷和冷库预冷。

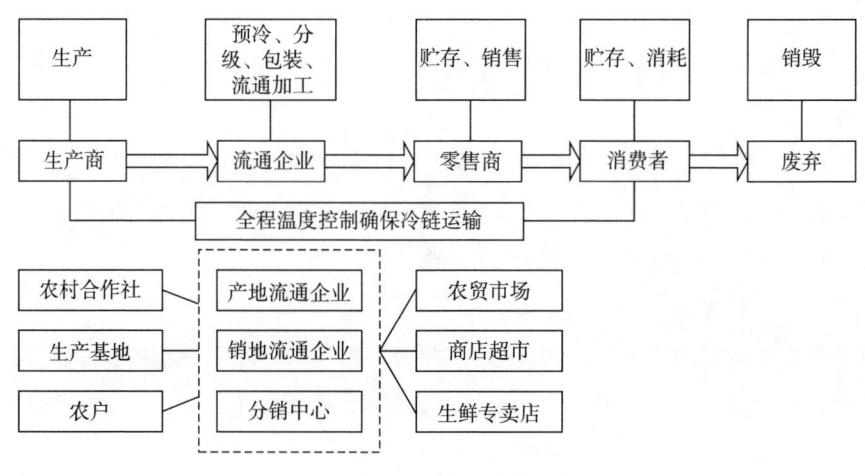

```
生产 → 预冷、分级、包装、流通加工 → 贮存、销售 → 贮存、消耗 → 销毁
生产商 → 流通企业 → 零售商 → 消费者 → 废弃
         全程温度控制确保冷链运输

农村合作社 → 产地流通企业 → 农贸市场
生产基地 → 销地流通企业 → 商店超市
农户 → 分销中心 → 生鲜专卖店
```

图 3-2　水果冷链物流流程

②流通加工

水果流通加工环节是指水果从产地到消费地流通过程中，根据需要进行分级、分割、包装、计量、贴标签、分拣、组装等简单作业的总称。水果流通加工的具体操作由于不同的目的而有所不同，如适应多样化需要、方便销售、提高水果的利用率、提高水果的贮藏性、提高物流效率、降低损失以及衔接不同的流通方式等。

其中分级的核心是对水果品质进行检测，主要包括内部质量和外表质量检测两个部分。其中外表质量检测主要参数为水果的颜色、形状和大小等，而内部质量检测主要参数包括酸度、糖度和维生素等。包装在水果流通过程中起着非常重要的作用，在很大程度上能够减少水果流通过程中的腐烂和萎蔫，从而降低流通过程中的腐损率。水果包装包括内包装和外包装，其中内包装材料主要包括PP、PVC和PE，外包装材料主要包括条筐、木箱、瓦楞纸箱、塑料箱以及泡沫箱。目前市场上使用较多的水果内包装材料是PVC膜和PE，还有发泡垫、发泡网套以及塑料托盘和纸浆材料等，外包装材料主要是瓦楞纸箱和泡沫箱。

③冷藏运输

水果的冷藏运输包括短途配送和中、长途运输等物流环节，其运输形式主要有公路运输、铁路运输、水路运输和航空运输，涉及的低温运输工具有冷藏汽车、铁路冷藏车、冷藏集装箱、冷藏船等。水果保鲜运输方式主要有泡沫箱加冰袋或碎冰的保温运输以及冷藏运输两种形式。

④贮存

水果的贮存主要在冷库等制冷设备内进行。我国目前主要采用气调库对水果进行保鲜贮存，该环节涉及各类冷藏库或加工间、冷藏陈列柜及家用冰箱等，可以延长水果的货架期。

⑤销售

水果的销售方式主要包括泡沫箱加冰、冷藏陈列柜、冰台销售以及常温销售等，线上销售方式主要是由销售商直接配送至消费者家中或者智能存储柜中。

⑥消费者消耗

消费者主要通过线上、线下两种途径购买水果，其中线下购买由消费者从实体店直接带回家里，而线上购买由商家直接配送至消费者家中或其小区的智能保鲜存储柜。

(4) 水果冷链物流的特点

水果冷链物流是一个复杂的系统工程，为了以低成本实现更高服务水平和促进销售，要求供应链各环节之间高度协调，信息畅通，运行高效，资源优化管理。产品的合理配置对冷链物流的供应起着决定性的作用。与常温物流相比，水果冷链物流具有以下特点。

①质量要求高

南方特色水果属于易腐食品，在运输过程中由于各种原因，南方特色水果的品质将逐渐下降。随着居民消费水平不断提高，食品安全意识也不断提高，南方特色水果的安全和质量是居民关注的焦点，确保其安全和质量是水果冷链物流的主要任务。为了保持其营养价值和新鲜度，必须有一定的条件，从而提高了流通过程中的成本。南方特色水果的易损性和易腐性制约着水果的物流时间，从而限制了南方特色水果的流通范围和装卸数量。南方特色水果冷链物流包括多个环节，保证各个环节的安全和质量是核心问题。

②成本高、风险大

冷链物流具有基础设施建设成本高、收益低等特点。南方特色水果易腐烂变质的特性决定了物流成本占总成本的比重较高，同时还限制了流通的范围和流通的时间。因此，为了扩大其流通范围，促进南方特色水果产业的发展，市场对其流通过程中的贮存条件、加工环节、运输条件提出了更高的要求。同时，其规格与形状参差不齐、单位价值较低等特点，使得冷链物流成本偏高。南方特色水果受到气候、自然因素的影响，具有很强的差异性和区域性，具有南方特有地区生产、全国消费的特性。从空间上看，要满足全国的需求，运输渠道必须顺畅，提高流通率。南方特色水果生产基地分散，易遭受自然灾害，产量会出现不稳定的现象，从而存在一定的物质风险。南方特色水果流通过程中随着时间的推移，品质会有所下降，甚至还会腐损，故而在运输到目的地时可能出现降价、需求减少等现象，存在一定的价值风险，从而必须采取高效合理的流通模式，降低水果流通过程中的物质风险和价值风险。

③时效性强

南方特色水果的生命周期短、季节性强，使得它无法像其他大宗水果那样短时间内批量生产，这使得农户无法根据市场的即时需求迅速调整产业结构，从而导致市场供给迟滞、供给不稳定。同时南方特色水果具有显著的易腐烂特性，一般最多能储存10~15天，其口感也随储存的时间增加而变差。虽然流通过程中产生的褐变等轻度劣变不至于使水果不能食用，但随着居民消费升级以及食品安全意识的增强，此类水果销售出去的机率降低，销量下降，从而造成损失。因此，想要以最新鲜的程度到达最终消费者手中，就必须加快其物流时间，即增强南方特色水果冷链物流的时效性。

④消费竞争力低

目前水果多采用常温运输，相对于冷链物流成本要低，因此常温流通的水果比冷链物流流通的水果价格要低，从而导致冷链物流的市场需求低，通过冷链物流流通的水果消费竞争力低。

3.2.2 外部效应理论

3.2.2.1 外部效应理论的起源

外部效应理论最早是由"剑桥学派"创始人、新古典经济学的完成者马歇尔提出的。马歇尔在1890年出版的《经济学原理》中，首次提出了"内部经济"和"外部经济"的概念。

福利经济学的创始人庇古（Pigou）在此基础上进行研究，提出了社会边际成本、私人边际成本、边际社会净产值和边际私人净产值等概念，并基于此为政府提出了干预经济的重要手段"庇古税"。阿温·杨在1928年系统地提出了动态外部经济的思想。动态外部效应不同于行业内的制造商和行业，它是指由工业增长引起的分工的扩大和专门从事新活动的制造商的出现，其中一些制造商专门为其他制造商服务或开发资本设备。鲍莫尔在他写的《福利经济及国家理论》一书中，对以往的外部效应理论进行了全面的研究。他认为外部效应的定义是："行业的扩张，特别是通过增加其他公司的生产，导致一个公司的生产成本降低。如果一个地区缺乏鱼类资源，如果任何鱼类贸易商扩大他在这里的经营，就会增加鱼类的稀缺性，从而增加其他鱼类贸易商的成本，从而产生负外部效应。"外部效应理论已成为现代经济学研究的一个热点问题。外部效应的内部化、内部化的方式和动态外部效应的研究取得了很大的进展。

3.2.2.2 外部效应的定义

在萨缪尔森的《经济学》中，外部性被定义为"当生产或消费给他人带来额外的利益或成本时，外部效应或外部性就会发生，也就是说，利益或成本将被强加给其他人，但产生这种影响的人不会为此获得补偿或付出代价"。更准确地说，外部效应是一个经济实体的行为对另一个经济实体的福利的影响，而这种影响没有反映在货币或市场交易中。

一般来说，外部效应的定义被理解为三层含义，而这三层含义依次递进。首先，外部效应是经济行为主体在决策过程中没有考虑到的伴随效应；其次，外部效应的生产者既不享受应有的报酬，也不承担应有的成本；最后，存在资源分配效率低下现象，外部效应范围越广，市场价格机制在资源配置中的作用就越小，使得经济运行的结果不能满足帕累托最优。

3.2.2.3 外部效应的分类

外部效应可以根据不同的标准进行分类。根据外部效应的结果，通常分为正外部效应和负外部效应。

（1）正外部效应

正外部效应又称为外部效益，是指当生产或消费给他人带来额外的利益时，而获得利益的经济主体不需要为获得的额外利益支付任何代价。

（2）负外部效应

负外部效应又称为外部成本，是指当生产或消费给他人带来额外的成本时，即给其他经济主体带来损失，利益受损的经济主体却未获得相应的损失补偿。

有学者分析指出，南方特色水果冷链物流是一种能节省耕地、减少碳排放、促进农民增收、稳定市场物价、保障食品安全的流通模式，其正外部效应大于负外部效应，社会经济效益大于企业运营效益。

3.2.3 冷链外部效应相关概念

3.2.3.1 水果冷链物流模式

随着冷链物流的发展，南方特色水果的流通从传统的"水果生产商—批发商—零售商—消费者"普通物流模式，转变成由"流通企业+批发市场"作为水果流通载体的冷链流通模式，如3-3所示。

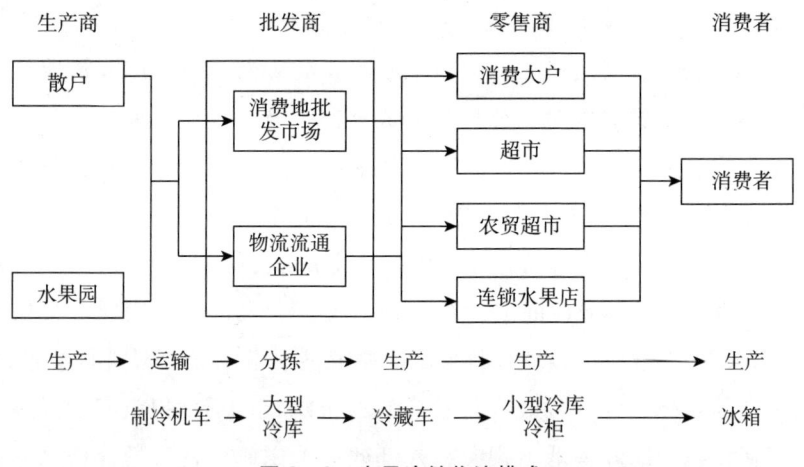

图3-3 水果冷链物流模式

本书主要研究的是以流通企业为主要载体的南方特色水果冷链物流供应链模式，南方特色水果流通企业建立了由预冷、分级、包装加工、运输等环节组成的全程冷链流通网络，并通过该网络将生产商与零售商组成的销售市场联系起来（见图3-4）。

3.2.3.2 南方特色水果冷链物流外部效应概念界定

在经济学中，公共产品是相对于私人产品而言的，它指的是在使用或

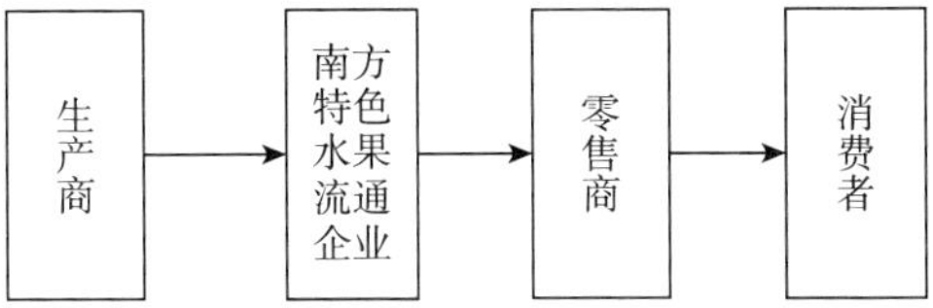

生产商 → 南方特色水果流通企业 → 零售商 → 消费者

图 3-4　流通企业为主的南方特色水果流通模式

消费方面具有非排他性和非竞争性的产品，分为纯公共产品和准公共产品。其特性如表 3-1 所示。

表 3-1　公共产品与私人产品的外部性比较

分类	特点	供应方式	外部性
纯公共产品	非竞争性	政府或社会团体供给	强
	非排他性	可市场运作	
	效用非分割性	政府或社会团体投资	
准公共产品	局部非竞争性	收费与政府或社会团体相结合	中
	局部非排他性	市场运作	
	效用一定程度可分割	政府、社会团体或私人投资	
私人产品	竞争性	直接收费	弱
	排他性	市场运作	
	效用可分割性	私人投资	

综观南方特色水果冷链物流以及外部效应的概念及特性，可知南方特色水果冷链物流具有基础设施建设成本高、收益低、需要政府扶持等特点，以及显著的消费非竞争性，同时南方特色水果冷链物流企业作为经济主体，尽管具有正常的生产效率和成本收益控制力，但仍不能取得对等的收益，甚至无法弥补成本。冷链物流作为重资产投入产业，具有低盈利性的特点，因此我们认为南方特色水果冷链物流具备准公共物品的特性，具有显著的正外部效应。

根据上述分析并结合外部效应的理论，本书将南方特色水果冷链物流外部效应定义为南方特色水果在通过冷链物流进行流通的过程中给消费者、政府以及其他经济主体带来的收益，并且该收益不能通过市场机制反馈给采用冷链物流的企业。

3.3 南方特色水果冷链物流外部效应分析

结合南方特色水果冷链物流的特性，根据经验确定法，南方特色水果冷链物流的外部效应主要体现在经济、社会、环境、资源四个方面，具体表现为农民增产增收、稳定市场物价、保障食品安全、减少碳排放、节省耕地等几个方面。受益主体主要包括南方特色水果种植户、消费者和政府，其中不同的受益主体所享受的外部效应不同，如表3-2所示。

表3-2 南方特色水果冷链物流外部效应及其受益主体

外部效应	受益主体
农民增产增收	南方特色水果种植户
稳定市场物价	消费者、政府
保障食品安全	消费者、政府
减少碳排放	政府、消费者
节省耕地	南方特色水果种植户

3.3.1 农民增产增收

为解决农民增收难问题，我国采取了增加土地、劳动力等生产要素投入、发展特色农业、降低成本等一系列措施。实践证明，这些措施只能解决农民增产的问题，收入却并未因此而增加。出现这种现象的主要原因有如下几点：一是冷链物流设施设备的不完善；二是南方特色水果只能在当地或者周边城市销售，销售渠道单一；三是水果的附加值低，当物流费用和人工采摘费用高于销售价格时，农户采摘后直接堆垛在地里，最终烂在地里；四是南方特色水果属于易腐烂的农产品，储存时间短，多在当季销售，同时具有农产品生产最基本的自然属性，即生产的不可预测性和不确定性，丰收时市场供给大于需求，价格偏低。

从上述描述中可知，想要解决销售渠道单一、旺季丰收滞销等问题，发展农产品冷链物流是关键。要完善冷链物流的设施设备，既可以延长南方特色水果的货架期，也可以使其辐射更广，开辟更多的销售市场，满足更多的消费需求。

因此冷链物流在南方特色水果流通过程中发挥了开辟新市场、延长货架期的作用。冷链物流设施设备越完善，其货架期越长，销售辐射的范围越广。南方特色水果通过保鲜措施，既可以降低产后损失，也可以提高利润，实现农民增收。

相关统计数据显示，我国目前水果采用冷链物流的流通率不足20%，腐损率高达20%；而美国水果采用冷链物流的流通率为95%以上，腐损率仅为2%~5%。国家统计局数据显示，我国水果产量从1998年的5452.9万吨增至2017年25241.9万吨，20年产量上升了3.6倍。但由于冷链物流流通率低，损失也在增加，平均每年损失近6688万吨水果。应通过完善冷链物流设施设备，加强冷链物流的发展。当达到发达国家的流通水平时，损失仅为500万~1250万吨。

水果使用冷链物流流通方式对于政府而言，一方面契合了政府一直关注的"三农"问题，另一方面通过提升产品质量保障了食品安全。

由此可见，南方特色水果使用冷链物流进行流通能够延长水果的货架期，扩大销售范围，满足更多的市场需求，实现农民增产增收，可以更好地实现精准脱贫，也能提升水果的质量，保障食品的安全。

3.3.2 稳定市场物价

南方特色水果保鲜期短，不耐储存，在传统的销售渠道和流通模式下，销售辐射面小。而南方特色水果的产量具有不稳定性，有"大小年"之说，"大年"产量大，"小年"产量小。出现"大年"时，由于销售辐射面小，市场供给大于需求，导致销售价格低，甚至出现销售价格低于采摘成本从而导致烂在地里的现象；而"小年"市场供给小于需求，导致价格昂贵，果贵伤民。由于南方特色水果产量的不可控性，"小年"时，可以通过替代品来降低其销售价格。本书主要研究"大年"时，通过扩大需求市场如"南果北运"，降低水果在北方的销售价格，而采取冷链物流流通就可以实现"南果北运"。相对于传统的流通模式，冷链物流可降低流通过程的腐损率，延长其货架期，满足更多的销售市场需求，使得在"大年"时，市场供给与需求达到平衡的状态。

以荔枝为例。2018年是荔枝的丰收年，也是所谓的"大年"，整个荔枝的销售时间是从 4 月 15 日零星上市（海南），到 8 月 20 日前后结束（四川），大约持续 130 天。我国有 7 个省份种植荔枝，分别是海南省、广东省、福建省、广西壮族自治区、四川省、贵州省、云南省。其中广东省荔枝年均总产 120 万~150 万吨，种植面积稳定在 411 万亩，占全国产量和种植面积的 50% 以上，居全国第一位。以广东 2017 年的荔枝销售价格为例。5 月中下旬，早熟品种白糖罂和妃子笑开始上市，田头收购价格为 4.5~5 元/斤，同比下降 0.5~1 元/斤；5 月的最后一周，各地区荔枝集中上市，白糖罂、妃子笑价格跌至 1 元/斤左右，其中核心产区价格在 1.5 元/斤左右，非核心产区的价格跌至 0.6~0.8 元/斤。按照主流价格计算，短短半个月时间，白糖罂、妃子笑价格大跌 75%~80%。5 月末，桂味荔枝开始上市，田头收购价格为 5~6 元/斤，而整个 2017 年桂味荔枝的均价为 18~20 元/斤，同比暴跌了 60%~75%。由上述描述可知，荔枝"大年"的销售价格波动大，主要原因是市场供给大于需求、保鲜时间短，导致集中上市时，出现价格暴跌的现象。目前还是传统的销售模式，销售渠道的单一等问题，导致更多的市场需求无法满足。

　　根据上述实际情况，本书对目前南方特色水果传统运输模式进行分析，从而证明采用冷链物流可以稳定市场物价。以荔枝为例，当生产地荔枝的产量为 M、当地市场需求量为 N 时，在没有采用冷链物流的情况下，产地荔枝运不出去。当 $M > N$ 即当地的荔枝供给大于需求时，价格下跌。由于荔枝的货架期短，随着时间的延长，腐烂加剧，荔枝在当地销售的价格会持续下降。如荔枝采用冷链物流进行流通，可将产地 $(M-N)$ 的部分运输到非产地，既可以延长货架期，也可以稳定当地的荔枝价格。不采用冷链物流的另一种情况如传统的"南果北运"，采取空运等高成本的运输方式，由于成本高和交通工具运量的限制，$(M-N)$ 部分中只有小部分运到非产地。荔枝的货架期短，造成非产地的市场供应严重不足，价格大涨。采用冷链物流进行流通，延长了货架期，同时采用更低成本、更大运量的交通工具，从而可以将 $(M-N)$ 部分以更低的成本运往非产地，提高了非产地的供给量。

　　综上所述，采用冷链物流可以延长水果的货架期，同时采用更低成本、更大运量的交通工具，可以将产地多余的水果运往非产地，提高了非产地的供给量,既能稳定产地的价格,又不至于使非产地的价格飙升,从而降低价格波动幅度。

3.3.3 保障食品安全

随着我国经济的快速发展,居民对健康的重视程度日益增加,因此食品安全成为关注焦点。南方特色水果属于生鲜易腐食品,在流通过程中会随着时间的推移,质量逐渐下降,而腐烂变质是造成食品安全隐患的主要因素。冷链物流与传统物流的区别主要是进行了全程控温活动,以延缓南方特色水果在流通过程中的代谢和微生物的生长为目的,从而降低南方特色水果的腐烂速度。南方特色水果质量下降的速度主要受流通过程中环境的影响,而不同的南方特色水果对环境的湿度和温度要求有所不同,其中温度是控制食品质量下降的最主要因素。我国每年果蔬流通过程中腐烂变质造成的经济损失高达 2000 亿元。日本一项数据显示,随着冷藏设备使用率的上升,食品中毒死亡人数呈下降的趋势,如图 3-5 所示。

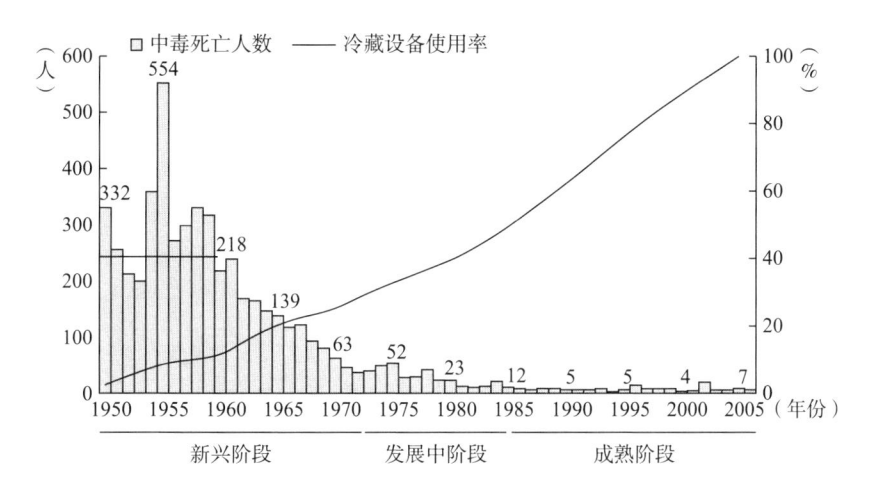

图 3-5 日本冷链物流发展与食品中毒关系

资料来源:中国产业研究报告网,http://www.chinairr.org。

由图 3-5 可知,日本冷链物流逐步发展,冷链物流的设施设备也逐步完善。当食品冷链物流中冷藏设备使用率从 0 上升到 100% 时,食品中毒的死亡的人数从冷链物流发展初期平均 218 人下降到平均 7 人,下降了 96.8%。由此可见冷链物流对食品安全的重要性。

3.3.4 减少碳排放

我国是世界上最大的农产品生产国和消费国,生鲜农产品的产量居世界第一。根据国家统计局2016年发布的数据,2015年我国鲜活农产品总产量为13亿吨,其中水果、蔬菜、肉类、水产类、蛋类、牛奶类等生鲜农产品的产量分别为28351万吨、79780万吨、8538万吨、6901万吨、3095万吨、3602万吨,2006~2015年保持了4.77%左右的年均增长速度。通过对我国物流业2006~2015年能源消耗总量的数据比较可以知道,我国物流业能源消耗量在这9年的年均增长率为3.3%,2006~2015年的物流能耗消耗量如表3-3所示。

表3-3 2006~2015年物流业能源消耗量

单位:万吨标煤

	2006	2007	2008	2009	2010	2011	2012	2013	2014	2015
物流业能源消耗量	28536	21959	22917	23692	26068	28536	31535	34819	36336	38318

资料来源:笔者根据《中国能源统计年鉴》中交通运输、仓储和邮政业数据整理。

冷链物流是制冷业与交通运输业相结合的产物。随着基础设施和技术设备的增加,二氧化碳排放量也显著增加。传统的南方特色水果采摘完之后,进行常温运输、常温储存以及常温销售,其能耗主要包括生产环节、流通环节、销售环节以及消耗环节。其中生产环节的碳排放量主要来自南方特色水果生产过程中使用的化肥、农药、塑料膜、柴油、灌溉用电以及农田氧化亚氮(N_2O)的直接排放,流通环节的碳排放量主要来自运输车辆的碳排放、装卸搬运机械的碳排放以及储存环节的碳排放,销售环节的碳排放主要是南方特色水果自身产生的碳排放以及销售运营期间的碳排放,消耗环节的碳排放主要是南方特色水果腐烂过程产生的碳排放以及处理腐烂变质水果所产生的碳排放。

本书以10吨重型货车为研究对象,水果生产环节的碳排放为192克/千克,公路运输过程中制冷油耗为0.025升/公里,运输油耗为0.2857升/公里,贮存消耗的电量为0.3千瓦时/吨·天,处理废弃物的碳排放为41.21克/千克,碳排放均为CO_2当量。本书采用生命周期法计算南方特色水果在

生产、贮存、运输、废弃物处理环节中的碳排放量,计算公式如下:

$$南方特色水果在某一环节的碳足迹 = 碳排放系数 \times 动态数据 \quad (3-1)$$

南方特色水果运输过程的碳排放主要来源于柴油燃烧的消耗。根据 BP 碳排放计算器,可得出柴油燃烧的碳排放为 2630 克/升及 3060 克/千克。2008 年国家发改委公布的电网二氧化碳碳排放因子为 954 克/千瓦时。由此得出南方特色水果在流通过程中主要环节的碳足迹(见表 3-4)。

表 3-4 不同环节的碳足迹计算结果

环节	项目	碳足迹
生产	—	192 克/千克
贮存	冷藏	0.2862 克/千克·天
运输	制冷能耗	0.0066 克/千克·公里
运输	行驶能耗	0.0751 克/千克·公里
废弃填埋处理	—	41.21 克/千克

根据 2010 年我国《农产品冷链物流发展规划》,2010 年我国果蔬腐损率为 20%~30%,冷链流通率为 5%。根据发展目标,到 2015 年,果蔬腐损率降至 15%,冷链流通率提高到 20%。根据《中国物流年鉴 2016》,可知该目标已超额完成。根据《中国冷链物流发展报告 2018》的相关数据,到 2017 年,我国的冷藏车保有量突破 13.4 万辆,冷库的容量达 4775 万吨。以满足 1 吨市场需求为例,运输距离为 1 公里,分析不同腐损率、不同流通率下的碳排放,如表 3-5、表 3-6 和图 3-6、图 3-7 所示。

表 3-5 满足单位市场需求的相关数据

项目	2010 年	2016 年
需求量(千克)	1000	1000
腐损率(%)	20	15
流通率(%)	5	30
生产量(千克)	1250	1176.47
腐损量(千克)	250	176.47
流通量(千克)	62.5	235.29

表3-6 不同腐损率和不同冷链流通率下各环节的碳排放量

单位：克/千克

指标	2010年	2016年
生产环节	240000	225882.35
冷藏环节	17.89	67.34
运输环节	5.11	19.22
废弃物处理环节	10302.5	7272.35
碳排放总量	250325.5	233241.26

由表3-5和表3-6可知，随着冷藏流通率的上升和腐损率的下降，碳排放是减少的。假设常温下的腐损率为30%，全冷链中腐损率为5%，分别计算碳排放量如表3-7所示。

表3-7 常温流通与全冷链流通的碳排放量比较

指标	常温	全冷链
需求量（千克）	1000	1000
腐损率（%）	30	5
流通率（%）	0	95
生产量（千克）	1428.57	1052.63
腐损量（千克）	300	0
流通量（千克）	0	1052.63
生产环节碳排放量（克/千克）	274285.71	202104.96
冷藏环节碳排放量（克/千克）	0	301.26
运输环节碳排放量（克/千克）	107.29	86
废弃物处理环节碳排放量（克/千克）	12363	2168.94
碳排放总量（克/千克）	286756	204661.16

由图3-6可知，随着冷链流通率的上升，碳排放量下降，两者是负相关的关系。前文提到，相较于常温物流，冷链物流除了常温物流活动所产生的碳排放之外，还多出制冷所产生的碳排放。而由图3-7可知，碳排放量和腐损率呈正相关关系，因为减少腐损的部分可以转换为土地使用功能进而间接减少碳排放。经过核算，得出结论：南方特色水果采用冷链物流是减排的。

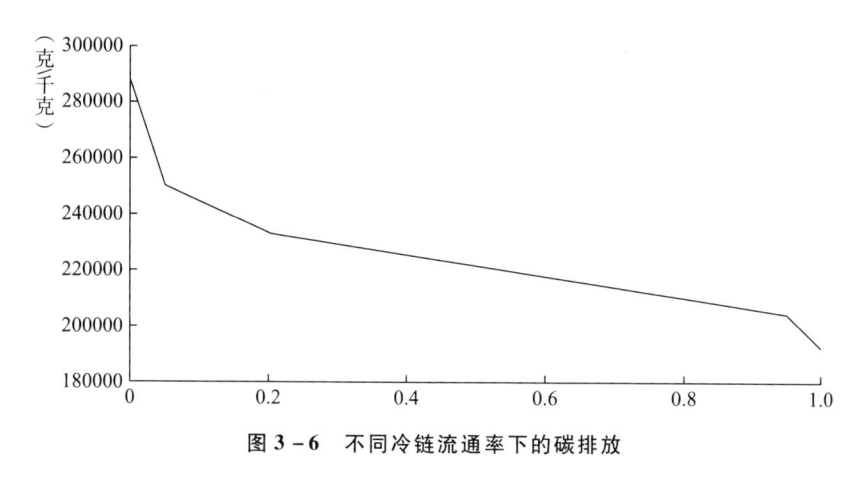

图 3-6 不同冷链流通率下的碳排放

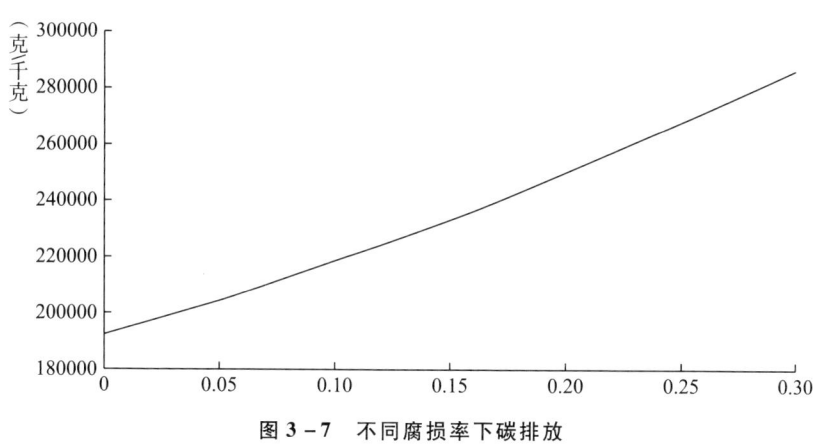

图 3-7 不同腐损率下碳排放

3.3.5 节省耕地

相较于常温物流，冷链物流的腐损率低，货架期长，销售辐射面积更广。从表 3-5、表 3-7 可知，同样在满足 1000 千克市场需求的情况下，使用常温运输模式（腐损率为 30%）所需要的产量为 1428.57 千克；而按 30% 的冷藏流通率、15% 的腐损率所需的产量为 1176.47 千克。而美国等发达国家当前水果 95% 的流通率、5% 的腐损率所需的产量为 1052.63 千克。根据农业部统计数据，计算 2007~2016 年的平均单位面积产量约为 12 吨/公顷（见图 3-8）。在满足 1000 千克市场需求的前提下，常温物流和不同冷链流通率下所需的耕地面积如表 3-9 所示。南方特色水果通过冷链物流流通，降低了腐损率。在满足同等市场需求的前提下，节省了耕地面积。

表 3-8 2007~2016 年全国水果产量及种植面积

年份	产量（吨）	面积（公顷）	单位面积产量（吨/公顷）
2007	105203200	10471100	10.04700557
2008	113389200	10734300	10.56325983
2009	122463900	11139500	10.99366219
2010	128652300	11543900	11.14461317
2011	140833000	11830600	11.90412997
2012	151044400	12139900	12.44198058
2013	157712600	12371400	12.74816108
2014	165881700	13127240	12.63644909
2015	174795700	12816670	13.6381525
2016	181194000	12981500	13.95786311
总计	141170000	119156110	12.09480571

资料来源：笔者根据农业农村部相关数据整理。

表 3-9 不同腐损率下所需的耕地面积

流通方式	腐损率（%）	生产产量（千克）	耕地面积（公顷）	节省耕地面积（公顷）	2016 全国节省的耕地面积（公顷）
常温流通	30	1428.57	0.119	—	—
15%冷链流通率	20	1250	0.104	0.015	1887437.5
30%冷链流通率	15	1176.47	0.098	0.021	2664617.647
95%冷链流通率	5	1052.63	0.088	0.031	3973552.632

3.4 南方特色水果冷链物流外部效应评价指标及计算模型构建

据统计，全国冷链物流企业 100 强所占市场份额非常少，从图 3-8 可知，到 2016 年，我国冷链物流企业 100 强所占市场份额才达到 10%，之前都不够 10%，说明我国冷链物流业集中度不高。

仅以市场这只"看不见的手"进行调控，很难加快冷链物流业的发展，我们应该充分发挥政府这只"看得见的手"的调控能力，克服市场失灵。因此，应合理安排企业和政府的投资比例，使之健康发展。但政府投资的

图 3-8 我国冷链物流业总收入及冷链物流百强企业营业总收入

比例如何确定？政府应采取怎样的扶持机制来避免低端企业的"骗补""套补"行为？我们认为应以南方特色水果冷链物流的外部效应为依据，来确定政府对农产品冷链物流基础设施建设及运营阶段的补贴，因此合理评价南方特色水果的外部效应非常重要。

南方特色水果冷链物流外部效应指标评价体系的构建涉及其外部效应的各个方面，其中包括不可量化和可量化效应。通过前文的分析，选取可量化的重要指标来建立一个全面综合的评价指标体系，以明确南方特色水果冷链物流外部效应的作用，对其进行评价。

3.4.1 构建原则

南方特色水果冷链物流外部效应是多方面且复杂的，为了构建可行、合理的外部效应指标体系，首先需要明确指标体系构建应该坚持的原则。

（1）目的明确

本书旨在全面评价南方特色水果冷链物流的外部效应，并以此作为政府扶持冷链物流行业的理论依据。

（2）科学客观

所选取的指标应该坚持科学性的原则，尽可能全面、科学地覆盖南方特色水果外部效应的各个层面，具有一定的代表性，同时应该互相独立，指标之间互不相容，避免重复计算。

在指标选取过程中应听取多方建议，遴选能够充分反映外部效应内涵的指标，同时运用科学的方法进行实证检验。

(3) 简明扼要

选取的指标数据应可获得且计算简便，使计算和评价的效率大大提高，同时简化工作程序，而不影响评价结果的正确性。

(4) 有效可行

选取的指标应以定量分析为主。应避免主观定性的臆测，具有真实的可操作性，采用有效的数据支撑，才能得出有效的结论。

3.4.2 构建方法

本书构建的指标评价体系旨在对南方特色水果冷链物流的外部效应进行综合评价，因此在构建指标体系时使用定性和定量相结合的方法，对可量化的指标进行量化模型构建，得出南方特色水果冷链物流外部效应的价值定量化分析结果，同时还构建效应系数计算模型，分析5个指标的外部效应显著程度。

3.4.2.1 评价方法分析

综合评价是一个多学科、跨领域、多点支持的研究领域，属于多目标决策和系统评价技术的范畴。目前，学界针对多指标综合评价开发了多种评价方法，常用的方法有层次分析法（AHP）、专家咨询法（Delphi）、网络层次分析法（ANP）、主成分分析法、系统动力学分析法、灰色关联度法、可拓物元评价法以及模糊综合评价法等。不同的评价方法有其自身的适用特点，但主要是定性分析。

3.4.2.2 评价方法

关于综合评价方法的研究已经相当成熟，每种评价方法适用于不同的对象，在不同的领域发挥着各自的作用，但也有其优缺点。主成分分析法虽然能进行非常精确的分析，但需要大量的数据支持；模糊综合评价方法的结果清晰、系统，适用于评价相对模糊、难以量化的对象，但不能解决信息的相关性和重复性，评价指标之间没有系统的隶属函数确定方法。灰色关联法可对一个系统的发展和变化进行定量的测量，分析系统的动态过程，但由于南方特色水果冷链物流发展时间短，难以对其动态趋势进行量化判断。系统动力学分析法如果应用于南方特色水果冷链物流的评价分析，则需要搜索复杂的社会经济系统,构建过程复杂,不容易为决策者提供简洁直观的评价总结。

在综合考虑各种评价方法的基础上,结合对评价指标的分析,我们选择适用性和可操作性相对较强的定量分析方法对南方特色水果冷链物流外部效应进行评价。通过定量分析法建立定量数学模型,对南方特色水果冷链物流的外部效应进行综合评价。

3.4.3 评价指标体系构建

3.4.3.1 指标的选取

通过对南方特色水果冷链物流外部效应进行分析,构建能充分反映南方特色水果冷链物流外部效应的指标。目前,国内外针对冷链物流外部效应评价的研究成果屈指可数,但冷链物流的特性及南方特色水果的特性方面的研究,可以为南方特色水果冷链物流外部效应评价指标的选取提供一定的理论支撑,形成包括目标层、准则层和指标层的外部效应综合评价指标体系。

本书目标层为南方特色水果冷链物流外部效应评价指标体系,依据这一目标,从不同的受益主体出发,将南方特色水果冷链物流外部效应评价指标体系分为四个子系统(准则层),即经济效应指标、环境效应指标、社会效应指标、资源效应指标。根据准则,共选取5个具体的变量指标形成指标层,如表3-10所示。

表3-10 南方特色水果冷链物流外部效应评价指标体系

目标层	准则层	指标层
南方特色水果冷链物流外部效应评价指标体系	经济效应 C_1	农民增产增收的效益 EC_1
	社会效应 C_2	食品安全的效益 TCI
		稳定市场物价的效益 EC_2
	环境效应 C_3	减少碳排放的效益 EC_3
	资源效应 C_4	节省耕地的效益 EC_4

本书主要以流通企业第三方物流公司的两种不同流通模式为研究对象。其中,图3-9为流通企业的冷链物流流通模式,图3-10为流通企业的传统物流流通模式,本书主要对这两种流通模式进行对比分析,研究南方特

色水果冷链物流的外部效应。

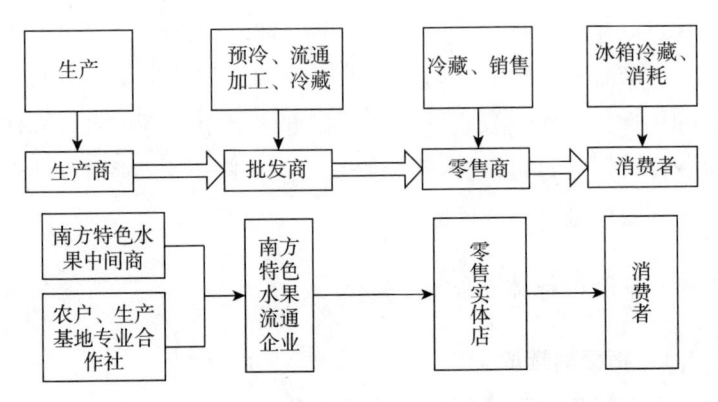

图 3-9　南方特色水果流通企业冷链物流流通模式

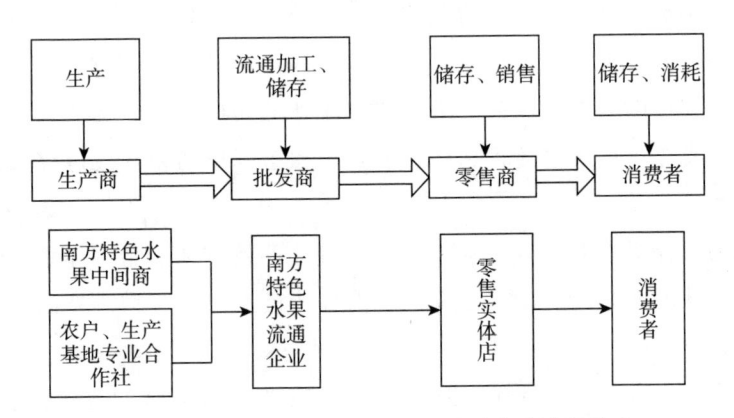

图 3-10　南方特色水果流通企业传统物流流通模式

3.4.3.2　指标的计算方法

（1）农民增产增收的效益（EC_1）

长期以来，我国生鲜农产品集中上市后保鲜储运能力受到制约，农产品产后损失严重，农产品"卖难"和价格季节性波动以及地域性价格差别的问题突出，农民的收入得不到保证，导致"菜（果）贱伤农"。我国为增加农民的收入，采取了一系列措施，并实施了一系列惠农政策。实践证明，这些措施、政策只解决了农民增产的问题，并未实现增收。南方特色水果若采用冷链物流进行流通，可以降低流通过程中的腐损率，延长货架期，扩大销售的辐射面积，满足更多的消费需求，从而实现增产和增收。

产地的供给大于需求会直接拉低荔枝的销售价格，在普通物流模式下，南方特色水果属于易腐食品,南方气温高、湿度大,最终造成贱卖,导致农民增产不增收。而采用冷链物流模式,既可以延长货架期,也可以扩大销售市场,实现产地供需平衡,尽可能满足非产地需求。本书假设供给需求平衡的价格为合理价格。

$$EC_1 = \sum_g Q_g (P_p^{s=m} - P_p^{s>m}) \tag{3-2}$$

式(3-2)中,Q_g 表示南方特色水果流通企业 g 荔枝收购量(吨/年),$P_p^{s=m}$ 表示批发商在 i 地供给平稳时的收购价格(元/吨),$P_p^{s>m}$ 表示批发商在 i 地供给大于需求时的收购价格(元/吨)。

(2)食品安全的效益(TCI)

南方特色水果在流通过程中易受微生物的污染,不仅降低了食品质量,还导致食品安全问题,危害消费者的健康和生命安全。目前,对易腐食品物流过程的安全性进行定量研究的文献很少,其中大部分是关于易腐食品在物流过程中损耗的研究。为保障食品安全,政府加强了对食品的监管,颁布了《中华人民共和国食品安全法》,其中加入了惩罚性赔偿制度。南方特色水果在冷链物流模式下流通,其食品安全可靠度远远大于普通物流模式下的食品安全可靠度。在规定的条件和时间下,食品安全可靠度主要由食品中致病菌数量决定,致病菌越多,安全性和可靠性越低,反之亦然。

随着经济水平和居民收入的提高,消费者开始关注食品安全问题,而"毒胶囊""地沟油""毒花生"等食品安全事件导致消费者开始质疑国内食品安全产生,高收入消费者愿意花更多钱选择进口水果,增加了消费支出,而国内产品在传统物流模式下陷入滞销困境。

冷链物流食品安全信心指数,是指消费者对冷链物流食品当期与未来预期安全信心度的一种综合判断的数值体现形式,冷链食品安全信心指数的高低直接反映了消费者对冷链物流食品安全的认可与否。

冷链物流食品安全信心指数评价指标需要通过问卷调查或深度访谈的方式来测算。通过对消费者购买冷链物流食品的满意度、对冷链物流食品安全的认可度、对冷链物流食品价格接受度、冷链物流食品购买便利性 4 个指标进行问卷调查,计算出冷链物流食品安全信心指数。

$$W_m = \frac{V_m}{\sum_m V_m}, m = 1,2,3,4。 \tag{3-3}$$

$$TCI = \sum_m I_m W_m \qquad (3-4)$$

式（3-3）和式（3-4）中，V_m 表示第 m 项指标的平均数，W_m 表示第 m 项指标的权重，I_m 表示第 m 项指标系数。

(3) 稳定市场物价的效益（EC_2）

我国南方特色水果产供销具有地域性、季节性和习惯性特征，在传统流通模式下，南方特色水果产业在多样性、流通效率以及产品增值等方面受到不同程度的制约。在地域性方面，靠近产地的南方特色水果的价格普遍偏低，产品增值的空间相对较小；而远离产地的地区水果价格较高，品质较产地略差，品种也较少。在季节性方面，南方特色水果主要是区域内供应，在大方向上流通不畅，这在一定程度上造成了南方特色水果价格的波动，影响了消费者的生活质量。而南方特色水果采用冷链物流进行流通，可以避免以上很多问题，既可以延长货架期，还可以扩大销售的辐射范围，从而满足更多的市场需求。

本书从不同的受益主体出发，在冷链物流模式下，通过稳定物价，分析不同受益主体的受益情况。第一，从产地农民角度看，供给大于需求时，会直接影响市场的销售价格。根据供给需求函数，可知这将直接导致水果贱卖，影响农民的收益。第二，从非产地消费者角度看，产地需求满足后，产地供给大于需求的那部分量可在非产地进行销售，尽可能满足非产地的需求，降低非产地的价格波动幅度，从而减少非产地消费者的消费支出。

$$EC_2 = \sum Q_j^{n'} (p_n^{s<m} - p_n^{s\leq m}) \qquad (3-5)$$

式（3-5）中，$Q_j^{n'}$ 表示常温流通模式下非产地消费者消费量，$p_n^{s<m}$ 表示普通物流模式下非产地供给远远小于需求的消费者购买价格，$p_n^{s\leq m}$ 表示冷链物流模式下非产地供给小于或等于需求的消费者购买价格。

(4) 减少碳排放的效益（EC_3）

我国农产品的流通还属于传统模式，流通过程中的腐损率仍旧很高。为减少农产品损耗，提高农民收入，近几年部分地区已经开始普及冷链流通模式。然而，随着冷链物流的快速发展，冷链物流活动过程中产生的能耗对环境的影响也越来越显著。冷链物流是制冷业与交通运输业相结合的产物，随着基础设施和技术设备的增加，二氧化碳排放量也显著增加，对环境的影响不容忽视。

相对于常温流通模式，全程冷链流通模式可以显著减少南方特色水果在物流过程中的损耗，同时还能降低损耗本身产生的碳排放量。从节省耕地的视角，将损耗部分转换成耕地，可间接减少南方特色水果生产环节的碳排放，但冷链流通比常温流通多制冷工艺环节，本身也会产生碳排放，总体效果如何并没有具体核算。鉴于此，本书在总结前人对南方特色水果流通碳足迹计算的基础上，基于全生命周期法建立农产品供应链各个环节的碳足迹测度模型，引入碳税税率C_{CO_2}，来测算南方特色水果冷链物流碳排放的外部效应，具体环节及测算公式如下。

①生产环节碳排放量。南方特色水果采用不同的物流方式腐损率是不同的。常温物流下的腐损率远远大于冷链物流的腐损率，如果常温物流转变为冷链物流，在同样的市场需求下，可以降低腐损率，减少耕地面积，即减少生产量也可以满足市场的需求。南方特色水果生产过程中会使用化肥、农药、灌溉用电等，所以也会产生碳排放。假设有 i 个南方特色水果生产基地，冷链物流模式与传统物流模式下生产环节碳排放量差值为：

$$C_1 = \sum_g Q_g(\theta_0 - \theta_1)C_p \tag{3-6}$$

式（3-6）中，C_1 表示冷链物流模式下生产环节减少的碳排放量，θ_0 表示传统物流模式下的全程腐损率，θ_1 表示冷链物流模式下的全程腐损率，C_p 表示生产单位南方特色水果的碳排放量。

②预冷包装环节碳排放量。南方特色水果采收后预冷、分级和包装等技术能延缓品质劣变。通过预冷可以快速消除果实的田间热，减少呼吸，并减缓成熟腐烂的速度。吕盛坪等（2014）认为，目前，国内常采用的南方特色水果预冷方法主要有冰水预冷、冷水预冷、强制通风冷库预冷和冷库预冷，能耗主要为制冰及包装材料生产过程中的能耗。其中，包装材料主要为聚苯乙烯塑料泡沫箱，该类型的包装箱有较强的承重能力和保温性，是目前荔枝流通过程中最常用的包装箱，箱体一般有 9、15、25 千克等规格，通常结合碎冰或冰袋等蓄冷剂。而传统的物流模式下，无预冷环节，而冷链物流运输增加了预冷环节的碳排放量，计算公式如下：

$$C_2 = \sum_g Q_g C_y \tag{3-7}$$

式（3-7）中，C_2 表示预冷环节产生的碳排放量，C_y 表示预冷单位南方特色水果的碳排放量。

③贮存环节碳排放量。冷链物流模式下的贮存是冷藏贮存，主要采用冷库等制冷设备进行贮存，可以降低腐损率，延长货架期。而王文铭等（2011）认为，冷库贮存中的能源消耗由两部分组成，一部分是仓储设备如分拣机和自动提升货柜等的能耗，而另一部分为制冷系统如蒸发器、冷凝器、风机以及压缩机等的能耗，其中制冷系统的能耗占冷库贮存总能耗的80%左右。南方特色水果在传统的贮存方式下只产生第一部分的能耗，即碳排放主要由仓储设备产生。不同模式下的碳排放量差值为：

$$C_3 = \sum_l C_w^l T_C^l Q_C^l - 0.2 \sum_l C_w^l T_w^l Q_w^l \tag{3-8}$$

式（3-8）中，C_3 表示不同物流模式下贮存环节碳排放量差值，C_w^l 表示单位时间内冷藏单位产品的碳排放量，T_w^l 表示 l 环节冷藏的时间，Q_C^l 表示冷链物流模式下 l 环节贮存的量，Q_w^l 表示传统物流模式下 l 环节贮存的量。

④运输环节的碳排放量。传统流通模式与冷链流通模式的区别在于，前者是南方特色水果采用普通货车进行常温运输，如传统的棉被车等，而后者采用冷藏保鲜运输车进行运输，如冷藏车等拥有制冷设备的车辆，两种运输模式的共同点是都能实现产品的空间转移，不同点主要体现在运输车辆是否有制冷功效。两种不同的物流模式下，运输环节碳排放量的差别主要体现在冷链物流制冷设备产生的碳排放量，计算公式如下：

$$C_4 = \sum_l \sum_N \sum_V (PE)_V (M_{lNV}^C K_{lNV}^C F_{lNV}^C - M_{lNV}^L K_{lNV}^L F_{lNV}^L) \tag{3-9}$$

其中，

$$K_{NV} = \sum_i \sum_g \sum_j d_{igj} \tag{3-10}$$

式（3-9）和式（3-10）中，C_4 表示运输车辆制冷设备产生的碳排放量，N 表示运输车辆的类型，V 表示运输车辆使用的能源类型，M_{lNV}^C 表示 l 环节使用能源 V 的 N 型冷藏车辆的数量，M_{lNV}^L 表示 l 环节使用能源 V 的 N 型普通车辆的数量，K_{lNV}^C 表示 l 环节使用能源 V 的每一辆 N 型冷藏车辆的行驶里程数，K_{lNV}^L 表示 l 环节使用能源 V 的每一辆 N 型普通车辆的行驶里程数，K_{NV} 表示使用能源 V 的每一辆 N 型冷藏车辆的行驶里程数，d_{igj} 表示 i 地到 g

地及 g 地到 j 地的车辆行驶距离，F_{INV}^C 表示 l 环节使用能源 V 的 N 型冷藏车单位里程的燃料消耗量，F_{INV}^L 表示 l 环节使用能源 V 的 N 型普通货车单位里程的燃料消耗量，$(PE)_V$ 表示能源 V 的 CO_2 排放系数。

⑤腐烂变质过程的碳排放及处理导致的碳排放。南方特色水果具有易腐性，本书主要考虑南方特色水果流通过程中的货损情况，研究不同物流模式下腐烂变质过程的碳排放及处理导致的碳排放。废弃物的处理方式主要有集合、回收、堆肥、氧化消化、焚化、填埋和露天倾倒。南方特色水果在不同的物流模式下的腐损率不同，碳排放量也不同，具体公式如下：

$$C_5 = \sum_g Q_g(\theta_0 - \theta_1)C_f \qquad (3-11)$$

式（3-11）中，C_5 表示不同物流模式下处理废弃物产生的碳排放量差值，C_f 表示处理单位废弃物的碳排放量。

综上所述，南方特色水果在冷链物流模式下减少的碳排放量为：

$$\begin{aligned}C_c &= C_1 - C_2 - C_3 - C_4 + C_5 \\ &= \sum_g Q_g[(\theta_0 - \theta_1)C_P - C_y] - 0.8\sum_l C_w^t T_w^l Q_w^l \\ &\quad - \sum_l \sum_N \sum_V (PE)_V(M_{INV}^C K_{INV}^C F_{INV}^C - M_{INV}^L K_{INV}^L F_{INV}^L) + \sum_g Q_g(\theta_0 - \theta_1)C_f\end{aligned} \qquad (3-12)$$

引入碳税税率 C_{co_2}，则南方特色水果冷链物流减少碳排放的市场价值量为：

$$\begin{aligned}EC_3 &= C_c C_{co_2} \\ &= [\sum_g Q_g[(\theta_0 - \theta_1)C_P - C_y] - (\sum_l C_w^t T_w^l Q_C^l - 0.2\sum_l C_w^t T_w^l Q_w^l) - \\ &\quad \sum_l(\sum_N \sum_V M_{NV}^C K_{NV}^C F_{NV}^C PE_V - \sum_N \sum_V M_{NV}^L K_{NV}^L F_{NV}^L PE_V) + \sum_g Q_g(\theta_0 - \theta_1)C_f]C_{co_2}\end{aligned}$$
$$(3-13)$$

（5）节省耕地的效益（EC_4）

南方特色水果属于易腐食品，在冷链物流模式下的腐损率远远小于常温物流模式下的腐损率。腐损率降低，可以增加实际产量；为满足同样的需求，可以减少耕地面积。因此，腐损率的降低可以提高南方特色水果耕地的利用率，从而可以根据节省的产量来测算节省的耕地面积，将节省的耕地转换土地使用功能来测算其价值量。

单个生产基地在冷链物流模式下节省的耕地面积为：

$$D_i = \frac{M_i}{q_i} Q_g \Delta\theta = H_i Q_g \Delta\theta \qquad (3-14)$$

$$\Delta\theta = \theta_0 - \theta_1 \qquad (3-15)$$

该生产基地耕地面积的外部效应价值量为：

$$DC_i = D_i p_s \qquad (3-16)$$

该地区节省耕地的总外部效应价值量为：

$$EC_4 = \sum_i D_i p_s = \sum_g \sum_i H_i Q_g (\theta_0 - \theta_1) p_s \qquad (3-17)$$

式（3-14）至式（3-17）中，D_i 表示生产基地 i 在冷链物流模式下节省的耕地面积，M_i 表示生产基地 i 的耕地面积，p_s 表示生产基地 i 土地机会成本，$\Delta\theta$ 表示不同物流模式下腐损率的差值，H_i 表示生产单位南方特色水果需要的耕地面积。

3.4.3.3 评价结果的计算

本书构建的外部效应评价指标体系主要用于计算南方特色水果在冷链物流运输过程中，其外部效应给政府、消费者等社会带来的经济效益。

南方特色水果冷链物流的不同受益主体所享受的外部效应有所不同，在这个基础上，从经济效应、社会效应、环境效应、资源效应4个角度出发，量化了农民增产增收、稳定市场物价、减少碳排放、节省耕地4个指标，收集所需要的数据，代入评价指标公式中，最后将4个量化指标的计算结果进行求和，就得到了南方特色水果冷链物流外部效应的价值量，即：

$$TEC = \sum_k EC_k \qquad (3-18)$$

式（3-18）中，TEC 表示南方特色水果冷链物流总的外部效应值，EC_k 表示量化的指标计算结果，k 为指标评价体系中的量化指标数量。

3.4.3.4 南方特色水果冷链物流效应系数的计算

根据前文的指标计算方法，可以计算出5个指标的外部效应系数值，表示不同外部效应指标的显著情况，具体计算公式如下。

（1）农民增产增收效益系数（ECF）

农民增产增收的效益系数用南方特色水果在不同的物流模式下农民收

益情况的差值与传统物流模式下的农民收益的比值来表示,反映农民增产增收效应的显著情况。

$$ECF = EC_1/ECL_1$$
$$ECL_1 = \sum_g Q_g P_p^{s>m} \quad (3-19)$$

式(3-19)中,ECF 表示南方特色水果冷链物流模式下农民增产增收效益系数,EC_1 表示南方特色水果在不同的物流模式下农民收益情况的差值,ECL_1 表示南方特色水果传统物流模式下农民的收益。

(2) 食品安全效益系数 (ECI)

将南方特色水果冷链物流食品安全信心指数作为衡量食品安全效益的指标,通过问卷调查方式计算出冷链物流食品安全信心指数,则食品安全效益系数就等于冷链物流食品安全信心指数与荣枯线 δ 的比值,该值反映了食品安全效益的显著情况,计算公式如下:

$$ECI = TCI/\delta \quad (3-20)$$

式(3-20)中,ECI 表示南方特色水果冷链物流食品安全效益系数,δ 表示荣枯线水平值。

(3) 稳定市场物价效益系数 (ECP)

南方特色水果冷链物流稳定市场物价的效益系数用南方特色水果在不同物流模式下消费者支出的差值与传统物流模式下的消费者支出的比值来表示,反映稳定市场物价效益的显著情况。

$$ECP = EC_2/ECL_2$$
$$ECL_2 = \sum_j Q_j^{n'} P_n^{s \leqslant m} \quad (3-21)$$

式(3-21)中,ECP 表示南方特色水果冷链物流模式下稳定市场物价效益系数,EC_2 表示南方特色水果在不同物流模式下消费者支出的差值,ECL_2 表示南方特色水果传统物流模式下的消费者的消费支出。

(4) 减少碳排放效益系数 (ECC)

南方特色水果冷链物流减少碳排放的效益系数用南方特色水果在不同物流模式下产生的碳排放量差值与传统物流模式下产生的碳排放值的比值表示,反映减少碳排放效益的显著情况。

$$ECC = EC_3/ECL_3$$
$$ECL_3 = \left[\sum_g Q_g \theta_0 C_p + 0.2 \sum_l C_w^t T_w^l Q_w^l + \sum_l \sum_N \sum_V (PE)_V M_{INV}^L K_{INV}^L F_{INV}^L + \sum_g Q_g \theta_0 C_f\right] C_{CO_2} \quad (3-22)$$

式（3-22）中，ECC 表示南方特色水果冷链物流模式下减少碳排放效益系数，EC_3 表示南方特色水果在不同物流模式下产生的碳排放量差值，ECL_3 表示南方特色水果在传统物流模式下产生的碳排放值。

（5）节省耕地效益系数（ECS）

南方特色水果冷链物流节省耕地的效益系数用南方特色水果在不同物流模式下耕地使用情况的差值与传统物流模式下耕地使用情况的比值表示，反映节省耕地效益的显著情况。

$$\begin{aligned} ECS &= EC_4/ECL_4 \\ ECL_4 &= \sum_g \sum_i H_i Q_g \theta_0 p_s \end{aligned} \quad (3-23)$$

式（3-23）中，ECS 表示南方特色水果冷链物流模式下节省耕地效益系数，EC_4 表示南方特色水果在不同物流模式下耕地使用情况的差值，ECL_4 表示南方特色水果在传统物流模式下使用的耕地价值。

3.4.3.5 评价流程

确定以南方特色水果冷链物流外部效应为评价主体，梳理国内外水果冷链物流外部效应指标体系的研究，并结合前文对南方特色水果冷链物流的特性以及外部效应的分析，依据评价指标体系的构建原则，明确南方特色水果冷链物流外部效应的评价指标，建立南方特色水果冷链物流外部效应评价指标体系。首先确定量化评价指标，构建数量模型，并从经济效应、社会效应、环境效应、资源效应出发收集相关数据。其次，对南方特色水果冷链物流外部效应进行综合评价。最后根据评价的结果，对南方特色水果冷链物流的发展提出相应的建议和对策。具体流程如图3-11所示。

3.5 冷链物流外部效应仿真分析
——以荔枝为例

为了更好地对南方特色水果冷链物流外部效应进行研究分析，本章结

第 3 章 南方特色水果冷链物流外部效应分析及计算方法

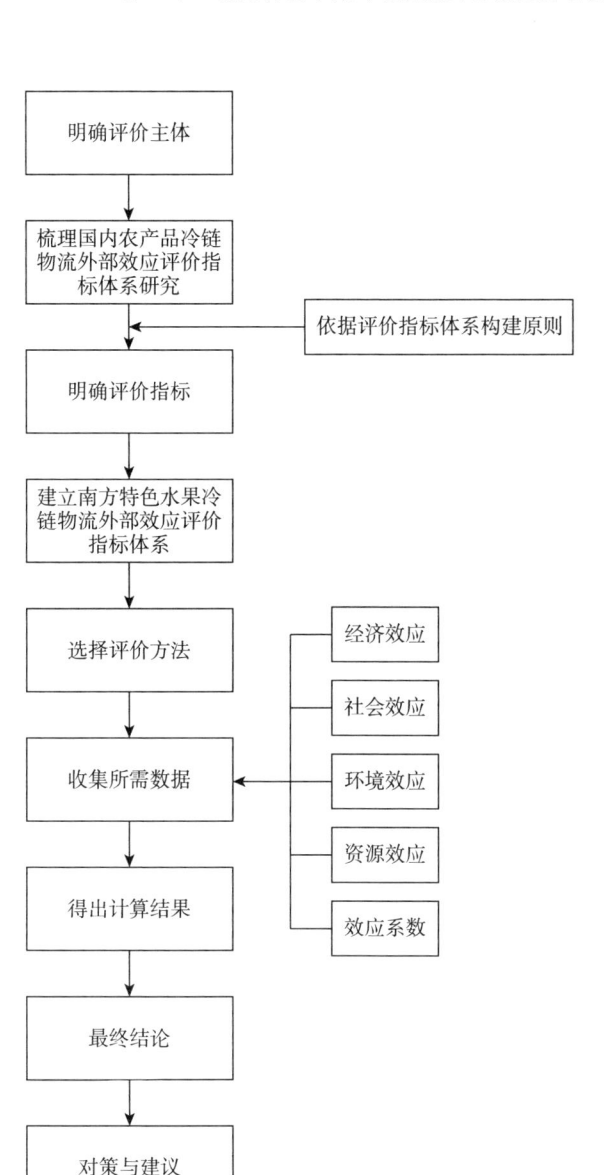

图 3-11 南方特色水果冷链物流外部效应指标评价流程

合南方特色水果冷链物流外部效应评价指标体系模型进行算例分析，实证研究对象为荔枝冷链物流，从经济效应、社会效应、环境效应和资源效应 4 个角度，用 5 个评价指标进行分析研究，验证模型的适用性。

根据杨松夏等（2012）的研究，荔枝是一种非呼吸跃变型水果。如果采后置于常温环境下,它的呼吸速率呈线性增加,水分损失,果实呈褐色甚至腐烂。因此,荔枝采收后需低温贮存。当果实褐变失水时,就会失去商品性,属于我国典型的南方特色水果。我国荔枝产地主要分布在福建、广东、广西、海南、四川、云南等省份。其产量占世界总产量的65%~70%。近年来,根据《中国统计年鉴》可知,我国荔枝产量呈波动性上升态势,从2010年的177万吨上升至2018年的302.81万吨,而种植面积基本稳定在54.99万公顷左右。国家荔枝龙眼产业技术体系在2018年总结中指出,2018年全国荔枝种植面积达55.17万公顷,产量高达302.81万吨,综合产值高达292.29亿元。根据《中国统计年鉴》,2017年末我国人口为139008万人,则人均荔枝占有量为2.18千克。根据中国统计局相关数据,我国每年人均消费鲜水果约为47.58千克。

广东省荔枝产量及荔枝种植面积占全国50%以上,根据《广东省统计年鉴》,可知2008~2017年广东省荔枝种植面积和产量(见图3-12)。近几年,广东省对荔枝产业逐渐重视,颁布了一系列相关产业的惠农政策。目前,广东省正在打造全球最大的荔枝种植资源库,旨在将广东省荔枝产业培育成为最具竞争力的优势产业。2017年广东省人大常委会颁布了《广东省荔枝产业保护条例》,荔枝开始实现了增产。

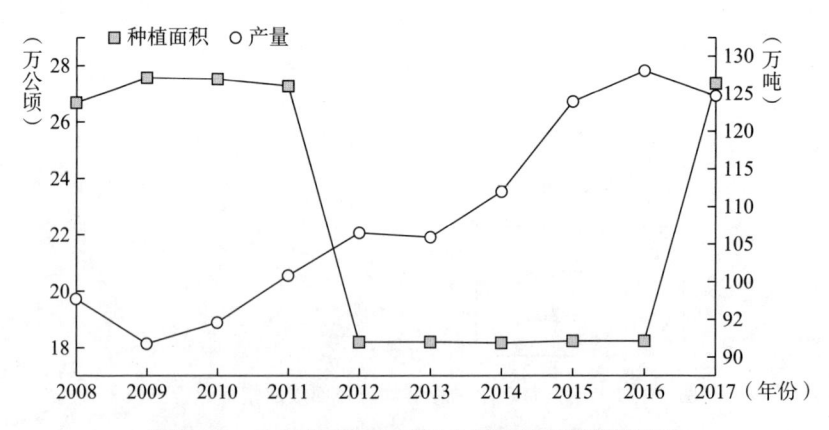

图3-12 广东省2008~2017年荔枝种植面积和产量

资料来源:相关年份《广东省统计年鉴》。

调研发现,荔枝虽然实现了增产,但还是采用传统销售模式,市场开拓力度不够,只有少部分地区结合电商等网络平台并采用冷链物流模式进行流通。

广东省的荔枝基本于每年的 5 月底至 6 月一个多月的时间集中上市。由于荔枝上市过于集中，销售模式过于单一，荔枝的流通还是传统的物流模式，市场开拓力度不够，附加值低，竞争力弱。根据中国农业网相关资讯，广东省在 2018 年的荔枝产量大约为 160 万吨，75% 的荔枝在省内销售。按广东省 2017 年底常住人口算，平均每人在一个多月内要消费荔枝 19.19 千克。根据《广东省统计年鉴》，水果人均年消费量为 36.39 千克。由此可见，人均要月消费 19.19 千克荔枝，这是消费者不能承受的。供过于求，价格必然下降，再加上渠道单一，荔枝必然滞销，导致农民增产却不增收的现象发生。

鉴于此，本书以广东省部分荔枝产地为例进行算例分析。利用前文建立的南方特色水果冷链物流外部效应评价指标体系，收集评价指标所需要的相关数据，对广东省部分荔枝流通企业在冷链物流模式下所产生的外部效应进行综合评价。

3.5.1 广东荔枝的基本情况

中国为荔枝原产地，也是荔枝最大生产国，产量占世界的 65%~70%。2018 年全国荔枝种植面积为 55.17 万公顷、总产量达 302.81 万吨，而广东荔枝占全国产量的 50% 左右，占世界产量的 1/3。广东省荔枝种植面积在 6666.67 公顷以上的地级市有 9 个，面积在 1000 公顷以上的县有 47 个。荔枝是广东省单一水果种植面积最大、品种特色最鲜明、区域优势最明显、最具发展潜力的亚热带水果。根据 2017 年《广东省统计年鉴》，2017 年广东省各地产量和种植面积如图 3-13 所示，广东省荔枝生产还是"小生产"模式。

随着生鲜农产品冷链的快速发展，鲜荔枝的流通从传统的荔枝"生产商—批发商—零售商—消费者"单项多层次模式，转变为以第三方冷链物流企业为主的冷链物流供应链模式。

通过对广东荔枝流通企业不同物流供应链模式进行对比分析，归纳出其供应链模式主要分为三个阶段。第一阶段，农户或生产基地专业合作社在收获荔枝之后，由流通企业在集货点集中收购。第二阶段，流通企业收

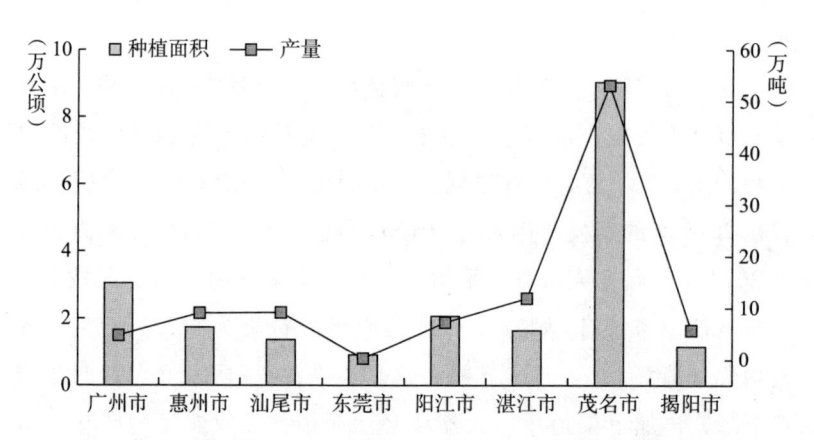

图 3-13　2017年广东省荔枝生产大市年末种植面积和荔枝产量

资料来源：《2018年广东省统计年鉴》。

购荔枝后进行流通加工处理。第三阶段，由流通企业将荔枝运往销售地，如大型超市或小卖部等。物流供应链模式如图3-14所示。

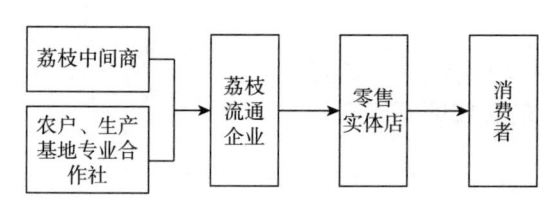

图 3-14　以流通企业为主的物流供应链模式

3.5.2　广东荔枝冷链物流外部效应评价

3.5.2.1　明确评价主体

实证研究的主体是荔枝冷链物流，研究内容为荔枝在冷链物流模式下的外部效应，其中流通企业物流供应链模式下的物流系统为由3个生产基地、3个流通企业、5个零售商构成的多级冷链物流网络，如图3-15所示。其中，5个零售商是由3个产地零售商和2个非产地零售商构成。构建这一网络结构的目的，在于利用前文构建的外部效应评价指标体系对荔枝冷链物流外部效应进行量化评价。

以荔枝集中上市的时间为主要研究周期，研究周期为两个月。根据调研发现，不同物流模式下的市场供给是不同的。冷链物流供应链模式下的荔枝销售情况由产地和非产地市场需求决定，并假设市场供需平衡时的价

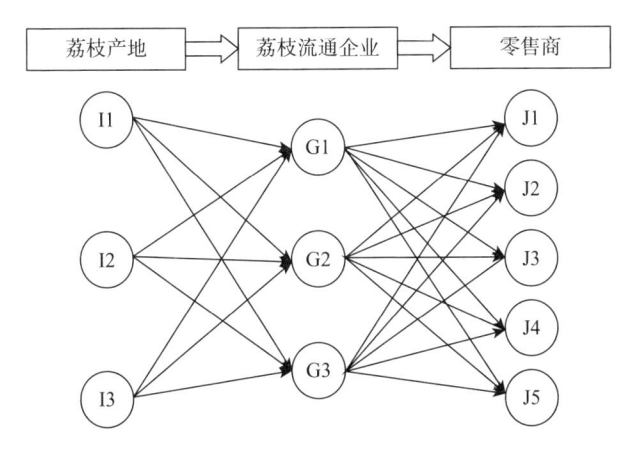

图 3-15 荔枝流通企业物流系统网络结构

格为合理价格。本书假设产量和市场需求不变,对两种不同的物流模式进行对比分析。运输车型均为 5 吨车,车速为 55 公里/小时,非产地车速为 90 公里/小时。以下分别对不同物流模式流程进行分析。

(1) 荔枝常温物流供应链模式流程分析

常温物流供应链模式主要包括生产、采后处理及常温运输、贮存、配送、销售等主要环节。

①采后处理

传统物流模式下,荔枝采收后,流通企业在集货点集中收购,对荔枝进行分级包装,其中产地市场销售中无泡沫箱包装,包装形式为碎冰加塑料筐。

②常温运输

荔枝属于易腐烂食品,需要适宜的温度和湿度。在传统物流模式下,荔枝加碎冰置于普通塑料筐中,采用普通的货车进行运输。由于长距离运输的腐损率高,所以多为短距离运输,该模式下荔枝销售渠道较为单一。不同货车的能耗不同,分为柴油车、汽油车等。不同的能源,其碳排放系数不同(见表 3-11)。

表 3-11 几种能源的碳排放系数

能源	碳排放系数	来源
煤炭	2.4567 吨 CO_2/吨标准煤当量	国家发改委能源研究所
天然气	2.699 千克 CO_2/千克	IPCC

续表

能源	碳排放系数	来源
柴油	2.263 千克 CO_2/升	IPCC
电能	0.853 千克 CO_2/千瓦时	IPCC
汽油	18.9 千克 CO_2/吉焦	IPCC
煤油	19.5 千克 CO_2/吉焦	IPCC

③常温贮存

荔枝常温贮存是指荔枝在较高湿度、恒定温度（常温）的条件下进行贮存。由于荔枝采后，它的呼吸速率呈线性增加，水分损失，果实呈褐色甚至腐烂，所以传统物流模式下，荔枝的贮存时间非常短。本书主要研究流通企业贮存1天的腐损率及碳排放情况。

④常温销售

根据调研发现，为保证荔枝的价值，零售商销售周期多为1天，即简单摆卖，形式一般为上午按照正常的市场价进行销售，下午进行降价处理。销售期间，为保障其新鲜度，多采取定期洒水形式进行降温保湿保鲜。通过实验发现，这种销售形式的荔枝腐损率较高。

（2）荔枝冷链物流供应链模式流程分析

①预冷

预冷是指在荔枝贮存或运输前，快速消除果实的田间热，迅速使果心温度降至5℃~10℃，减少呼吸，减缓成熟腐烂的速度。荔枝采收后预冷、分级和包装等技术会延缓品质劣变。目前，国内常采用的荔枝预冷方法主要有冰水预冷、冷水预冷、强制通风冷库预冷和冷库预冷。

②冷藏运输

荔枝属于易腐烂食品，需要适宜的温度和湿度。荔枝冷藏运输是指将交通运输与制冷工业相结合，在运输的过程中，利用制冷设备使荔枝处于适宜的温度和湿度中。目前，我国荔枝的运输主要靠汽车、飞机、货车等普通的运输设备，使用冷藏运输装备较少。根据谢如鹤（2014）的研究，荔枝中长途冷藏运输的最佳温度为3℃~5℃，短途（不超过5小时）运输温度为5℃~12℃。

③荔枝冷藏

荔枝最佳贮存温度为 3℃~5℃，湿度为 90%~95%，荔枝冷藏过程能有效地减弱荔枝的呼吸作用，延长其货架期，降低腐损率。

为分析两种不同物流模式下荔枝腐损率及碳排放情况，只考虑延长货架期的情况下，扩大荔枝的销售辐射面积，在产地供需平衡后，尽可能满足非产地的市场需求。

④冷藏销售

冷藏销售多指零售商使用冷藏陈列柜、冰台进行销售，主要研究以超市为主的销售形式。假设两种不同的流通模式下销售时间是相同的。

3.5.2.2 评价指标的选取及计算

本书根据已构建的南方特色水果冷链物流外部效应评价指标体系，对荔枝冷链物流的外部效应进行评价。其中，荔枝冷链物流外部效应评价指标如表 3-12 所示，评价指标的计算方法如表 3-13 所示，外部效应系数计算方法如表 3-14 所示。

表 3-12 荔枝冷链物流外部效应评价指标

外部效应作用	受益主体	评价指标
经济效应	农民	农民增产增收
社会效应	消费者	食品安全
	消费者	稳定市场物价
环境效应	政府	减少碳排放
资源效应	农民	节省耕地

表 3-13 荔枝冷链物流外部效应评价指标及计算方法

目标层	评价指标	指标计算方法	指标计算解释
荔枝冷链物流外部效应评价指标体系	农民增产增收	$EC_1 = \sum_g Q_g (P_p^{s=m} - P_p^{s>m})$	农民增产增收的效益 = 流通企业采购量 ×（市场供需平衡时流通企业收购价格 - 市场供给大于需求时的流通企业收购价格）
	食品安全	TCI	食品安全信心指数 = 指标权重与相应的指标系数相乘相加

续表

目标层	评价指标	指标计算方法	指标计算解释
荔枝冷链物流外部效应评价指标体系	稳定市场物价	$EC_2 = \sum_j Q_j^{n'}(p_n^{s\leqslant m} - p_n^{s\leqslant m})$	稳定市场物价的效益 = 非产地常温流通模式下消费者消费量 ×（非产地市场供给远远小于需求的消费者购买荔枝的价格 - 非产地市场供给小于或等于需求的消费者购买荔枝的价格）
	减少碳排放	$EC_3 = (C_1 - C_2 - C_3 - C_4 + C_5)C_{co_2}$	减少碳排放的效益 =（生产环节减少的碳排放量 - 荔枝预冷增加的碳排放量 - 冷链运输制冷设备增加的碳排放量 - 冷藏环节制冷设备增加的碳排放量 + 处理废弃物减少的碳排放量）× 碳税税率
	节省耕地	$EC_4 = \sum_g \sum_i H_i Q_g(\theta_0 - \theta_1)p_s$	节省耕地的效益 = 生产单位产量荔枝的耕地面积 × 流通企业采购量 ×（普通物流腐损率 - 冷链物流腐损率）× 耕地的机会成本

表 3-14 荔枝冷链物流外部效应系数及计算方法

目标层	系数指标	指标系数计算方法	指标计算解释
荔枝冷链物流外部效应评价指标体系	农民增产增收效益系数	$ECF = EC_1/ECL_1$	农民增产增收效益系数 = 不同物流模式下农民收益差值/传统物流模式下的农民收益
	食品安全效益系数	$ECI = TCI/R$	食品安全效益系数 = 冷链物流食品安全信心指数/荣枯线水平值
	稳定市场物价效益系数	$ECP = EC_2/ECL_2$	稳定市场物价效益系数 = 不同物流模式下消费者支出的差值/传统物流模式下消费者支出
	减少碳排放效益系数	$ECC = EC_3/ECL_3$	减少碳排放效益系数 = 不同物流模式下产生的碳排放量的差值/传统物流模式下产生的碳排放值
	节省耕地效益系数	$ECS = EC_4/ECL_4$	节省耕地效益系数 = 不同物流模式下浪费耕地的差值/传统物流模式下浪费的耕地值

3.5.2.3　数据获取

根据量化的评价指标，我们收集了广东荔枝近几年的相关数据作为外部效应计算的依据。

(1) 农民增产增收相关参数的确定

本书对广东的 3 个荔枝生产基地进行了实地调研,对其进行仿真分析研究,3 个生产基地的生产能力和种植面积如表 3-15 所示。

表 3-15 荔枝产地生产能力及种植面积

指标	I1	I2	I3
生产能力(吨)	49000~100000	530000~550000	90000~110000
种植面积(公顷)	30500	92700	13700

$$\sum_i Q_i^{\min} = I1 + I1 + I3 = 669000 (吨)$$

$$\sum_i Q_i^{\max} = I1 + I1 + I3 = 760000 (吨)$$

式中,$\sum_i Q_i^{\min}$ 表示荔枝生产基地生产的最小量,$\sum_i Q_i^{\max}$ 表示荔枝生产基地生产的最大量。

根据中国农业网资讯,广东省的荔枝 75% 都是省内销售。根据《广东省统计年鉴》,2018 年广东省常住人口为 11373.84 万人,而 2018 年的荔枝产量为 150 万吨,上市周期为 2 个月左右,人均消费 13.19 千克,这已远远超出了消费者的承受能力。根据调研,生产基地的市场需求占总产量的 60% 左右,具体各生产基地的市场需求如表 3-16 所示。

表 3-16 产地市场需求状况

单位:吨

指标	J1	J2	J3
市场需求	249996	59760	89550.36

产地的需求量为:

$$\sum_j Q_j^p = 249996 + 59760 + 89550.36 = 399306.36 (吨)$$

式中,$\sum_j Q_j^p$ 为不同生产基地消费者对荔枝的需求总量。

根据调研,本书只确定了两个非产地的市场需求,如表 3-17 所示。

表 3-17 非产地市场需求状况

单位：吨

指标	J4	J5
市场需求	211000	141000

非产地市场需求量为：

$$\sum_j Q_j^n = 211000 + 141000 = 352000 \text{（吨）}。$$

为更好地研究农民增产增收和对两种不同物流供应链模式进行对比分析，本书只考虑市场供需关系导致的价格波动，并对荔枝最大产量的情况进行仿真分析，且流通企业的需求量依产量而定。根据表 3-17，流通企业的需求如表 3-18 所示。

表 3-18 流通企业需求情况

单位：吨

指标	G1	G2	G3
需求	100000	550000	110000

流通企业的总需求为：

$$\sum_g Q_g = 100000 + 550000 + 110000 = 760000 \text{（吨）}。$$

不同供应链模式下，荔枝流通过程中的腐损率不同，通过设计实验及实地调研，把 5 吨荔枝分别放在全程冷链和传统物流两种不同物流模式下并进行数据收集。实验和调研数据结果显示，冷链物流不同环节的腐损率分别为 0.1%、0.4% 和 2%，传统物流不同环节的腐损率分别为 12%、13% 和 35%。传统物流供应链模式下，荔枝非产地运量占比 25%，则：

$$\sum_j Q_j^{n'} = Q_g' \times (1 - 0.12) \times 0.25 \times (1 - 0.35) = 108680 \text{（吨）}$$

式中，$\sum_j Q_j^{n'}$ 为传统物流模式下非产地市场的消费量。

（2）碳排放相关参数的确定

①生产环节减少的碳排放量

由于受到气候和客观环境的影响，对于生产环节的碳排放，大部分是通过实验进行测量和计算，但实际测算的难度较大，而且周期漫长。农作物产生的碳排放量主要包括农业生产过程中使用的化肥、农药、塑料膜、柴油、灌溉用电以及农田氧化亚氮（N_2O）的直接碳排放。根据相关文献，荔枝在生产环节的碳足迹 C_p 约为 192 克 CO_2/千克，即每生产 1 千克荔枝会有 192 克碳排放量产生。

W_c 表示全程冷链物流模式下的荔枝腐损量，根据不同环节的腐损率，可计算出：

$$W_c = \sum_g Q_g \times 0.001 + \sum_j Q_j^p \times 0.004/(1-0.004) + \left[\sum_g Q_g \times (1-0.001) - \sum_j Q_j^p/(1-0.004)\right] \times 0.02$$

$$= 9530.24（吨）$$

Q_L 表示 75% 产地销售的荔枝在传统物流模式下的运量，即流通企业采购荔枝的总量，其值与冷链物流模式下相等。

$$Q_L = Q_g = 760000（吨）$$

W_L 表示荔枝在传统物流模式下的腐损量，根据传统物流供应链不同环节的腐损率，可以计算出：

$$W_L = Q_L \times 0.12 + Q_L \times (1-0.12) \times 0.75 \times 0.13 + Q_L \times (1-0.12) \times 0.25 \times 0.25$$

$$= 214928（吨）$$

荔枝在不同物流供应链模式下流通，腐损率不同。荔枝在冷链物流供应链模式下进行流通，可以减少腐损 205397.76 吨，即可以减少生产 205397.76 吨。根据式（3-6），生产环节减少的碳排放量为：

C_1 = 减少的生产量 × 生产环节的单位碳排放量

$$= 205397.76 \times 10^3 \times 192 \times 10^{-6} \approx 39436.37（吨）$$

②预冷环节增加的碳排放量

荔枝的预冷方式通常为冰水预冷，其能耗主要产生于制冰与包装材料的生产过程。其中，包装材料为聚苯乙烯塑料泡沫箱，该类型的包装箱有较强的承重能力。泡沫箱是目前荔枝流通过程中最常用的包装箱，其箱体承重量一般为 9、15、25 千克等，通常用碎冰或冰袋等蓄冷剂。根据调研，预冷 1 吨的荔枝需要 1 吨的冰，制 1 千克冰需要耗能 35119.7 焦，即制作 1 千克冰需要耗电 0.0098 千瓦时。根据我国南方电网的电能碳排放系数（0.853 千

CO_2/千瓦时），制作1千克冰会产生0.0083千克碳排放量，碳足迹为8.3克 CO_2/千克。两种不同物流模式下的包装方式相同，则此环节中冷链物流供应链模式比常温物流供应链模式多产生预冷环节的碳排放。根据式（3-7），预冷环节增加的碳排放为：

C_2 = 冷链流通模式下荔枝的流通量 × 预冷碳足迹

$$= \sum_g Q_g \times 10^3 \times 8.3 \times 10^{-6} = 6308 （吨）$$

③冷藏环节制冷设备增加的碳排放量

根据前文对不同物流供应链模式的分析，荔枝在不同的物流供应链模式下贮存环境不一样，区别主要体现在有无制冷设备。传统的常温物流模式下，荔枝主要贮存在湿度高的常温库里；而在冷链物流模式下，荔枝贮存在具有制冷功能的冷库中，延长了荔枝的货架期。

本环节的碳排放来源于荔枝贮存期间制冷设备的能耗，即耗电量。根据中国石油大学研究团队的研究报告，制冷系统占冷库贮存能耗的80%左右。也就意味着，与常温贮存库相比，冷库的能耗要多出80%左右。考虑到常温下荔枝腐损速度，主要测算流通企业贮存1天荔枝所产生的碳排放。通过计算得出，其碳足迹为0.2862克 CO_2/千克·天。根据调研数据，两种物流供应链模式下荔枝腐损率不同，冷链物流供应链模式下该环节的腐损率为0.5%，常温物流供应链模式下该环节的腐损率为1.5%。根据两种不同供应链模式下的荔枝采购量，可计算出冷链物流供应链模式下的冷藏量为759240吨，常温物流供应链模式下该环节的贮存量为668800吨。根据式（3-8），冷藏环节制冷设备增加的碳排放量为：

C_3 = 单位时间内冷藏1千克荔枝的碳排放量 × 流通企业冷藏1千克荔枝的时间 × 流通企业荔枝冷藏量 − 0.2 × 单位时间内冷藏1千克荔枝的碳排放量 × 流通企业冷藏1千克荔枝的时间 × 常温流通模式下流通企业荔枝贮存量

$$= (0.2862 \times 1 \times 759240 - 0.2 \times 0.2862 \times 1 \times 668800)/10^{-3}$$

$$\approx 179.01 （吨）$$

④冷链运输过程中制冷设备增加的碳排放量

常温流通是指农产品采用普通的货车进行运输，而冷链流通是指农产品采用具有制冷功能的货车进行运输，具有保鲜效果。运输环节的碳排放主要来源于两个方面：一是车辆行驶过程中的油耗所产生的碳排放，这是两种模式下都会产生的碳排放；二是冷藏车运输过程中制冷设备制冷过程中的碳排放。运输主要包括三个环节，第一环节是从集货点到流通企业，第二环节是从流通企业到产地零售商，第三环节是从流通企业到非产地零售商。

运输方式不同，荔枝的腐损率不同。为满足市场需求，不同物流供应链模式下，荔枝流通企业收购的荔枝量不同。根据前文的柴油碳排放系数以及文献研究数据，小型货车（载重量为1.8~6吨）行驶油耗（柴油）为0.1667升/公里，制冷油耗为0.2升/公里；重型货车（载重量为10吨）行驶油耗为0.2857升/公里，制冷油耗为0.25升/公里。根据表3-11中的能源碳排放系数，1升柴油的CO_2排放量为2263克。根据式（3-1），小型冷藏车的碳足迹为0.098克CO_2/千克·公里，重型冷藏车的碳足迹为0.0817克CO_2/千克·公里，小型普通货车的碳足迹为0.088克CO_2/千克·公里，重型普通货车的碳足迹为0.075克CO_2/千克·公里。

从生产商到批发商进行运输的三个荔枝流通企业的处理能力如表3-19所示，荔枝生产基地到荔枝流通企业的运输距离及运量如表3-20、表3-21所示，流通企业到零售商的运输距离及运输量如表3-22、表3-23、表3-24所示，其中表3-23为冷链物流供应链模式下的流通企业到零售商的运输量，表3-24为常温物流供应链模式下的流通企业到零售商的运输量。

表3-19　荔枝流通企业处理能力

单位：吨

	G1	G2	G3
处理能力	0~100000	0~550000	0~110000

表3-20　产地 i 到流通企业 g 的距离

单位：公里

流通企业	i=1	i=2	i=3
G1	3.8	110	100
G2	110	4.5	160
G3	100	160	4

表 3-21　产地 i 到流通企业 g 的运量

单位：吨

流通企业	i = 1	i = 2	i = 3
G1	100000	0	0
G2	0	550000	0
G3	0	0	110000

表 3-22　流通企业 g 到零售商 j 的距离

单位：公里

零售商	g = 1	g = 2	g = 3
J1	80	120	100
J2	120	90	200
J3	100	200	70
J4	2078	2000	2214
J5	2061	2040	2140

表 3-23　流通企业 g 到零售商 j 的冷链物流运输量

单位：吨

零售商	g = 1	g = 2	g = 3
J1	99900	131120	19980
J2	—	60000	—
J3	—	—	89910
J4	—	214998	—
J5	—	143332	—

表 3-24　流通企业 g 到零售商 j 的常温物流运输量

单位：吨

零售商	g = 1	g = 2	g = 3
J1	88000	208600	—
J2	—	95000	—
J3	—	13200	96800
J4	—	100320	—
J5	—	66880	—

根据前文计算出流通企业的采购量合计为760000吨，以旺季市场需求为研究对象，其中旺季时长为6月、7月两个月，则流通企业每天至少需要集中采购1600吨，因而采用10吨重型货车进行运输，则产地到3个流通企业货车数量分别为10000、55000、11000辆。

根据前文模型的要求，只对零售商的市场需求进行了确定，为确保预冷及时，流通企业按就近原则从邻近的荔枝集货地采购。

产地零售商配送采用载重量为5吨的货车，非产地零售商配送采用载重量为10吨的货车。则冷藏车和普通货车数量如表3-25、表3-26所示。

表3-25 流通企业g到零售商j的冷藏车数量

单位：辆

零售商	g = 1	g = 2	g = 3
J1	19980	26224	3996
J2	—	12000	—
J3	—	—	17982
J4	—	21450	—
J5	—	14334	—

表3-26 流通企业g到零售商j的普通货车数量

单位：辆

零售商	g = 1	g = 2	g = 3
J1	17600	41720	—
J2	—	19000	—
J3	—	2640	19360
J4	—	10032	—
J5	—	6688	—

根据式（3-9）以及以上数据，可计算出冷链运输过程中制冷设备增加的碳排放量 C_4。C_4^{I-G} 表示冷链物流供应链模式下运输环节的碳排放量，C_4^{G-J} 表示常温物流运输模式下运输环节的碳排放量，D_{ig}、D_{gj} 分别表示从产地到流通企业运输车辆行驶的距离和从流通企业到零售商运输车辆行驶的距离，F_{NV}^C、F_{NV}^L 分别表示 N 型冷藏车能源 V 的使用量和 N 型普通货车能源 V 的使用量，Q_{gj}^{cp}、Q_{gj}^{cn} 分别表示冷链物流供应链模式下流通企业到产地消费

市场和非产地消费市场的运量，Q_{gj}^{lp}、Q_{gj}^{ln} 分别表示常温物流供应链模式下流通企业到产地消费市场和非产地消费市场的运量。

C_4 = 冷链物流运输环节碳排放量 − 常温物流运输环节碳排放量

$$C_4^{I-G} = \sum_{V=柴油}\sum_{N}\sum_{i}\sum_{g} \frac{Q_g}{10} D_{ig} \times (F_{NV}^C - F_{NV}^L) \times FE_V \times 10^{-6} \approx 21.66 \text{（吨）}$$

$$C_4^{G-J} = \sum_{V=柴油}\sum_{N}\sum_{g}\sum_{j} \frac{Q_{gj}^{cp}}{5} D_{gj} \times F_{NV}^C \times FE_V + \sum_{V=柴油}\sum_{N}\sum_{g}\sum_{j} \frac{Q_{gj}^{cn}}{10} D_{gj} \times F_{NV}^C \times FE_V -$$

$$\left(\sum_{V=柴油}\sum_{N}\sum_{g}\sum_{j} \frac{Q_{gj}^{lp}}{5} D_{gj} \times F_{NV}^L \times FE_V + \sum_{V=柴油}\sum_{N}\sum_{g}\sum_{j} \frac{Q_{gj}^{ln}}{5} D_{gj} \times F_{NV}^L \times FE_V \right)$$

≈ 32989.26（吨）

$C_4 = 21.66 + 32989.26 = 33010.92$（吨）

⑤处理废弃物减少的碳排放量

本书主要针对农产品运输和贮存过程中的腐损情况，研究不同物流模式下的腐烂过程碳排放及处理过程导致的碳排放。废弃物的处理方式主要有集合、回收、堆肥、氧化消化、焚化、填埋和露天倾倒。根据 Ilic 等（2009）的研究，废弃物处理等过程的碳足迹为 41.21 克 CO_2/千克。

C_5 = （常温物流供应链模式下的荔枝腐损量 − 冷链物流供应链模式下的荔枝腐损量）× 处理腐烂变质荔枝的碳足迹

$C_5 = (W_L - W_c) \times C_f$

$= (214928 - 9530.24) \times 10^3 \times 41.21 \times 10^{-6} \approx 8464.44$（吨）

C_5 表示处理废弃物减少的碳排放量。

（3）节省耕地相关参数的确定

根据《2018 年广东省统计年鉴》，广东省 2018 年农业总产值为 5969.87 亿元，农作物总播种面积为 422.75 万公顷。

$P_s = 59698700/4227500 \approx 14.13$ 万元/公顷

式中，P_s 表示广东省单位农作物播种面积的产值的机会成本。

以 H_i 表示生产单位产量的荔枝所需的耕地面积，M_i 表示产地 i 的产量，q_i 表示产地 i 的耕地使用面积，则有

$H_i = \dfrac{M_i}{q_i}$。

$H_1^{\max} = \dfrac{M_1}{q_1} = 0.305$ 公顷/吨

第3章 南方特色水果冷链物流外部效应分析及计算方法

$$H_2^{max} = \frac{M_2}{q_2} \approx 0.169 \text{ 公顷/吨}$$

$$H_3^{max} = \frac{M_3}{q_3} \approx 0.125 \text{ 公顷/吨}$$

全程冷链下，荔枝的总腐损量与荔枝的总流通量的比值，即冷链物流模式下的腐损率。

$$\theta_1 = \frac{W_c}{\sum_g Q_g} = \frac{9530.24}{760000} \approx 0.01254$$

式中，θ_1 表示全程冷链物流供应链模式下的荔枝腐损率。

常温物流供应链模式下，荔枝的总腐损量与荔枝的总流通量的比值，即常温物流模式下的腐损率。

$$\theta_0 = \frac{W_L}{\sum_g Q_g} = \frac{214928}{760000} \approx 0.2828$$

式中，θ_0 表示常温物流供应链模式下的荔枝腐损率。

净腐损率为常温物流模式下的荔枝腐损率与冷链物流模式下的荔枝腐损率的差值，即 $\Delta\theta = \theta_0 - \theta_1 = 0.27026$。式中，$\Delta\theta$ 表示净腐损率。

（4）食品安全相关参数的确定

根据冷链物流食品安全信心指数的衡量指标设计调查问卷，共发放160份问卷调查，收回153份，有效问卷为148份，满足样本量的要求，其中每个指标的平均值及系数如表 3-27 所示。

表 3-27　冷链物流食品安全信心指标平均值及系数

指标	平均值 $\overline{V}$	系数 I
冷链物流食品安全认可度	8.16	0.5541
冷链物流食品价格接受度	3.74	0.75
冷链物流食品服务水平	3.7	0.7432
冷链物流食品购买便利性	3.78	0.8649

冷链物流食品安全信心指标平均值和：

$$\sum_m \overline{V}_m = 8.16 + 3.74 + 3.7 + 3.78 = 19.39$$

式中，$\sum_m \overline{V}_m$ 表示冷链物流食品安全指标平均值和。

根据式（3-3），可以计算出各个指标的权重 W，如表 3-28 所示。

表 3-28　冷链物流食品安全信心指标权重

单位：%

指标	权重 W
冷链物流食品安全认可度	42.11
冷链物流食品价格接受度	19.3
冷链物流食品服务水平	19.09
冷链物流食品购买便利性	19.5

冷链物流食品安全信心指数取值在 0~100，50 为荣枯线水平值。信心指数高于荣枯线，反映出景气状况趋于上升或改善；低于荣枯线，则反映出景气状况趋于下降或衰退；正好在荣枯线上，反映出景气状况变化不大；100 表示为极度乐观的情绪。

本章根据模型计算的基本要求，对基本数据进行了简单的收集及计算，荔枝冷链物流外部效应评价指标的基本数据如表 3-29。

表 3-29　荔枝冷链物流外部效应评价指标的基本数据

指标	名称	数值
$\sum_g Q_g$	流通企业荔枝总收购量	760000 吨
θ_1	冷链物流模式下的腐损率	1.254%
θ_0	常温物流模式下的腐损率	28.28%
$\Delta\theta$	净腐损率	27.026%
$P_p^{s=m}$	产地消费市场供给需求平衡时的流通企业收购价格	7 元/千克
$P_p^{s>m}$	产地消费市场供给大于需求时的流通企业收购价格	3 元/千克
$\sum_j Q_j^{n'}$	非产地常温物流供应链模式下消费者消费量	108680 吨
$P_n^{s \leq m}$	非产地供给远远小于需求的荔枝销售价格	30 元/千克
$P_n^{s \leq m}$	非产地供给小于或等于需求的荔枝销售价格	12 元/千克
C_1	生产环节减少的碳排放量	39436.37 吨
C_2	预冷环节增加的碳排放量	6308 吨
C_3	冷藏环节增加的碳排放量	179.01 吨
C_4	冷藏运输过程中增加的碳排放量	33010.92 吨

续表

指标	名称	数值
C_5	处理废弃物减少的碳排放量	8464.44 吨
C_{co_2}	碳税税率	0.04 元/千克
P_s	单位农作物播种面积的产值的机会成本	14.13 万元/公顷
H_1^{max}	产地 I1 生产单位产量荔枝所需耕地面积	0.305 公顷/吨
H_2^{max}	产地 I2 生产单位产量荔枝所需耕地面积	0.169 公顷/吨
H_3^{max}	产地 I3 生产单位产量荔枝所需耕地面积	0.125 公顷/吨
$\sum_m V_m$	冷链物流食品安全信心指标平均值之和	19.39
δ	冷链物流食品安全信心指数荣枯线水平值	50

3.5.2.4 结果计算

利用 R 语言软件对模型进行求解，将上述参数代入模型进行计算，结果如下。

（1）农民增产增收的效益

$$EC_1 = \sum_g Q_g (P_p^{s=m} - P_p^{s>m}) = 760000 \times 10^3 \times (7-3) \times 10^{-4}$$
$$= 304000 \text{（万元）}$$

（2）稳定市场物价的效益

$$EC_2 = \sum_j Q_j^{n'} (p_n^{s \leq m} - p_n^{s \leq m}) = 108680 \times 10^3 \times (30-12) \times 10^{-4}$$
$$= 195624 \text{（万元）}$$

（3）减少碳排放的效益

$$EC_3 = (C_1 - C_2 - C_3 - C_4 + C_5) C_{co_2}$$
$$= (39436.37 - 6308 - 179.01 - 33010.92 + 8464.44) \times 10^3 \times 0.04 \times 10^{-4}$$
$$\approx 33.61 \text{（万元）}$$

（4）节省耕地的效益

$$EC_4 = \sum_g \sum_i H_i Q_g (\theta_0 - \theta_1) p_s$$
$$= (100000 \times 0.305 + 550000 \times 0.169 + 110000 \times 0.125) \times 14.13 \times$$
$$(0.2828 - 0.01254)$$
$$= 522790.54 \text{（万元）}$$

(5) 食品安全信心指数（TCI）

$$TCI = \sum_m I_m W_m$$
$$= (42.11 \times 0.5541) + (19.3 \times 0.75) + (19.09 \times 0.7432) + (19.5 \times 0.8649)$$
$$= 68.86$$

基于上述各指标的计算结果，根据式（3-18），可以得出荔枝冷链物流外部效应的计算结果，:

$$TEC = \sum_k EC_k \quad (k = 1, 2, 3, 4)$$
$$= 1022448.15 \text{（万元）}$$

(6) 荔枝冷链物流外部效应系数

$ECL_1 = \sum_g Q_g P_p^{s>m} = 760000 \times 3 \times 1000/10000 = 228000 \text{（万元）}$

$ECF = EC_1/ECL_1 = 304000/228000 \approx 1.3333$

$ECI = TCI/\delta = 68.86/50 = 1.3772$

$ECL_2 = \sum_j Q_j^{n'} P_n^{s \leq m} = 108680 \times 30 \times 1000/10000 = 326040 \text{（万元）}$

$ECP = EC_2/ECL_2 = 195624/326040 = 0.6$

$ECL_3 = \begin{pmatrix} \sum_g Q_g \theta_0 C_p + 0.2 \sum_l C_w^t T_w^l Q_w^l + \\ \sum_l \sum_N \sum_V (PE)_V M_{INV}^L K_{INV}^L F_{INV}^L + \sum_g Q_g \theta_0 C_f \end{pmatrix} C_{CO_2} = 320.5 \text{（万元）}$

$ECC = EC_3/ECL_3 = 33.31/320.5 = 0.1039$

$ECL_4 = \sum_g \sum_i H_i Q_g \theta_0 p_s = 547047.88 \text{（万元）}$

$ECS = EC_4/ECL_4 = 522790.54/547047.88 = 0.9557$

3.5.3 结果分析及结论

3.5.3.1 结果分析

根据产地和非产地的市场需求，以及前文构建的外部效应评价指标体系，对荔枝冷链物流外部效应进行了评估。根据评价的结果，在实际常温物流供应链模式下75%的产量为广东省内销、25%为非产地销售的情况下，760000吨荔枝在常温物流供应链模式下总的外部效应为102.2456亿元。在常温物流供应链模式下，65%的产量在产地销售，35%的产量在非产地销售，满足不了产地销售需求，求解结果为 86.4477 亿元；在常温物流供应链模式下，100%的产量在产地销售，非产地的消费者受益为0，碳排放减少，导致外部效应急剧下降至 92.307 亿元，具体如图3-16所示。

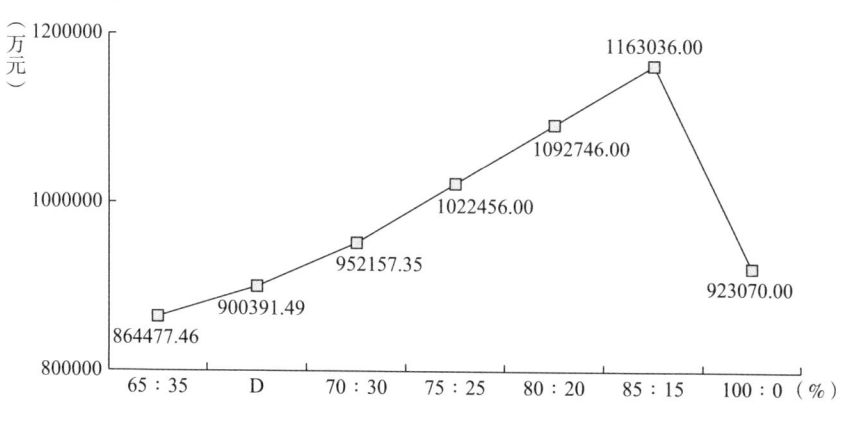

图 3-16 不同销售比例下荔枝常温物流外部效应曲线

注：D 表示刚好满足市场需求。

下面从经济效应、社会效应、环境效应以及资源效应角度对该结果进行分析。

(1) 经济效应——农民增产增收效益

荔枝常温物流供应链模式下产地与非产地销售比例不同，农民增收的情况就不一样，因为农民增收情况主要受市场的供求关系影响，而不同的销售比例直接影响了产地市场的供给需求。当产地市场供给大于需求时，荔枝的销售价格会降低，流通企业的收购价格也随之降低，从而导致荔枝增产却不增收。根据图 3-17 可知，随着外销比例的减少，产地市场的供给会远远大于需求，从而导致流通企业的收购价格极低，而采用冷链物流，其外部效应就更加明显。

(2) 社会效应——稳定市场物价效益

冷链物流供应链模式对非产地市场的荔枝价格波动有正的外部效应，外部效应的大小受荔枝产地与非产地销售比例的影响。销售比例不同，非产地的市场供求关系不一样，则价格波动的情况也不一样，冷链物流外部效应大小也不一样。当非产地市场供给远远小于需求时，荔枝的销售价格

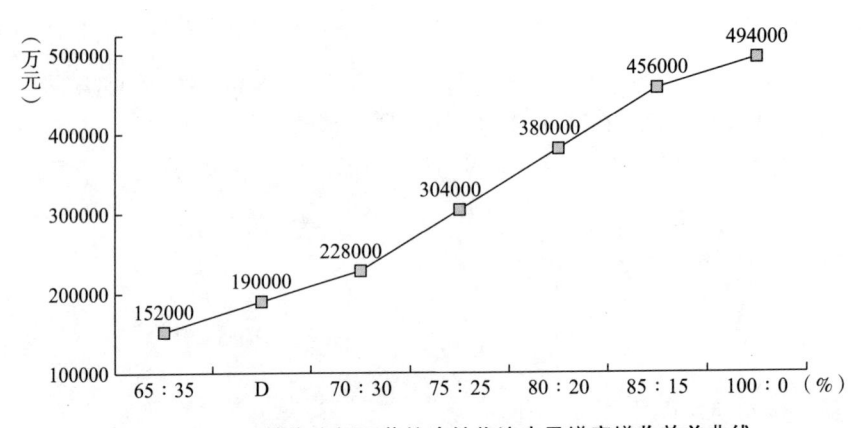

图 3-17　不同销售比例下荔枝冷链物流农民增产增收效益曲线

注：D 表示刚好满足市场需求。

会极高，从而导致非产地的市场需求下降，消费者的利益受到损害。根据图 3-18 可知，随着外销比例的减少，非产地市场的供给会远远小于市场需求，产地与非产地的价格波动就会非常大。采用冷链物流，其外部效应就更加明显。但当外销比例小于 15% 时，由于荔枝的替代品多，当非产地的荔枝销售价格非常高时，其市场需求会下降。非产地销售量的下降，导致非产地消费者的受益群体变小，受益主体的数量对收益的影响大于销售价格对收益的影响，整体收益就会减少，从而外部效应开始下降。

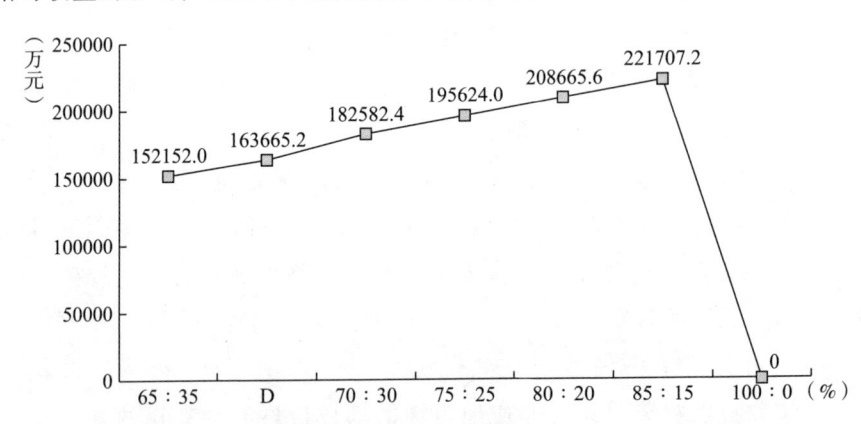

图 3-18　不同销售比例下荔枝冷链物流稳定市场物价效益曲线

注：D 表示刚好满足市场需求。

（3）环境效应——减少碳排放的效益

本书主要对荔枝的生产环节、预冷环节、运输环节、贮存环节以及处

第3章 南方特色水果冷链物流外部效应分析及计算方法

理废弃物环节5个环节的碳排放进行了建模测算。在两种不同的物流模式下，碳排放量都主要由生产环节、运输环节以及处理废弃物环节的碳排放量所决定。而在两种不同的物流模式下，生产环节与处理废弃物环节的碳排放量主要由荔枝净腐损量所决定，而荔枝的腐损量在运输环节主要由销售的比例所决定。随着常温外销比例的下降，其腐损量也随之下降，导致其碳排放量也在下降，从而两种不同物流模式下的碳排量的差值也在下降。根据目前荔枝在常温状态下的销售比例，荔枝在冷链物流模式下的碳排放量比在常温物流模式下的碳排放量小，主要原因是冷链物流模式下生产环节的碳排放量与处理废弃物环节的碳排放量远远小于常温物流模式下的碳排放量。

根据图3-19，在不同销售比例下，净腐损率与非产地销售比例呈正相关关系。根据式（3-6），生产环节减少的碳排放量由净腐损率所决定，即生产环节减少的碳排放量随着非产地的销售比例的下降而下降（见图3-20）；随着非产地销售比例的下降，荔枝常温物流模式下运输环节碳排放量也随之下降，从而运输环节减少的碳排放量呈上升趋势；根据式（3-11），处理废弃物减少的碳排放量也由净腐损率决定，因此该环节减少的碳排放量也略有下降；而根据式（3-12），整体减少的碳排放量随着非产地销售比例的下降而下降。整体效益趋势如图3-21。

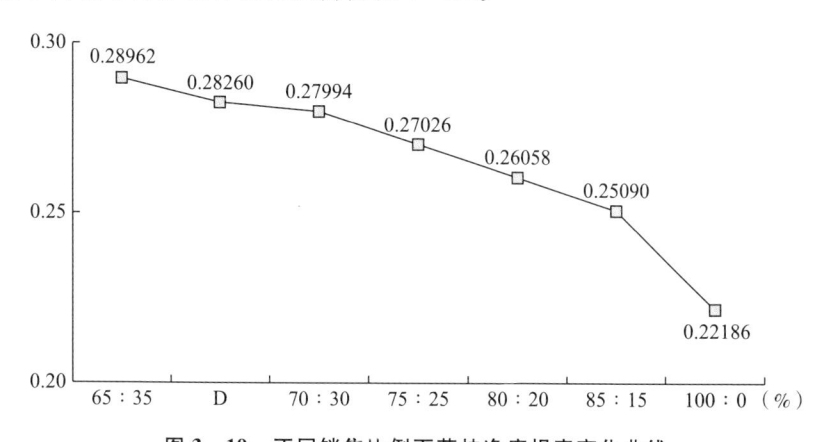

图3-19 不同销售比例下荔枝净腐损率变化曲线

注：D表示刚好满足市场需求。

（4）资源效应——节省耕地的效益

根据式（3-17），节省耕地的效益主要由腐损量的差值所决定。通过

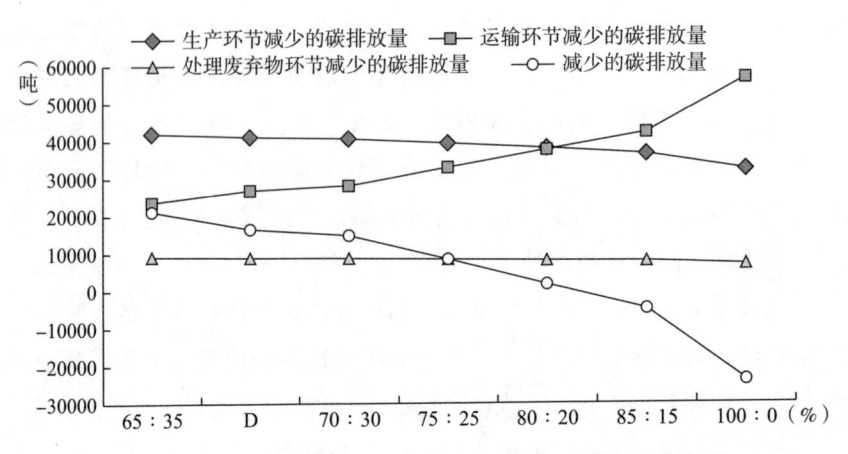

图 3-20　不同销售比例下荔枝冷链物流减少碳排放量曲线

注：D 表示刚好满足市场需求。

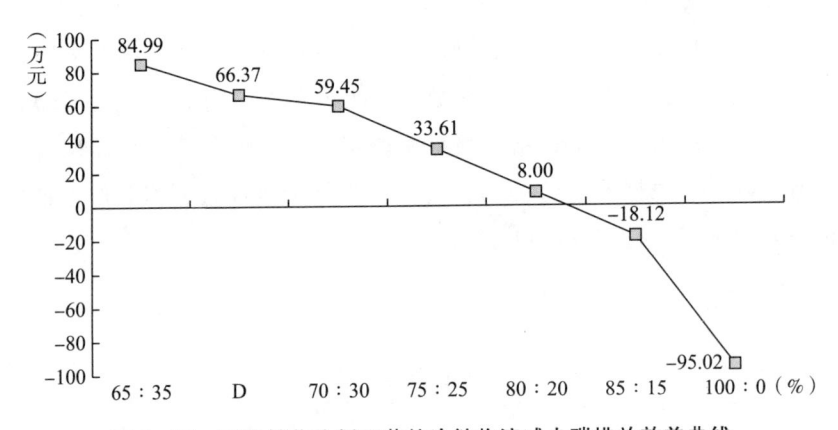

图 3-21　不同销售比例下荔枝冷链物流减少碳排放效益曲线

注：D 表示刚好满足市场需求。

对净腐损率的分析，发现节省耕地的效益随着净腐损率的下降而下降，如图 3-22 所示。

(5) 效益系数

根据 5 个指标效益系数的计算结果，我们可以发现，食品安全效益系数最大，即该指标的正外部效应最显著；其次为农民增产增收效益、节省耕地效益以及稳定市场物价效益，而减少碳排放效益相较于其他指标显著程度最低。通过调研发现，食品安全信心指数反映出目前消费者对冷链物流食品安全的信心比较高。冷链物流腐损率的降低以及荔枝流通量的提高，

图 3-22 不同销售比例下荔枝冷链物流节省耕地效益曲线

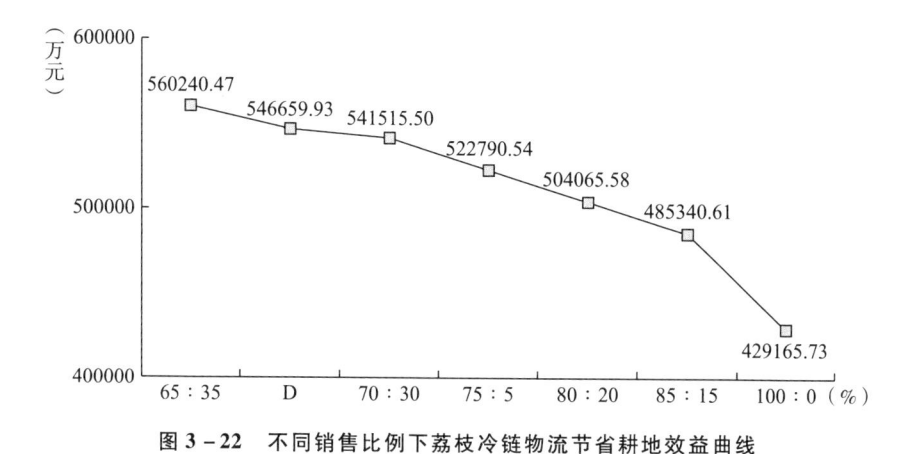

注：D 表示刚好满足市场需求。

消费者是最直接的受益者，因此该指标的系数比其他几个指标要高。而由于常温物流模式下荔枝非产地的销量少，因此受益的消费者较少，从而稳定市场物价的效益系数相对较小。由于冷链物流部分环节的碳排放量比常温物流的碳排放量高，因此两种物流模式下的碳排放量相近，同时减少碳排放效益的价值量化参数值比其他几个指标低很多，最终造成该指标的系数最低。

3.5.3.2 结论

通过本节的仿真分析可以发现，南方特色水果冷链物流具有显著的正外部效应，包括农民增产增收、食品安全、稳定市场物价、减少碳排放、节省耕地 5 个通过价值量化进行评价的外部效应。同时，在目前 75% 的产地销售比例下对外部效应系数进行了计算。根据计算结果，我们可以发现，食品安全效益系数最大，即该指标的正外部效应最显著，其次为农民增产增收效益、节省耕地效益以及稳定市场物价效益，而减少碳排放效益相较于其他指标显著程度最低。这说明荔枝采用冷链物流供应链模式对于满足非产地居民消费需求、农民增产增收以及环境保护起到了促进作用。荔枝冷链物流对于节省耕地的效益最为突出，约占其外部效应总量的 50%。但随着产地销售比例的上升，农民增产增收的效益越来越明显。但产地与非产地销售比例达到 85%：15% 时，整个外部效应值可达到 116.303 亿元。随着常温腐损量的下降，常温物流模式下的碳排放量减少并小于冷链物流的碳排放量，此时的碳排放为负的外部效应，主要原因是荔枝常温物流运输环节的碳排量远远低于荔枝冷链物流运输环节的碳排量。同时，由于两种物流模式下净腐损量的下降，根据节省耕地的公式可知，节省耕地的效益也处于下降的趋势。而稳定市场物价的效益在外销比例大于15%时，随着其销售价格的增加，其效益值是增加的；小于15%时，随着非产地的受益主体数量下降的影响大于销售价格的影响，其效益值开始下降，如图3-23。

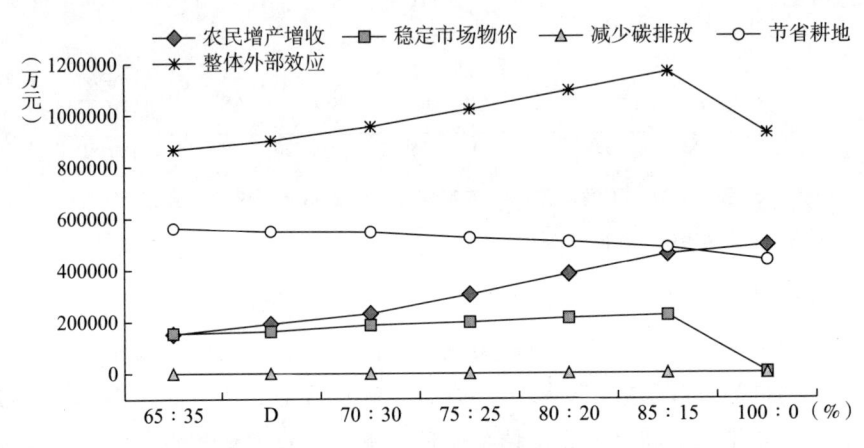

图3-23 不同销售比例下荔枝冷链物流外部效应曲线

注：D表示刚好满足市场需求。

3.6 基于外部效应的荔枝冷链物流碳足迹优化分析

根据上一节的实证结果，减少碳排放的效益对荔枝冷链物流外部效应的影响程度最低。为提高该效应的影响程度，满足低碳经济和环境保护的需要，运用投入产出分析法对荔枝全程冷链物流活动过程中的碳足迹进行进一步优化，为冷链物流活动中的碳足迹管理提供参考。Druckman（2009）对碳足迹的定义为：由某一活动直接或间接引起的 CO_2 排放总量，或某一产品在整个生命周期内积累的 CO_2 排放总量。

3.6.1 背景介绍

当前，中国传统的运输方式导致荔枝腐损严重，运费占总成本的比例较高。因此，加快荔枝冷链物流发展是荔枝大规模流通的客观需要。冷链物流由制冷工艺和交通运输组成，随着技术装备数量的增加和基础设施的改善，能源消耗在增加，同时碳排放也在增加，我国冷链物流活动产生的碳排放问题越来越受到重视。目前，全球有39个国家和23个地区已经或计划使用碳定价工具来核算碳排放。

以荔枝冷链物流系统为主要的研究对象，在考虑碳排放情况下对荔枝冷链物流的总成本进行分析。随着生鲜电商的快速发展，鲜荔枝的流通从传统的"荔枝生产商—批发商—零售商—消费者"单项多层次模式，转变成了由电商介入的复杂网络结构，并设计了终端配送点的智能存储柜，具体如图3-24所示。

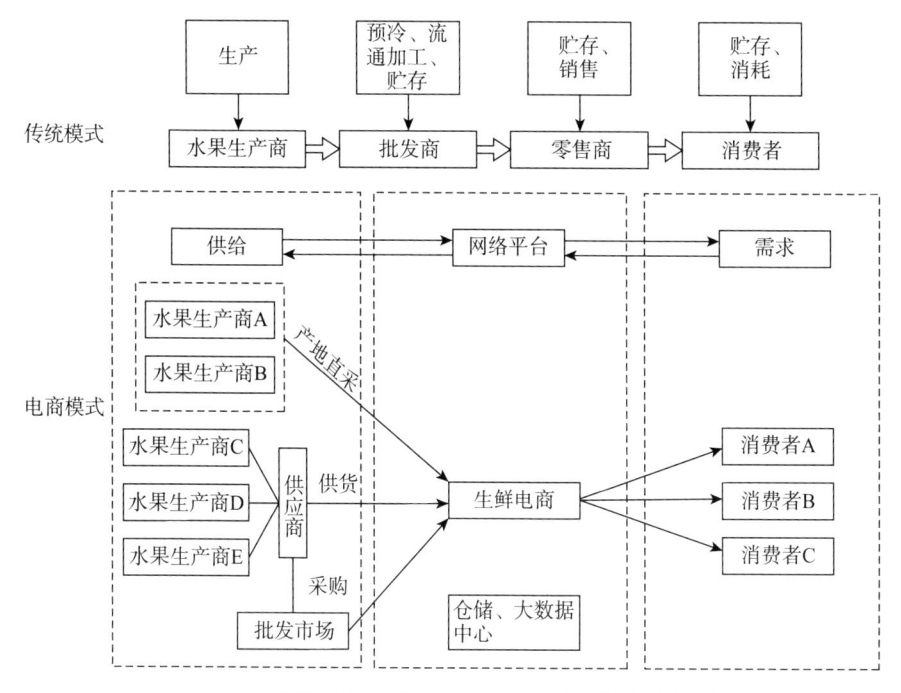

图3-24 传统及电商模式下荔枝供应链流通体系的对比

从化区有较为成熟的荔枝"种植—运输—销售—消耗"全程冷链物流网络，有全面反映荔枝产业的双渠道流通的冷链物流模式。在充分实地调研基础上，以从化区的实际参数为例进行研究分析。其中，荔枝冷链物流的双渠道流通模式由流通加工企业构建，多级全程冷链物流的系统网络由4个荔枝生产基地、3个荔枝流通企业、5个荔枝零售商、10个线上消费群构成（见图3-25）。荔枝流通企业一方面维持自己的销售市场和与线下实体零售商的合作，通过实体渠道销售鲜荔枝，另一方面建立属于自己的电商平台，通过便捷的视频、图片展示，让消费者更加直观地了解荔枝的外观与促销信息，通过统一的预冷、分级、包装加工、运输流程，实现荔枝直达消费者。

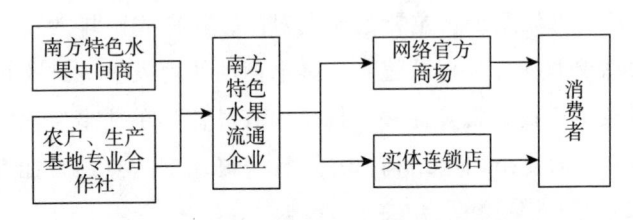

图 3-25 流通企业开设的双渠道流通模式

3.6.2 碳足迹优化模型构建

3.6.2.1 碳足迹计算方法

目前关于碳足迹的计算方法有很多，基本方法有实测法、物料衡算法和排放系数法等，系统方法有投入产出分析法和生命周期法等。本书主要采用投入产出法来测算荔枝全程冷链的碳排放，具体内容见表 3-30。

表 3-30 荔枝全程冷链物流环境产出的影响分析

关键环节	活动要素	投入	产出（对环境的影响）
流通加工	制冰、泡沫箱包装的使用	能源等	碳排放、能源消耗、烂果等
冷藏运输	运输及制冷设备的运行	能源等	碳排放、能源消耗、烂果等
冷藏	冷库照明、制冷、装卸搬运设备的运用	能源等	碳排放、能源消耗、烂果等
销售	销售陈列柜、智能存储柜	能源等	碳排放、能源消耗、烂果等
荔枝消耗	冰箱、烂果处理	能源等	碳排放、能源消耗、烂果等

3.6.2.2 问题描述

根据前文对荔枝冷链物流外部效应的分析，可知减少碳排放这一指标的效应最不显著，主要是因为冷链物流碳排放量与常温物流的碳排放量比较相近，鉴于此，本节拟构建荔枝全程冷链物流碳足迹优化模型，达到减少全程冷链物流碳排放量的目的。随着生鲜电商的发展，荔枝从传统的实体店流通模式转变成了线上线下双流通模式。荔枝属于典型易腐生鲜农产品，有"一日色变，二日香变，三日味变，四五日色香味尽失"的特性。近几年，"果贱伤农，果贵伤民"的现象非常多。荔枝全程冷链物流活动过程中不同环节的碳排放量不同,我国目前对全程冷链物流活动的管理还不到位,若要对全程冷链物流活动的碳排放量进行测算,还非常困难。本书针对荔枝现有的双渠道流通模式,对其各个环节的碳排放量进行优化测算。

3.6.2.3 模型假设

假设1:荔枝的双渠道流通模式都为全程冷链,运输车辆的行驶速度恒定,产品品质、碳排放量与行驶距离、时间有关。

假设2:荔枝的双渠道流通模式主要为流通加工企业开设的双渠道流通模式。此模式中,客户和消费者的需求都能得到充分的满足。

假设3:考虑到荔枝有较强的易腐性,销售期截止时荔枝剩余价值为零。荔枝产地、生产量等信息可方便获取,荔枝的市场需求、数量明确。

假设4:腐烂的荔枝采取填埋方式,荔枝冷藏运输过程中车内的温度是不变的,只考虑流通时间造成的货损成本。

假设5:模型的目标是在全程冷链物流流通总成本最小的前提下使碳排放量最小,两者同时考虑。

假设6:电商流通模式下,在最终到达消费者之前,快递都将荔枝暂存在智能保鲜存储柜中。

3.6.2.4 决策变量确定

模型中,$I=\{1,\cdots,i\}$为荔枝生产基地 i 的子集合;$J=\{1,\cdots,j\}$为荔枝流通企业 j 的子集合;$K=\{1,\cdots,k\}$为荔枝零售商 k 的子集合;$L=\{1,\cdots,l\}$为线上消费群 l 的子集合,也代表智能存储柜的集合。其中,决策变量见表3-31。

表3-31 决策变量符号说明

决策变量	说明
P_i	荔枝产地 i 的生产量
P_i^{max}	荔枝产地 i 的最大生产量
P_i^{min}	荔枝产地 i 的最小产量
H_j	荔枝流通加工企业 j 的处理能力
H_j^{max}	荔枝流通加工企业 j 的最大处理量
H_j^{min}	荔枝流通加工企业 j 的最小处理量
H_l	智能存储柜 l 的存储量

续表

决策变量	说明
H_l^{max}	智能存储柜 l 的最大存储量
H_l^{min}	智能存储柜 l 的最小存储量
Z_j	0-1 变量，荔枝流通加工企业 j 运营时为 1，否则为 0
Z_k	0-1 变量，荔枝零售商 k 运营时为 1，否则为 0
Z_l	0-1 变量，智能存储柜 l 运营时为 1，否则为 0
X_{ij}	0-1 变量，荔枝生产商 i 行驶到流通加工企业 j，则值为 1，否则为 0
X_{jk}	0-1 变量，荔枝流通加工企业 j 行驶到零售商 k，则值为 1，否则为 0
X_{jl}	0-1 变量，荔枝流通加工企业 j 行驶到智能存储柜 l，则值为 1，否则为 0
m_{jk}	从荔枝流通加工企业 j 到荔枝零售商 k 的冷藏车数量
V_{jk}^m	冷藏车从荔枝流通加工企业 j 到荔枝零售商 k 行驶的速度
V_{jl}^m	冷藏车从荔枝流通加工企业 j 到智能存储柜 l 行驶的速度
f	双渠道流通模式下荔枝全程冷链的成本

3.6.2.5 模型构建

（1）总成本目标

考虑到荔枝双渠道流通模式的特点，本书不仅考虑了碳足迹，还考虑了各环节所产生的成本，而总成本是由荔枝从产地到销售地各环节的固定成本以及腐烂荔枝的成本构成，具体如下所述。

①荔枝流通加工企业在运营过程中的固定成本，用 C_w 表示，计算公式为

$$C_w = \sum_{i \in I} \sum_{j \in J} Q_{ij} C_j Z_j \qquad (3-24)$$

式（3-24）中，C_j 为荔枝流通加工企业 j 运营的单位成本；Q_{ij} 为荔枝从产地 i 运到流通加工企业 j 的量。

②荔枝包装加工的成本。本书主要指荔枝预冷包装成本，主要研究冰水预冷模式下的成本，用 C_p 表示，计算公式为

$$C_p = \sum_{j \in J} H_j Z_j (C_t^j + C_b^j + C_e^j) \qquad (3-25)$$

式（3-25）中，C_t^j 表示为流通加工企业 j 购买冰的单位价格，C_b^j 为流通加工企业 j 购买包装材料的单位价格，C_e^j 为流通加工企业 j 购买冰袋的单

第3章 南方特色水果冷链物流外部效应分析及计算方法

位价格。

③冷藏车的固定成本用 C_f 表示，计算公式为

$$C_f = C_l m \tag{3-26}$$

式（3-26）中，C_l 为冷藏车的固定使用费用，m 为流通加工企业拥有的冷藏车数量。

④荔枝生产地到荔枝流通加工企业的运输费用用 C_{ij} 表示，计算公式为

$$C_{ij} = \sum_{i \in I} \sum_{j \in J} Q_{ij} C_{ij}^T X_{ij} \tag{3-27}$$

式（3-27）中，C_{ij}^T 为荔枝产地 i 运输到荔枝流通加工企业 j 的单位运输费用。

⑤荔枝流通加工企业到荔枝零售商的运输成本用 C_{jk} 表示，计算公式为

$$C_{jk} = \sum_{j \in J} \sum_{k \in K} m_{jk} C_{jk}^T LC X_{jk} \tag{3-28}$$

式（3-28）中，m_{jk} 为荔枝从流通加工企业 j 运到荔枝零售商 k 的冷藏车数量，C_{jk}^T 为荔枝从流通加工企业 j 运输到荔枝零售商 k 的单位运输费用，LC 为冷藏载重量。

⑥荔枝流通加工企业到智能存储柜的运输成本用 C_{jl} 表示，计算公式为

$$C_{jl} = \sum_{j \in J} \sum_{l \in L} m_{jl} C_{jl}^T LC X_{jl} \tag{3-29}$$

式（3-29）中，m_{jl} 为荔枝从流通加工企业 j 运到智能存储柜 l 的冷藏车数量，C_{jl}^T 为荔枝从流通加工企业 j 运输到智能储存柜 l 的单位运输费用。

⑦荔枝零售商运营固定成本用 C_d 表示，计算公式为

$$C_d = \sum_{j \in J} \sum_{k \in K} C_k Q_{jk} Z_k \tag{3-30}$$

式（3-30）中，C_k 为荔枝零售商 k 运营的单位成本，Q_{jk} 表示从流通加工企业 j 到零售商 k 的运输量。

⑧消费者家用冰箱贮存成本，用 C_o 表示，C_o 只与贮存时间和贮存量有关，计算公式为

$$C_o = \sum_{l \in L} C_x T_l Q_{jl} \tag{3-31}$$

式（3-31）中，C_x 为消费者在单位时间内贮存单位荔枝的成本，T_l 为

消费群 l 的平均贮存时间，Q_{jl} 为荔枝从流通加工企业 j 运到消费群 l 的量。

⑨智能保鲜存储柜贮存成本，用 C_1 表示，计算公式为

$$C_1 = \sum_{l \in L} C_z T_l^t Q_{jl} Z_l \tag{3-32}$$

式（3-32）中，C_z 为智能保鲜存储柜 l 单位时间内贮存单位荔枝的成本，T_l^t 为智能保鲜存储柜 l 的储存时间。

⑩荔枝腐烂变质的腐损成本，用 C_r 表示，计算公式为

$$C_r = \sum_{i \in I} \sum_{j \in J} \theta_1 X_{ij} Q_{ij} P_g^{ij} + \sum_{j \in J} \sum_{k \in K} \theta_2 X_{jk} Q_{jk} P_g^{jk} + \sum_{j \in J} \sum_{l \in L} \theta_3 X_{jl} Q_{jl} P_g^{jl} \tag{3-33}$$

式（3-33）中，P_g^{ij} 表示流通加工企业 j 从生产商 i 的采购价格，θ_1 为流通加工企业处理环节的腐损率，P_g^{jk} 表示零售商 k 从流通加工企业 j 的采购价格，θ_2 为零售商处理环节的腐损率，P_g^{jl} 表示消费者 l 从流通加工企业 j 的购买价格，θ_3 为消费者处理环节的腐损率。

$$\begin{aligned}
\min f = & \sum_{i \in I} \sum_{j \in J} Q_{ij} C_j Z_j + \sum_{j \in J} H_j Z_j (C_t^j + C_b^j + C_e^j) + C_1 m + \sum_{i \in I} \sum_{j \in J} Q_{ij} C_{ij}^T X_{ij} \\
& + \sum_{j \in J} \sum_{k \in K} m_{jk} C_{jk}^T L C X_{jk} + \sum_{j \in J} \sum_{l \in L} m_{jl} C_{jl}^T L C X_{jl} + \sum_{j \in J} \sum_{k \in K} C_k Q_{jk} Z_k + \sum_{l \in L} C_s T_l Q_{jl} \\
& + \sum_{l \in L} C_z T_l^t Q_{jl} Z_l + \sum_{i \in I} \sum_{j \in J} \theta_1 X_{ij} Q_{ij} P_g^{ij} + \sum_{j \in J} \sum_{k \in K} \theta_2 X_{jk} Q_{jk} P_g^{jk} + \sum_{j \in J} \sum_{l \in L} \theta_3 X_{jl} Q_{jl} P_g^{jl}
\end{aligned} \tag{3-34}$$

（2）碳足迹目标

本书研究的荔枝冷链物流碳足迹主要包括流通加工环节、冷藏运输环节、冷藏环节、销售环节、消耗环节的碳排放。

①流通加工环节碳足迹。本书研究的流通加工环节的碳足迹主要是由荔枝流通加工企业的预冷、包装环节所产生的碳足迹，用 C_3 表示，具体计算公式为

$$C_3 = \sum_{j \in J} C_j^p H_j Z_j \tag{3-35}$$

式（3-35）中，C_j^p 表示流通加工企业 j 对荔枝进行预冷包装的单位碳排放。

②冷藏运输环节碳足迹。本书所研究的冷藏运输环节碳足迹主要包括

生产基地到流通加工企业环节、流通加工企业到零售商环节、流通加工企业到智能存储柜环节的冷藏运输的碳排放,用 C_4 表示,具体计算公式为

$$C_4 = \sum_{i \in I} \sum_{j \in J} C_{ij}^p Q_{ij} X_{ij} + \sum_{j \in J} \sum_{k \in K} M_{jk}^v m_{jk} X_{jk} D_{jk} + \sum_{j \in J} \sum_{l \in L} M_{jl}^v m_{jl} D_{jl} X_{jl} \quad (3-36)$$

式(3-36)中,C_{ij}^p 表示从生产商 i 运输到流通加工企业 j 的单位荔枝碳排放量,D_{jk} 表示从流通加工企业 j 运输到零售商 k 的距离,M_{jk}^v 表示从流通加工企业 j 到零售商 k 单位距离使用 v 类型燃料的碳排放量,D_{jl} 表示从流通加工企业 j 到智能保鲜存储柜 l 的距离,M_{jl}^v 表示从流通加工企业 j 到智能保鲜存储柜 l 单位距离使用 v 类型燃料的碳排放量。

③冷藏环节碳足迹,用 C_5 表示,具体计算公式为

$$C_5 = \sum_{i \in I} \sum_{j \in J} C_{jn}^p T_{jn} Q_{ij} Z_j \quad (3-37)$$

式(3-37)中,C_{jn}^p 表示流通加工企业 j 单位时间内冷藏单位荔枝的碳排放量,T_{jn} 表示流通加工企业 j 冷藏荔枝的时间。

④销售环节碳足迹。本书所研究的销售环节碳足迹主要包括荔枝零售商用冷藏陈列柜销售产生的碳排放和智能存储柜暂存产生的碳排放,用 C_6 表示,具体计算公式为

$$C_6 = \sum_{j \in J} \sum_{k \in K} C_k^p T_k Z_k Q_{jk} + \sum_{l \in L} C_l^z T_l^t Z_l H_l \quad (3-38)$$

式(3-38)中,C_k^p 表示荔枝零售商 k 的冷藏陈列柜在单位时间内的碳排放量,T_k 表示冷藏陈列柜销售的时间,C_l^z 表示智能存储柜 l 单位时间内的碳排放量,T_l^t 表示智能存储柜 l 的贮存时间。

⑤消耗环节碳足迹。本书所研究的消耗环节碳足迹主要包括消费者家用冰箱贮存所产生的碳排放、处理腐烂变质的荔枝的碳排放,用 C_7 表示,具体计算公式为

$$C_7 = \sum_{j \in J} \sum_{l \in L} C_l^t T_l Q_{jl} + \left(\sum_{i \in I} \sum_{j \in J} \theta_1 X_{ij} Q_{ij} + \sum_{j \in J} \sum_{k \in K} \theta_2 X_{jk} Q_{jk} + \sum_{j \in J} \sum_{l \in L} \theta_3 X_{jl} Q_{jl} \right) C_r^t$$

$$(3-39)$$

式(3-39)中,C_l^t 为家用冰箱单位时间内贮存单位荔枝的碳排放量,T_l 为家用冰箱的贮存时间,C_r^t 为处理单位腐烂变质的荔枝的碳排放量。

最小碳排放量计算公式如下:

$$\begin{aligned}\min Z = &\sum_{j\in J} C_j^p H_j Z_j + \sum_{i\in I}\sum_{j\in J} C_{ij}^p Q_{ij} X_{ij} + \sum_{j\in J}\sum_{k\in K} M_{jk}^r m_{jk} X_{jk} D_{jk} \\ &+ \sum_{j\in J}\sum_{l\in L} M_{jl}^r m_{jl} D_{jl} X_{jl} + \sum_{i\in I}\sum_{j\in J} C_{jn}^p T_{jn} Q_{ij} Z_j \\ &+ \sum_{j\in J}\sum_{k\in K} C_k^p T_k Z_k Q_{jk} + \sum_{l\in L} C_l^t T_l^t Z_l H_l + \sum_{j\in J}\sum_{l\in L} C_l^t T_l Q_{jl} \\ &+ \Big(\sum_{i\in I}\sum_{j\in J}\theta_1 X_{ij} Q_{ij} + \sum_{j\in J}\sum_{k\in K}\theta_2 X_{jk} Q_{jk} + \sum_{j\in J}\sum_{l\in L}\theta_3 X_{jl} Q_{jl}\Big) C_r^t\end{aligned} \quad (3-40)$$

(3) 约束条件

当荔枝流通加工企业 j 在运营状态时，荔枝由产地 i 运往流通加工企业 j 处，有

$$X_{ij} \leqslant Z_j, \forall i \in I, j \in J; \quad (3-41)$$

荔枝可由不同产地运到不同的流通加工企业，因此能构建多重运输模型：

$$\sum_i X_{ij} \geqslant Z_j, \forall j \in J; \quad (3-42)$$

其中，当荔枝流通加工企业 j 处于运营状态，荔枝零售商 k 满足市场需求时，有

$$X_{jk} \leqslant Z_j, \forall j \in J, k \in K; \quad (3-43)$$

如从不同的荔枝流通加工企业处配送至荔枝零售商 k 时，则有

$$\sum_j X_{jk} \geqslant 1, \forall k \in K; \quad (3-44)$$

荔枝产地、荔枝流通加工企业、荔枝零售商之间的周转量应在其能力范围之内，即

$$Q_{ij}^{\min} \cdot X_{ij} \leqslant Q_{ij} \leqslant Q_{ij}^{\max} \cdot X_{ij}, Q_{ij} \in N, \forall i \in I, j \in J; \quad (3-45)$$

$$Q_{jk}^{\min} \cdot X_{jk} \leqslant m_{jk} \cdot LC \leqslant Q_{jk}^{\max} \cdot X_{jk}, \forall j \in J, k \in K; \quad (3-46)$$

若荔枝产地 i 的产量与运量相等，则荔枝产地库存为 0，此时有：

$$P_i^{\min} \leqslant P_i \leqslant P_i^{\max}, P_i \in N, \forall i \in I \quad (3-47)$$

$$P_i = \sum_j Q_{ij}, \forall i \in I; \quad (3-48)$$

荔枝流通加工企业库存不大于从荔枝产地运达的量时，能够满足荔枝批发市场库存需求，同时不高于自身的库存水平，即

$$H_j^{\min} \leq H_j \leq H_j^{\max}, H_j \in N, \forall j \in J; \quad (3-49)$$

$$H_j = \sum_j Q_{ij}, \forall j \in J \forall l \in L; \quad (3-50)$$

$$\sum_k m_{jk} \cdot LC \leq H_j \cdot Y_j, \forall j \in J; \quad (3-51)$$

荔枝智能存储柜贮存量不大于从荔枝流通加工企业运达的量时，能满足消费者需求且不高于自身的贮存水平，即

$$H_l^{\min} \leq H_l \leq H_l^{\max}, H_l \in N, \forall l \in L; \quad (3-52)$$

$$H_l = \sum_l Q_{jl}, \forall l \in L; \quad (3-53)$$

$$\sum_l m_{jl} \cdot LC \leq H_l \cdot Z_l, \forall l \in L; \quad (3-54)$$

因荔枝在流通过程中存在一定腐烂损失，为了满足市场的需求，荔枝的供应量应大于市场需求量，即

$$\sum_k \sum_l (m_{jk} + m_{jl}) LC \cdot (1 - \theta) > H_j, \forall k \in K, \forall l \in L; \quad (3-55)$$

其中，荔枝流通过程中的腐损率 θ 为：

$$\theta = \left(\sum_j Q_{ij} \theta_1 + \sum_k Q_{jk} \theta_2 + \sum_l Q_{jl} \theta_3 \right) / \sum_j Q_{ij}, \forall i \in I, \forall j \in J, \forall k \in K, \forall l \in L;$$

$$(3-56)$$

其他约束条件有：

$$Q_{ij} \geq 0, \forall i \in I, j \in J;$$

$$m_{jk} \geq 0 \text{ 且 } m_{jk} \in N, \forall j \in J, k \in K;$$

$$m_{jl} \geq 0 \text{ 且 } m_{jl} \in N, \forall j \in J, l \in L;$$

$$\sum_{i,j} Q_{ij}(1 - \theta_1) = \sum_{j,k} Q_{jk} + \sum_{j,l} Q_{jl}, \forall i \in I, \forall j \in J, l \in L, k \in K;$$

$$\sum_{j,k} Q_{jk} = \sum_k Q_k / (1 - \theta_2), \sum_{j,l} Q_{jl} = \sum_l Q_l / (1 - \theta_3), \forall j \in J, l \in L, k \in K_\circ$$

$$(3-57)$$

经过以上分析，运用加权求和法，将两个目标放于统一的衡量标准体系中进行计算，引入参数变量碳税价格 C_{co_2}。C_{co_2} 表示在碳排放制度下荔枝冷链物流因碳排放所需支付的社会成本。将原有的成本和碳排放的多目标模型转化为单目标模型优化的问题，即目标优化函数如下：

$$\min f(x) = \sum_{i\in I}\sum_{j\in J}Q_{ij}C_jZ_j + \sum_{j\in J}H_jZ_j(C_t^j + C_b^j + C_e^j) + C_l m + \sum_{i\in I}\sum_{j\in J}Q_{ij}C_{ij}^T X_{ij}$$

$$+ \sum_{j\in J}\sum_{k\in K}m_{jk}C_{jk}^T LC X_{jk} + \sum_{j\in J}\sum_{l\in L}m_{jl}C_{jl}^T LC X_{jl} + \sum_{j\in J}\sum_{k\in K}C_k Q_{jk}Z_k + \sum_{l\in L}C_x T_l Q_{jl}$$

$$+ \sum_{l\in L}C_z T_l^t Q_{jl}Z_l + \sum_{i\in I}\sum_{j\in J}\theta_1 X_{ij}Q_{ij}P_g^{ij} + \sum_{j\in J}\sum_{k\in K}\theta_2 X_{jk}Q_{jk}P_g^{jk} + \sum_{j\in J}\sum_{l\in L}\theta_3 X_{jl}Q_{jl}P_g^{jl}$$

$$+ \sum_{j\in J}C_j^p H_j Z_j + \sum_{i\in I}\sum_{j\in J}C_{ij}^p Q_{ij}X_{ij} + \sum_{j\in J}\sum_{k\in K}M_{jk}^v m_{jk}X_{jk}D_{jk} + \sum_{i\in I}\sum_{j\in J}C_{jn}^p T_{jn}Q_{ij}$$

$$+ \sum_{j\in J}\sum_{l\in L}M_{jl}^v m_{jl}D_{jl}X_{jl} + \sum_{j\in J}\sum_{k\in K}C_k^p T_k Z_k Q_{jk} + \sum_{l\in L}C_l^t T_l^t Z_l H_l + \sum_{j\in J}\sum_{l\in L}C_l^t T_l q_{jl}$$

$$+ \left(\sum_{i\in I}\sum_{j\in J}\theta_1 X_{ij}Q_{ij} + \sum_{j\in J}\sum_{k\in K}\theta_2 X_{jk}Q_{jk} + \sum_{j\in J}\sum_{l\in L}\theta_3 X_{jl}Q_{jl}\right)C_r^t C_{co_2}$$

s.t.
$$\begin{cases}
X_{ij} \leq Z_j, \forall i\in I, j\in J; \\
\sum_i X_{ij} \geq Z_j, \forall j\in J; \\
X_{jk} \leq Z_j, \forall j\in J, k\in K \\
\sum_j X_{jk} \geq 1, \forall k\in K; \\
Q_{ij}^{\min}\cdot X_{ij} \leq Q_{ij} \leq Q_{ij}^{\max}\cdot X_{ij}, Q_{ij}\in N, \forall i\in I, j\in J; \\
Q_{jk}^{\min}\cdot X_{jk} \leq m_{jk}\cdot LC \leq Q_{jk}^{\max}\cdot X_{jk}, \forall j\in J, k\in K; \\
P_i^{\min} \leq P_i \leq P_i^{\max}, P_i\in N, \forall i\in I \\
P_i = \sum_j Q_{ij}, \forall i\in I; \\
H_j^{\min} \leq H_j \leq H_j^{\max}, H_j\in N, \forall j\in J; \\
H_j = \sum_j Q_{ij}, \forall j\in J, \forall l\in L; \\
\sum_j\sum_k m_{jk}\cdot LC \leq H_j\cdot Y_j, \forall k\in K; \forall j\in J; \\
H_l^{\min} \leq H_l \leq H_l^{\max}, H_l\in N, \forall l\in L; \\
H_l = \sum_l Q_{jl}, \forall l\in L; \\
\sum_j\sum_l m_{jl}\cdot LC \leq H_l\cdot Z_l, \forall j\in J, \forall l\in L; \\
Q_{ij} \geq 0, \forall i\in I, j\in J; \\
m_{jk}\geq 0 \text{ 且 } m_{jk}\in N, m_{jl}\geq 0 \text{ 且 } m_{jl}\in N, \forall j\in J, l\in L, k\in K; \\
\sum_{i,j}Q_{ij}(1-\theta_1) = \sum_{j,k}Q_{jk} + \sum_{j,l}Q_{jl}, \forall i\in I, \forall j\in J, l\in L, k\in K; \\
\sum_{j,k}Q_{jk} = \sum_k Q_k/(1-\theta_2), \sum_{j,l}Q_{jl} = \sum_l Q_l/(1-\theta_3), \forall j\in J, l\in L, k\in K_\circ
\end{cases}$$

3.6.3 碳足迹计算

3.6.3.1 参数确定

目前，荔枝产业的生产商主要包括农户、合作社和企业，其中供应成本主要受生产能力的影响。流通加工企业主要根据流通加工环节的运营成本及市场行情等动态调整批发价格。本书研究荔枝的4个生产地、3个流通加工中心、5个零售商以及10个线上消费群，各环节碳足迹数据见表3-32。最终市场价格还受到其他外部因素的影响，如运输距离、运费等。影响因素的荔枝流通加工企业到荔枝零售商以及到最终消费者的运输距离、运费相关数据见表3-33至表3-41。

表3-32 主要环节碳足迹

活动	类型	碳足迹	数据来源
预冷包装	冰水预冷	8.32克/千克	调研数据
	包装材料制作	229.63克/千克	王文明（2016）
流通加工企业	电能消耗	53.3g/千克·天	实验数据
运输	柴油消耗	581.4克/公里	调研数据
销售	电能消耗	25.59g/千克·天	实验数据
智能存储柜	电能消耗	2.7g/千克·小时	实验数据
冰箱	电能消耗	107.4g/千克·天	实验数据
废弃填埋处理	CO_2释放量	41.21克/千克	Ilic等（2009）

表3-33 产地的生产能力

产地	生产能力（千克）
P1	0~22338
P2	0~291670
P3	0~100049
P4	0~34314

表3-34 流通加工中心相关数据

项目	处理能力/吨	固定运营成本（元/千克）	包装加工成本（元/千克）
J1	50~100	2.00	1.25
J2	30~75	1.74	1.68
J3	30~80	2.07	1.38

表 3-35 市场需求状况

单位：吨

需求方		市场需求量
零售商	K1	20
	K2	25
	K3	30
	K4	28
	K5	22
消费者	L1	3.5
	L2	5
	L3	3
	L4	4
	L5	5
	L6	4.5
	L7	5
	L8	4.5
	L9	4
	L10	3

表 3-36 市场需求相关成本

单位：元/千克

市场需求方		成本
零售商 （运营成本）	K1	2
	K2	2.07
	K3	2.1
	K4	1.74
	K5	1.74
消费者冰箱 （贮存成本）	L1	0.343
	L2	0.222
	L3	0.222
	L4	0.222
	L5	0.453
	L6	0.263
	L7	0.6
	L8	0.275
	L9	0.277
	L10	0.311

续表

市场需求方		成本
智能存储柜（贮存成本）	L1	0.021
	L2	0.014
	L3	0.014
	L4	0.014
	L5	0.028
	L6	0.016
	L7	0.019
	L8	0.017
	L9	0.017
	L10	0.019

表 3-37 荔枝产地到荔枝流通加工企业的单位运输费用

单位：元/千克

流通加工企业	I1	I2	I3	I4
J1	0.0102	0.0187	0.0187	0.0204
J2	0.0204	0.0136	0.0136	0.0136
J3	0.0204	0.0136	0.0153	0.0153

表 3-38 荔枝流通加工企业到荔枝零售商的单位运输费用

单位：元/千克

零售商	J1	J2	J3
K1	0.1037	0.1088	0.0629
K2	0.0782	0.1462	0.068
K3	0.068	0.1292	0.0561
K4	0.0731	0.0986	0.0306
K5	0.0918	0.0731	0.051

表 3-39 荔枝流通加工企业到消费群的单位运输费用

单位：元/千克

需求市场	J1	J2	J3
L1	0.218831	0.502105	0.635936
L2	0.429162	0.538577	0.328246

续表

需求市场	J1	J2	J3
L3	0.291774	0.328246	0.218831
L4	0.255303	0.364718	0.145887
L5	1.433372	1.287485	1.570759
L6	1.214541	1.360428	1.077154
L7	0.575049	0.684464	0.429162
L8	1.360428	1.214541	1.433372
L9	0.858323	0.720936	1.077154
L10	1.00421	0.858323	1.150098

表3-40 荔枝流通加工企业到荔枝零售商的距离

单位：公里

零售商	J1	J2	J3
K1	140	150	83
K2	110	200	90
K3	90	170	70
K4	100	130	40
K5	120	100	60

表3-41 荔枝流通加工企业到消费群的距离

单位：公里

需求市场	J1	J2	J3
L1	300	700	1000
L2	600	750	450
L3	400	450	300
L4	350	500	200
L5	2000	1800	2200
L6	1700	1900	1500
L7	800	950	600
L8	1900	1700	2000
L9	1200	1000	1500
L10	1400	1200	1600

对荔枝零售市场的数据进行分析，根据前文模型的要求，只需确定荔枝零售商的市场需求。根据《中国碳税税制框架设计》，可知 2020 年碳税税率为 40 元/吨，即 $C_{co_2}=0.04$ 元/千克。冷藏车的载重量为 5 吨，即 $LC=5$ 吨/辆，冷藏车的速度恒定，$V_{jk}^m=V_{jl}^m=55$ 公里/小时，冷藏车的维护成本 $C_1=500$ 元/辆，而普通货车为其 1/2。经实地调研发现，使用冷藏车运输的回程空载率达到了 70%；荔枝流通加工企业处理环节的腐损率 $\theta_1=10\%$，荔枝零售商处理环节的腐损率 $\theta_2=12.5\%$，消费者处理环节的腐损率 $\theta_3=12.7\%$；荔枝流通加工企业采购价格 $P_g^{ij}=4$ 元/千克，荔枝零售商采购价格 $P_g^{jk}=10$ 元/千克，消费者购买价格 $P_g^{jl}=12$ 元/千克。

3.6.3.2 结果分析

根据双渠道流通模式下荔枝全程冷链的投入产出分析，采用 MATLAB R2013 软件 YALMIP 工具箱对模型进行优化求解，并将具体参数代入模型中进行计算。在考虑碳足迹的情况下，荔枝流通加工企业从荔枝生产商处共采购 211 吨荔枝，在双渠道流通模式下进行流通，分别以碳排放量最小和总成本最小为目标进行运算。结果发现，碳排放总量均为 223.14 吨，对应的总成本也均为 407.34 万元。从社会效应和经济效应的角度出发，优化配送路线，能有效降低成本和减少碳排放。

（1）断链对碳足迹的影响分析

根据调研可知，目前荔枝流通过程中出现的断链现象主要发生在销售环节和短途配送环节。通过实验发现，常温下销售 2 天的荔枝腐损率已达 22%，第 3 天已达到 62.1%，到第 4 天已全部霉变，见图 3 - 26。而在冷藏陈列柜销售的模式下，第 3 天腐损率为 12.5%。一般在销售半径不大于 200 公里的情况下，采用冷藏车配送不存在腐损情况，而常温车运输的腐损率为 4%，即流通加工企业处理环节的腐损率为 $\theta'_1=13.6\%$，零售商处理环节的腐损率为 $\theta'_2=25\%$。假设在其他数据不变的情况下，相对于冷藏陈列柜销售，常温销售会减少冷藏陈列柜等设备成本，零售商在常温下的运营成本见表 3 - 42。其中保温运输会减少运输途中制冷碳排放，而冷藏运输过程中，制冷能耗占 30%，即常温运输的能耗是冷藏运输能耗的 70%，本书研究的全程冷链包括销售环节。通过计算可得出断链腐损率 $\theta'=30\%$，将参数代入上述模型中，在考虑碳排放的情况下，碳排放总量为 225.71 吨，其对应的成本为 453.99 万元。从经济效应与环境效应角度出发，断链情况下的成本与碳排放量要比全程冷链高。为延长货架期，保障品质，销售环节也应处于低温状态下。

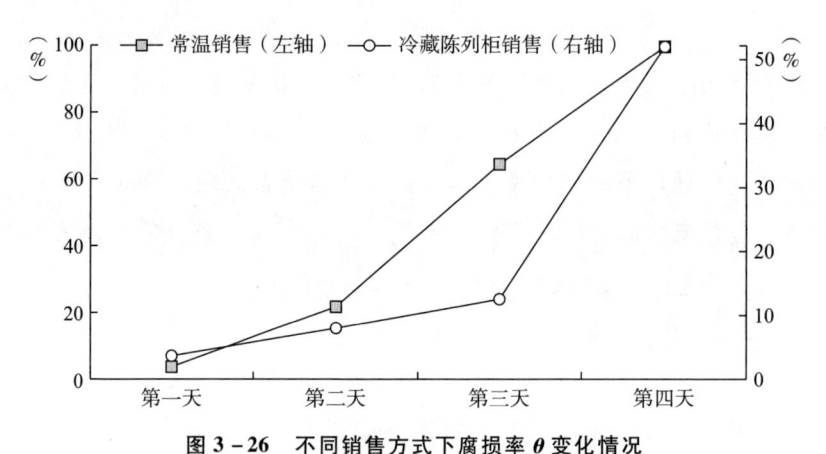

图 3-26 不同销售方式下腐损率 θ 变化情况

表 3-42 常温销售时零售商的运营成本

单位：元/千克

零售商	运营成本
K1	1.5
K2	1.57
K3	1.6
K4	1.24
K5	1.24

（2）包装材料对碳足迹的影响分析

经调研发现，目前国内荔枝采用的包装方式主要是薄膜包装袋+泡沫箱，实验发现在此种包装下冷库贮存 4 天的腐损率为 9%；而采用涂膜包装作为内包装，贮存 28 天后的腐损率为 7%；采用 PVC 薄膜包装，荔枝在 0℃下贮存 40 天，失重率仅为 1.7%。综上所述，采用不同的包装材料，荔枝的腐损率不同。目前荔枝流通的包装方式主要为薄膜包装袋+泡沫箱，据此设计了该包装方式下主要流通环节的腐损率实验。经实验发现，该包装方式下荔枝流通过程中随着时间的推移，不同贮存方式下腐损率的变化如图 3-27 所示。

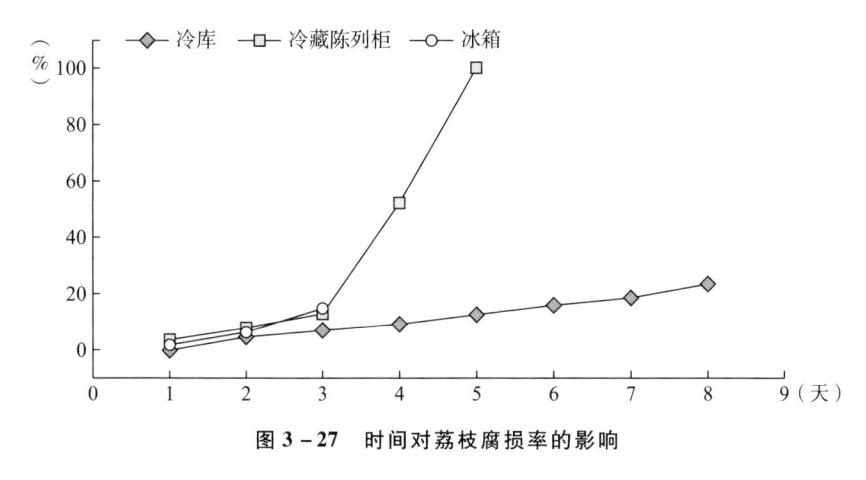

图 3-27 时间对荔枝腐损率的影响

采用不同包装材料,荔枝的腐损率不同。随着荔枝腐损率的提高,荔枝双渠道流通模式下全程冷链物流的总成本和碳排放总量均呈上升趋势,且碳排放总量和总成本的变化趋势相近,如图 3-28 所示。从图 3-28 中可以看出,当腐损率从 0 上升到 30% 时,总成本从 287.44 万元增长到 460.8 万元,碳排放总量则从 216.92 吨上升到 225.84 吨。从碳足迹和成本优化的角度分析,应尽可能降低荔枝的腐损率,可通过采用好的保鲜包装材料,使荔枝在流通过程中处于一个好的保鲜环境,既可以有效延长其货架期,也可以降低内部成本,减少碳排放。

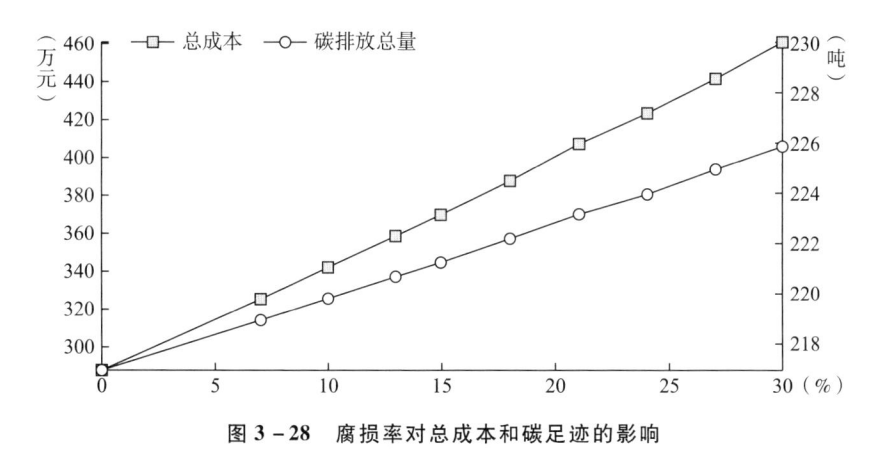

图 3-28 腐损率对总成本和碳足迹的影响

3.6.3.4 小结

通过实证研究可知,本书所构建的碳足迹模型考虑了冷链物流各个环节的碳排放问题。从结果可知,冷藏运输环节的碳足迹是整条供应链上占比最大的。从全程冷链和断链的角度进行了对比分析，全程冷链下碳排放总量为223.14吨，总成本为407.34万元；断链下碳排放总量为225.71吨，总成本为453.99万元。不同的包装材料对荔枝的腐损率有显著影响，即当腐损率从0到30%时，总成本从287.44万元增长到460.8万元，碳排放总量则从216.92吨上升到225.84吨。由此可见，可通过采用好的保鲜包装材料来降低腐损率，减少碳排放，降低成本，实现良好的环境效应和经济效应。

3.7 南方特色水果冷链物流发展建议

3.7.1 完善南方特色水果的销售渠道模式

目前南方特色水果的销售渠道过于单一和传统，主要采取农户直销和中间商销售的方式。该模式存在销售范围狭小、营销渠道落后、营销的流程冗杂等问题，导致南方特色水果的销售辐射面积小。根据实证分析可知，产地冷链物流设施设备落后，南方特色水果的流通主要采用常温物流，从而制约了销售渠道。易腐不耐贮存的特性，以及常温物流模式下对市场价格评估的不足，导致南方特色水果产销非常不稳定，为实现农民增产增收，稳定南方特色水果的市场销售价格，首先需要引入冷链物流模式来完善销售渠道。

（1）"新零售"营销模式

如今是互联网+时代，许多学者也相应提出了"新零售"理念，即将南方特色水果的传统营销模式与网络营销模式相结合，使信息能有效地在农户和消费者之间传递，同时可以提高南方特色水果的流通效率，扩大营销的范围，减少不必要的中间环节，使得农户和消费者获得切实利益。

（2）互联网销售模式

目前，我国农产品的主要贸易方式是通过农贸市场销售农产品，但随着现代农业的发展，取消农贸市场是一种必然趋势。目前我国农产品电子商务平台已达3000多家，如京东、天猫、美团等电商平台，可以通过互联网进行宣传和销售。但该模式需要对销售的目标人群进行定位，主要是网络设施较为完善、购买能力较高以及物流配送成本较低的地区。

随着自媒体的发展，只要有媒介平台就可以随时发布消息。抖音、火山等自媒体以及微信、微博等社交平台的快速发展，让越来越多的人可以通过网络直播发布信息。南方特色水果销售也可以利用这些方式进行销售，实现快速传播及推广。

（3）"旅游+观光+采摘"销售模式

这是一种与旅游相结合的销售模式。近年来，随着旅游业的快速发展，越来越多的人开始选择果园观光旅游。这种新型的旅游模式不仅可以让消费者享受田园乐趣，还可以提高农民的收入。同时，可以减少南方特色水果的中间流通环节，降低运输和销售费用，提高农民的净收益。

3.7.2 积极推动南方特色水果冷链物流的发展

在传统销售模式下，除部分高附加值的南方特色水果使用冷链物流运输之外，大部分使用常温物流进行运输。随着人们对食品安全的重视，传统物流模式下的销售受到了制约。为了完善南方特色水果销售模式，需要大力发展冷链物流。冷链物流可以保障食品的安全，扩大销售的范围，延长货架期。而目前，南方特色水果产地和非产地区域冷链物流发展水平不均衡，产地冷链发展不能满足需求，因此需要积极推动南方特色水果产地冷链物流的发展，实施新的销售模式，提高我国南方特色水果的竞争力水平。

我国是水果生产和消费大国，人们对食品安全的关注度不断上升，具有易腐烂性的南方特色水果在传统流通模式下存在着很大的食品安全隐患，也限制了其销售范围。可以通过以下方式推动冷链物流的发展，扩大消费者对冷链物流的认识，提升消费者对冷链产品的需求，同时提升南方特色水果的品质，提高冷链流通率，稳定非产地的市场价格。

（1）政策扶持

各省可根据当地情况采取积极的激励政策，如设立专项资金，支持产地冷链物流基础设施建设、技术改造与升级等。

（2）人才培养

目前，虽然各大高校及培训机构培养了大量的物流人才，但冷链物流人才仍然十分稀缺。虽然冷链物流与常温物流本质上是现代物流的两个分支,但二者的运作及管理有很大不同。为此,可以鼓励高校设立冷链物流专业方向,还可以通过电视等传统媒体和互联网等新媒体宣传冷链物流知识,举办科普讲座,发放科普宣传册,提高人们对冷链物流的认识。

(3) 标准体系的建设

目前,我国还没有系统的南方特色水果冷链物流标准体系,现有的标准多集中于冷藏与运输环节,缺乏对全程冷链物流的关注。相关行业协会要加快制订南方特色水果冷链物流专业化运作标准,促进南方特色水果冷链物流健康发展,保障食品安全。

(4) 现代化技术的应用

企业不仅要加强硬件设施和设备的建设,还要加强软件的开发和现代物流技术的应用,提升冷链设施和设备的现代化水平。企业应促进制冷手段的技术创新,重视低碳技术的发展,制订相关的技术标准,规范经营运作过程,实现转型升级;加快建设信息技术和网络平台,实现商品全程监控和资源信息共享;提升冷链物流效率,最大限度减少无效运输,降低空载率,加大新能源车辆在冷链物流中的应用。

3.7.3 基于外部效应的政府扶持机制政策建议

由于南方特色水果冷链物流存在显著的正外部效应,荔枝在冷链物流流通过程中所产生的经济效应、社会效应、资源效应和环境效应远远大于流通企业的收入。近几年来,国务院高度重视冷链物流的发展,并在2016、2017年对10个试点省份进行了冷链物流专项资金扶持,以推动冷链物流的发展。

通过调研发现,政府专项资金的扶持,拉动了社会对冷链物流的投资且效果显著,对农产品冷链物流的普及也有明显的推动作用。但是还存在一些问题:其一,政府的扶持导致农产品产地和非产地区域冷链发展水平不均衡,产地冷链发展不能满足需求;其二,同样需要冷链物流运输的附加值低的水果蔬菜使用冷链物流的运输率还不高;其三,政策的可持续性存疑,目前还无相关政策明确扶持资金的可持续时间,政策的资助侧重点不明确,资助主体也有待进一步明确;其四,政府并未对扶持的企业进行扶持后的效果评价。

第3章 南方特色水果冷链物流外部效应分析及计算方法

根据本书对南方特色水果冷链物流外部效应的评价研究，可以从农民增产增收、食品安全、稳定市场物价、减少碳排放、节省耕地5个角度出发，建立政府扶持冷链物流发展的政策机制。首先，要明确冷链物流产业管理的主体组织。其次，要健全冷链产业相关法律法规。最后，由于各指标之间存在互相影响，所以政府在制定扶持政策前，需要明确扶持的主体及受益主体。目前我国冷链物流政策扶持的对象主要以冷链物流企业为主，本书从不同的受益主体出发，提出政府扶持南方特色水果冷链物流发展的建议。

（1）将农民作为扶持主体的政策建议

南方特色水果附加值低，而冷链物流的运作成本非常高，从而导致冷链物流企业的利润非常低，更有甚者利润为负。为了将外部效应内部化，可通过规模效应来降低冷链物流的运作成本，即提高南方特色水果的冷链流通率。政府可以制定激励政策，鼓励农民进行标准化生产与采摘，降低农民的生产成本，并鼓励农民进行田间预冷，为农民提供标准化生产的技术和设备，以及预冷的设施和设备。根据前文的研究，可以得出农民增产增收的外部效应的直接经济价值，因此政府的补贴额度应尽量与农民增产增收的外部效应价值持平。通过降低冷链物流企业对南方特色水果的收购成本，提高冷链流通率，降低南方特色水果冷链物流的流通成本，提高冷链物流企业收益，同时也能实现农民增产增收，推进精准扶贫，提高农民生产的积极性。

（2）将消费者作为扶持主体的政策建议

冷链物流运作成本比传统物流高，从而导致通过冷链流通的食品销售价格偏高，消费者对冷链物流食品的消费需求比传统物流模式下的消费需求低，很难实现规模效应。因此，为降低冷链物流企业的流通成本，政府可以制定相应的激励政策，鼓励消费者购买冷链物流食品，并宣传冷链物流对食品安全的重要性，提高消费者对冷链物流的认知，提升消费者对冷链物流食品的需求，从而间接地扩大南方特色水果的销售范围，稳定非产地市场的消费价格。根据前文对稳定市场物价和食品安全外部效应的研究，通过消费者冷链物流食品安全信心指数，可以得出稳定市场物价的外部效应的直接经济价值，因此政府的补贴额度应尽量与稳定市场物价的外部效应价值持平。

(3) 将冷链物流企业作为扶持主体的政策建议

我国目前的冷链物流扶持方式主要为设立财政专项资金，对冷链物流企业进行直接补贴。扶持的方向主要是基础设施设备建设及改造，但对这种补贴方式的效果并未进行评价，这种补贴方式容易产生"套补、骗补、多补、错补"的现象，因此对于冷链物流企业的扶持应采取直接财政补贴和间接财政补贴相结合的方式。对企业的直接补贴可根据冷链物流外部效应的计算模型进行价值量化。在冷链物流企业尚未建立完整的盈利模式之前，政府的补贴额度应尽量与冷链物流外部效应值一样。而不能价值量化的部分，可以实行间接补贴的方式，如向消费者推广冷链物流，提高消费者对冷链物流的认识。对冷链物流企业给予技术支持，保障其建设用地，支持冷链物流人才培养，实行电费优惠、税收减免以及融资支持，放宽对冷藏物流车辆的城市交通管制，出台和完善低碳政策等。同时制定政府扶持后效果评价体系，对扶持的企业进行评价。

3.8 结论与展望

3.8.1 结论

南方特色水果冷链物流的外部效应是针对经济、社会、环境、资源方面的影响而言，本书以外部效应理论为基础，对南方特色水果冷链物流的外部效应进行了分析，并从定量的角度建立了南方特色水果冷链物流外部效应评价体系，并进行了综合评价，最后提出了南方特色水果冷链物流发展的建议。主要研究成果如下。

(1) 系统总结了国内外南方特色水果冷链物流外部效应的研究现状，结合南方特色水果冷链物流的相关概念，从南方特色水果特性、冷链物流特性等方面对南方特色水果冷链物流的特性进行了分析，并对外部效应理论的起源、外部效应的定义、外部效应的分类做了详细的介绍，为南方特色水果冷链物流的外部效应分析提供了参考和依据。

(2) 结合水果冷链物流的特性及外部效应理论，明确了南方特色水果冷链物流外部效应的定义。以我国南方特色水果冷链物流的发展现状、实际冷链流通情况为基础，详细分析了冷链物流在农民增产增收、稳定市场物价、食品安全、减少碳排放、节省耕地方面产生的外部效应。

（3）建立了南方特色水果冷链物流的外部效应评价指标体系，包括经济、社会、环境、资源4个方面，围绕这4个方面确定了5个评价指标，对这5个指标进行了详细的描述和解释，并对可价值量化的指标构建了价值量化模型，同时还构建了5个指标的效应系数模型。

（4）构建了南方特色水果冷链物流外部效应及效应系数的计算模型，并对广东荔枝冷链物流的外部效应进行了仿真分析。通过实验、查阅资料、实地调研、问卷调查、专家咨询等方式合理确定了指标的外部效应值及外部效应系数，首次对广东荔枝冷链物流外部效应进行了仿真研究、综合评价，同时验证了评价模型和指标体系。

（5）结合荔枝冷链物流仿真分析结果，发现食品安全效益系数最大，即该指标的正外部效应最显著，其次为农民增产增收效益、节省耕地效益以及稳定市场物价效益，而减少碳排放效益相较于其他指标显著程度最低。由此可知，农产品冷链物流对食品安全的影响程度是最高的，其次是农民增产增收、节省耕地和稳定市场物价，减少碳排放的影响程度最低。鉴于此，针对全程冷链物流碳足迹构建了优化模型并进行了实证分析，旨在降低全程冷链物流碳排放量。根据计算结果，可价值量化的指标效益值高达102.2448亿元，可知南方特色水果冷链物流由于其特定的社会属性和经济特点，基础设施建设投资大，回收期长，与传统物流相比，流通成本高，具有准公共产品的非竞争性和非排他性，在运营上具有一定的公益性，并有明显的规模经济特征。这些特征使其成为政府重点关注行业，也成为各大物流企业的重点项目。从南方特色水果冷链物流的外部效应角度出发，本书提出了完善南方特色水果的销售渠道模式、积极推定南方特色水果冷链物流的发展、基于外部效应的政府扶持机制3个方面的发展建议。

3.8.2 主要创新点

本书从经济效应、社会效应、环境效应、资源效应4个方面对南方特色水果冷链物流进行全面的分析，运用定性分析法与定量分析法相结合的方法建立南方特色水果冷链物流外部效应的综合评价模型。本书的创新之处如下。

(1) 研究视角的创新

本书以南方特色水果冷链物流为研究对象分析其外部效应。以往关于产业外部效应的研究较多，但缺乏对农产品冷链物流的外部效应指标体系的研究及清晰、统一的核算方法。

(2) 研究内容的创新

以往针对南方特色水果冷链物流的内外部效应及其计算方法的研究较少。本书构建了南方特色水果冷链物流外部效应评价指标体系、计算模型、外部效应系数计算模型及基于外部效应的冷链物流碳足迹优化模型。建立由农民增产增收效益、食品安全效益、稳定市场物价效益、节省耕地效益、减少碳排放效益构成的南方特色水果冷链物流外部效应指标体系，并对其中的农民增产增收效益、稳定市场物价效益、节省耕地效益、减少碳排放效益4个可价值量化的指标进行计算方法的研究，并构建了效益系数计算模型。基于外部效应，还对荔枝全程冷链物流构建了碳足迹优化模型并进行了实证分析，为进一步降低冷链物流碳排放并提升该指标的环境效应提供了指导。

(3) 理论方法的拓展

其一，提出了冷链物流食品安全信心指数这一概念。借鉴消费者信心指数及企业信心指数，提出了冷链物流食品安全信心指数的概念。通过问卷调查或深度访谈的方式，测算冷链物流食品安全信心指数，通过对消费者购买冷链物流食品的满意度、对冷链物流食品安全的认可度、对冷链物流食品价格接受度和冷链物流食品购买便利性4个指标进行问卷调查，计算出冷链物流食品安全信心指数。其二，参考国际贸易理论中的幼稚产业保护理论，为政府对南方特色水果冷链物流产业的扶持提供新的理论支持。针对目前有关政府扶持冷链物流产业理论研究缺乏的问题，通过对南方特色水果冷链物流的外部效应的分析，提出政府扶持该产业的理论依据，并为政府具体实施扶持措施提供决策依据。

3.8.3 展望

水果冷链物流外部效应的研究及评价是一个新课题，本书虽然对广东荔枝冷链物流的外部效应进行了有效评价，但仍有一些问题需要进一步研究。

（1）本书在分析南方特色水果冷链物流外部效应时，只从经济效应、社会效应、环境效应和资源效应四个方面给出了南方特色水果冷链物流外部效应的具体表现，并未对其作用机理进行深入的分析，今后有必要对其进行研究。

（2）对南方特色水果冷链物流外部效应评价的现有研究较少，因而缺乏参考资料，南方特色水果冷链物流食品安全效益这一指标的影响还无法进行合理的价值量化评价，对评价体系的完整性有一定影响。鉴于此，增加了效应系数的研究，其中食品安全效益系数通过问卷调查计算而得，该方法的科学性和合理性有待进一步考察。同时，指标的选取及数据的获取存在一定困难，因此选择了仿真分析。指标计算的准确性受到影响，数据反映的结果可能有偏差。因此，有待进一步收集精确数据加以完善。

（3）本书提出的南方特色水果冷链物流的发展建议只是在现有的理论基础上，结合南方特色水果冷链物流的特性及发展现状给出的一些宏观建议。具体的实施方案，例如政府扶持后的效果评价指标和评价方法的确定、针对不同扶持对象的具体方法等由于受到本书结构及时间的限制没有在书中进行详细研究，这部分可作为以后研究的重点。

附录1　荔枝全程冷链实验方案

一、实验目的
实时监测荔枝在全程冷链物流不同环节的腐损率情况即能耗情况。

二、实验内容
实验包括整个冷链运输的流程，主要分为预冷、包装、装载、冷藏运输、卸载、冷库贮存、冷藏陈列柜销售、快递智能储存柜暂存、消费者家用冰箱冷藏9个环节，检测荔枝在冷链运输全过程中各项指标的变化。

三、实验设计
前往荔枝产地采摘和预冷5000千克荔枝，并用冷藏车运输，再利用广州大学物流实验室进行冷藏、冷藏陈列柜销售、智能储存柜暂存、家用冰箱冷藏，监测各个环节的坏果率及产生的能耗。

（1）在荔枝的采摘过程中，进行荔枝田间热温度的测量。

（2）采用冰水预冷方式，将荔枝果心温度降至5℃~10℃。监测及记录荔枝预冷后的坏果量及预冷所需的能耗。

（3）荔枝的内包装采用低密度乙烯膜袋，外包装采用10千克规格的塑料泡沫箱，整体包装采用"冰袋+泡沫箱"方式。记录泡沫箱数量及冰袋的数量，用以测算包装能耗。

（4）使用载重量为5吨的冷藏车，速度恒定为55公里/小时，荔枝冷藏运输的温度按照《易腐食品控温运输技术要求》的规定设置为7℃。记录荔枝冷藏运输能耗及卸载后入库前的坏果量。

（5）荔枝的冷库的贮存温度设置为-1℃，库温恒定在（-1±1）℃，湿度保持在80%~90%。贮存8天，每24小时从中随机抽取一定数量的荔枝进行坏果监测，共测定7~9次。

（6）荔枝在冷库中冷藏1天后放入温度为7℃的冷藏陈列柜和快递智能储存柜中，分别储存3天和5个小时，记录坏果量及能耗；荔枝在冷库中冷藏2天后放入温度为7℃的冷藏陈列柜和快递智能储存柜中，分别储存3天和5个小时，记录坏果量及能耗；荔枝在冷库中冷藏在3天后放入温度为7℃的冷藏陈列柜和快递智能储存柜中，分别储存3天和5个小时，记录坏果量及能耗。

（7）荔枝放入温度设置为7℃的家用冰箱3天，记录能耗和坏果量。

四、实验参数

1. 坏果率

每次随机从5000千克即500箱（每箱10千克）荔枝中随机抽取3箱荔枝进行检测，根据荔枝是否可食用为标准，测算坏果率。褐变总面积占果皮面积的比例小于或等于1/2为可以食用，其中霉变不可食用。

$$坏果率 = \sum \frac{坏果数}{总果数} \times 100\%$$

2. 能耗

冷藏车消耗的能源类型为柴油，荔枝冰水预冷、冷库贮存、冷藏陈列柜冷藏、快递智能储存柜冷藏、家用冰箱冷藏消耗的能源为电能。

荔枝不同环节的碳足迹 = 碳排放系数 × 动态数据

五、实验记录

（1）荔枝采摘时的田间温度为 34.2℃。

（2）关键环节相关数据记录如附表。

附表　各环节的能耗及坏果率

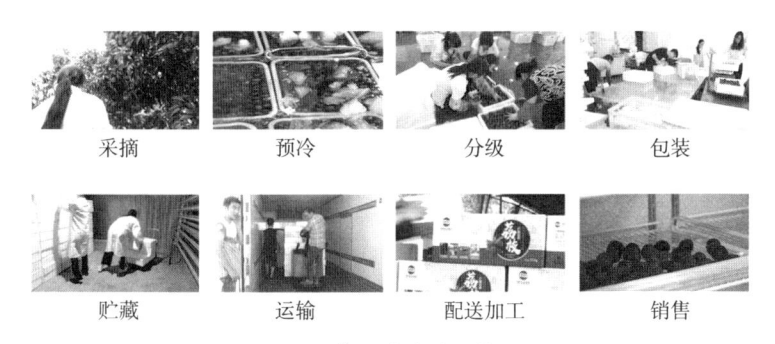

关键环节	能耗	坏果率（%）	备注
预冷环节	预冷 1 千克荔枝需 1 千克冰	4	—
冷藏运输环节油耗	18 升	0	83 公里
冷藏环节	500 千瓦时	6.25	储存 8 天
销售环节	22.79 千瓦时	12.5	3 天
快递柜暂存环节	0.78 千瓦时	0	5 小时
家用冰箱冷藏环节	7.555 千瓦时	12.7	3 天

采摘　　预冷　　分级　　包装

贮藏　　运输　　配送加工　　销售

附图　荔枝试验过程掠影

附录 2　问卷调查

消费者购买冷链物流生鲜农产品的信心度调查

尊敬的女士/先生：

您好！我是广州大学现代物流与供应链专业的学生，目前正在进行一项消费者购买冷链物流生鲜农产品的信心度调查，分析消费者购买冷链物流生鲜农产品的信心指数。您的回答对我的调查帮助很大，感谢您参与本次的问卷调查！

本卷完全匿名，请您按照真实情况填写即可。所获得的数据仅用于论文研究，绝不提供给第三方，请您放心作答。感谢您能抽出几分钟时间来参加本次答题，希望能得到您的支持！

生鲜农产品冷链物流是对生鲜农产品进行冷链物流运输的方式，运输过程中生鲜农产品处于适宜的温度和湿度中，保障其运输过程中的新鲜度，保证食品的质量（例：超市中常见的冷藏陈列柜里销售的生鲜农产品就是使用冷链物流进行运输的）。

＊生鲜农产品主要指蔬菜、肉类、蛋类、水果、冰鲜水产品、冷冻水产品、奶制品等。

1. 您以前是否了解生鲜农产品冷链物流？

○知道，而且很清楚

○知道，但不了解

○只是听过

○不知道

2. 您能接受冷链物流生鲜农产品的价格比普通物流生鲜农产品的价格高吗？

○能

○不能

3. 如果使用生鲜农产品冷链物流服务，您愿意接受比普通物流更高的配送费吗？

○愿意

○不愿意

4. 您购买的生鲜农产品中，冷链物流（比如超市冷藏陈列柜）生鲜农产品消费金额占总消费金额的多少？

○20%以下

○21%~30%

○31%~40%

○41%以上

5. 目前您对所购买的冷链物流生鲜农产品是否满意？

○非常满意

○满意

○较满意

○不满意

6. 您认为冷链物流生鲜农产品与普通物流生鲜农产品相比＿＿＿＿＿＿＿＿。

○更安全

○一样安全

○不了解

7. 以下因素会对您购买冷链物流生鲜农产品的决定产生何种程度影响？

影响因素	1分	2分	3分	4分	5分
冷链物流生鲜农产品安全度	○	○	○	○	○
冷链物流生鲜农产品价格	○	○	○	○	○
冷链物流生鲜农产品购买便利性	○	○	○	○	○
冷链物流生鲜农产品的品质	○	○	○	○	○
冷链物流生鲜农产品的服务水平	○	○	○	○	○

评分标准：决定性影响（5）、重要影响（4分）、一般影响（3分）、较少影响（2分）、没有影响（1分）。

第4章 基于温度管理的农超对接生鲜农产品定价

4.1 引言

4.1.1 研究背景与意义

4.1.1.1 研究背景

随着社会经济水平与居民收入的不断提高，消费者对生鲜农产品品质的要求也日益提高。而考虑到生鲜农产品的易腐性，温度管理水平对农产品品质的影响显得更为重要。商家在对生鲜农产品进行定价时，必须充分考虑到温度管理。通过价格与品质的均衡，在谋求最大利润的同时实现可持续发展。

生鲜农产品的定价影响因素中，销售模式和农产品品质一直是极为重要的因素。从生鲜农产品的销售模式来看，近年来包含生产商、分销商以及零售商的三级生鲜供应链遭遇到了极大的挑战，而以农超对接为代表的二级生鲜供应链发展迅速。Euromonitor 数据库统计数据显示，2018 年的生鲜零售渠道终端中，超市占比由 2012 年的 36.69% 上升到 2017 年的 38.51%。而根据商务部市场体系建设司的数据，农村对接模式有助于将生鲜农产品的价格降低到现有市场价格的 7~9 成。基于此，政府和企业对农超对接带动农产品销售都抱着极大的期望。2008~2018 年，仅从商务部发布的文件来看，从试点选取、信息服务系统的启用到"农超对接进万村"项目的开展，国家对于农超对接的推行力度逐步提升。但是现有农村合作社的管理水平不高,难以保证供给的稳定与农产品的标准化,极大地提高了对接成本,从而削减了流通环节减少所带来的利润。与农贸市场相比,农超对接模式下超市生鲜农产品的销售价格优势不大。而品质的衡量以消费者主观判断为主,导致生鲜农产品的品质优势难以体现,从而带来利益分配不均、供应链协调失衡等问题,农超对接的发展进入瓶颈期。

与此同时,生鲜农产品的品质高低也是定价的重要依据之一。生鲜农产品具有易腐性,从采摘到销售过程中的温度管理都极为重要,因此国家大力推进生鲜农产品温度管理标准的制定。无论是从运输、包装到追溯,还是从果蔬、禽肉到水产品标准的制定都日益完善。但是实际操作过程中,由于温度管理的水平参差不齐,生鲜农产品的品质难以得到保障。以果蔬为例,从产地预冷、运输冷藏到销售保鲜,温度管理对保障其品质极为重要。果蔬中香蕉的温度控制难度大,温度过高与过低都会对香蕉品质造成极大的损害。目前香蕉温度控制在 12℃~15℃,在相对湿度为 90%~95% 的情况下,品质下降速度较低。总的来看,现阶段生鲜农产品供应链各环节的温度信息不透明,保鲜成本及其效益难以衡量,从而导致利益分配不均和整体管理效果不佳。

随着消费水平的进一步提升,消费者对生鲜农产品品质的敏感性将逐步提高,对生鲜农产品的消费能力也将越来越强。因此,对于农超对接模式下的生鲜农产品来说,适当的温度管理能够带来更多的消费者,并促进其他相关商品的销售。无论是对于商家收益还是食品品质而言,在生鲜农产品的定价中引入温度管理这一因素都十分必要。在农超对接发展进入瓶颈期的当下,直接关系到农超对接供应链整体定价,且有着极大的研究价值。基于此,本书从温度管理的角度出发,在斯坦伯格博弈的情况下,针对保鲜成本及其效益难以衡量的问题,结合数理模型与案例数据对农超对接生鲜农产品的定价进行研究,以明确保鲜温度、新鲜度及保鲜期长短等因素对农超对接各成员利润的影响情况,并以此为参考,设定农超对接中的销售价格,从而增强供应链的竞争力。

4.1.1.2 研究意义

以农超对接生鲜农产品的定价优化为目标,通过对生鲜农产品定价相关文献的整理与分析,引入阿伦尼乌斯方程,描述常规采收情况下保鲜温度与生鲜农产品新鲜度的关系,并且通过鲜度实验刻画提前采收情况下香蕉鲜度与时间的关系。结合博弈论中的斯坦伯格博弈协调供应链收益,并通过优化温度管理,最终提高供应链成员收益,同时提高生鲜农产品的品质。此项研究具有重要的理论价值和实际应用价值。

(1) 理论价值

从温度管理的研究视角,为农超对接下的生鲜农产品定价提供参考,进一步丰富农产品定价的研究。在生鲜农产品定价中,结合斯坦伯格博弈与阿伦尼乌斯方程这两种方法,对比阿伦尼乌斯方程与鲜度函数的差异,有助于拓展定价研究方法。

(2) 实际应用价值

从政府角度来看,温度管理机制的建立可以提高生鲜农产品品质的可感知程度,为政府扶持与监管生鲜农产品相关企业提供新的方向;从企业角度来看,基于温度管理的生鲜农产品定价有助于企业平衡保鲜成本与农产品品质,帮助企业实现可持续发展;从消费者角度来看,了解基于温度管理的生鲜农产品定价可以更好地判断生鲜农产品品质的高低,从而购买到符合自身期望的农产品。

4.1.2　国内外研究现状

4.1.2.1　生鲜农产品定价相关研究

生鲜农产品的价格高低直接影响到人们生活质量的高低,基于此,学术界对生鲜农产品价格的研究较为广泛。根据研究对象的不同,对生鲜农产品定价的研究视角主要可以分为异质性农产品、外部环境及供应链成员三个维度。

(1) 异质性农产品定价研究

从农产品的异质性出发,农产品的特性不同,定价策略也有所不同。在农产品销售过程中,农产品上下架时的价格对其销量有着至关重要的影响。基于此,对于上架时间不同的农产品,Xiong 和 Guo (2019) 研究了动态随机环境下新旧农产品的定价策略,发现动态定价更加有助于零售商利润的提升。同时,伴随着消费者对农产品品质要求的提高,农产品生产是否绿色无公害、产地是否可追溯、流通过程是否全程保鲜等都成为农产品定价的重要依据。闻卉等（2018）探讨了供应商占主导地位时，可控损耗率及新鲜度对绿色农产品以及普通农产品供应链定价的影响，并结合利益共享契约实现了供应链各成员的共赢。靳明等（2005）结合博弈论划分了产品生命周期，并结合撇脂定价策略验证了绿色农产品的可行性。为了测算可追溯农产品的实际成本，陈红华和田志宏（2016）基于企业实地调研，测算可追溯农产品的实际增加成本，研究发现现阶段可追溯农产品的高价并不是由于追溯成本的大幅提高，而是企业塑造差异的营销策略。在生鲜农产品的保鲜过程中，杨磊等（2017）综合分析了集中决策、分散决策、收益共享状态三种情况下新鲜度、价格折扣敏感系数及保鲜努力水平变化所导致的供应链利润变化情况。谢如鹤、余伟（2018）则基于安全可靠度，对冷鲜鸡供应链全流程进行分析研究，结合变权向量对各环节进行优化。

（2）外部环境定价研究

除了生鲜农产品本身的易腐性以外，外部环境的变化对其定价的影响同样不容忽视。销售的场景不同，则生鲜农产品的定价策略不同。钱大胜（2016）对农贸市场与超市的农产品定价机制进行分析，探索其本质区别。陈灿平（2019）则基于双边市场理论，发现线上生鲜农产品交易平台的定价策略主要受到平台差异化和网络外部性影响。刘洋和王利艳（2017）研究了线上线下不同运作策略下的最优定价策略，发现生鲜农产品的价值衰减速度越快，生鲜农产品定价越低。Zhu 和 Lin（2019）从广告的角度切入，探讨了电子商务平台与广告商不同合作模式下，生鲜农产品的定价策略优化问题；除此以外，农业合作组织的进一步发展也为生鲜农产品定价策略带来了新的变化。吴光宇（2011）以农业合作组织为研究对象，结合博弈论初步构建了定价模型。王灿（2017）以农民合作社与超市及农贸市场合作时不同的定价策略为研究对象，通过博弈论与路径优化，分析如何在降低农产品售价的同时，提高农民、超市及合作社的收入。

同样，营销策略的差异也会带来生鲜农产品定价策略的变动。刘茜（2016）对农产品现有的定价策略进行了总结与分析，认为应用较为广泛的定价策略有渗透定价、分档定价、组合定价以及撇脂定价。当前生鲜农产品的营销策略中，组合定价策略应用范围最为广泛。从生产商的角度来看，Vittoria 等（2017）指出通过组合策略来合理地组合生鲜农产品，能在不提高成本的情况下增加农产品的销量，有助于提高生产者的利润。Eihab Fathelrahman 等（2017）则进一步探讨了温室条件下的最优蔬菜组合策略。Fang 等（2018）同样考虑了同质生鲜农产品的捆绑定价问题，在满足客户质量要求的同时降低储存成本，从而快速地销售新鲜农产品。谢如鹤等（2017a）通过斯坦伯格博弈与 Shapely 值法的综合应用，合理划分了蔬菜供应链的利润。

除了销售场景与营销差异以外，信息的共享程度对生鲜农产品定价策略同样有着至关重要的影响。当生鲜农产品供应链之间信息共享程度低时，不必要的损耗将提高生产及流通的成本。在信息共享的情境之下，邓超（2015）在消费者效用最大化的前提下，探讨了基于超市农产品质量安全的定价策略。

（3）供应链成员定价研究

生鲜农产品定价策略中，农产品外部环境对其影响更多偏向于客观影响，而供应链成员的主观能动性对其也有一定程度的影响。从供应链角度出发，相关研究主要从零售商、消费者的角度对生鲜农产品的定价策略进行优化。作为生鲜农产品到达消费者前的最后一站，零售商的定价策略对供应链整体利润的影响极大。市场份额的大小是零售商首要考虑的因素之一，王磊、但斌（2014）考虑到保鲜策略对潜在市场容量的影响，研究了零售商定价及保鲜策略的优化问题，发现初始订货量的增加有助于降低农产品的销售价格与保鲜投入。而从动态定价的角度出发，聂凯等（2015）分析了零售商在不同降价幅度下的最优订货量与价格折扣，并发现农产品感知质量弹性与初始价格对最优价格折扣的影响力最强。同样，李琳、范体军（2015）在动态定价的基础上，构建了单时点价格调整定价模式，发现易腐性越强的生鲜农产品，降价折扣的时间点越早，前后两个阶段零售价格也越低。而考虑到零售商的风险偏好，Rui（2018）在生鲜农产品定价模型中引入产品新鲜度与保质期，发现如果初始参考价格较低，那么零售商应该采用渗透定价策略来设定较低的初始销售价格，以获得较大的市场份额。以上研究主要集中于由供应商与零售商组成的二级生鲜供应链，其他方面也有学者进行研究。如张俊强（2017）考虑了电商企业、冷链物流企业以及消费者构成的三级供应链下的最优定价策略。张庆、张旭（2016）

综合考虑了零售商与供应商对公平关注程度不同时的最优定价与订购量决策。

为消费者提供符合其品质及价格期望的生鲜农产品，是提高生鲜农产品供应链整体利润的重要方向之一。对于价格偏好型消费者，陈军、但斌（2011）考虑到了消费者对生鲜农产品的降价预期，发现完全观察到消费者降价预期的零售商将提高初始价格；王方杰（2016）则在 Stackelberg 博弈思想的指导下，指出零售商可以通过合理设定折扣因子来提高自身的期望利润。而对于品质偏好型消费者，在不同竞争环境下，王磊（2013）探讨了如何通过定价平衡保鲜服务质量与成本，从而达到供应链利润的最大化；Anna 等（2018）则将时间、温度以及其他与加工、装运、储存等环节相关的影响因素引入农产品质量模型中，同时强调了农产品初始质量对农产品质量的重要性；而唐跃武等（2018）基于产品价值剩余率，通过报童模型对最优定价策略进行了分析，发现库存水平与产品价值剩余率的提高都有助于提高零售商的最优价格。

4.1.2.2 农超对接生鲜农产品定价相关研究

从农超对接模式提出开始，陆续有学者研究了农超对接模式下的生鲜农产品定价机制。曹武军、樊苗（2012）考虑到了价值损耗，因此引入期权机制对农超对接模式下生鲜农产品的定价机制进行优化。徐广业等（2014）从决策权威的角度入手，通过博弈模型对农超对接的定价决策进行优化。在供应链中间产品的定价中，李凤艳（2015）采用产品动态价格振荡系统，探究了供应链各成员实现利润最大化的途径。李翠等（2017）则从公平偏好的角度出发，研究了不同公平偏好系数对批发价格以及供应链整体效用的影响程度。金亮（2018）基于消费者偏好与农产品质量之间的不匹配成本，发现当供应商批发价格偏高时，通过信息共享谈判可以实现供应链利润的最大化。

4.1.2.3 生鲜农产品温度管理相关研究

考虑到生鲜农产品的易腐特性，现阶段有关生鲜农产品温度管理的研究，主要集中于在生鲜农产品的生长、采摘以及流通过程中，如何通过温度控制以及监测来提高生鲜农产品的品质以及货架期。

其一，生鲜农产品生长、采摘过程中的温度控制与监测。高质量的生鲜农产品必须在生长期就拥有极高的品质，因此温度管理在其生长期极为重要。从生鲜农产品生长状况来看，现阶段的研究主要集中于探究温度变化对生鲜农产品果重、糖度等物理性状的影响，研究方法主要为实验法。通过变温管理，黄伟波（1997）研究了不同温度对黄瓜生长状况及抗病性的影响，发现适当的变温管理对黄瓜的生长及抗病性有着显著的正向作用。在温度控制的基础上，须海丽（2006）加入日照的影响，观察草莓果实果重及糖度的变化情况，得到了草莓生长最适宜的日照时间与温度区间。Florence等（2018）考虑到温度及日照对莴苣的影响，通过不同的光照处理，发现间歇光照有助于降低低温无法解决的莴苣褐变和水分损失程度，从而提高莴苣的质量。

生鲜农产品采摘时的温度管理，对之后流通销售过程中的品质及保鲜成本有着至关重要的影响。从生鲜农产品采摘情况来看，Muniz等（2016）探究了非洲菊采收后的最佳贮藏温度。徐芬芬等（2016）则以上饶早梨为研究对象，探讨其最适宜的采收期与采后贮藏温度；Wallis等（2017）研究发现，冷藏环境下马铃薯的抗病能力更强。与气调控制相比，Lee等（2018）研究发现动态温度可以更好地保持产品质量。梁芸志等（2018）从采后预冷的角度出发，研究了温度的变化对番茄失重率、可溶性固形物及番茄红素等指标的影响程度，发现0℃与4℃下的预冷处理都能保持番茄的鲜度。Ambani等（2019）研究了采后温度对菠菜幼叶品质的影响，发现4℃条件下贮藏可以延长菠菜的保质期，营养品质也能得到显著提高。

其二，生鲜农产品流通过程中的温度控制以及监测。采摘预冷完毕的生鲜农产品就将进入流通过程，只有成功销售到消费者端，生鲜农产品的温度管理才算终结。邹毅峰等（2015）明确指出，特定生鲜食品的品质变化速率一般遵循Arrhenius关系式。而Kou等（2015）从流通终端的开放式冷藏展示柜入手，探讨了不同操作条件下展示柜内温度的波动情况，以及在其影响下生鲜农产品品质的变化情况。而徐云强等（2018）将研究重点聚焦于生鲜农产品货架期的最优化上，总结了已有文献中温度波动对生鲜农产品货架期的影响机制及效果。对于预先包装的生鲜农产品，Efimia等（2016）探讨了其在不同储存温度下的品质变化情况；司金金等（2017）则探究了在使用PE保鲜膜的情况下，不同储存温度对红薯叶保鲜效果的影响；而 Erika 等（2018）将研究对象定位于最低限度加工的生鲜农产品，探究不同温度对其品质的影响程度。随着科技进步，对生鲜农产品保鲜效果进行测量的技术也与时俱进。杨冲、谢晶（2018）采用 VC、低场核磁共振等技术手段，对不同储存温度下空心菜的保鲜效果进行测量。

除了温度控制以外，生鲜农产品流通过程中的温度监测同样重要。在监测方面，Lu X. L. 等（2013）构建了时间－温度指示器，以此来监测温度变化下的生鲜农产品品质变化情况。吴冬燕等（2016）则运用物联网这一技术，构建了 B/S 结构冷链温度安全监测系统，使得温度数据可同步更新到电脑及手机。以 ZigBeexie 协议为基础，冯贺平、吴梅梅（2016）首先构建了冷藏库温湿度实时在线监测系统；冯贺平等（2017）依托无线传感网络，构建果蔬温度实时监测系统。李志刚等（2017）运用簇内、簇间数据融合的统计方法，延长了生鲜农产品冷链温度监测系统的网络生存周期。Roberto 等（2018）通过可见及近红外光谱对不同品牌的生鲜农产品的硬度、可溶性固形物含量的质量参数进行测评，有助于消费者对采后产品质量进行监测，从而帮助生产商优化定价策略。

4.1.2.4 简要评述

总的来看，在生鲜农产品的定价中，现阶段异质性农产品定价研究的焦点逐步由损耗率转变为新鲜度。但相关文献更多的是在探讨流通时间对新鲜度的影响，而在一定程度上忽视了保鲜温度对新鲜度的影响。从外部环境定价的相关研究来看，现阶段的研究开始向农超对接、线上线下一体化、产品组合销售以及信息共享的方向发展，与信息技术结合得更为紧密，对供应链整体协调性的要求也更高。相关研究在考察不同供应链成员的定价时，主要探讨了斯坦伯格博弈下的不同类型零售商及消费者对生鲜农产品定价的影响，与农超对接模式的侧重点相匹配。现阶段研究农超对接生鲜农产品定价的相关文献较少，且多数是考虑消费者偏好对价格的影响，较少考虑新鲜度变化所产生的影响。

而在关于农产品温度管理的研究中，对保鲜温度的控制与监测处于极为重要的地位。从生鲜农产品的生长到销售，研究都有涉及但较为分散，缺乏统一的温度管理体系。同时大部分研究都止步于探究温度如何影响生鲜农产品品质，而未向管理层面延伸。基于此，在研究中应考虑温度管理，可以使得农超对接生鲜农产品的定价更加合理与科学。

4.1.3 研究内容与技术路线

4.1.3.1 研究内容

（1）以生鲜农产品的易腐性为出发点，对现阶段农超对接生鲜农产品定价及温度管理研究的背景与意义、相关文献进行了分析整理，进而阐述了研究内容与技术路线、研究方法及创新点。

（2）在相关文献的基础上，首先介绍了3T理论与阿伦尼乌斯方程的起源与发展，并对温度管理的定义及流程进行阐述；其次，界定了农超对接生鲜农产品的概念，并总结分析了农超对接现有的主要模式及生鲜农产品的主要定价方法，为进一步研究打好理论基础。

（3）在常规采收的前提下，引入阿伦尼乌斯方程刻画温度与新鲜度之间的关系。通过农超对接生鲜农产品供应链上各成员成本收益分析，设定定价模型各参数，在不同决策模式下构建定价模型并分析。

（4）在提前采收的前提下，结合实验构建鲜度函数，刻画不同温度下时间与鲜度之间的关系，设定定价模型各参数，在不同决策模式下构建定价模型并分析。

（5）结合实地调研与实验，选取农超对接模式下步步高集团长沙梅溪湖总店所售香蕉的相关数据，分析在斯坦伯格博弈时，温度管理中保鲜温度、采收期、初始新鲜度、保鲜期、消费者新鲜度偏好对价格的影响，并结合收益共享契约，探究了如何实现价格与利润的均衡发展。

4.1.3.2 技术路线

首先，按照提出问题、分析问题、解决问题的逻辑顺序，基于农超对接生鲜农产品定价以及温度管理的研究及发展现状提出问题，并对相关概念进行了界定。其次，对农超对接生鲜农产品供应链上各成员的成本与收益进行了分析，为定价模型参数的选取提供了依据。再次，根据采收期的不同分别构建阿伦尼乌斯方程以及鲜度函数下的定价模型，对其进行求解分析。以步步高集团长沙梅溪湖总店销售的香蕉为例，结合定价模型，从温度管理的角度为农超对接生鲜农产品的定价提供依据，合理划分供应链的利润（见图4-1）。

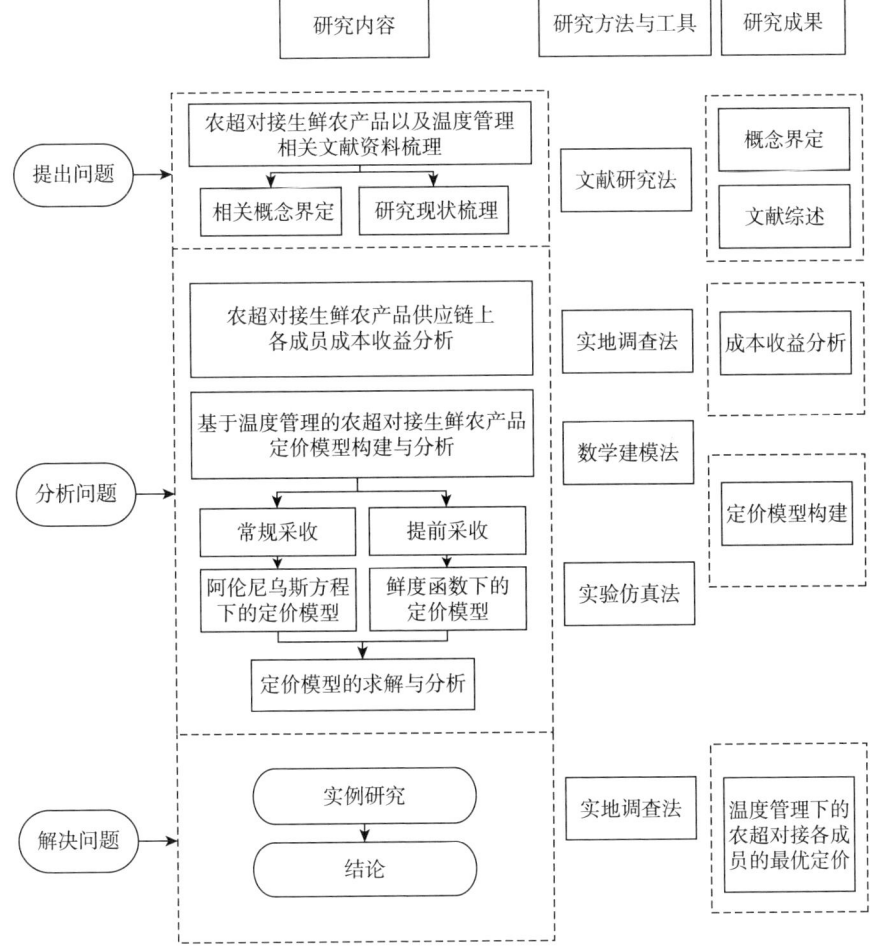

图 4-1　本章技术路线

4.1.3.3　研究方法

（1）文献研究法

目前生鲜农产品供应链的研究中，聚焦于定价的文献较少，主要集中于管理类文献。而温度管理相关文献偏向于技术，与管理学联系少。本书对文献的分析与整理，为基于温度管理的农超对接生鲜农产品的定价奠定理论基础。

（2）实验仿真法

生鲜农产品的定价主要受环境及农产品新鲜度的影响，通过广州大学物流实验室的冷藏柜、生鲜配送柜等冷藏设备，全程测量不同温度条件下生鲜农产品新鲜度的变化情况，从而提高参数取值的合理性。

（3）实地调查法

通过访谈与调查，可以深入了解现阶段企业的温度管理与营销策略。

（4）数学建模法

通过斯坦伯格博弈对供应链整体及各成员的利润进行分析，并结合阿伦尼乌斯方程与鲜度函数构建定价模型，并通过 MATLAB 软件对模型进行求解。

4.2 相关概念及理论基础

4.2.1 温度管理

4.2.1.1 温度管理概念界定

从广义上说，温度管理主要指的是基于管理目标设定温度计划，并通过加热、制冷或隔热等措施，使得环境温度在整个流程中处于稳定区间，结合监测系统将温度变化情况反馈给决策者的管理过程。

温度管理主要是从生鲜农产品的角度出发，根据消费者对生鲜农产品品质的要求，确定采收期与初始新鲜度；然后基于生鲜农产品的易腐性设定温度计划，并确定保鲜期；进而以制冷为主要手段设定保鲜温度，使生鲜农产品在整个流通过程中处于最佳温度区间，并结合监测系统将温度变化情况反馈给决策者与消费者，如图 4-2 所示。

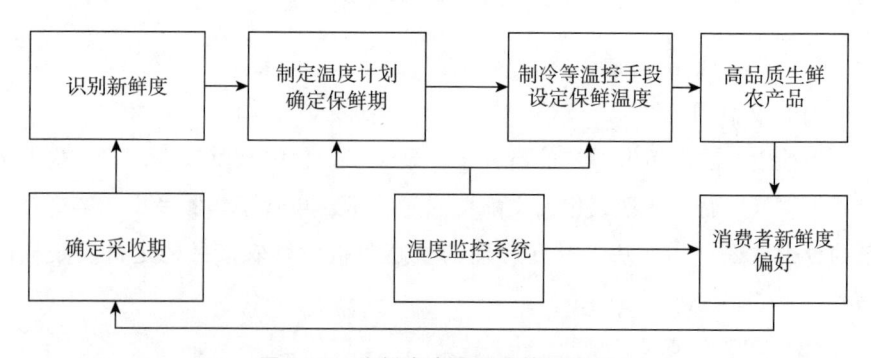

图 4-2 生鲜农产品温度管理流程

4.2.1.2 温度管理相关方法与理论

(1) 阿伦尼乌斯方程

1884年,荷兰化学家范特霍夫研究发现,当温度每提高10开,实验品的反应速率就将提高2~4倍。而在1889年前后,瑞典化学家阿伦尼乌斯在此基础上对活化能的概念进行了界定,并认为化学反应中存在需要积累一定活化能才能克服的"能垒",进而提出了阿伦尼乌斯方程:

$$K = Ae^{-\frac{E_a}{RT}} \tag{4-1}$$

其中,K为当温度为T时的反应速率常数;A为指前因子,一般也称为阿伦尼乌斯常数;E_a为实验活化能,一般可视为与温度无关的常数,单位为焦耳/摩尔或千焦/摩尔;T为绝对温度,单位为开(K);R为摩尔气体常数,又称为普适气体常数,单位为焦耳/摩尔·开,其值约为8.314焦耳/摩尔·开;e为自然对数的底。

随着时间的推移,阿伦尼乌斯方程的应用领域开始由化学领域转向其他领域。例如,冷链物流过程中的生鲜食品一般处于较低的环境温度中,无法触碰到"能垒"。因此,阿伦尼乌斯方程能够较好地刻画环境温度变化给生鲜食品品质带来的损害。研究发现,随着温度的变化,生鲜食品的品质变化一般符合零级反应方程式或者一级反应方程式:

$$q = q_0 - \sum_{i=1}^{m} k_0 t_i \exp\left(\frac{-E_a}{RT_i}\right) \tag{4-2}$$

$$q = q_0 \exp\left[-\sum_{i=1}^{m} k_0 t_i \exp\left(\frac{-E_a}{RT_i}\right)\right] \tag{4-3}$$

其中,q为当温度为T时的新鲜度;q_0为初始新鲜度;k_0为反应速率常数;E_a为实验活化能,一般可视为与温度无关的常数,单位为焦耳/摩尔或千焦/摩尔;T_i为t_i时刻的绝对温度,单位为开(K);R为摩尔气体常数,又称为普适气体常数,单位为焦耳/摩尔·开,其值约为8.314焦耳/摩尔·开。

由函数表达式可知,无论是零级反应方程式或者一级反应方程式,初始新鲜度都是最大的;随着保鲜温度的提高,新鲜度降低,它所代表的生鲜农产品品质降低。这种情况更加符合常规采收时成熟度为全熟的生鲜农产品,其新鲜度的变化可以较好地体现品质的变化情况。

（2）3T 理论

1948~1958 年，Arsdel 等人通过大量的实验验证，总结出了冻结食品的品质与时间及品温之间的关系，其理论要点主要有以下三点。

其一，对于每一种食品而言，随着品温的下降，其品质稳定性一般呈现指数增大。

其二，在流通过程中，由时间及温度引起的食品品质降低是累加且不可逆的，但是与其经历的顺序没有关系。

其三，一般来说，对于温度系数大于 1 的食品，温度越低，其品质变化越小，贮藏期也越长。未加工过的生鲜农产品的温度系数都大于 1。

$$Q = \frac{(T_0 - T_1)f_0}{f_1} \quad (4-4)$$

其中，Q 表示温度系数，T_0 表示当前温度，T_1 表示变化后的温度，f_0 表示温度为 T_0 时的品质变化速率，f_1 表示温度为 T_1 时的品质变化速率。

（3）鲜度函数

生鲜农产品的鲜度是指生鲜农产品通过其物理、化学等鲜度指标所综合表现出来的质量特征。在现实生活中，为了降低成本，大量生鲜农产品选择在七成熟时采摘，在流通过程中品质会呈现先升后降的趋势。传统意义上的新鲜度无法体现此类生鲜农产品品质变化情况，因此采用"鲜度"这一概念来对应提前采收时成熟度为七成熟的生鲜农产品的品质变化情况。与生鲜农产品品质变化情况类似，鲜度随着时间与温度的变化也会呈现"先熟后腐败"的规律。

按函数表达式是否确定来分，鲜度函数可以分为随机型鲜度函数与确定型鲜度函数。其中，随机型函数考虑到了生鲜农产品流通过程中价值损耗的随机性，因此往往采用概率分布函数来刻画鲜度的变化情况；而确定型函数更多的是从过程可控的角度出发，往往采用确定的函数形式来刻画鲜度的变化情况。本书研究的温度管理是过程可控时鲜度随温度及时间的变化情况，因此采用确定型鲜度函数来构建定价模型。

按生鲜农产品的呼吸特性，确定型鲜度函数又可以分为连续型鲜度函数与分段型鲜度函数。其中连续型鲜度函数认为生鲜农产品的鲜度随时间的变化是均匀连续的。这种情况主要适用于非跃变型生鲜农产品，其发育过程中不存在呼吸高峰,且在其成熟过程中,呼吸强度缓慢下降或者基本保持不变,如黄瓜、柑橘与黑莓。连续型鲜度函数形式主要包括指数型鲜度函数和多项式鲜度函数。其中,指数型鲜度函数难以反映出鲜度随时间变化而衰减,而多项式鲜度函数的模型不易求解。

与连续型鲜度函数不同,分段型鲜度函数反映出生鲜农产品的鲜度会在某一时刻发生跃变,主要适用于跃变型生鲜农产品。此类生鲜农产品在果实发育定型之前,呼吸强度不断下降,此后在成熟过程中,呼吸强度会骤然变化,且变化幅度大,例如香蕉、苹果以及猕猴桃。此次是对香蕉进行研究,因此后文所指鲜度函数如无特别说明,都是指分段型鲜度函数。分段型鲜度函数形式如下。

$$o(t) = \begin{cases} o_1(t) & 0 < t < t_1 \\ o_2(t) & t_1 < t < t_2, o_2(t) > o_1(t) \\ o_3(t) & t_2 < t < T, o_2(t) > o_3(t) \end{cases} \quad (4-5)$$

其中,$o(t)$ 表示 t 时刻的鲜度值,T 表示整个流通过程的时间。

4.2.2 农超对接生鲜农产品

4.2.2.1 农超对接生鲜农产品概念界定

农超对接生鲜农产品是指以减少流通环节为目标,超市与农民专业合作社建立合作关系,使得超市能够根据消费者需求直接定向购买生鲜农产品。

4.2.2.2 农超对接主要模式

农超对接发展至今,主要可以分为三种模式,分别是"超市+农民专业合作社+农户"模式、"超市+龙头企业+农户"模式以及"超市+基地+农户"模式。

(1) "超市+农民专业合作社+农户"模式

由政府牵头组建农民专业合作社,以提高当地农产品的议价权。作为超市与农户之间的纽带,合作社负责收购各农户的农产品,并与超市直接进行对接。实施这种模式的代表性企业就是家乐福。2007~2018年,全国范围内已有超过600家农民专业合作社为家乐福提供过生鲜农产品。此种模式的优点在于超市可以同时从多个合作社采购生鲜农产品,来满足超市对生鲜农产品品质及品类的需求。但此种模式下，双方的合作关系并不紧密，且合作往往难以持久。

(2)"超市+龙头企业+农户"模式

当产地存在占据主导地位的龙头企业时，生鲜农产品则主要由龙头企业种植或从农户手中收购，然后再将其销售给超市。就其本质而言，龙头企业更像是一级经销商。相较于农民专业合作社，龙头企业的管理水平更高，能为超市提供更加标准化的农产品。但龙头企业的议价能力往往强于合作社，超市要付出更高的采购成本。因此，类似麦德龙这种以销售高品质生鲜农产品为卖点的超市及企业往往选择此种模式。

(3)"超市+基地+农户"模式

这种模式下，超市往往选择与政府合作，共建种养殖基地。通过建立一系列标准化种养殖方案，保证农产品符合超市的要求。超市往往采用契约来明确双方权责，其实质就是将外部交易内部化。与前两种模式相比较，这种模式最大的好处就是超市能够很好地控制生鲜农产品的品质，但前期投入大，内部成本较高，并且对管理水平要求较高。目前国内主要是家家悦超市在尝试此种方案。

4.2.2.3 农超对接生鲜农产品定价方法

(1) 成本导向定价法

在生鲜农产品销售过程中，最为常见的定价方法就是成本导向定价法，其定价的核心因素就是成本。而根据成本性质的差异，又可以细化为以下4种方法。

其一，成本加成定价法。此定价法中，销售价格是以单位成本为基础，加上预估的利润率。P 为单位商品售价，c 为单位商品总成本，r 为利润率，则有

$$P = c(1 + r) \tag{4-6}$$

其二，变动成本定价法。变动成本定价法将定价基础由单位成本改为单位变动成本。计算公式为

$$P = cv(1 + r) \tag{4-7}$$

其中，cv 为单位商品变动成本。

其三，目标收益定价法。目标收益定价法又称资产报酬定价法或投资报酬定价法。在某一估计销售量下，其定价以总资本的特定利润率为基础。计算公式为

$$P = (c + m \times r)/n \qquad (4-8)$$

其中，m 为资本总额，n 为预计销售量。

其四，收支平衡定价法。收支平衡定价法又称损益平衡定价法或保本点定价法。此定价法的核心在于确定保本点，以此来确保售价不会使得企业亏损。因此保本点又被称为收支平衡点或损益平衡点，是投入与产出平衡、盈利为 0 的经营时点。

$$P = (c + q)/n + cv \qquad (4-9)$$

其中，q 为预计利润总额。

（2）竞争导向定价法

与成本导向定价法不同，竞争导向定价法不再是单纯地将注意力放在自身，而是更加关注竞争对手的价格。常用的 3 种定价方法是通行价格定价法、主动竞争定价法以及密封投标定价法。通行价格定价法强调行业商品的平均价格水平，定价者不愿与其他竞争者产生激烈冲突，主要适用于日用品。而主动竞争定价法完全不同，定价者会根据自身商品特色以及竞争对手的情况将价格分为多个层次，以便于企业的主动竞争。密封投标定价法则适用于投标交易，定价者同样是通过估计竞争对手的报价来确定，而不是根据自身成本或需求。在日常生活中，此种定价方法相对于前两种定价方法应用较少。

（3）需求导向定价法

相较于前面两种定价法，需求导向定价法真正考虑到了消费者的需求。因此，此种定价方法往往会根据消费者的期望水平来确定价格。最为常见的有感知价值定价法、心理定价法以及差别定价法。

（4）综合定价法

现阶段农超对接生鲜农产品的定价采用的是以成本导向定价法为主、竞争导向定价法和需求导向定价法为辅的综合定价体系。在此前提下，博弈论的相关理论广泛地应用于定价中。而对于农超对接生鲜农产品来说，

由于超市一方往往占据主导地位,因此斯坦伯格博弈和收益共享契约往往被应用于价格的确定及利益的分配上。

①斯坦伯格博弈

1934年,德国经济学家斯坦伯格(Heinrich von Stackelberg)提出斯坦伯格博弈模型。该模型假定寡头市场上存在强弱程度不同的厂商,产量由占据主导地位的一方选择,弱者根据前者的选择再确定自身的产量。假设模型中两个寡头分别为厂商A与厂商B,其中厂商A实力较强,厂商B实力稍弱;设价格函数为$P(Q)$,其中Q为厂商A和厂商B的总产量,q_a、q_b分别为二者各自的产量,即

$$Q = q_a + q_b \tag{4-10}$$

可得两个厂商的收益函数:

$$\begin{aligned} U_a &= q_a P(Q) - c_a q_a \\ U_b &= q_b P(Q) - c_b q_b \end{aligned} \tag{4-11}$$

其中,c_a、c_b分别为厂商A和厂商B各自的成本。

通过逆推归纳法,先对q_b求导,求出反应函数后代入U_a中,即可以求得子博弈完美纳什均衡。在生鲜农产品定价中应用时,考虑到生鲜农产品供应链中各成员决策的先后关系,往往采用斯坦伯格博弈模型描绘此类博弈。同时,为了更好地研究价格对供应链整体利润的影响,在求解斯坦伯格博弈模型时,可以将求解的重心从产量转移到价格上。

②收益共享契约

收益共享契约中,零售商往往会对供应商提出更高的要求,例如降低采购价格或提高供货质量。而当其完成目标时,为了弥补与激励供应商,零售商往往会将自己销售收入按照一定比例(由双方共同商定)返还给供应商,最终确保双方的收益水平高于分散控制状态,达到供应链最优绩效。供应商将符合要求的产品以批发价格W提供给零售商,以换取零售商$(1-\sigma)$部分的收益。而零售商需要对市场需求有着较为清晰的认知,零售商必须决定产品市场价格和订货量以达到收益最大化的目的。

$$\pi_g = (1-\sigma)(P-W)Q + (W-C)Q - C_1 \tag{4-12}$$

$$\pi_l = (P-W)Q - C_2 \tag{4-13}$$

其中，π_g 与 π_l 分别为供应商与零售商的利润，P 为零售价格，W 为批发价格，Q 为需求量，C 为生产成本，C_1 与 C_2 分别为供应商与零售商的固定成本。

4.3 基于温度管理的常规采收下农超对接生鲜农产品定价模型

现有生鲜农产品的采收方式主要有提前采收、常规采收以及延后采收三种模式，以提前采收与常规采收为主，延后采收较少。而现有以阿伦尼乌斯方程为准的研究中，考察生鲜农产品的新鲜度与保鲜温度及保鲜期的关系时，往往假定新鲜度随着保鲜温度的升高与保鲜期的延长而下降。这一假定更加适用于常规采收下的生鲜农产品新鲜度变化情况，即在生鲜农产品成熟度为全熟时采收，之后在流通过程中生鲜农产品的品质保持降低的状态。基于此，本部分从温度管理的角度出发，对常规采收下的农超对接生鲜农产品定价模型进行构建与分析。

4.3.1 农超对接各成员成本收益分析

4.3.1.1 农超对接生鲜农产品商品化流程

现有农超对接所采取的模式大部分是由农民合作社种植或收集超市所需的生鲜农产品，经过初步包装与加工后形成标准化产品。之后的长距离运输由超市自行承担或选用第三方物流承担，运送至超市的流通中心进行贮藏，再根据各门店的需求情况进行补货，根据生鲜农产品的易腐程度散装或置于冷藏陈列柜中进行销售，具体情况见图4-3。

4.3.1.2 农民合作社成本收益分析

（1）成本分析

在农超对接模式中，农民合作社的成本主要有以下几个方面。

其一，生产成本，指在农产品的种植中合作社投入的成本，主要是化肥和农药等物资支出，另外包括劳动者的劳动成本。

其二，加工成本，指合作社为使生鲜农产品变为符合超市需求的标准化产品所投入的支出，主要是包装材料以及预冷等支出。

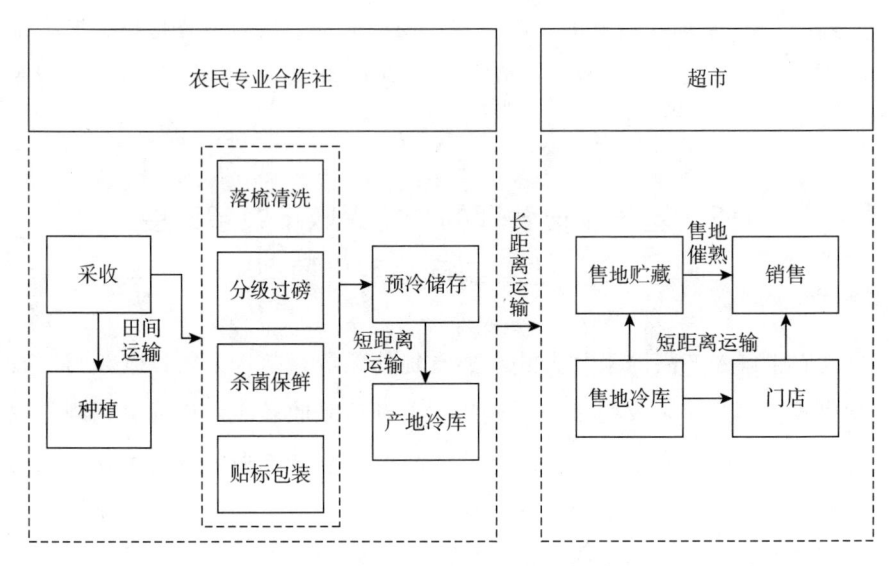

图 4-3　农超对接生鲜农产品商品化流程

其三，运输成本，指合作社将生鲜农产品运至产地冷库过程中所产生的成本，主要是油耗以及人工成本。

本书是从温度管理的视角进行研究，因此将农村合作社的成本分为生产成本、保鲜成本及其他成本。保鲜成本主要包括加工成本中的预冷成本以及运输成本中的制冷成本。除此之外的成本则被归为其他成本。

（2）收益分析

目前农村合作社的收益可以分为两部分，一部分是政府为了扶持合作社的发展所提供的政策性补助资金，另一部分是销售生鲜农产品给超市所产生的销售收益以及优质农产品所获得的超市提供的奖励。主要考虑销售收益。

4.3.1.3　超市成本收益分析

（1）成本分析

与农村合作社类似，在农超对接模式中，超市的成本主要有以下几个方面。

其一，采购成本，指超市从各合作社采购生鲜农产品所投入的成本。

其二，仓储成本，指超市在存放生鲜农产品时所产生的催熟、制冷、租金及人工成本。

其三，运输成本，指超市将生鲜农产品运至销地冷库过程中所产生的成本，主要是油耗以及人工成本。

本书将超市的成本分为采购成本、保鲜成本及其他成本。保鲜成本主要包括仓储成本中的制冷成本以及运输成本中的制冷成本。除此之外的成本，则都归为其他成本。

（2）收益分析

目前超市的收益可以分为两部分，一部分是销售生鲜农产品给消费者所产生的销售收益，另一部分则是优质生鲜农产品吸引更多消费者产生其他消费的间接收益。主要考虑销售收益。

4.3.2 基于阿伦尼乌斯方程的农超对接生鲜农产品定价模型构建

4.3.2.1 基本假设

本章所研究的是由一个供应商（农民合作社）与一个零售商（超市）所构成的二级生鲜农产品供应链，研究对象是易腐生鲜农产品，过期则残值为0，供应商与零售商之间相互独立。

为了研究的典型性与可操作性，给出如下假设条件。

（1）供应商与零售商都是风险中性且完全理性的；
（2）供应商可以满足零售商所要求的订购量；
（3）消费者需求由价格与产品品质共同决定；
（4）不考虑制冷设备的型号，制冷功率相同；
（5）供应商与零售商的保鲜温度一致，且整个流通过程中温度不变。

4.3.2.2 模型构建

基于上述假设，分别可以得到以下新鲜度函数、成本函数以及需求函数，进而求得分散决策下利润最大化时的定价模型。

（1）新鲜度函数

结合阿伦尼乌斯方程与3T理论，参考唐润等人（2017）的研究，以满足一阶反应方程的生鲜农产品作为研究对象，此类生鲜农产品的新鲜度函数如下：

$$\beta = \beta_0 e^{-SK \times e^{\frac{-E}{GT}}} \quad (4-14)$$

其中，β为生鲜农产品当前时刻的新鲜度；β_0为生鲜农产品的初始新鲜度,取值范围为 0~1;S 为生鲜农产品的销售周期,单位为天;K 为生鲜农产品的反应速率常数;E 为生鲜农产品的活化能,单位为焦耳/摩尔或千焦/摩尔;G 为摩尔气体常量,单位为焦耳/摩尔·开,其值约为 8.314 焦耳/摩尔·开;T 表示设定保鲜温度,单位为℃。

由上可知,随着保鲜温度的升高与时间的延长,生鲜农产品的新鲜度呈现下降趋势。

(2) 成本函数

供应商的成本函数。C_g 表示供应商的总成本,C_s 表示供应商的单位生产成本,D 表示销售量;δ_1 为供应商的保鲜性能系数,表示供应商为了让环境温度达到保鲜温度所付出的成本,δ_1 越大,保鲜成本越高;T_1 表示环境温度,T 表示设定保鲜温度,设定保鲜温度与环境温度之间的差距越大,保鲜成本越高;C_1 表示供应商供货所产生的其他成本,即

$$C_g = C_s D + \delta_1 (T - T_1)^2 + C_1 \qquad (4-15)$$

零售商的成本函数。C_k 表示零售商的总成本;W 表示零售商的单位采购成本;D 表示销售量;δ_2 为零售商的保鲜性能系数,表示零售商为了让环境温度达到保鲜温度所付出的成本;T_2 表示环境温度;T 表示设定保鲜温度;C_2 表示零售商销售中产生的其他成本,即

$$C_k = WD + \delta_2 (T - T_2)^2 + C_2 \qquad (4-16)$$

(3) 需求函数

α 表示不确定市场条件下消费者对生鲜农产品的最大需求规模,τP 与 $\varepsilon \beta$ 分别表示消费者对生鲜农产品价格及新鲜度的偏好水平,τ 与 ε 分别为消费者的价格偏好系数与新鲜度偏好系数,P 则是生鲜农产品的销售价格。

$$D = \alpha - \tau P + \varepsilon \beta \qquad (4-17)$$

(4) 定价模型

按照决策模式的不同,模型中的 U_{ik} 表示利润,W_k 表示批发价格,P_k 表示零售价格,D_k 表示消费者需求。其中 i 为 g、l、z 时,分别代表供应商、零售商以及供应链整体;k 为 f、j、s 时,分别代表分散决策、集中决策以及收益共享契约。为方便计算供应商的反应函数,严莲莲等人(2010)提出了零售商主导情况下零售价格的表达方式:

第4章 基于温度管理的农超对接生鲜农产品定价

$$P = W + P_0 \quad (4-18)$$

其中，P_0 为零售商通过再加工或促销在批发价基础上增加的价格，W 为供应商提供的批发价。

①分散决策

供应商利润函数为

$$U_{gf} = (W_f - C_s)[\alpha - \tau(W_f + P_0) + \varepsilon\beta] - \delta_1(T - T_1)^2 - C_1 \quad (4-19)$$

零售商利润函数为

$$U_{lf} = P_0[\alpha - \tau(W_f + P_0) + \varepsilon\beta] - \delta_2(T - T_2)^2 - C_2 \quad (4-20)$$

分别对 W 与 P_0 求二阶偏导可知：

$$\frac{\partial^2 U_{gf}}{\partial W_f^2} = -2\tau < 0 \quad (4-21)$$

$$\frac{\partial^2 U_{lf}}{\partial p_0^2} = -2\tau < 0 \quad (4-22)$$

由于 -2τ 恒小于 0，所以供应商与零售商利润函数都为凹函数，有唯一的最优值。由零售商先决定零售价格与新鲜度，而后供应商根据此要求决定批发价格与保鲜水平，可得供应商反应函数：

$$W_f = \frac{\alpha - \tau P_0 + \varepsilon\beta + \tau C_s}{2\tau} \quad (4-23)$$

代入零售商利润函数可知：

$$P_0 = \frac{\alpha + \varepsilon\beta - \tau C_s}{2\tau} \quad (4-24)$$

可知供应商与零售商利润最大时的批发价格 W_f 与零售价格 P_f 函数：

$$W_f = \frac{\alpha + \varepsilon\beta + 3\tau C_s}{4\tau} \quad (4-25)$$

$$P_f = \frac{3\alpha + 3\varepsilon\beta + \tau C_s}{4\tau} \quad (4-26)$$

此时供应商与零售商的最大利润函数分别为：

$$U_{gf} = \frac{(\alpha - \tau C_s + \varepsilon\beta)^2}{16\tau} - \delta_1(T - T_1)^2 - C_1 \quad (4-27)$$

$$U_{lf} = \frac{(\alpha - \tau C_s + \varepsilon\beta)^2}{8\tau} - \delta_2 (T - T_2)^2 - C_2 \qquad (4-28)$$

此时供应链的整体利润函数为：

$$U_{zf} = \frac{3(\alpha - \tau C_s + \varepsilon\beta)^2}{16\tau} - \delta_1 (T - T_1)^2 - \delta_2 (T - T_2)^2 - C_1 - C_2 \qquad (4-29)$$

②集中决策

当供应商与零售商作为利益共同体进行决策的时候，供应链整体利润可以实现最大化。与前文分散决策相仿，集中决策下供应链整体的利润函数如下：

$$U_{zj} = (P_j - C_s)(\alpha - \tau P_j + \varepsilon\beta) - \delta_1 (T - T_1)^2 - \delta_2 (T - T_2)^2 - C_1 - C_2 \qquad (4-30)$$

对函数求导可知：

$$\frac{dU_{zj}}{dP_j} = \alpha - 2\tau P_j + \varepsilon\beta + \tau C_s \qquad (4-31)$$

$$\frac{d^2 U_{zj}}{dP_j^2} = -2\tau < 0 \qquad (4-32)$$

由于 -2τ 恒小于 0，所以利润函数为凹函数，有唯一的最优值。

可以求得供应链整体最大利润及此时的零售价格函数：

$$U_{zj} = \frac{(\alpha - \tau C_s + \varepsilon\beta)^2}{4\tau} - \delta_1 (T - T_1)^2 - \delta_2 (T - T_2)^2 - C_1 - C_2 \qquad (4-33)$$

$$P_j = \frac{\alpha + \varepsilon\beta + \tau C_s}{2\tau} \qquad (4-34)$$

③收益共享契约

由供应商先行提供批发价 W_s，在此基础上，零售商按照生鲜农产品新鲜度将自身收益的 h 倍分享给供应商（$0 < h < 1$），则零售商、供应商及供应链整体收益函数分别为：

$$U_{ls} = (1 - h)P_0[\alpha - \tau(W_s + P_0) + \varepsilon\beta] - \delta_2 (T - T_2)^2 - C_2 \qquad (4-35)$$

$$U_{gs} = hP_0[\alpha - \tau(W_s + P_0) + \varepsilon\beta] + (W - C_s)[\alpha - \tau(W_s + P_0) + \varepsilon\beta] - \delta_1 (T - T_1)^2 - C_1 \qquad (4-36)$$

$$U_{zs} = (P_s - C_s)(\alpha - \tau P_s + \varepsilon\beta) - \delta_1 (T - T_1)^2 - \delta_2 (T - T_2)^2 - C_1 - C_2 \qquad (4-37)$$

分别对 P_0 与 W_s 求偏导可知：

$$\frac{\partial^2 U_{gs}}{\partial W_s^2} = -2\tau < 0 \quad (4-38)$$

$$\frac{\partial^2 U_{ls}}{\partial p_0^2} = -2\tau(1-h) < 0 \quad (4-39)$$

由于 -2τ 恒小于 0，所以利润函数为凹函数，有唯一的最优值。

令 $\frac{\partial U_{ls}}{\partial P_0}$、$\frac{\partial U_{gs}}{\partial W_s}$ 分别等于 0，可以求得：

$$P_0 = \frac{\alpha - \tau W_s + \varepsilon\beta}{2\tau} \quad (4-40)$$

$$W_s = \frac{(1-h)(\alpha + \varepsilon\beta) + \tau C_s}{\tau(2-h)} \quad (4-41)$$

将式（4-41）代入式（4-40）可知：

$$P_0 = \frac{\alpha - \tau c_s + \varepsilon\beta}{2\tau(2-h)} \quad (4-42)$$

$$P_s = \frac{(3-2h)(\alpha + \varepsilon\beta) + \tau C_s}{2\tau(2-h)} \quad (4-43)$$

可知供应商、零售商以及供应链整体的利润函数分别为

$$U_{gs} = \frac{(\alpha - \tau C_s + \varepsilon\beta)^2}{4\tau(2-h)} - \delta_1(T-T_1)^2 - C_1 \quad (4-44)$$

$$U_{ls} = \frac{(1-h)(\alpha - \tau C_s + \varepsilon\beta)^2}{4\tau(2-h)^2} - \delta_2(T-T_2)^2 - C_2 \quad (4-45)$$

$$U_{zs} = \frac{(3-2h)(\alpha - \tau C_s + \varepsilon\beta)^2}{4\tau(2-h)^2} - \delta_1(T-T_1)^2 - \delta_2(T-T_2)^2 - C_1 - C_2 \quad (4-46)$$

汇总分散决策、集中决策以及收益共享契约下的定价模型，可得表 4-1。

表 4-1 不同决策模式下的定价模型

	分散决策	集中决策	收益共享契约
P	$\frac{3\alpha + 3\varepsilon\beta + \tau C_s}{4\tau}$	$\frac{\alpha + \varepsilon\beta + \tau C_s}{2\tau}$	$\frac{(3-2h)(\alpha + \varepsilon\beta) + \tau C_s}{2\tau(2-h)}$
U_g	$\frac{(\alpha - \tau C_s + \varepsilon\beta)^2}{16\tau}$ $-\delta_1(T-T_1)^2 - C_1$	—	$\frac{(\alpha - \tau C_s + \varepsilon\beta)^2}{4\tau(2-h)}$ $-\delta_1(T_1-T)^2 - C_1$

续表

	分散决策	集中决策	收益共享契约
U_l	$\dfrac{(\alpha-\tau C_s+\varepsilon\beta)^2}{8\tau}$ $-\delta_2(T-T_2)^2-C_2$	—	$\dfrac{(1-h)(\alpha-\tau C_s+\varepsilon\beta)^2}{4\tau(2-h)^2}$ $-\delta_2(T_2-T)^2-C_2$
U_z	$\dfrac{3(\alpha-\tau C_s+\varepsilon\beta)^2}{16\tau}-\delta_1(T-T_1)^2$ $-\delta_2(T-T_2)^2-C_1-C_2$	$\dfrac{(\alpha-\tau C_s+\varepsilon\beta)^2}{4\tau}$ $-\delta_1(T-T_1)^2$ $-\delta_2(T-T_2)^2$ $-C_1-C_2$	$\dfrac{(3-2h)(\alpha-\tau C_s+\varepsilon\beta)^2}{4\tau(2-h)^2}$ $-\delta_1(T-T_1)^2-\delta_2(T-T_2)^2$ $-C_1-C_2$

4.3.3 基于阿伦尼乌斯方程的农超对接生鲜农产品定价模型分析

4.3.3.1 分散决策下的定价模型分析

推论一：分散决策中，新鲜度变化对零售商利润的影响大于对供应商利润的影响，且随着新鲜度的提升，二者的利润都将增加。

证：

$$\frac{\mathrm{d}U_{gf}}{\mathrm{d}\beta}=\frac{\varepsilon^2\beta}{8\tau}+\frac{\varepsilon(\alpha-\tau C_s)}{16\tau} \tag{4-47}$$

$$\frac{\mathrm{d}U_{lf}}{\mathrm{d}\beta}=\frac{\varepsilon^2\beta}{4\tau}+\frac{\varepsilon(\alpha-\tau C_s)}{8\tau} \tag{4-48}$$

由于 $D\geqslant 0$，且 $P_f>C_s$，易知 $(\alpha-\tau C_s)>0$，则 $\dfrac{\mathrm{d}U_{gf}}{\mathrm{d}\beta}$、$\dfrac{\mathrm{d}U_{lf}}{\mathrm{d}\beta}$ 皆大于 0，且 $\dfrac{\mathrm{d}U_{gf}}{\mathrm{d}\beta}<\dfrac{\mathrm{d}U_{lf}}{\mathrm{d}\beta}$。这就意味着 β 变化时，U_{lf} 的变化幅度大于 U_{gf}，即对零售商利润的影响大于对供应商利润的影响，证毕。

推论二：在供应商与零售商利润最大时，随着保鲜温度的升高，零售价格降低。

证：

结合式（4-14）与式（4-26），P_f 对 T 求导可知：

$$\frac{\mathrm{d}P_f}{\mathrm{d}T}=\frac{-3SKE\varepsilon\beta_0\exp\left[-SK\exp\left(\dfrac{-E}{GT}\right)-\dfrac{E}{GT}\right]}{4\tau GT^2} \tag{4-49}$$

易知 $\left|\dfrac{\mathrm{d}W_f}{\mathrm{d}T}\right| < \left|\dfrac{\mathrm{d}P_f}{\mathrm{d}T}\right|$，且 $\dfrac{\mathrm{d}W_f}{\mathrm{d}T}$ 与 $\dfrac{\mathrm{d}P_f}{\mathrm{d}T}$ 皆小于 0，证毕。

结合推论一、推论二可知，保鲜温度的提高会导致保鲜成本的降低，进而有助于降低零售价格，但是会导致生鲜农产品新鲜度的降低。这就意味着对于农超对接中的农民专业合作社与超市来说，在分散决策中要充分考虑到消费者对价格与新鲜度的偏好水平。例如消费者对价格的偏好更高时，企业可以选择更高的保鲜温度，并设定更低的零售价格来增加利润。

4.3.3.2 集中决策下的定价模型分析

推论三：供应链整体利润最大时，集中决策中保鲜温度对最优零售价格的影响不如分散决策中。

证：

$$\dfrac{\mathrm{d}P_j}{\mathrm{d}T} = \dfrac{-SKE\varepsilon\beta_0 \exp\left[-SK\exp\left(\dfrac{-E}{GT}\right) - \dfrac{E}{GT}\right]}{2\tau GT^2} \quad (4-50)$$

与式（4-49）对比，易知 $\left|\dfrac{\mathrm{d}P_j}{\mathrm{d}T}\right| < \left|\dfrac{\mathrm{d}P_f}{\mathrm{d}T}\right|$，证毕。

推论四：供应链整体利润最大时，集中决策中新鲜度对利润的影响超过分散决策中。

证：

$$\dfrac{\mathrm{d}U_{zf}}{\mathrm{d}\beta} = \dfrac{3\varepsilon^2\beta}{8\tau} + \dfrac{3\varepsilon(\alpha - \tau C_s)}{16\tau} \quad (4-51)$$

$$\dfrac{\mathrm{d}U_{zj}}{\mathrm{d}\beta} = \dfrac{4\varepsilon^2\beta}{8\tau} + \dfrac{4\varepsilon(\alpha - \tau C_s)}{16\tau} \quad (4-52)$$

可知 $\dfrac{\mathrm{d}U_{zf}}{\mathrm{d}\beta} < \dfrac{\mathrm{d}U_{zj}}{\mathrm{d}\beta}$，证毕。

结合推论三、推论四可知，相对于分散决策，集中决策提高了新鲜度对利润的影响程度，而降低了保鲜温度对零售价格的影响程度。这也就意味着集中决策下，保鲜温度的升高所带来的销售价格的降低程度减小，而导致新鲜度下降所损失的利润增加。在这种情况下，对于供应商与零售商而言，适当降低保鲜温度是更好的选择。

4.3.3.3 收益共享契约下的定价模型分析

推论五：收益共享契约能有效提升供应商及供应链整体的利润，但会在一定程度上降低零售商的利润。

证：已知 $0 < h < 1$，易知：

$$U_{gf} - U_{gs} = \frac{-(2+h)(\alpha + \varepsilon\beta - \tau c_s)^2}{16\tau(2-h)} < 0 \quad (4-53)$$

$$U_{lf} - U_{ls} = \frac{[(1-h)^2 + 1](\alpha + \varepsilon\beta - \tau c_s)^2}{8\tau(2-h)^2} > 0 \quad (4-54)$$

$$U_{zf} - U_{zs} = \frac{h[3(h-1)-1](\alpha + \varepsilon\beta - \tau c_s)^2}{16\tau(2-h)^2} < 0 \quad (4-55)$$

$$U_{zj} - U_{zs} = \frac{(1-h)^2(\alpha + \varepsilon\beta - \tau c_s)^2}{4\tau(2-h)^2} > 0 \quad (4-56)$$

可知：$U_{gf} < U_{gs}$、$U_{lf} > U_{ls}$、$U_{zf} < U_{zs} < U_{zj}$，证毕。

推论六：收益共享契约可以有效降低零售价。

证：

$$P_s - P_f = \frac{-h(\alpha + \varepsilon\beta - \tau c_s)}{4\tau(2-h)} < 0 \quad (4-57)$$

证毕。

进一步来说，如果将契约值 h 的取值与新鲜度联系起来，新鲜度越高，零售商分给供应商的收益越多，可以得到推论七。即

$$h = r\beta \quad (4-58)$$

$$P_s = \frac{(3-2r\beta)(\alpha + \varepsilon\beta) + \tau C_s}{2\tau(2-r\beta)} \quad (4-59)$$

推论七：当 $r > \dfrac{6\varepsilon}{\alpha - \tau C_s}$ 时，新鲜度越高，批发价与零售价越低。

证：

$$\frac{dP_s}{d\beta} = \frac{h\varepsilon(2h-7) + 6\varepsilon + \tau C_s r - r\alpha}{2\tau(2-h)^2} \quad (4-60)$$

当 $r > \dfrac{6\varepsilon}{\alpha - \tau C_s}$ 时，$\dfrac{dP_s}{d\beta}$、$\dfrac{dW_s}{d\beta}$ 皆小于 0，证毕。

结合推论五、推论六、推论七及阿伦尼乌斯方程，可知收益共享契约可以提高供应商及供应链整体收益，并在新鲜度提高的同时，降低批发价格与零售价格。

4.4 基于温度管理的提前采收下农超对接生鲜农产品定价模型

4.4.1 鲜度函数

4.4.1.1 生鲜农产品鲜度

前文中假定生鲜农产品为常规采收,选取阿伦尼乌斯方程来描绘保鲜温度及时间对新鲜度的影响,对生鲜农产品品质的探讨主要是以新鲜度为标准。而新鲜度中的研究重点往往更加偏向于"新",即默认生鲜农产品采摘后的品质最高,此时所能吸引的消费者最多,实际上此种情况仅适用于采摘成熟度为全熟的生鲜农产品。基于此,初始新鲜度往往设定为新鲜度的最大值,而后随着时间的推移与温度的升高而下降。同时,新鲜度的取值通常与生鲜农产品品质指标结合不够。现实生活中,由于生鲜农产品的易腐特性,供应商往往选择提前采收,即在生鲜农产品七成熟左右时采摘,此时生鲜农产品的品质并未达到最优。因此引入鲜度的概念来描述生鲜农产品的品质变化情况。与新鲜度不同,鲜度更加偏向于"鲜",即以生鲜农产品品质指标为标准合成鲜度值,通过鲜度实验描述生鲜农产品品质变化情况。

4.4.1.2 生鲜农产品鲜度评价方法与指标

目前生鲜农产品的鲜度主要从感官、物理、化学以及微生物学4个方面进行评价。生鲜农产品自身特质不同,测量的鲜度指标也有差异。表4-2列举了测量鲜度时常见的指标。

表 4-2 生鲜农产品评价中的部分鲜度指标

感官评价	物理评价	化学评价	微生物学评价
外观、气味、色泽	硬度、光泽	K值(鱼类) 可溶性固形物(水果)	单位样品各种菌类数量

为了全方位地体现生鲜农产品的鲜度变化情况,过往研究中往往采取多个鲜度指标来合成一个综合评价值,统称为鲜度。随着科技的进步,鲜度指标的检测仪器也变得更加便捷和易操作。同时,对生鲜农产品的检测

也开始趋向于无损与智能化。例如，通过肉类无损鲜度检测仪，可以快速且无损地检测肉类颜色、气味和弹性等鲜度指标。

4.4.1.3 鲜度实验

香蕉是一种深受消费者喜爱的水果，其主产区位于热带以及亚热带。作为典型的呼吸跃变型生鲜农产品，香蕉在成熟过程中存在呼吸跃变期。在这个过程中，内源乙烯的释放会达到高峰。香蕉对温度的变化极为敏感，温度过高与过低都会影响其品质。温度高于23℃时，香蕉容易过熟变色；而当温度低于10℃时，又易发生冷害，难以食用。因此，香蕉的保鲜温度一般设定为13℃～15℃，相对湿度一般控制在90%～95%。而且在流通过程中，通风换气的次数也对香蕉品质有着很大的影响。目前国内香蕉采用的保鲜方法主要有冷藏保鲜法、气调贮藏保鲜法、化学物质涂膜保鲜法。

本部分的鲜度实验所用香蕉为2019年7月29日从广州江南果菜批发市场香蕉一级批发商处购置，共300千克。香蕉品质无明显差异，且采收时间一致。香蕉的果形完整，无变质与腐烂现象，无可见异物，无机械伤。所选香蕉皆为七成熟，色泽青绿，着色良好。同时，香蕉在一级批发商处已按标准操作流程完成采摘、修剪、漂洗等一系列操作。

参考GB9827-1988标准（见表4-3）以及张江周等人（2018）的文献，实验从感官、物理以及化学3个评价维度中选取了色泽度、可食率、果实可溶性固形物、果肉硬度以及酸碱度5个鲜度评价指标。根据一级供应商的经验，香蕉保鲜时温度一般设定为15℃，而无冷藏放置于阴凉通风处时温度一般为25℃，因此保鲜温度分别设定为15℃与25℃，果品温度的温差不超过3℃。

表4-3 香蕉规格质量

等级指标	优等品	一等品	合格品
特征色泽	香蕉须具有同一品种的特征。果实新鲜，形状完整，皮色青绿，有光泽，清洁	香蕉须具有同一品种的特征。果实新鲜，形状完整，皮色青绿，清洁	香蕉须具有同一品种的特征。果实新鲜，形状尚完整，皮色青绿，尚清洁
成熟度	成熟适当，饱满度为75%～80%	成熟适当，饱满度为75%～80%	成熟适当，饱满度为75%～80%

续表

等级指标	优等品	一等品	合格品
重量、梳长、长度	每一条香蕉重量在18千克以上，不少于七梳，中间每一梳每只长度不低于23厘米	每一条香蕉重量在14千克以上，不少于六梳，中间每一梳每只长度不低于20厘米	每一条香蕉重量在11千克以上，不少于五梳，中间每一梳每只长度不低于18厘米
每千克只数	尾梳蕉每千克不得超过12只。每批中不合格者以条蕉计算，不得超过总条数的3%	尾梳蕉每千克不得超过16只。每批中不合格者以条蕉计算，不得超过总条数的5%	尾梳蕉每千克不得超过20只。每批中不合格者以条蕉计算，不得超过总条数的10%
伤病害	无腐烂、裂果、断果。裂轴、压伤、擦伤、日灼、疤痕、黑星病及其他病虫害不得超过轻度损害，果轴头必须留有头梳蕉果顶1~3厘米	无腐烂、裂果、断果。裂轴、压伤、擦伤、日灼、疤痕、黑星病及其他病虫害不得超过一般损害，果轴头必须留有头梳蕉果顶1~3厘米	无腐烂、裂果、断果。裂轴、压伤、擦伤、日灼、疤痕、黑星病及其他病虫害不得超过重度损害，果轴头必须留有头梳蕉果顶1~3厘米

（1）主要实验仪器及设备

香蕉品质测量主要选用柯迪达CT-6021A笔式酸度计、TG-2型水果硬度计、速为SW-LB32T糖度计。

温度控制与监测设备主要是果蔬陈列柜、智能生鲜自提柜、温度记录仪、Raytek雷泰ST2X红外测温仪。

（2）实验时长及组别

实验时间设定为11天，即7月31日至8月10日。7月30日对香蕉实验温度进行调控，在7月31日至8月10日期间对香蕉品质的变化进行测量。于每天的9：00与19：00分别进行检测。在此期间，若香蕉完全腐损，实验则提前停止。实验设置A、B两组，其中组A在实验期间，保鲜温度设定为15℃；组B在实验期间，保鲜温度设定为25℃。

（3）具体操作步骤

步骤一：在不同温度环境下，每次检验都从同一梳香蕉中取2个香蕉为实验样品，使用温度记录仪与红外测温仪对环境温度与果品中心温度进行测量。对其糖度及PH的变化情况进行测量时，由于香蕉果胶过多，果汁难以获得，所以在参考其他香蕉品质实验的基础上，选取果肉与水的比例为1:1的香蕉溶液为实验对象。

步骤二：进行色泽度的检测。按照 GB9827-1988 中对香蕉品质等级的划分，主要根据香蕉果皮颜色深浅、黑斑占据面积大小进行判断。

步骤三：可食部分的检测。首先去除样品果柄并称重；然后仔细分开果肉与果皮，并称取果肉重量；最后计算果肉占整果重量的百分比。

步骤四：硬度测试。由于采购香蕉为七成熟，初始硬度极高无法测量，故定义其初始硬度为4。测量前的校正需要转动表盘，使驱动指针与表盘的第一条刻度线对齐。测量中手持硬度计，选取香蕉背中处（三角尺测量可得），使硬度计垂直于被测水果表面，压头均匀压入已经剥皮的香蕉果肉内，此时驱动指针开始旋转，当压头压到刻度线处停止，指针指示的读数为香蕉的硬度，取3次平均值。最后，旋转回零旋钮，使指针复位至初始刻度线。

步骤五，糖度测试。首先，进行测量前的校正。打开糖度计，用干净的卷纸小心擦干棱镜玻璃面。在棱镜玻璃面上滴2滴蒸馏水，盖上盖板。保持水平状态，从接眼处观察，检查视野中明暗交界线是否处在零刻度线上。若与零刻度线不重合，则转动刻度调节旋钮，使分界线面刚好落在零刻度线上。取20克果肉，加20毫升蒸馏水，使用榨汁机磨成糊状。打开盖板，用卷纸将水擦干，取2滴样液滴至糖度计棱镜玻璃面上，读取视野中明暗交界线上的刻度，即为样液中糖度（％），重复3次取平均值并记录。

（4）鲜度指标变化情况记录表（略）。

4.4.1.4　鲜度函数构建

通过指标合成方法 $x_b = \dfrac{x_{max} - |x - x_1|}{x_{max}}$，对实验得到的鲜度指标数据进行标准化。其中 x_{max} 表示该鲜度指标的最大值，x 表示该鲜度指标的测量值，x_1 表示该鲜度指标的最佳值。其中鲜度指标的最佳值参考超市中香蕉的色度指示卡，选取的是设定温度为25℃、色泽度为6、保鲜时间为4天的香蕉品质指标值。当硬度为0时，鲜度值为0，此时香蕉已无法食用。然后求得标准化后各鲜度指标算术平均值，即 $O = (\sum_{i=1}^{5} x_{bi})/5$，可以得到表4-4。

表4-4 不同温度条件下鲜度变化情况

时长（天）	果品温度（℃）（设定保鲜温度25℃）	鲜度	果品温度（℃）（设定保鲜温度15℃）	鲜度
0.25	25.4	0.56	16.9	0.55
0.75	26.6	0.60	15.9	0.56
1.25	24.5	0.77	16.5	0.56
1.75	26.8	0.82	16.8	0.55
2.25	25.2	0.85	15.9	0.56
2.75	25.4	0.92	16.5	0.60
3.25	27.3	0.99	17.2	0.74
3.75	26.6	0.95	15.6	0.76
4.25	25.2	0.93	15.6	0.79
4.75	25.5	0.92	16.8	0.82
5.25	25.2	0.87	15.6	0.82
5.75	25.8	0.87	15.4	0.84
6.25	26.7	0.86	17.2	0.87
6.75	25.7	0.85	15.8	0.90
7.25	25.4	0.00	16.7	0.90
7.75	26.3	0.00	15.4	0.90
8.25	25.9	0.00	16.1	0.91
8.75	25.8	0.00	16.1	0.95
9.25	25.8	0.00	17.2	0.95
9.75	26.1	0.00	17.9	0.97
10.25	26.8	0.00	17.4	0.96
10.75	26.1	0.00	17.2	0.94

由表4-4可知，在不同的温度环境下，随着时间的推移，香蕉的鲜度不同。根据以上数据，可以拟合出不同保鲜温度下香蕉鲜度随时间变化的函数（见图4-4、图4-5）。

当保鲜期$S>6.75$天时，硬度为0，此时鲜度可以视为0。而$S\leq6.75$天时，由图4-4可以拟合得到二次函数，拟合优度R^2为0.914。因此，25℃时鲜度O与保鲜期S的拟合函数如下：

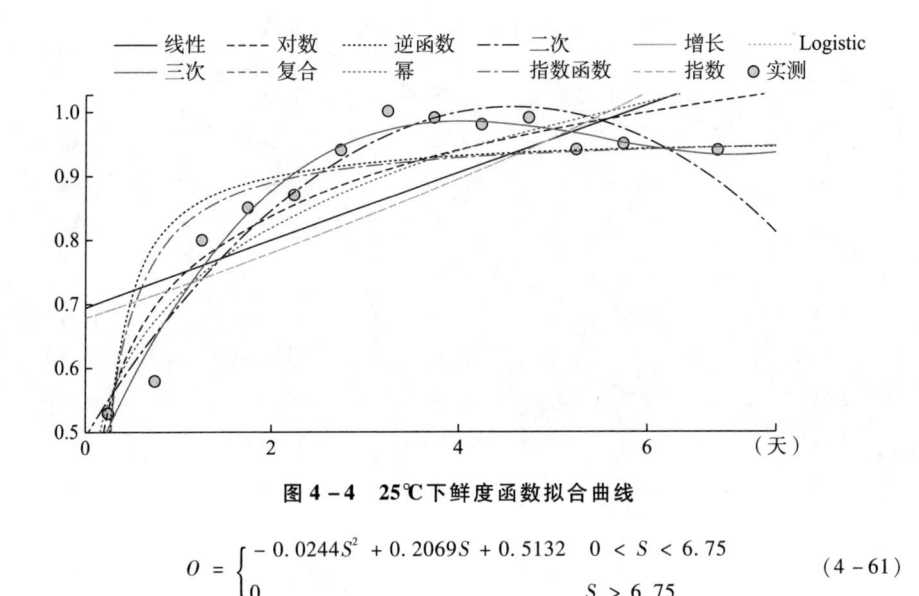

$$O = \begin{cases} -0.0244S^2 + 0.2069S + 0.5132 & 0 < S < 6.75 \\ 0 & S > 6.75 \end{cases} \quad (4-61)$$

由图 4-5 可知，15℃时鲜度 O 与保鲜期 S 的拟合函数如下，二次函数的 R^2 为 0.95。

$$O = -0.0036S^2 + 0.086S + 0.4657 \quad 0 < S < 10.75 \quad (4-62)$$

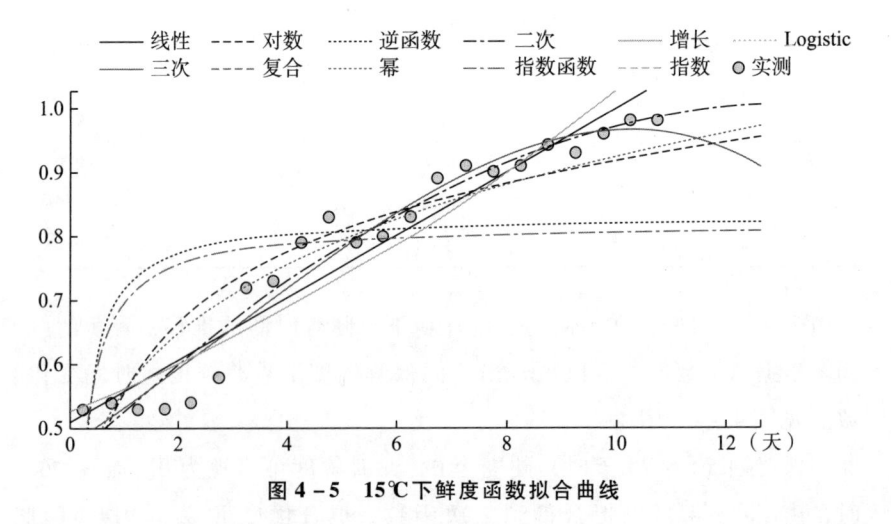

由鲜度实验可知，保鲜温度越高，保鲜时间越短，鲜度变化的速度越快，且呈先升后降的趋势。

4.4.2 鲜度函数下定价模型构建

与阿伦尼乌斯方程的定价模型相比，基于鲜度函数的定价模型中仅有鲜度的表达式有所变化，假定其他函数保持不变。按照决策模式与保鲜温度的不同，模型中的鲜度表示为 O_x，利润表示为 U_{ikx}，批发价格表示为 W_{kx}，零售价格为 P_{kx}，消费者需求表示为 D_{jx}。其中 i 为 g、l、z 时，分别代表供应商、零售商以及供应链整体；k 为 f、j、s 时，分别代表分散决策、集中决策以及收益共享契约。X 为 a、b 时，分别代表保鲜温度为15℃与25℃，保鲜期为 S。因此，鲜度函数下的定价模型如表4-5。

表4-5 鲜度函数下的定价模型

	分散决策	集中决策	收益共享契约
P	$\dfrac{3\alpha + 3\varepsilon O + \tau C_s}{4\tau}$	$\dfrac{\alpha + \varepsilon O + \tau C_s}{2\tau}$	$\dfrac{(3-2h)(\alpha + \varepsilon O) + \tau C_s}{2\tau(2-h)}$
U_g	$\dfrac{(\alpha - \tau C_s + \varepsilon O)^2}{16\tau} - \delta_1(T - T_1)^2 - C_1$	—	$\dfrac{(\alpha - \tau C_s + \varepsilon O)^2}{4\tau(2-h)} - \delta_1(T_1 - T)^2 - C_1$
U_l	$\dfrac{(\alpha - \tau C_s + \varepsilon O)^2}{8\tau} - \delta_2(T - T_2)^2 - C_2$	—	$\dfrac{(1-h)(\alpha - \tau C_s + \varepsilon O)^2}{4\tau(2-h)^2} - \delta_2(T_2 - T)^2 - C_2$
U_z	$\dfrac{3(\alpha - \tau C_s + \varepsilon O)^2}{16\tau} - \delta_1(T - T_1)^2 - \delta_2(T - T_2)^2 - C_1 - C_2$	$\dfrac{(\alpha - \tau c_s + \varepsilon O)^2}{4\tau} - \delta_1(T - T_1)^2 - \delta_2(T - T_2)^2 - C_1 - C_2$	$\dfrac{(3-2h)(\alpha - \tau C_s + \varepsilon O)^2}{4\tau(2-h)^2} - \delta_1(T - T_1)^2 - \delta_2(T - T_2)^2 - C_1 - C_2$

4.4.3 定价模型分析

4.4.3.1 分散决策下的定价模型分析

推论八：当 $0 < S \leq 6.75$ 时，$P_{fa} < P_{fb}$；当 $6.75 < S < 10.75$ 时，$P_{fa} > P_{fb}$。且15℃保鲜环境下，$0 < S \leq 10.75$ 时，零售价格随时间增加而上升。25℃保鲜环境下，$0 < S \leq 4.23$ 时，零售价格随时间增加而上升；$4.23 < S < 6.75$ 时，零售价格随时间增加而下降。

证：

$$\frac{\mathrm{d}P_{lfa}}{\mathrm{d}S} = \frac{3\varepsilon(-0.0072S + 0.086)}{4\tau} \quad (4-63)$$

$$\frac{\mathrm{d}P_{lfb}}{\mathrm{d}S} = \frac{3\varepsilon(-0.0488S + 0.2069)}{4\tau} \quad (4-64)$$

$$P_a - P_b = \frac{3\varepsilon(-0.0208S^2 - 0.1209S - 0.0475)}{4\tau} \quad (4-65)$$

易知：当 $0 < S \leq 10.75$ 时，$\frac{\mathrm{d}P_{lfa}}{\mathrm{d}S} > 0$；当 $0 < S \leq 4.23$ 时，$\frac{\mathrm{d}P_{lfb}}{\mathrm{d}S} > 0$；当 $4.23 < S \leq 6.75$ 时，$\frac{\mathrm{d}P_{lfb}}{\mathrm{d}S} < 0$；当 $0 < S \leq 6.75$ 时，$P_a - P_b < 0$；而当 $S > 6.75$ 时，鲜度为 0，此时 P_b 明显小于 P_a，证毕。

推论九：当 $0 < S \leq 6.18$ 时，25℃ 环境下的利润高于 15℃ 环境；当 $6.18 < S \leq 10.75$ 时，25℃ 环境下的利润低于 15℃ 环境。

证：

$$U_{gfa} - U_{gfb} = \frac{(2\alpha - 2\tau C_s + \varepsilon O_a + \varepsilon O_b)(\varepsilon O_a - \varepsilon O_b)}{16\tau} + \delta_2(400 - 20T_2) \quad (4-66)$$

已知 $0 < S \leq 6.18$ 时，$T_2 \geq 25$，$\varepsilon O_a - \varepsilon O_b < 0$，$2\alpha - 2\tau C_s + \varepsilon O_a + \varepsilon O_b > 0$，可知，$U_{gfa} < U_{gfb}$；同理可证 $6.18 < S \leq 10.75$ 时，$U_{gfa} > U_{gfb}$，证毕。

推论十：当 $0 < S \leq 2.93$ 时，25℃ 环境下时间对价格的影响大于 15℃ 环境；当 $2.93 < S < 5.19$ 时，25℃ 环境下时间对价格的影响小于 15℃ 环境。

证：

$$\left|\frac{\mathrm{d}P_{fa}}{\mathrm{d}S}\right| - \left|\frac{\mathrm{d}P_{fb}}{\mathrm{d}S}\right| = \begin{cases} \dfrac{(0.1248S - 0.3627)\varepsilon}{4\tau} & 0 < S \leq 4.23 \\ \dfrac{(-0.168S + 0.8787)\varepsilon}{4\tau} & 4.23 < S \leq 6.75 \end{cases} \quad (4-67)$$

易知，当 $0 < S \leq 2.93$ 时，$\left|\frac{\mathrm{d}P_{fa}}{\mathrm{d}S'}\right| < \left|\frac{\mathrm{d}P_{fb}}{\mathrm{d}S'}\right|$；$2.93 < S \leq 5.19$ 时，$\left|\frac{\mathrm{d}P_{fa}}{\mathrm{d}S'}\right| > \left|\frac{\mathrm{d}P_{fb}}{\mathrm{d}S'}\right|$，证毕。

推论十一：当 $0 < S \leq 10.75$ 时，15℃ 环境下，供应商与零售商的利润随时间的增加而增加；而 25℃ 环境下，供应商与零售商的利润则呈现先升后

降的趋势。

证：

$$\frac{\mathrm{d}U_{lfa}}{\mathrm{d}S} = \frac{(-0.0144S + 0.172)[\alpha + \varepsilon(-0.0036S^2 + 0.086S + 0.4657) - \tau C_s]}{8\tau}$$

(4-68)

$$\frac{\mathrm{d}U_{gfa}}{\mathrm{d}S} = \frac{(-0.0144S + 0.172)[\alpha + \varepsilon(-0.0036S^2 + 0.086S + 0.4657) - \tau C_s]}{16\tau}$$

(4-69)

$$\frac{\mathrm{d}U_{lfb}}{\mathrm{d}S} = \frac{(-0.0488S + 0.4138)[\alpha + \varepsilon(0.0244S^2 + 0.2069S + 0.5132) - \tau C_s]}{8\tau}$$

(4-70)

$$\frac{\mathrm{d}U_{gfb}}{\mathrm{d}S} = \frac{(-0.0488S + 0.4138)[\alpha + \varepsilon(0.0244S^2 + 0.2069S + 0.5132) - \tau C_s]}{16\tau}$$

(4-71)

易知：当 $0 < S < 10.75$ 时，$\frac{\mathrm{d}U_{gfa}}{\mathrm{d}S} > 0$、$\frac{\mathrm{d}U_{lfa}}{\mathrm{d}S} > 0$；当 $0 < S < 4.23$ 时，$\frac{\mathrm{d}U_{gfb}}{\mathrm{d}S} > 0$、$\frac{\mathrm{d}U_{lfb}}{\mathrm{d}S} > 0$；当 $4.23 < S < 6.75$ 时，$\frac{\mathrm{d}U_{gfb}}{\mathrm{d}S} > 0$、$\frac{\mathrm{d}U_{lfb}}{\mathrm{d}S} < 0$，证毕。

根据推论八至推论十一可知，分散决策中，保鲜期较短时，由于鲜度更高，25℃环境下零售价格更高且利润更高，价格上升幅度更大；而保鲜期较长时，由于鲜度更高，15℃环境下零售价格更高且利润更高，价格上升幅度更大。基于此，在以利润最大化为目标时，时间越短，批发商与零售商越倾向于高的保鲜温度；而时间越长，批发商与零售商更加倾向于低的保鲜温度。但此种选择下，生鲜农产品的零售价格都会处于较高的水准。

4.4.3.2 集中决策下的定价模型分析

推论十二：相较于分散决策，集中决策降低了时间对价格的影响程度，提高了时间对整体利润的影响程度。

证：

$$\left|\frac{\mathrm{d}P_{ja}}{\mathrm{d}S}\right| = \frac{(-0.0072S + 0.086)\varepsilon}{2\tau} < \left|\frac{\mathrm{d}P_{fa}}{\mathrm{d}S}\right|$$

(4-72)

$$\left|\frac{\mathrm{d}P_{jb}}{\mathrm{d}S}\right| = \frac{|0.0488s^2 + 0.2069|\varepsilon}{2\tau} < \left|\frac{\mathrm{d}P_{fb}}{\mathrm{d}S}\right|$$

(4-73)

$$\frac{\mathrm{d}U_{zja}}{\mathrm{d}S} = \frac{(-0.0072S + 0.086)[\alpha + \varepsilon(-0.0036S^2 + 0.086S + 0.4657) - \tau C_s]}{2\tau}$$

(4-74)

$$\frac{\mathrm{d}U_{zjb}}{\mathrm{d}S} = \frac{(-0.0488S + 0.2069)[\alpha + \varepsilon(-0.0244S^2 + 0.2069S + 0.5132) - \tau C_s]}{2\tau}$$

(4-75)

$$\frac{\mathrm{d}U_{zfa}}{\mathrm{d}S} = \frac{(-0.0216S + 0.258)[\alpha + \varepsilon(-0.0036S^2 + 0.086S + 0.4657) - \tau C_s]}{8\tau}$$

(4-76)

$$\frac{\mathrm{d}U_{zfb}}{\mathrm{d}S} = \frac{(-0.1464S + 0.6207)[\alpha + \varepsilon(-0.0244S^2 + 0.2069S + 0.5132) - \tau C_s)]}{8\tau}$$

(4-77)

易知 $\left|\frac{\mathrm{d}P_{ja}}{\mathrm{d}S}\right| < \left|\frac{\mathrm{d}P_{fa}}{\mathrm{d}S}\right|$，$\left|\frac{\mathrm{d}P_{jb}}{\mathrm{d}S}\right| < \left|\frac{\mathrm{d}P_{fb}}{\mathrm{d}S}\right|$，$\left|\frac{\mathrm{d}U_{zfa}}{\mathrm{d}S}\right| < \left|\frac{\mathrm{d}U_{zja}}{\mathrm{d}S}\right|$，$\left|\frac{\mathrm{d}U_{zfb}}{\mathrm{d}S}\right| <$ $\left|\frac{\mathrm{d}U_{zjb}}{\mathrm{d}S}\right|$，证毕。

可知，与分散决策相比，随着保鲜期的变化，集中决策时价格的波动幅度更小，而供应链整体利润波动更大。这表明在集中决策的情况下，零售价格与利润之间的不协调得到了缓解。例如在时间较短时，批发商与零售商可以选择较高的保鲜温度来获取更大的利润，此时随着时间的增加，零售价格的上涨幅度会低于分散决策。这就意味着在获取高利润的同时，不会因为高的零售价格而过分抑制消费者的需求。

4.4.3.3 收益共享契约下的定价模型分析

推论十三：结合推论七可知，基于鲜度的收益共享契约中，25℃环境下，当 $0 < S < 4.23$ 时，保鲜期越长，零售价越低；当 $4.23 < S < 6.75$ 时，保鲜期越长，零售价越高。15℃环境中，当 $0 < S < 10.75$ 时，保鲜期越长，零售价越低。

证：

$$\frac{\mathrm{d}P}{\mathrm{d}S} = \frac{[rO\varepsilon(2rO - 7) + 6\varepsilon + \tau C_s r - r\alpha]}{2\tau(2 - rO)^2} \times \frac{\mathrm{d}O}{\mathrm{d}S}$$

(4-78)

已知当 $r > \frac{6\varepsilon}{\alpha - \tau C_s}$ 时，$\frac{[rO\varepsilon(2rO - 7) + 6\varepsilon + \tau C_s r - r\alpha]}{2\tau(2 - rO)^2} < 0$。当 $0 < S <$

10.75 时，$\dfrac{dO_a}{dS} > 0$，可知 $\dfrac{dP_{Sa}}{dS} < 0$。而 $\begin{cases} \dfrac{dO_b}{dS} > 0 & 0 < S \leqslant 4.23 \\ \dfrac{dO_b}{dS} < 0 & 4.23 < S \leqslant 6.75 \end{cases}$，可知

$\begin{cases} \dfrac{dP_{Sb}}{dS} < 0 & 0 < S \leqslant 4.23 \\ \dfrac{dP_{Sb}}{dS} > 0 & 4.23 < S \leqslant 6.75 \end{cases}$，证毕。

结合推论十三可知，与分散决策相比，基于鲜度的收益共享契约可以很好地协调价格与利润的关系。当保鲜期较短时，批发商与零售商可以选择较高的保鲜温度来获取高的利润与低的零售价格；而当保鲜期较长时，批发商与零售商可以选择较低的保鲜温度来获取高的利润与低的零售价格。

4.5　实例分析

4.5.1　背景介绍

4.5.1.1　公司概况

本部分选择的调研对象是位于长沙岳麓区的步步高公司梅溪湖总店所销售的国产香蕉。步步高商业连锁股份有限公司（以下简称步步高公司）始创于1995年，隶属于步步高集团。步步高公司主要的发展模式是以密集式开店来形成多业态以及跨区域的零售服务网络。国内的连锁门店大多分布于湖南、江西以及广西等地。而在供应链体系的构建上，步步高公司在全球共设立了六大采购中心。以采购中心为基础，构建采购、仓储、分销一体化的供应链体系。同时在新技术的应用方面，步步高公司依托于长沙梅溪湖步步高新天地综合体的建设，逐步转型为以数据为驱动、线上线下相融合的智慧零售企业。

在农超对接方面，步步高公司积极响应政府号召。自2015年与益阳市签订农产品购销合同起，步步高公司逐步构建了"基地化生产 + 订单式采购"的农超对接体系。同时，步步高公司通过推行产业扶贫项目"点石计划"，成功与45个贫困村实现了对接，合计签订生鲜农产品合同标的额高

达6.2亿元。至2019年,步步高公司在广西与多家农民专业合作社建立合作,实现了香蕉、火龙果及沙田柚等生鲜水果的生产基地直采。

4.5.1.2 生鲜农产品采购概况

目前,步步高公司采用的是自营、联营及承包一体化的生鲜农产品经营模式,而只有自营状态下的生鲜农产品是由公司进行采购。步步高公司自营生鲜农产品的采购主要采用图4-6所示模式。

```
              生鲜农产品采购
         ┌────────┼────────┐
   总部统一采购   区域内集中采购   单店分散采购
```

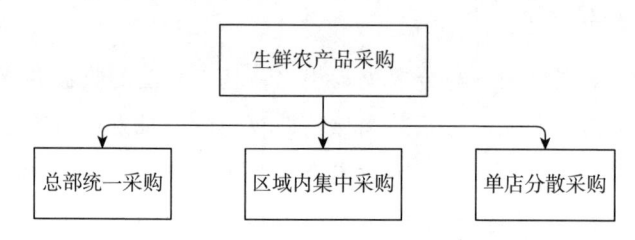

图4-6 步步高公司生鲜农产品采购主要模式

(1) 总部统一采购

各门店上报需求计划给公司采购中心,而后由采购中心根据库存量设定采购计划。采购中心前往生鲜农产品的主要产地进行采购,采购到的生鲜农产品统一运往配送中心进行初步加工与储存。而后由步步高公司旗下的云通物流承担配送任务,统一配送至各门店。

(2) 区域内集中采购

根据地域的不同,步步高公司旗下门店分为不同的区域。在各区域设生鲜采购部门,对地域内的特色、货架期短的生鲜农产品进行采购。主要依靠当地的生鲜农产品批发市场,在市场内设置专门的生鲜采购点,采购到的生鲜农产品运至区域配送中心,由云通物流或者供应商承担配送工作。

(3) 单店分散采购

对于配送车辆难以及时到达的门店,门店拥有对生鲜农产品的自行采购权。由门店自行寻找货源,并与供应商协调运输。此种生鲜采购模式在步步高公司内较少采用,因为其采购成本及质量较难控制。

4.5.1.3 香蕉农超对接概况

据华经产业研究院统计,2018年中国香蕉产量约为1122万吨,同比2017年增加了约5万吨。国内香蕉种植主要在南亚热带地区,各省份中以广东、广西以及海南为香蕉的主要产区。2018年广西壮族自治区国民经济和社会发展统计公报数据显示，2018年广西香蕉产量为323.19万吨，相比上年产量下降6.2%。具体来看，广西香蕉的主要产区为灵山、浦北、玉林、南宁以及钦州。广西香蕉种植品种以威廉斯B6为主，广西蕉和巴西蕉兼有。广西农民合作社的发展也逐步走上正轨，在2018年国家农民专业合作社示范社评定中，广西南宁市武鸣区宁武一鸣红香蕉专业合作社等88家农民合作社入选。

自2015年推动农超对接以来，步步高公司与广西多家香蕉农民生产合作社建立了合作关系。为了保证香蕉等生鲜农产品的质量，步步高公司投入100多万元建设了11个专业冷库，并购进多台冷藏车。在香蕉农超对接中，农民合作社以提前采收为主。同时，步步高公司购进了乙烯发生器，香蕉催熟能力达到30吨/天。香蕉经过标准化处理后预冷至13℃~15℃，运送至产地冷库存放一到两天。其中产生的运输费、仓储费以及预冷费都由农民合作社承担。然后步步高公司根据采购计划发出订单，由云通物流承担运输，将香蕉运送至配送中心进行冷藏与催熟，而后根据各门店的需求及库存情况将香蕉运送至各门店，如图4-7所示。

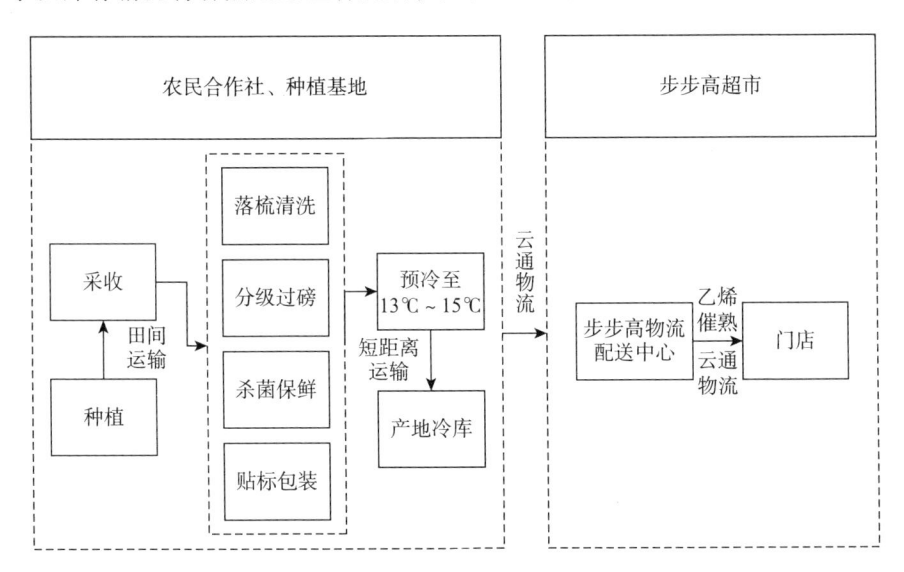

图4-7 步步高公司香蕉农超对接流程

4.5.2 数据收集

4.5.2.1 鲜度函数相关数据

应用阿伦尼乌斯方程研究香蕉品质随温度的变化时,主要是研究香蕉中的水分活度与维生素 C 的变化情况。步步高农超对接模式下,香蕉采购时成熟度一般为七成熟。香蕉在农民专业合作社的时间约为 1 天,而自产地冷库至销售门店的时间为 5.5 天,因此一个补货周期约为 6.5 天。同时香蕉的保鲜温度一般设定为 15℃,环境温度一般为 25℃。结合 Yan Z.Y. 等人(2007)的文献可知,在阿伦尼乌斯方程中,香蕉的活化能 E 约为 32.39 千焦/摩尔,普适摩尔气体常量 G 为 8.314 升/摩尔,反应速率常数 K 为 0.2,初始新鲜度 β_0 为 0.9。因此,鲜度函数参数取值情况如表 4-6 所示。

表 4-6 鲜度函数参数取值情况

	G(升/摩尔)	E(千焦/摩尔)	S(天)	T(℃)	T_1(℃)	β_0	K
取值	8.314	32.39	6.5	15	25	0.9	0.2

4.5.2.2 需求函数相关数据

选取步步高公司梅溪湖总店销售的香蕉为研究对象,香蕉新鲜度参照标准色卡,分为优质、一般及促销品。据调研,在一个补货周期内最大销售量 α 为 200 千克,消费者的价格偏好 τ 与新鲜度偏好系数 ε 分别为 27 与 20。

表 4-7 需求函数参数取值情况

	α(千克)	τ	ε
取值	200	27	20

4.5.2.3 成本函数相关数据

据调研,步步高公司配送流通中心每个补货周期采购香蕉 4.5~5 吨。每亩地香蕉种植总费用约为 6480 元,每亩地的平均产量为 3600 公斤,即平均每公斤的生产成本为 1.8 元。香蕉种植成本主要由物资费、土地费以及人工费三大类项目构成,具体情况见表 4-8。

第4章 基于温度管理的农超对接生鲜农产品定价

表4-8 香蕉种植成本

单位：元

	物资费	土地费	人工费	总成本
每亩成本	3404.00	1200.00	1876.00	6480.00
每公斤成本	0.95	0.33	0.52	1.8

香蕉自南宁农民合作社运送至长沙门店时的距离约为900公里。农民专业合作社的保鲜成本主要包括预冷费用、短距离运输的冷藏费用及相关包装的费用，步步高公司的保鲜成本主要包括运输以及仓储中的制冷成本。按5吨载货量来计算，设定温度为15℃，补货周期为6.5天。农民专业合作社的保鲜总成本约为62.5元，超市的保鲜成本约为228元。其他成本主要考虑除保鲜成本以外的运输成本及人工成本，供应商的其他成本约为375元，零售商的其他成本约为1875元（见表4-9）。

表4-9 香蕉流通环节成本

单位：元

	农民专业合作社			超市		
	保鲜成本	其他成本		保鲜成本	其他成本	
		运输成本	人工成本		运输成本	人工成本
总成本	62.5	135	240	228	1621	254
每公斤成本	0.0125	0.027	0.048	0.0456	0.3242	0.0508

目前在一个周期内，步步高公司梅溪湖总店一般情况下平均销售香蕉40千克。按比例换算，可得各参数的取值，见表4-10。

表4-10 需求函数参数取值情况

	C_S（元）	δ_1	δ_2	C_1（元）	C_2（元）
取值	1.8	0.005	0.018	3	15

4.5.3 实例结果与分析

4.5.3.1 不同决策模式下的定价

将收集到的数据分别代入两个定价模型，可以得到表4-11与表4-12。

表 4-11 阿伦尼乌斯方程中不同决策模式下价格收益变化情况

单位：元

参数	分散决策		集中决策		收益共享契约	
	15℃	25℃	15℃	25℃	15℃	25℃
β	0.3302	0.2959	0.3302	0.2959	0.3302	0.2959
P	6.19	6.17	4.73	4.71	6.11	6.09
D	39.50	39.33	79.00	78.66	41.58	41.40
U_g	54.29	54.28	—	—	118.16	117.61
U_l	98.75	99.58	—	—	40.80	42.13
U_z	153.04	159.74	210.83	211.16	158.96	159.74

表 4-12 鲜度函数中不同决策模式下价格收益变化情况

单位：元

参数	分散决策		集中决策		收益共享契约	
	15℃	25℃	15℃	25℃	15℃	25℃
O	0.8726	0.8271	0.8726	0.8271	0.8726	0.8271
P	6.49	6.47	4.93	4.91	6.41	6.38
D	42.21	41.99	84.43	83.97	44.43	44.20
U_g	63.00	62.29	—	—	135.94	134.45
U_l	117.00	115.58	—	—	50.81	50.11
U_z	179.99	177.87	245.99	243.16	186.76	184.56

从表 4-11 可知，当新鲜度符合阿伦尼乌斯方程时，可以得到以下结论。

其一，随着保鲜温度由 15℃ 上升到 25℃，新鲜度、销售价格与消费者需求下降，而供应商、零售商以及供应链整体利润上升。

其二，与集中决策相比，尽管分散决策中的销售价格偏高，但供应链整体利润以及消费者需求都处于较低的水准。

其三，通过收益共享契约，销售价格进一步降低；而对于零售商一方而言，尽管利润有所降低，但销售价格的降低有助于吸引更多的消费者，从而提高其竞争能力。随着温度的升高，销售价格下降同样的幅度时，供应链整体利润的增加程度以及零售商利润的减少程度减弱。

而通过对比表 4-11 与表 4-12，可得到以下结论。

其一，鲜度函数下的销售价格、消费者需求以及利润都高于阿伦尼乌斯方程下的对应指标，且随着保鲜温度的提高，鲜度函数下的供应商、零售商以及供应链整体利润都呈现下降趋势。

其二，零售价格降低同样的幅度时，鲜度函数下的利润上升幅度更大。这说明降价的情况下，采摘时成熟度较低的香蕉所能带来的利润更大。

综上所述，集中决策下供应链整体利润最高而零售价格最低。而收益共享契约能够在一定程度上提高利润和降低零售价格，且此时随着保鲜温度的提高，降价所能带来的供应链整体利润的增加幅度逐渐降低。在不同采收期下，鲜度函数下提前采收的利润更高且价格更高。降价时，鲜度函数下利润增长幅度更大。这表明供应商与零售商在决策时，更应倾向于采用收益共享契约与较早的采收期来增加利润，并通过降低保鲜温度来提高降价效果。

在保鲜期变化时，价格与利润变化情况如图4-8、图4-9所示。

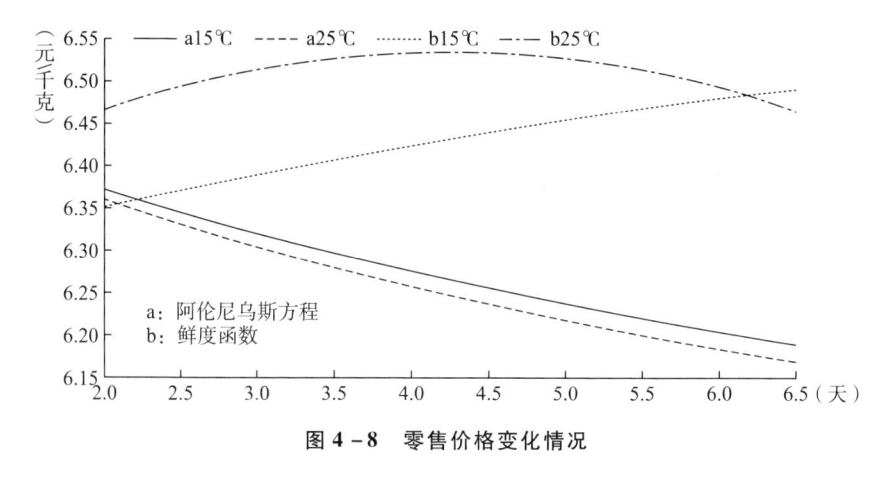

图4-8 零售价格变化情况

由图4-8与图4-9可知，阿伦尼乌斯方程与鲜度函数下，价格与利润的变化情况保持一致，都是随着保鲜期的增加而降低。而鲜度函数下，保鲜温度较低时，价格与利润都是随着保鲜期增加而增加；保鲜温度较高时，价格与利润则是随着保鲜期的增加先增后降。这表明当零售商选择常规采收时，为了利润的最大化会选择尽量缩短保鲜期；而当零售商选择提前采收时，在考虑保鲜期的同时还要考虑保鲜温度的高低。在能提供较低的保鲜温度时，零售商可以将保鲜期设置得更长一些；而保鲜温度较高时，零

图 4-9 零售商利润变化情况

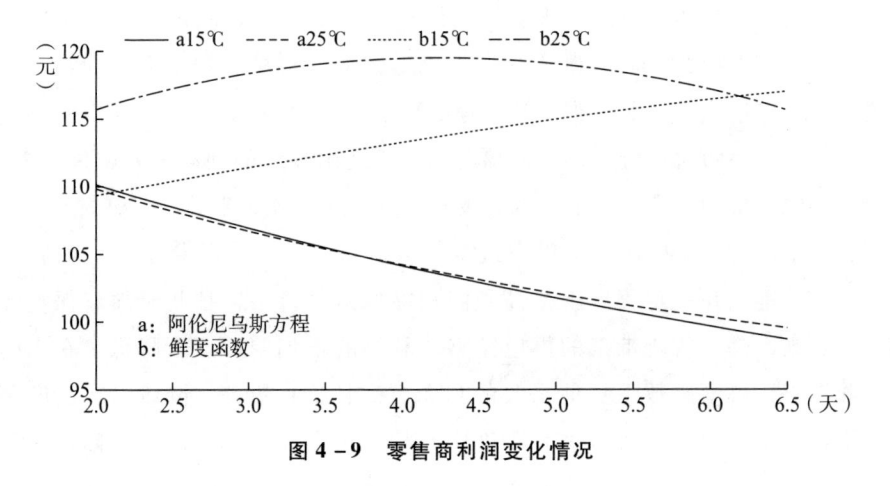

售商就要找到保鲜期的最优区间。

4.5.3.2 不同采收期下的定价

(1) 阿伦尼乌斯方程下的定价

①温度与初始新鲜度变化时的定价

由图 4-10 至图 4-13 可知,当保鲜温度由 15℃逐步升高为 25℃,初始新鲜度由 0.9 逐步降低至 0.5 时,随着设定保鲜温度的升高,新鲜度、零售价格与消费者需求量呈下降趋势,而零售商利润呈现上升趋势。这表明

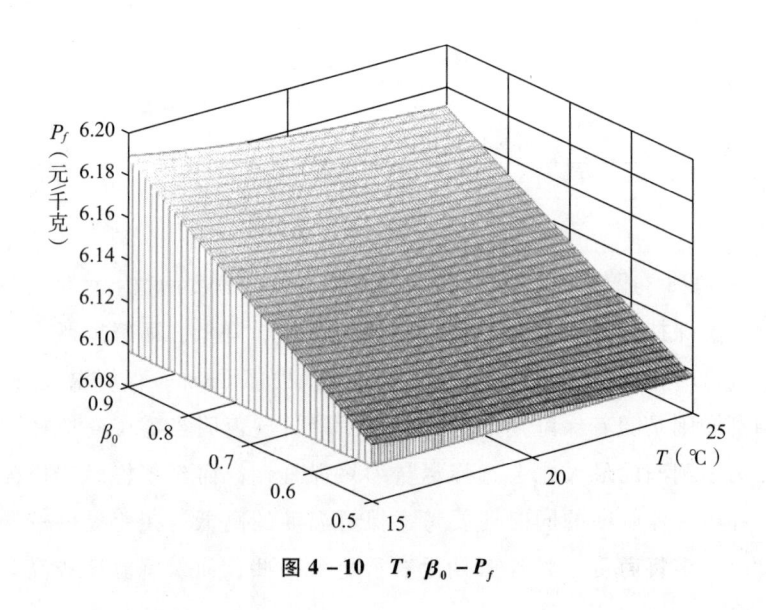

图 4-10 T,$\beta_0 - P_f$

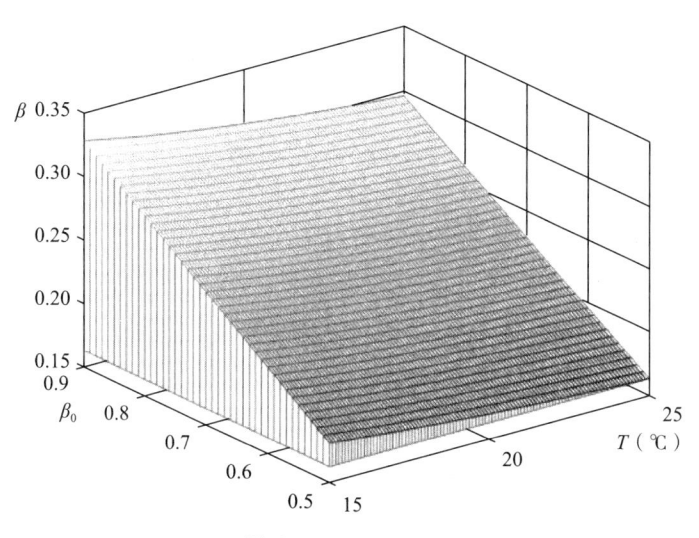

图 4-11　$T, \beta_0 - \beta$

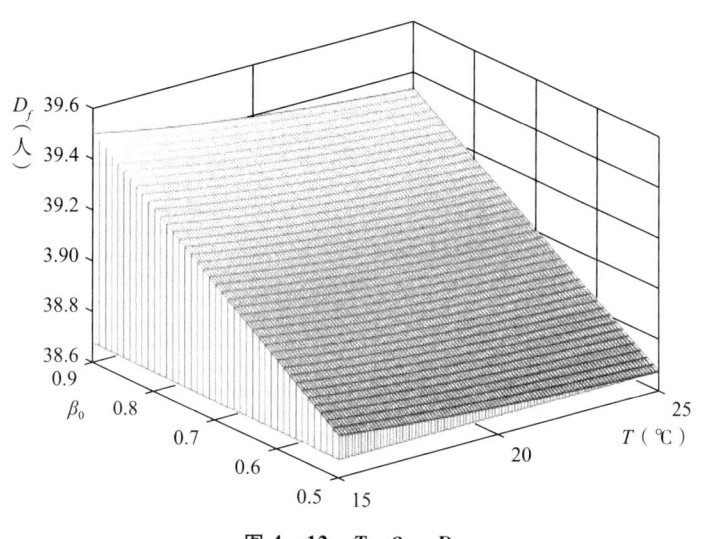

图 4-12　$T, \beta_0 - D_f$

在分散决策中,在保证食品安全的前提下,设定保鲜温度越高,价格可以越低,带来的利润也越高。虽然此时消费者的价格偏好系数大于新鲜度偏好系数,但是新鲜度的变化程度大于价格的变化程度,导致消费者的需求量下降。这对于希望吸引消费者的零售商(即超市)是不利的。因此零售商基于利润与吸引消费者的双重考虑,会保持适宜的保鲜温度。而随着初始新鲜度的下降,零售价格、新鲜度、需求量以及零售商利润都呈现下降

图 4-13 $T, \beta_0 - U_{lf}$

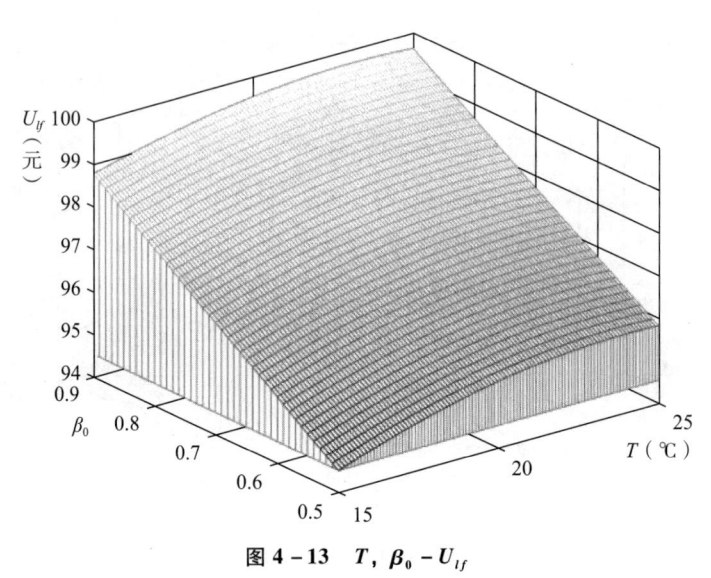

的趋势。这表明在分散决策中,初始新鲜度越高,新鲜度与零售价格都可以越高,零售商利润越高。与此同时,消费者的需求量并没有因为价格的提高而减少,而是增加。

②契约值与新鲜度偏好系数变化时的定价

由图 4-14 至图 4-17 可知,当契约值由 0 逐步升高到 0.2,新鲜度偏好系数由 20 逐步升高为 30 时,随着契约值的提高,零售价格、零售商利润

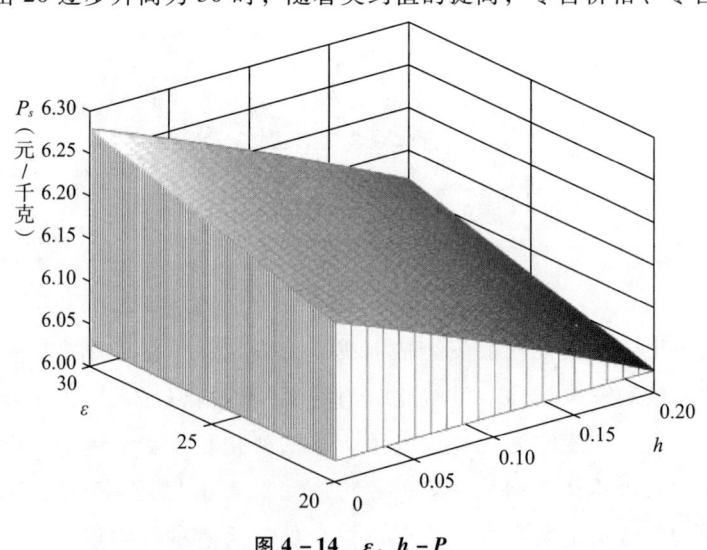

图 4-14 $\varepsilon, h - P_s$

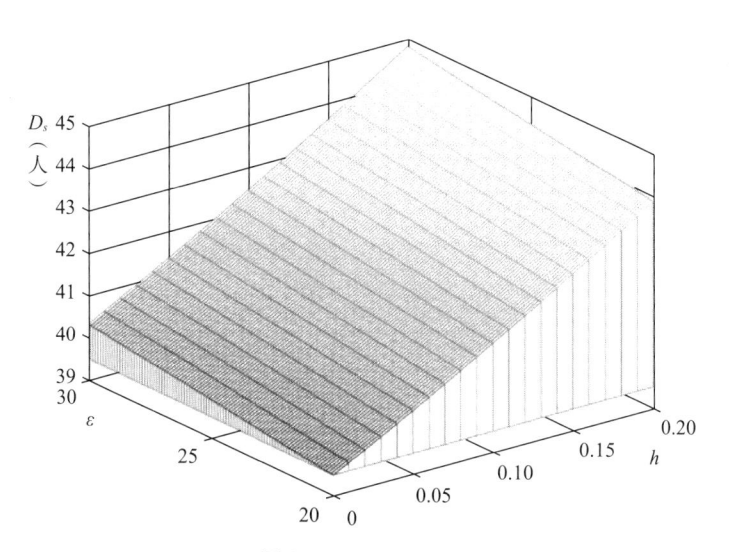

图 4 – 15　ε，$h - D_s$

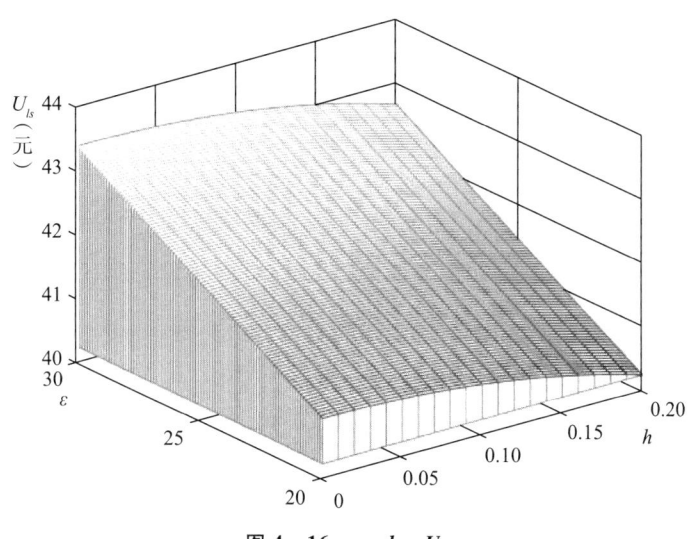

图 4 – 16　ε，$h - U_{ls}$

都呈现下降趋势，而消费者需求以及供应链整体利润都呈现上升趋势。这表明在收益共享契约中，合理地设定契约值，可以降低零售价格并增加消费者需求量。尽管零售商利润会下降，但供应链整体利润的提升使得零售商可以对供应商的产品质量提出更高的要求，进一步提高需求量。

而随着消费者新鲜度偏好系数的提高，零售价格、需求量、零售商及供应链整体利润都呈现上升趋势。这表明对于新鲜度偏好高的消费者来说，

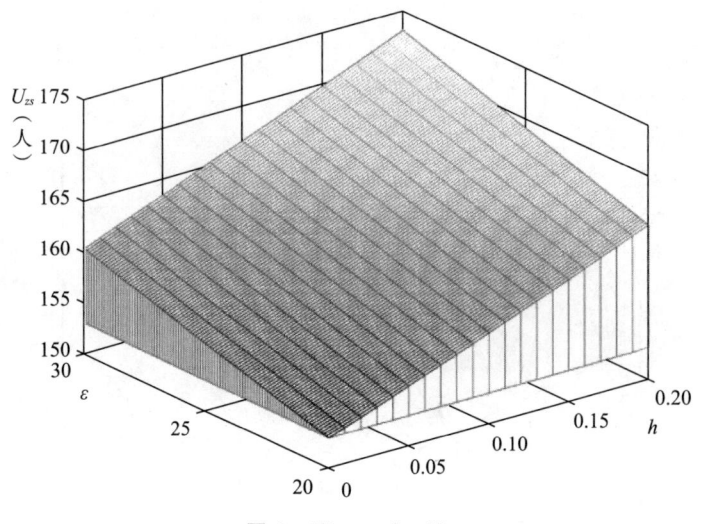

图 4-17　ε, h - U_{zs}

他们能接受的价格越高，能带来的利润也越高。基于此，零售商最重要的事就是结合温度管理，提高新鲜度的可感知程度，以满足消费者的需求。

（2）鲜度函数下的定价

①保鲜期与契约值变化

由图 4-18 至图 4-25 可知，15℃与25℃环境下，随着契约值的上升，

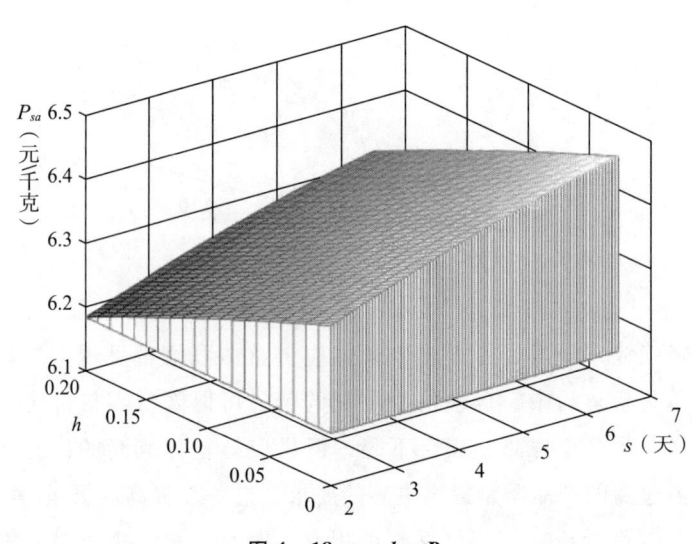

图 4-18　s, h - P_{sa}

图 4-19 s, $h-P_{sb}$

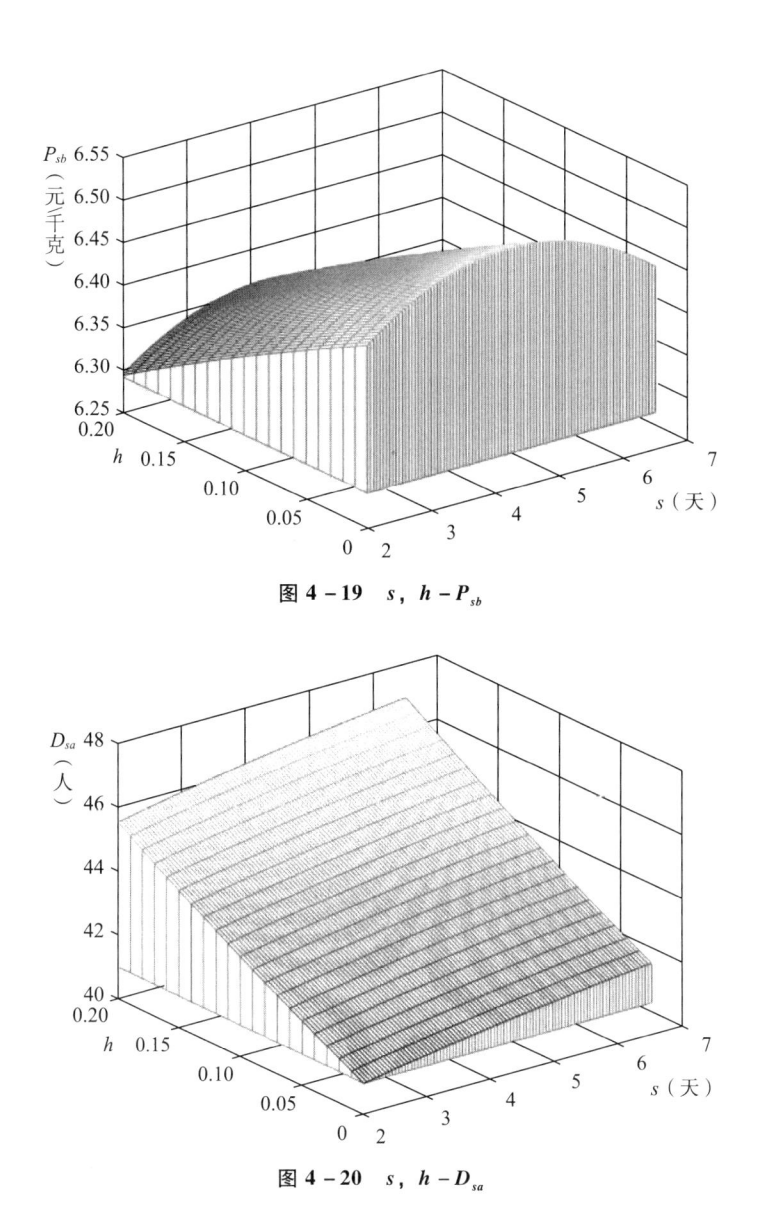

图 4-20 s, $h-D_{sa}$

零售价格与零售商利润皆是下降,消费者需求与供应链整体利润皆是上升,但 25℃ 环境下零售价格与利润下降速度较快,而消费者需求上升较慢。

而随着保鲜期的延长,15℃ 下零售价格、零售商利润、消费者需求以及供应商整体利润都上升;而在 25℃ 环境下,零售价格、零售商利润、消费者需求以及供应商整体利润呈现先升后降趋势。

这表明鲜度函数中保鲜温度越高,契约值增加所带来的价格下降效果

图 4-21　s，$h-D_{sb}$

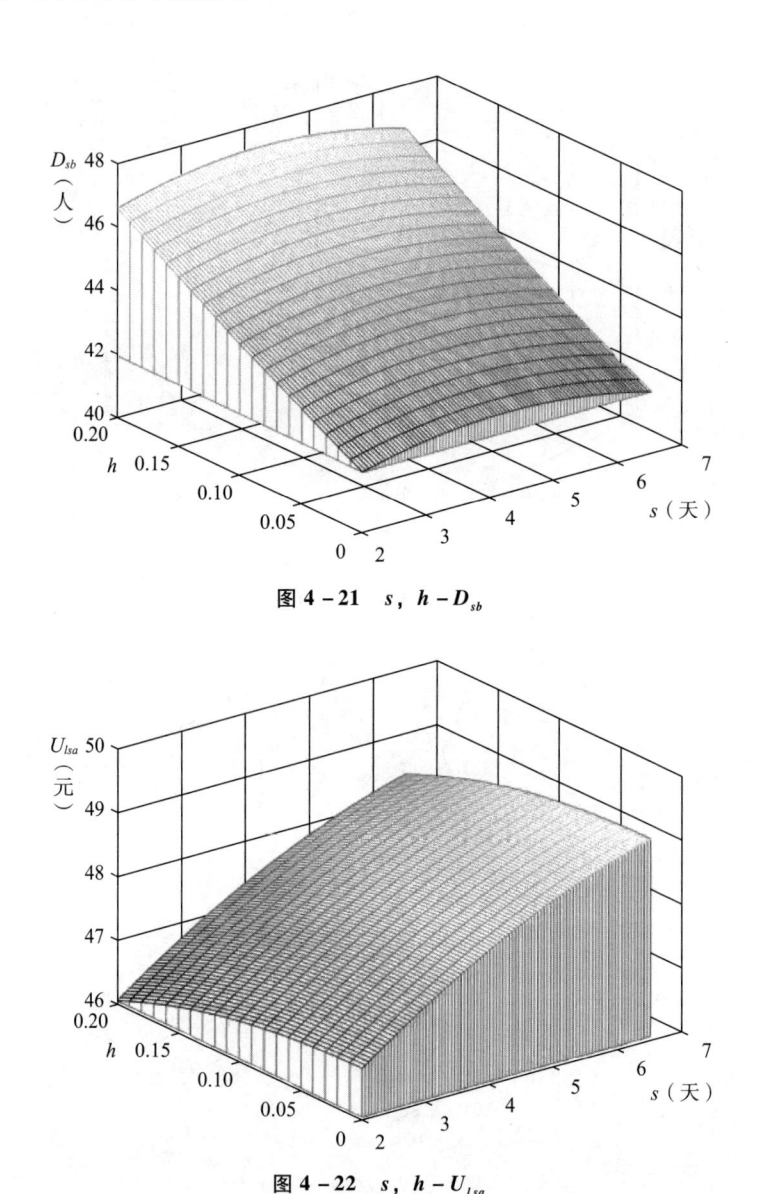

图 4-22　s，$h-U_{lsa}$

越明显，而消费者需求增加的速度就较慢。并且在适当的保鲜期内，零售价格、供应链整体利润与消费者需求都能处于较高的水平，且保鲜温度越高，保鲜期越短。

4.5.4　小结

结合步步高公司长沙梅溪湖总店销售的香蕉实例，对定价模型在实际

图 4–23　s, $h - U_{lsb}$

图 4–24　s, $h - U_{zsa}$

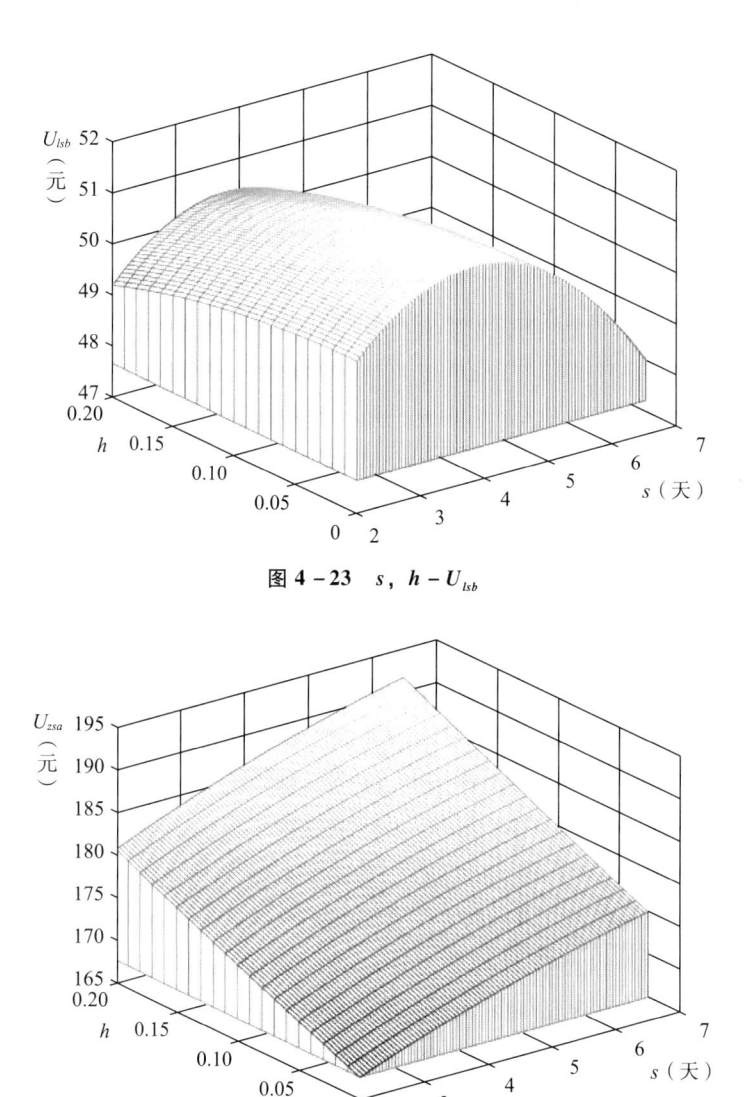

情况下的应用进行了分析。总结上述结论可以得到图 4–26 与图 4–27。

由图 4–26 与图 4–27 可知，不同决策模式下，相同保鲜期下提前采收与收益共享契约模式更加有助于提高利润，且保鲜温度较低时降价所带来的利润的增长幅度更大。在基于阿伦尼乌斯方程的定价模型中，保鲜温度、契约值越高，则价格越低，供应链整体利润越高，但此时消费者需求不高或者零售商利润较低。初始新鲜度与消费者新鲜度偏好提高时，价格越高，

图 4-25 $s, h-U_{zsb}$

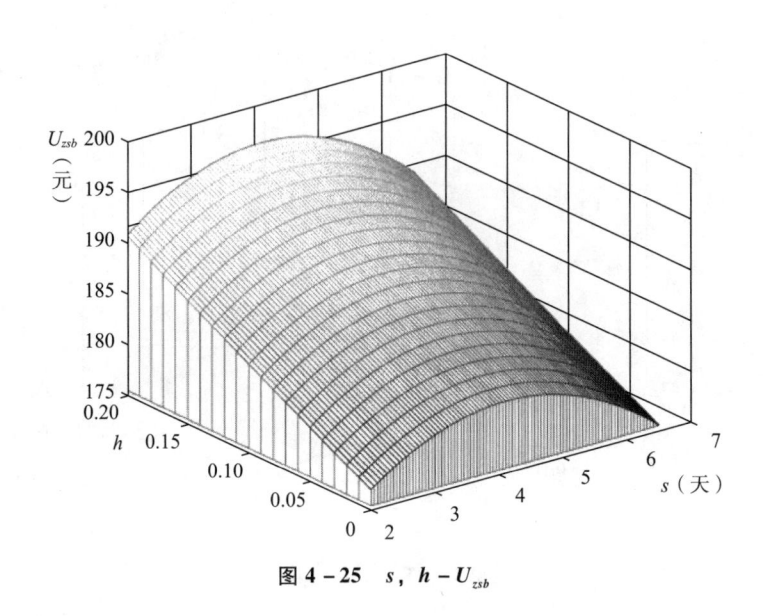

图 4-26 温度管理下的零售价格与消费者需求

供应商整体利润越高，且此时零售商利润与消费者需求也增加。在基于鲜度函数的定价模型中，保鲜温度越高，则提高契约值所能带来的降价幅度越大，但消费者需求提升速度越慢。而适当的保鲜期下，价格、供应链整体利润与消费者需求都能处于较高的位置，且保鲜温度越高，保鲜期越短。

而对比两个定价模型可知，采收期不同，保鲜期对价格以及利润的影响不同。常规采收时，零售商会选择设定较短的保鲜期来提高价格与利润。

第4章 基于温度管理的农超对接生鲜农产品定价

决策模式	影响效果
集中决策	提高保鲜温度与保鲜期对利润的影响,而降低其对零售价格的影响

零售价格 高：

采收期	参数	变化情况
常规采收	保鲜温度	下降

采收期	参数	变化情况
提前采收（保鲜期长）	保鲜温度	下降
	初始新鲜度	增加
	消费者新鲜度偏好	增加

零售价格 低：

采收期	参数	变化情况
提前采收（保鲜期短）	保鲜温度	下降
常规采收	保鲜温度	增加

采收期	参数	变化情况
常规采收	保鲜温度	增加

零售商利润：低 → 高

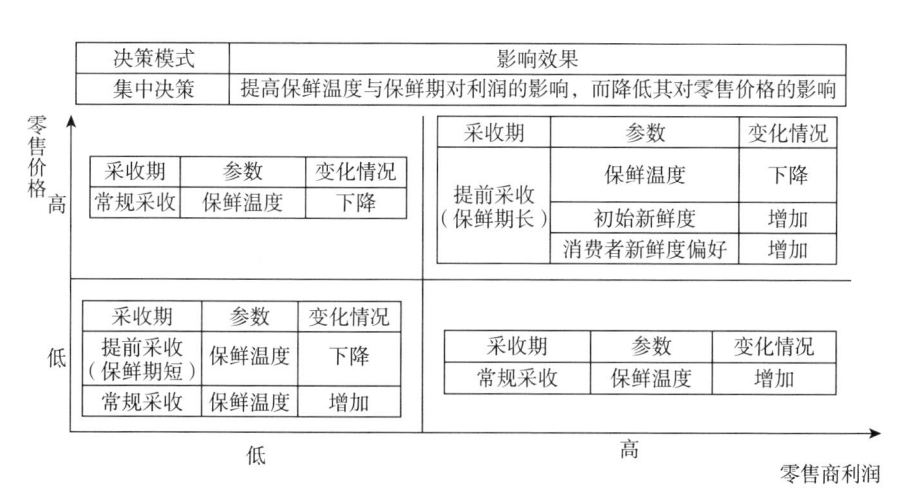

图4-27　温度管理下的零售价格与零售商利润

提前采收时,如果保鲜温度较低,零售商会设定较长的保鲜期来提高价格与利润;如果保鲜温度较高,过长或过短的保鲜期都不利于利润的最大化。

4.6　结论与展望

本书以农超对接生鲜农产品的定价为研究对象,从温度管理的视角切入,按照采收期的不同,从阿伦尼乌斯方程与鲜度函数两个方向入手构建定价模型,并结合步步高公司长沙梅溪湖总店香蕉的定价情况提出了发展建议。

4.6.1　主要结论

(1) 通过温度管理概念的界定,确立了生鲜农产品温度管理体系

本章系统梳理了温度管理下农超对接生鲜农产品定价的研究现状,明确了温度管理及农超对接生鲜农产品的概念,详细介绍了温度管理及生鲜农产品定价基础理论的起源及发展,为温度管理下农超对接生鲜农产品定价模型的构建提供了理论基础。

(2) 结合文献研究与鲜度实验,构建了常规采收与提前采收两种条件下的定价模型

结合农超对接供应链上各成员成本收益情况,通过文献研究与鲜度实

验，引入阿伦尼乌斯方程与鲜度函数刻画新鲜度随温度及时间的变化情况，分别构建了常规采收与提前采收两种条件下的农超对接生鲜农产品定价模型。通过对定价模型的分析，初步分析了不同决策模式、保鲜温度及保鲜期对价格及利润的影响。

（3）结合实例，探究了温度管理各要素对农超对接生鲜农产品价格、消费者需求量及利润的影响效果

本章以步步高公司梅溪湖总店销售的香蕉为例，深入研究了温度管理各要素对价格、消费者需求量及利润的影响效果，以此为依据，为温度管理下的定价提供依据。研究发现，常规采收时保鲜温度越高，则零售价格与新鲜度越低，零售商会尽量缩短保鲜期来保证较高的零售价格。初始新鲜度与消费者新鲜度偏好提高时，价格与供应商整体利润都会提高，此时零售商利润与消费者需求也会增加。而提前采收时保鲜温度越高，则零售价格与供应链整体利润在保鲜期较短时达到较高水平。而保鲜温度较高时，零售商就要找到保鲜期的最优区间来获得较高的零售价格。与分散决策相比，集中决策通常可以增强保鲜温度与保鲜期对利润的影响，而减弱它们对零售价格的影响；而收益共享契约能够在一定程度上提高利润和降低零售价格，且收益共享契约的契约值越高，保鲜温度提高所带来的降价幅度越大，但消费者需求增加速度越慢，供应链整体利润增加幅度越小。

4.6.2 建议

（1）结合收益共享契约，提高农超对接管理水平

通过研究可以发现，在适当的收益共享契约下，在保鲜温度较低时，零售价格较低而供应链整体利润较高，消费者需求有所增加。超市通过对生鲜农产品供应商设定奖惩制度来提高其品质，虽然此举会导致超市利润减少，但可以吸引更多消费者进行消费，从而提高超市的竞争力。而农民合作社为了获取更多的利润，会提供更高品质和标准化的生鲜农产品。

（2）订单式采购，确保采收期与保鲜期的一致性

根据超市所要求保鲜期的不同，农民专业合作社会选择不同的采收期。在保鲜期较长时，对于采收期较早的生鲜农产品，保鲜温度可以适当高一些，以大幅降低企业的保鲜成本。

(3)提高预冷水平,重视生鲜农产品品质宣传

提高预冷水平,可以提高生鲜农产品的初始新鲜度;而重视宣传,可以提升消费者对新鲜度的感知水平。初始新鲜度高,可以从源头上提高生鲜农产品品质,使得后续的温度控制效果更加显著。此时零售价格高,且消费者需求大。而重视宣传,可以使得温度管理下所提供的高品质农产品更加吸引消费者,实现可持续发展。

4.6.3　主要创新点

(1)研究视角创新

在将生鲜农产品定价作为研究对象时,以往研究的视角有线上线下一体化、产品营销策略、信息共享等,其中关于产品的营销策略的研究居多。本章在进行农超对接生鲜农产品定价研究时,以温度管理的研究视角切入,更加侧重于农产品品质与价格之间的关系,是研究视角的一大创新。

(2)研究内容创新

研究内容上的创新,主要体现为以下三个方面。

其一,通过相关文献的整理,界定了温度管理的概念,通过管理系统有效整合了温度监测与控制。

其二,综合考虑了时间与温度对生鲜农产品新鲜度的影响,对农超对接供应链上各成员在不同温度环境下的收益情况进行核算,帮助农超对接供应链上各成员优化生鲜农产品的定价策略。

其三,对比了阿伦尼乌斯方程以及鲜度函数下新鲜度变化的差异,在一定程度上完善了基于新鲜度变化的生鲜农产品定价研究。

4.6.4　展望

从温度管理的视角对农超对接生鲜农产品的定价进行研究时,还有很多问题值得研究。本书仅仅对其中部分关键问题进行了研究,并且在模型构建与实验中存在一定的局限性与不足,在未来的研究中有以下几个方面的问题需要注意。

(1)关于鲜度的评价

本次实验仅从感官、物理、化学三个维度进行评价,而缺乏其他指标

变化情况的评价。且对于测得的各项鲜度指标,在合成综合鲜度值时都赋予了相同的权重。但实际情况中,消费者对这些鲜度指标的感知及重视程度有所不同。后续研究中,可以在实验中加入微生物变化和营养成分的测量,并且根据消费者对各鲜度指标的重视程度来赋予权重。

(2) 关于消费者需求影响因素的拓展

在考虑消费者需求变化时,仅考虑了生鲜农产品新鲜度和价格两个因素。但是在消费者实际购买行为中,对价格产生影响的还有生鲜农产品的展示量以及相关生鲜农产品的价格,后续可以从这些方面进行研究。

(3) 关于物流方式以及新鲜度的影响因素的拓展

本书考虑的物流方式为自营物流,实际情况中农超对接供应链中部分运输由第三方物流承担。本书考虑的是全程冷链物流,而实际情况中存在冷链中断的情况。本书在新鲜度变化时,仅考虑了温度及时间对它产生的影响,未考虑湿度、气体成分的影响。因此,未来研究中可以从这些方面入手。

附录　步步高公司调研报告

2019 年 8 月 15 日,本课题组前往步步高公司长沙梅溪湖总店调研,对香蕉的收购及销售情况进行了考察,主要有以下几方面。

一　采购模式与香蕉主要的采购来源

步步高公司现有采购模式有三种,即总部统一采购、区域内集中采购以及单店分散采购。在梅溪湖总店建成后,长沙地区主要是由总店统一进行采购。步步高公司销售的香蕉分为进口蕉与国内蕉,其中进口蕉主要从菲律宾采购而来,主要的运输方式是航运,而国内蕉主要采购于广西。

二　香蕉的采购与销售价格

步步高公司流通配送中心补货周期为 3~5.5 天,每个补货周期采购香蕉 4.5~5 吨。每亩地香蕉种植的总费用约为 6480 元,每亩地的平均产量为 3600 公斤,即平均每公斤香蕉的生产成本为 1.8 元。2019 年,步步高公司所销售的国产香蕉零售价格基本稳定在 2.99 元/500 克左右（见附图 1），采购单价主要在 0.8~1.7 元/500 克之间波动。门店为消费者提供了香蕉色卡，用来帮助消费者对香蕉的品质进行判断（见附图 2）。香蕉色卡按照香蕉的色泽度将香蕉分为 7 个等级，其中 6~7 级时甜度与营养价值都达到了很高的水平，适合消费者购买与食用。梅溪湖总店在一个补货周期内最大销售量为 200 公斤，其消费者的价格偏好与新鲜度偏好系数分别为 27 与 20。

附图 1　国产香蕉售价

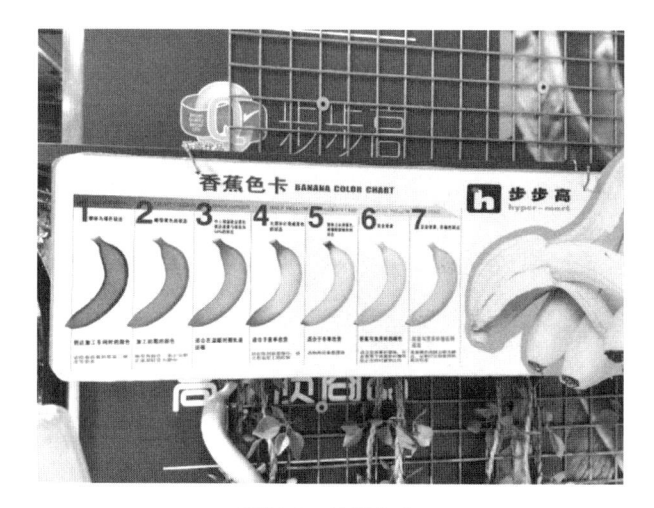

附图 2　香蕉色卡

三 香蕉的运输与存放

目前步步高公司的运输主要由步步高集团旗下的云通物流承担，统一采购至流通配送中心。平均来算，一个周期采购香蕉 4.5~5 吨。香蕉自南宁农民专业合作社运送至长沙时的总里程约为 900 公里。农民专业合作社的保鲜成本主要包括预冷费用、短距离运输的冷藏费用及相关包装的费用，保鲜成本主要包括运输以及仓储中的制冷成本。按 5 吨载货量来计算，设定温度为 15℃，补货周期为 6.5 天，农民专业合作社的保鲜总成本约为 62.5 元。超市的保鲜成本约为 228 元。其他成本主要考虑除保鲜成本以外的运输成本及人工成本。供应商的其他成本约为 375 元，零售商的其他成本约为 1875 元。采购的香蕉由 5~10 吨载重量的冷藏车负责运输，基本在冷库中存放 2~3 天，然后就配送至各门店。冷藏车温度设定为 15℃~18℃，冷库温度设定为 14℃~16℃。

香蕉的运输主要由步步高集团旗下的云通物流服务有限公司承担。该公司坐落于长株潭中心位置——湘潭岳塘经济开发区上瑞高速路口处，距长沙、株洲均为 30 分钟车程。物流园区拥有常温、保鲜、冷冻、冷藏等各类型仓库，仓储面积超过 12 万平方米；拥有常温、冷藏、冷冻等类型的运输服务车辆 500 余辆，年吞吐量近 100 亿吨。在门店销售的香蕉与其他农产品一起置于阴凉库中，温度为 18℃~23℃。主要采用的是双瓦楞纸箱包装，且香蕉之间垫一薄膜袋。香蕉的销售主要是散装摆放于水果区的货架上，水果区温度保持在 25℃。步步高公司为了提高竞争力，还设置了精品水果区，主要设于果蔬陈列柜中，温度设定在 4~8℃ 之间。

四 农超对接模式状况

自 2015 年推动农超对接以来，步步高公司与广西多家农民专业合作社构建了合作关系。但是在实际操作过程中，香蕉还是主要从供应商处购买。2019 年，步步高公司开始进一步推进农超对接模式，力求从源头收购农产品，绕过中间商。

第5章 政府扶持农产品冷链物流政策的效果评价

5.1 研究背景与意义

冷链物流能够在生鲜类食品的流通过程中保证其质量和安全,还可以促进农民增产增收,保持市场价格稳定,节省耕地,减少物流全周期碳排放量,具有明显的社会正外部效应。而我国是全球最大的生鲜类食品生产国,生鲜类食品的消费比例在全国居民消费支出中占57%。因此冷链物流的重要性不言而喻。

然而,受经济发展水平和消费者饮食习惯等因素的影响,我国冷链物流企业的竞争力与发达国家相比仍然偏低。在市场竞争中,通过冷链流通的质量更好、价格更高的生鲜食品并未成为主流。据统计,目前生鲜食品的综合冷链流通率不足30%。因此,冷链物流企业的进一步发展受到严重制约。冷链物流的发展滞后不仅难以保证生鲜食品的质量和安全,还造成大量资源的浪费。统计表明,目前我国生鲜农产品物流损耗率高达10%~25%,由此产生的经济损失不容忽视。

要想解决我国冷链物流企业当前面临的困难,必须缩小其与非冷链物流企业之间的成本差距,从而增强其竞争力。然而,目前单纯依靠市场调节已经不足以解决这一问题。在此情况下,政府对冷链物流产业的扶持就显得尤为重要。事实上,国家一直高度重视冷链物流发展。多次在中央1号文件中强调要加快冷链物流系统建设。中央和地方政府对大型冷藏保鲜设施等重要项目给予了必要的引导和扶持。2016年，财政部和商务部联合下发《关于中央财政支持冷链物流发展的工作通知》。通知指出，财政资金主要立足于弥补市场失灵、支持冷链物流发展和追溯体系建设中的薄弱环节和重点领域。2019年，中共中央政治局会议又明确提出实施城乡冷链物流设施建设工程，为进一步提升冷链物流产业水平提供支持，财政部和商务部启动了新一轮的冷链物流建设扶持项目。由此可见，冷链物流产业发展已经成为国家战略。尽管已经取得了一定的效果，然而政府扶持机制在实际运作过程中仍然存在问题。

2018年，本课题组部分成员分赴山东、河南、贵州、广东等地，进行了为期3个月的调查，分析研究了我国政府扶持冷链物流发展的现状。调研发现，首先，虽然对扶持对象的申报条件有限制，但要求较为笼统，且具有"大锅饭"特点。同时审批不够严谨，被资助的企业良莠不齐。其次，项目验收过于集中在采购设备及材料审核部分，缺乏对实施效果层面的评价，因此导致一些符合条件的企业因为担心繁复的审核而放弃申报，另外，缺乏对受扶持企业后续实施效果的审查，造成了扶持资金的浪费。

为了解决上述问题，本书在冷链食品以及相应常温食品的市场份额模型基础上建立了基于市场份额最大化的政府对冷链物流企业扶持机制的效果评价模型。

5.1.2 国内外研究综述

5.1.2.1 产业保护方面

现有文献主要集中在国际贸易中针对幼稚产业的保护。Clemhout等（1970）研究了"做中学"（learning by doing）引致的技术变革中，国内市场价格政策的优化问题。Emodi等（2016）梳理了世界范围内促进可再生能源产业发展的政策，总结了其中的经验和教训。Foley等（2017）则研究了可再生能源产业政策对全球环境变化产生的影响。姜宁等（2010）以高技术产业为例对政府的补贴效应进行了研究，从研发活动存在一定的外部性角度指出，政府有必要通过补贴的方式激励企业增大研发投入，但政府补贴并不一定会促使企业提高研发投入水平。虽然关于产业保护的理论和工具很丰富，但尚未应用于我国冷链物流产业保护领域。

5.1.2.2 冷链物流政策方面

赵剑峰等（2008）通过分析北京麦当劳对其战略合作伙伴——夏晖公司的标准化管理，提出一些促进中国食品冷链物流发展的政策建议。马妙明（2011）分析了冷链物流政策支持的重点方向，从实施贷款优惠政策、土地优惠及相关收费优惠政策、初级农产品补贴政策、税收优惠政策等方面，提出我国发展冷链物流的财政政策建议。周海霞等（2002）提出现阶段政府应积极创建规划合理的体系和政策环境，通过改进冷链物流供给体系的方式加强冷链物流基础设施建设，从而促进冷链系统和我国水产品冷链物流业健康、稳定的可持续发展。曾艳英（2015）提出了一种新的冷链物流发展模式，并基于专业领域内的体系与法律法规完善和优化了广东省农产品冷链物流的发展对策。高一兰（2017）总结出"三农"发展、产业升级、民生改善和区域经济发展这4个冷链物流公共政策目标，提出了资金、税收、技术和土地4项促进冷链物流发展的政策。

5.1.2.3 产品市场竞争力方面

胡小平等（2003）从生产成本、国内市场价格、流通费用3个方面分析了中美两国小麦的市场竞争力。祝俊明（2006）借助专家团的综合判断，运用层次分析法（AHP）确定各指标的权重，采用竞争力矩阵模型，结合实例对农产品批发市场的竞争力进行了定性与定量评价。Ma等（2019）分析了2013年1月到2017年8月澳大利亚72条国内航线的价格战的原因，发现主要航线运力的增加是价格下降和价格战的主要原因。Jaber等（2019）则指出"做中学"（learning-by-doing）在现代市场竞争中并不能确保企业的竞争力，快速学习方面的投资增长所带来赢利能力的提升并不明显。

5.1.2.4 产品差异化模型方面

Chamberlin（1933）在开创性的研究中讨论了产品的差异化问题，并在竞争性市场的分析中区分了垄断竞争和寡头竞争。Shaked等（1983）进一步分析了自然寡头经济的一般特征，即一些公司提供质量不同的替代品，消费者购买某产品的效用可以用消费者收入与产品价格之差来表示。该研究激发了研究者对产品差异化以及存在策略性行为的市场竞争的广泛研究。该系列研究主要对3类模型进行讨论，即Hotelling线性定位模型（1929）、Dixit-Stiglitz模型（1977）以及Spence模型（1975）。Gabszewic等（1981）分别研究了需求分布不确定性和消费者分布不均匀条件下的市场竞争均衡问题。赵德余（2006）构造了一个具体的数字例子，演示了随着产品差异化程度的提高，双寡头垄断市场中企业均衡利润的变动规律。Brander 等（2015）发现参与伯川德竞争的企业比参与古诺竞争的企业更可能投资于产品差异化。

5.1.2.5 文献评述

（1）学界普遍认为应该采取政府和市场相结合的机制完善对物流市场的调节作用，应该充分发挥政府激励和政府规制两个功能，建设有利于物流发展的外部制度环境。

（2）目前有关政府扶持机制和措施的研究主要集中在提供政策建议方面，而对机制和措施的评价方法则少有涉及。

（3）通过冷链流通和通过非冷链流通的特定种类的食物，其实就是产品差异化模型中质量不同的替代品。因此建模探讨食品冷链物流企业的市场份额，可以参考产品差异化模型。然而现有文献认为不论消费者购买的产品具有何种质量和价格，消费者购买该产品的效用都与消费者收入水平呈正相关关系。这与低收入者买到打折商品后的效用可能比高收入者买到低质量商品时的效用高这一事实相悖。

本书依托现有研究，建立了政府对冷链物流企业扶持政策的效果评价模型，进而对现有的扶持机制进行评价，并提出相应的解决方案。

5.2 冷链与常温物流的市场份额模型

5.2.1 模型假设

本模型假设对于某食品而言，市场中存在经冷链物流和常温物流的两种产品。鉴于产品成本和质量各不相同，分别用食品 A 和食品 B 来表示。其中，食品 A 的质量为 q_1，其单位成本 $c_1 = c(q_1)$ 是其质量的函数；食品 B 的质量为 q_2，其单位成本 $c_2 = c(q_2)$ 是其质量的函数。而且 $q_1 > q_2$，$c(q_i)$（$i=1, 2$）是一个增函数。还假设食品 A 和食品 B 是一对互补必需品。由于竞争激烈且产品具有排他性，经营两种产品的企业通过产品定价来达到市场份额最大化的竞争目的。其中 p_1 和 p_2 代表产品 A 和产品 B 的价格。假设市场中的消费者收入 I 是一个连续变量，且服从正态分布 $N(\mu,$

δ)。为了方便运算,用收入指数 θ 来反映某一消费者的收入水平。具体的,$\theta = \dfrac{I}{I_{\max}}$,其中 $I_{\max}$ 表示消费者的最高收入。而且 θ 满足均值为 μ、方差为 δ 的正态分布 $N(\mu, \delta)$。另外,每个消费者一次买且只买 1 单位的食品 A 或食品 B,购买食品 A 或食品 B 所产生的效用为 U_1 或 U_2。这种效用可以衡量消费者在比较后的购买倾向。简言之,当 $U_1 > U_2$ 时,消费者会购买食品 A;而当 $U_1 < U_2$ 时,消费者会购买食品 B。

5.2.2 建模与分析

在此基础上,结合实际情况,给出了 U_1 和 U_2 的模型:

$$U_1 = \theta e^{\alpha} + (1-\theta) e^{\beta} \tag{5-1}$$

$$U_2 = \theta e^{-\alpha} + (1-\theta) e^{-\beta} \tag{5-2}$$

其中,$\theta = \dfrac{I}{I_{\max}}$ ($0 \leq \theta \leq 1$),$\alpha = \dfrac{q_1 - q_2}{\bar{q}}$,$\beta = \dfrac{p_2 - p_1}{\bar{p}}$,$\bar{q} = \dfrac{q_1 + q_2}{2}$,$\bar{p} = \dfrac{p_1 + p_2}{2}$,模型中两种食品质量和价格的均值可以消除表达式中的单位差异。

从该效用模型可以看出,消费者购买 1 单位食品 A 所产生的效用既与消费者的收入水平有关,也与食品 A 和食品 B 的质量与价格的差异有关。

当消费者收入水平较高时,对食品质量的关注度要高于对食品价格的关注度。因此,对消费效用而言,食品质量差异产生的影响要大于食品的价格差异。而对于较低收入消费者的消费效用而言,食品质量差异产生的影响要小于食品的价格差异。从极端情况来看,最高收入消费者($\theta = 1$)的效用只受食品质量差异的影响,而最低收入消费者($\theta = 0$)的效用只受食品价格差异的影响。

当消费水平一定时,消费者的效用与食品质量差异和食品价格差异有关。如果食品 A 的质量比食品 B 的质量高得越多,消费者购买食品 A 的效用越大;而如果食品 A 的价格比食品 B 的价格低得越多,消费者购买食品 A 的效用也越大。

进一步可知,当 $q_1 > q_2$,$p_1 > p_2$ 时,$\dfrac{\partial U_1}{\partial \theta} = e^{\alpha} - e^{\beta} > 0$,$\dfrac{\partial U_2}{\partial \theta} = e^{-\alpha} - e^{-\beta} < 0$。

所以 U_1 是 θ 的增函数，而 U_2 是 θ 的减函数。且当 $\theta=0$ 时，$U_1<U_2$；当 $\theta=1$ 时，$U_1>U_2$，二者相交于一点（θ^*，U^*）。由

$$\theta^* e^\alpha + (1-\theta^*)e^\beta = \theta^* e^{-\alpha} + (1-\theta^*)e^{-\beta}$$

可知

$$\theta^* = \frac{e^{-\beta}-e^\beta}{e^\alpha - e^{-\alpha} + e^{-\beta} - e^\beta} \tag{5-3}$$

θ^* 为消费者均衡收入指数，收入指数小于 θ^* 的消费者会购买食品 B 而不会购买食品 A，收入指数大于 θ^* 的消费者会购买食品 A 而不会购买食品 B。

因为

$$\frac{\partial \theta^*}{\partial p_1} = \frac{\partial \beta}{\partial p_1}(-e^{-\beta}-e^\beta)(e^\alpha - e^{-\alpha}) = \frac{4p_2}{(p_1+p_2)^2}(e^{-\beta}+e^\beta)(e^\alpha - e^{-\alpha})$$

$$\frac{\partial \theta^*}{\partial p_2} = \frac{\partial \beta}{\partial p_2}(-e^{-\beta}-e^\beta)(e^\alpha - e^{-\alpha}) = \frac{4p_1}{(p_1+p_2)^2}(e^{-\beta}+e^\beta)(e^\alpha - e^{-\alpha})$$

所以当 $q_1 \geq q_2$ 时，$\frac{\partial \theta^*}{\partial p_1} \geq 0$，$\frac{\partial \theta^*}{\partial p_2} \leq 0$，$\theta^*$ 是 p_1 的增函数，是 p_2 的减函数。

当 θ 满足均值为 μ、方差为 δ 的正态分布 $N(\mu,\delta)$ 时，有

$$M_2 = F(\theta^*;\mu,\delta) \cdot M = M \cdot \frac{1}{\delta\sqrt{2\pi}} \int_0^{\theta^*} \exp\left(\frac{(t-\mu)^2}{2\delta^2}\right)dt. \tag{5-4}$$

$$M_1 = [1 - F(\theta^*;\mu,\delta)] \cdot M = M \cdot \frac{1}{\delta\sqrt{2\pi}} \int_{\theta^*}^1 \exp\left(\frac{(t-\mu)^2}{2\delta^2}\right)dt. \tag{5-5}$$

其中，M 代表市场中消费者总数，M_1 是购买食品 A 的消费者数，M_2 是购买食品 B 的消费者数，由此得到两种食品的市场份额。

因为 M_1 是 θ^* 的减函数，M_2 是 θ^* 的增函数，且 θ^* 是 p_1 的增函数，是 p_2 的减函数，$M=M_1+M_2$，所以 M_2 是 p_1 的增函数，是 p_2 的减函数。从市场份额最大化出发，可得两种食品的均衡价格。

支付方程：$M_2(p_1,p_2) = \frac{M}{\delta\sqrt{2\pi}} \int_0^{\theta^*(p_1,p_2)} \exp\left(\frac{(t-\mu)^2}{2\delta^2}\right)dt.$

$$\begin{cases} \min\limits_{c_1 < p_1 < \infty} M_2(p_1, p_2^*) = \dfrac{M}{\delta\sqrt{2\pi}} \int_0^{\theta^*(p_1, p_2^*)} \exp\left(\dfrac{(t-\mu)^2}{2\delta^2}\right) dt \\ \max\limits_{c_2 < p_2 < \infty} M_2(p_1^*, p_2) = \dfrac{M}{\delta\sqrt{2\pi}} \int_0^{\theta^*(p_1^*, p_2)} \exp\left(\dfrac{(t-\mu)^2}{2\delta^2}\right) dt \end{cases}$$

又因为

$$\theta^*(p_1, p_2) = \left[e^{-\frac{2(p_2-p_1)}{p_1+p_2}} - e^{\frac{2(p_2-p_1)}{p_1+p_2}} \right] \bigg/ \left[e^{\frac{2(q_1-q_2)}{q_1+q_2}} - e^{-\frac{2(q_1-q_2)}{q_1+q_2}} + e^{-\frac{2(p_2-p_1)}{p_1+p_2}} - e^{\frac{2(p_2-p_1)}{p_1+p_2}} \right]$$

所以食品 A 和食品 B 的均衡价格分别为

$$\begin{cases} p_1^* = c_1 \\ p_2^* = c_2 \end{cases}$$

均衡市场份额为

$$M_2(p_1^*, p_2^*) = \dfrac{M}{\delta\sqrt{2\pi}} \int_0^{\theta^*(c_1, c_2)} \exp\left(\dfrac{(t-\mu)^2}{2\delta^2}\right) dt \text{ 和 } M_1(p_1^*, p_2^*) = M - M_2(p_1^*, p_2^*)$$

(5-6)

该模型不仅适用于 $q_1 > q_2$ 的情形，对于不同的质量和价格关系，该模型也可以给出与实际情况相符的结果。

与常见的消费者效用模型 $U = \theta(q-p)$ 相比，本书提出的消费者效用模型可以把不同收入消费者对产品质量和价格的不同敏感程度反映出来。比如通过本模型可以看出，收入越高的消费者越重视产品的质量，而收入越低的消费者越重视产品的价格。这恰是 $U = \theta(q-p)$ 模型无法做到的。

5.3 政府扶持对市场份额的影响效果分析

5.3.1 模型描述

在得到冷链食品以及相应常温食品的市场份额模型之后，本书还建立了基于市场份额最大化的政府对冷链物流企业扶持机制的效果评价模型。事实上，采用冷链物流的食品市场份额越大，说明冷链物流企业的市场份额越大。因此在本书中，用食品 A 的市场份额代表冷链物流企业的市场份额，而食品 B 的市场份额代表常温物流企业的市场份额。

政府对冷链物流企业进行扶持，根本目的就是通过扶持政策在短期内降低冷链物流企业的运营成本，促进冷链技术进步，来扩大其市场份额，并最终通过规模效应将运营成本保持在较低水平，增强其市场竞争力。因此，是否能够帮助冷链物流企业在竞争中扩大市场份额，是考察政府扶持机制效果的重要方面。本书建立的模型就是为了考察不同的扶持机制设计对冷链物流企业和常温物流企业的均衡市场份额的影响。

在实际中，大部分对特定产业的扶持政策都面临不合格企业骗补、套补的情况。而这些情况会造成公共资源浪费和扶持政策失效。因此在设计扶持机制时，加强对候选企业的前期审核、中期考核和后期验收非常重要。但过分复杂严格的审批、验收流程又会增加候选企业的运营成本和时间成本，进而影响符合条件的企业申请扶持的积极性，从而限制扶持政策的效果。本书的模型旨在量化不同扶持机制下的扶持效果。

如前所述，食品 A 和食品 B 的均衡价格分别为 $p_1^* = c_1$ 和 $p_2^* = c_2$，且它们的均衡市场份额分别为 $M_1(c_1, c_2)$ 和 $M_2(c_1, c_2)$。不妨将食品 A 和食品 B 的市场份额直接看成冷链物流企业和常温物流企业的市场份额。

用 $\sigma \geq 0$ 代表政府对冷链物流企业的扶持机制的复杂程度。扶持机制越复杂，则企业申请扶持政策的过程越严格，因此常温物流企业想要骗取政府扶持的难度越大，成本越高。当然，冷链物流企业申请扶持政策的成本也会越高。

$s(\sigma)$ 是一家冷链物流企业成功申请到政府扶持政策所需花费的总成本，而 S 是该企业可以申请到的扶持政策的货币化表示。

$d(\sigma)$ 是一家常温物流企业为了骗取政府扶持而伪装成冷链物流企业所需的单位伪装成本。

$s(\sigma)$ 和 $d(\sigma)$ 都是 σ 的单调递增函数，而且 $s(0) = 0$，$d(0) = 0$。即完全没有审查验收环节的扶持机制将导致申请成本和伪装成本为零。

PE 是常温物流企业被发现骗取政府扶持后所需缴纳的罚款，而 $pe(\sigma)$ 是常温物流企业欺诈行为被发现的概率，$0 \leq pe(\sigma) \leq 1$。$pe(\sigma)$ 是扶持机制复杂程度 σ 的单调递增函数。因此，扶持机制越复杂，欺诈行为被发现的概率越大。

用 $\Delta c_1 = \dfrac{S - s(\sigma)}{M_1}$ 表示接受扶持后冷链物流企业的单位成本下降幅度，

$\Delta c_2 = \dfrac{S - s(\sigma) - d(\sigma) - pe(\sigma)\ PE}{M_2}$ 表示接受扶持后常温物流企业的单位成本下降幅度。

若 $\Delta c_1 \leq 0$，则冷链物流企业和常温物流企业都不会申请政府扶持政策。

若 $\Delta c_1 > 0$ 且 $\Delta c_2 \leq 0$，则冷链物流企业会申请而常温物流企业不会申请政府扶持政策。

若 $\Delta c_1 > 0$ 且 $\Delta c_2 > 0$，则冷链物流企业和常温物流企业都会申请政府扶持政策。

由上面的结论可知在两类企业的竞争进入均衡状态时，消费者均衡收入取决于两种食品的成本，因此有：

$$\theta^*(p_1^*, p_2^*) = \theta^*(c_1, c_2) = \left[e^{-\frac{2(c_2 - c_1)}{c_1 + c_2}} - e^{\frac{2(c_2 - c_1)}{c_1 + c_2}} \right] \bigg/ \left[e^{\frac{2(q_1 - q_2)}{q_1 + q_2}} - e^{-\frac{2(q_1 - q_2)}{q_1 + q_2}} + e^{-\frac{2(c_2 - c_1)}{c_1 + c_2}} - e^{\frac{2(c_2 - c_1)}{c_1 + c_2}} \right]$$
(5-7)

在此情况下，政府扶持政策会同时降低冷链物流企业和常温物流企业的运营成本。而两类企业的市场份额则需进一步讨论。

$\theta^*(c_1, c_2)$ 是政府扶持前的消费者均衡收入水平，可以反映食品 A 和食品 B 的市场份额，也可以间接反映冷链物流企业和常温物流企业的市场份额。

易知，当 $\Delta c_1 > 0$，$\Delta c_2 > 0$，且 $\theta^*(c_1, c_2) = \theta^*(c_1 - \Delta c_1, c_2 - \Delta c_2)$ 时，$\dfrac{c_2 - \Delta c_2 - c_1 + \Delta c_1}{c_1 - \Delta c_1 + c_2 - \Delta c_2} = \dfrac{c_2 - c_1}{c_1 + c_2}$，由此得到

$$\dfrac{\Delta c_1}{\Delta c_2} = \dfrac{c_1}{c_2} \tag{5-8}$$

当 $\Delta c_1 > 0$，$\Delta c_2 > 0$，且 $\theta^*(c_1, c_2) > \theta^*(c_1 - \Delta c_1, c_2 - \Delta c_2)$ 时，$\dfrac{c_2 - \Delta c_2 - c_1 + \Delta c_1}{c_1 - \Delta c_1 + c_2 - \Delta c_2} < \dfrac{c_2 - c_1}{c_1 + c_2}$，由此得到

$$\dfrac{\Delta c_1}{\Delta c_2} < \dfrac{c_1}{c_2} \tag{5-9}$$

当 $\Delta c_1 > 0$，$\Delta c_2 > 0$，且 $\theta^*(c_1, c_2) < \theta^*(c_1 - \Delta c_1, c_2 - \Delta c_2)$ 时，$\dfrac{c_2 - \Delta c_2 - c_1 + \Delta c_1}{c_1 - \Delta c_1 + c_2 - \Delta c_2} > \dfrac{c_2 - c_1}{c_1 + c_2}$，由此得到

$$\frac{\Delta c_1}{\Delta c_2} > \frac{c_1}{c_2} \qquad (5-10)$$

也就是说，要想使政府扶持政策对冷链物流企业和常温物流企业的市场份额不产生影响（扶持政策失效），则政策所导致的冷链物流企业与常温物流的成本下降之比要等于两种食品的成本之比；要想使两类企业接受扶持后冷链物流企业的市场份额下降（扶持政策失效，即 θ^* 增大），则政策所导致的冷链物流企业与常温物流企业的成本下降之比要小于两种食品的成本之比；要想使两类企业接受扶持后冷链物流企业的市场份额上升（扶持政策生效），则政策所导致的冷链物流企业与常温物流企业的成本下降之比要大于两种食品的成本之比。

需要注意的是，本书根据企业运营成本对冷链物流企业和常温物流企业进行区分。如果一家拥有冷链物流设备的企业为节省成本，在运营过程中不启用冷链设备（运营成本与常温物流企业一致），则本书仍将其视为常温物流企业。

本书旨在为政府制定高效、经济的针对冷链物流企业的扶持政策提供理论依据。在给定扶持机制复杂程度的情况下，利用所建立的模型，以是否扩大冷链物流市场份额为标准，对扶持政策效果进行预估、评价，并以此作为调整机制复杂程度、优化扶持机制的依据。

5.3.2　算例分析

假设有一种必需食品，采用冷链物流的称为食品 A，质量为初始质量的 90%，单位成本为 5 元；采用常温物流的称为食品 B，质量为初始质量的 60%，成本为 2 元。市场中共有消费者 100 万人，最低收入者的收入指数为 0，数量较少；最高收入者的收入指数为 1，数量也较少；而中等收入者的收入指数集中分布在 0.65 附近，数量最多。因此我们不妨假设社会收入指数服从均值为 0.65、标准差为 0.1 的正态分布 $N(0.65, 0.1)$。

由式（5-1）至式（5-4）可知，在接受政府扶持政策之前，两种食品以市场份额最大化为目标的均衡价格分别为 5 元和 2 元，而消费者均衡收入水平 θ^* 为 0.7，市场份额 M_1、M_2 分别为 302730 人和 697270 人，可把它们视为冷链物流企业和常温物流企业的市场份额。

第 5 章 政府扶持农产品冷链物流政策的效果评价

用准备申请材料和验收材料的时间来表示政府扶持机制的复杂程度 σ，时间越长意味着扶持机制越复杂。此处假设 σ 为 170 小时，冷链物流企业想要成功申请到扶持政策所需的成本 $s(\sigma) = 100\sigma = 17000$ 元，常温物流企业伪装成冷链物流企业所需的成本 $d(\sigma) = 50\sigma = 8500$。在现有机制下，常温物流企业违规申请被发现的概率 $pe(\sigma) = \dfrac{\sigma}{6000} = 0.028$，政府对成功申请企业的扶持资金 S 为 200000 元，政府对常温物流企业违规申请的罚款 PE 与 S 相等。

由计算得知，$\Delta c_1 = \dfrac{S - s(\sigma)}{M_1} = 0.60$ 元，$\Delta c_2 = \dfrac{S - s(\sigma) - d(\sigma) - pe(\sigma)PE}{M_2} = 0.24$ 元，所以 $\dfrac{\Delta c_1}{\Delta c_2} = 2.49$，$\dfrac{c_1}{c_2} = 2.50$，而在接受政府扶持后，冷链物流企业和常温物流企业的市场份额 M_1、M_2 分别变为 302566 人和 697434 人。

可见，在现有扶持机制的复杂程度下，$\dfrac{\Delta c_1}{\Delta c_2} < \dfrac{c_1}{c_2}$，说明在接受政府扶持后，冷链物流企业的市场份额反而下降，意味着扶持政策失效。

然而，如果将扶持机制的复杂程度提升到 200 小时，则 $\Delta c_1 = 0.59 > 0$，$\Delta c_2 = 0.23 > 0$，且 $\dfrac{\Delta c_1}{\Delta c_2} = 2.53$，$\dfrac{c_1}{c_2} = 2.5$。$\dfrac{\Delta c_1}{\Delta c_2} > \dfrac{c_1}{c_2}$，说明在接受政府扶持后，冷链物流企业和常温物流企业都可以利用扶持政策降低运营成本，而且冷链物流企业的市场份额 M_1 增加到 304482 人，意味着扶持政策发挥了作用。

如果继续提升扶持机制的复杂程度到 1500 小时，则 $\Delta c_1 = 0.17 > 0$，$\Delta c_2 = -0.11 < 0$。这说明冷链物流企业在申请到扶持政策之后可以降低运营成本，常温物流企业却不能利用扶持政策降低运营成本，因此冷链物流企业会申请扶持政策而常温物流企业不会。这意味着扶持政策较为理想地发挥了作用。

继续提升扶持机制的复杂程度到 2100 小时，则 $\Delta c_1 = -0.03$，$\Delta c_2 = -0.27$。这说明不论是冷链物流企业还是常温物流企业都不能利用政府扶持政策降低运营成本，因此都不会申请。这也意味着扶持政策失效。

在进行上述政策效果预估与评价后，政府可以在制定扶持政策时选择较为理想的复杂程度，并可以在实施扶持政策过程中，根据实际扶持效果（冷链物流企业市场份额的变化）对扶持机制的复杂程度进行动态调整。

5.4　结论与展望

5.4.1　结论

政府对冷链物流企业的扶持效果受扶持机制的影响，但并非扶持机制越复杂严密，政府扶持政策就会越有效，需要分情况讨论。

首先，若扶持机制过于复杂，使得企业申请和享受扶持政策的成本过高，运营成本不降反升，即 $\Delta c_1 < 0$，则冷链物流企业和常温物流企业都不会申请政府扶持政策。这意味着扶持政策失效。

其次，若扶持机制使得冷链物流企业和常温物流企业都会申请政府扶持政策，即 $\Delta c_1 > 0$ 且 $\Delta c_2 > 0$，在此情况下，政府扶持政策会同时降低冷链物流企业和常温物流企业的运营成本。而两类企业的市场份额则需进一步讨论。

再次，当政策所导致的冷链物流企业与常温物流企业的成本下降之比等于相应两种食品的成本之比时，冷链物流企业的市场份额不变，则政府扶持政策失效；当政策所导致的冷链物流企业与常温物流企业的成本下降之比小于相应两种食品的成本之比时，冷链物流企业的市场份额下降，则政府扶持政策也失效；而当政策所导致的冷链物流企业与常温物流企业的成本下降之比大于相应两种食品的成本之比时，冷链物流企业的市场份额上升，则政府扶持政策生效。

最后，若扶持机制使得冷链物流企业会申请政府扶持政策而常温物流企业不会申请时（$\Delta c_1 > 0$ 且 $\Delta c_2 \leq 0$），政府扶持政策生效。

5.4.2　展望

第一，政府在设计扶持机制阶段，可以将整个机制的复杂程度也考虑在内，利用冷链食品和常温食品的成本反映冷链物流企业和常温物流企业的运营成本，从而预估所设计机制的有效性。

第二，政府可以调研实施扶持政策之后冷链食品的市场份额变化情况，来评估当前扶持政策的有效程度，从而对现有机制进行调整。

第三，政府目前对不符合申请条件的企业的惩罚力度还局限于要求退还扶持资金的层面。如果进一步增加企业的违规成本，可以更加有效地防止套补、骗补行为，最大程度地发挥扶持政策的作用。

第四，目前有些政府部门的扶持方式已从事前补贴改为事后奖励，以增加扶持的针对性，但这种方式的引导效应体现不足。

第五，本书中政府扶持机制的复杂程度这个变量是一个抽象概念，既可以用准备相关材料的工作量来衡量，也可以用有效相关时间来衡量，还可以有很多其他衡量方法。在未来，寻找最优的复杂程度衡量方法将是研究的重点。

第6章 政府扶持冷链物流企业发展的内部效应分析

6.1 引言

6.1.1 研究背景

在国内冷链物流行业是一个新兴行业，政府在近几年加大了对整个物流行业的支持力度。而冷链物流行业由于资金要求高，设备相对昂贵，前期需要的投入也较高，一直以来受到颇多关注。本章的研究目的有3个：一是分析会给企业带来较大影响的政府扶持项目；二是研究已有的上市冷链物流企业发展历程的异同点；三是通过对比分析企业与政府扶持的关联性，得出政府扶持对企业内部的影响程度。

6.1.2 研究意义

实践证明，冷链物流企业的发展从内部讲离不开资金的投入、技术创新和设备支持，从外部讲离不开对市场的判断和政府的支持，其中，政府的扶持和规划对冷链物流企业的发展起着很大的作用。在政府的扶持下，冷链物流企业能够更加快速地发展，通过分析政府扶持项目对冷链物流企业的影响，可以看出哪些政策会对冷链物流企业产生积极的效应，以便政府以后采取更多类似的扶持政策以帮助冷链物流企业发展。同时，冷链物流企业也可以通过这类分析在企业内部进行更加优化的资源配置，最大化地利用现有资源，在市场上取得成功。

6.1.3　研究综述

关于冷链物流，早年间研究的重点一般放在国外冷链物流的发展方面，例如曲哲（2010）分析了加拿大冷链物流发展与政府给予的补助的关系，发现加拿大铁路冷链的崛起是因为政府给予了资金上的扶持和政策上的扶助。王强等（2008）研究了发达国家政府的主要做法与经验，为国内冷链物流相关政策的制定提供了借鉴。国内对冷链物流与政府扶持项目之间关联度的相关研究主要从 2015 年开始。王美云、史峰（2015）建立了动态博弈模型，运用博弈理论对物流企业、非物流企业和政府之间的关系进行分析，指出即使政府对冷链物流企业的投资在短期内不能得到相应的回报，作为公共管理机构的政府仍然应当对冷链物流企业进行扶助。杨国柱（2017）从政府角度，对政府在物流业发展过程中的作用进行了对比分析，研究了利弊，并指出了政府应当改善的地方。孙海云（2018）从政府作用方式、工具选择及行为主体三个维度建立起立体化的分析框架，对政府与冷链物流企业两者的职能边界进行了明确的划分。

但有关研究基本没有涉及政府扶持对冷链物流内部效应的影响机制与效果分析，也没有涉及政策扶持效果的评价。

6.1.4　研究内容及方法

6.1.4.1　研究内容

通过对已有的冷链物流企业的发展历程和政府出台的扶持项目进行分析，并将其发展历程进行基于时间线和历史数据的对比分析，最后根据政府扶持政策与企业内部发展效应的关联性得出影响系数，由此对政府扶持冷链物流企业发展的内部效应有直观的了解。

6.1.4.2　研究方法

（1）文献研究法。收集所需的资料，进行对比分析。

（2）描述性研究法。在借鉴冷链物流企业成功发展经验的基础上，探究政府扶持项目对冷链物流企业的内部发展带来的影响，有利于冷链物流企业对相关扶持政策的把握，有利于冷链物流企业优化内部结构和优化发展策略。

(3) 定性研究方法。对冷链物流企业的发展、政府相关扶持项目在发展中的关联性进行定性分析。

(4) 定量分析。用灰色关联度分析法定量分析政府扶持政策与企业内部发展效应的关联系数。

6.1.5 研究思路

第一，分析历年来政府对于冷链物流企业的扶持情况，并对相关项目进行阐述和分类。

第二，概述冷链物流企业的发展历程与发展项目。

第三，将冷链物流企业的内部效应进行指标层划分，主要分为管理水平、效益水平和技术水平。

第四，将冷链物流企业的发展过程和政府扶持项目的推出时间做时间线上的对比。

第五，将冷链物流企业的内部效应指标与政府扶持项目进行灰色关联度分析。

第六，概括性总结政府扶持政策对冷链物流企业发展内部效应的影响。

6.2 政府扶持冷链物流的主要政策

对冷链物流企业的相关扶持政策最早是从 2009 年国务院发布的《物流业调整和振兴规划》开始的。这个规划明确提出要完善鲜活农产品储藏、加工、运输和配送等冷链物流设施，提高鲜活农产品冷藏运输比例，对冷链物流企业的发展起到了指导性的作用。2010 年，国家发展改革委又发布了《农产品冷链物流发展规划》，这个规划的周期为 2010～2015 年。2014 年 6 月国务院常务会议通过了《物流业发展中长期规划（2014～2020 年）》。这个规划部署了 12 项重点工程，其中第一大工程就是冷链物流。

6.2.1 冷链物流扶持政策现状

国内对冷链物流企业的支持政策繁多，各种资金补助项目数不胜数。政府相关扶持政策大致可以分为两类。一是资金补贴类，直接对企业进行资金上的补助或税务上的减免;二是方向指引类,通过制定相关政策,包括制定行业标准和规划冷链物流企业的发展方向等,为冷链物流企业的未来发展方向做出引导。

(1) 资金补贴类扶持政策

资金补贴类扶持政策有具体的金额。以2014年国务院印发的《物流业发展中长期规划(2014~2020年)》为例,该规划对车辆的购买进行了补助,但补助总额不可超过车辆购置实际价格的30%。这是政府对企业进行的直接资金补助,冷链物流企业在相关政策指引下可以扩大冷库建设面积,增加企业所拥有的冷藏车数量等。

(2) 方向指引类

2018年广州市商务局关于广州市十五届人大第三次会议第20182220号代表建议答复的函中,提到了冷链物流标准化试点建设和大力培育本土龙头企业,并制定了一系列冷链技术和冷藏车厢的规范文件,对冷链标准进行研制和推广。

这类扶持政策并非对企业进行补贴或是资金支持,但也是政府对冷链物流企业的扶持项目不可或缺的部分。因为相关政策的支持,冷链物流企业才能在一个更加公平和公开的平台上竞争,同时,更多的企业会因为政府的扶持而进入冷链物流行业,为这个行业带来更多新鲜的血液。本地的小企业因为得到了政府的扶持,可以与一些大型电商平台合作,如京东、阿里巴巴等,获得更大的客户源。可以说,政府为企业指明了未来的发展方向和策略。

表6-1按照时间线列举了两类政策。

表6-1 相关扶持项目列举

年份	资金补贴类	方向指引类
2009		国务院发布《物流业调整和振兴规划》
2010		国家发展改革委公布《农产品冷链物流发展规划》
2014~2020	国家在发布《物流业发展中长期规划(2014~2020年)》后,每年补贴农业冷链物流和现代物流项目200万~1000万元	

续表

年份	资金补贴类	方向指引类
2014		国务院常务会议发布《物流业发展中长期规划（2014~2020年）》
2016		财政部和商务部发布《关于中央财政支持冷链物流发展的工作通知》
2017		交通运输部发布《关于加快冷链物流保障食品安全促进消费升级的实施意见》
2017	中央财政服务业发展专项资金（冷链物流建设）项目计划	
2018		中国物流与采购联合会联合发布《关于开展供应链创新与应用试点的通知》
2019	中共中央政治局召开会议提出"城乡冷链物流设施建设等补短板工程"	

6.2.2 国内冷链物流企业现状

国内冷链物流企业按照运营业务类型可以分为7种模式，分别是仓储型、运输型、城市配送型、综合型、供应链型、电商型和平台型。

（1）仓储型。企业以低温仓储为主营业务，为客户提供低温货物的预冷、储存、保管和中转等服务。代表企业为太古冷链、普菲斯等。

（2）运输型。企业以低温运输货物为主营业务，包括干线运输、区域配送以及城市配送。代表企业有顺丰速运、双汇物流、荣庆物流、众荣物流等。

（3）城市配送型。企业以城市低温配送和仓储为主营业务，如北京快行线、鑫赟冷链、江西鲜配等。

（4）综合型。企业从事低温仓储、干线运输以及城市配送等综合业务。代表企业有招商美冷、上海广德、北京中冷、上海郑明等。

（5）供应链型。该类企业会围绕一个核心企业，从信息流、物流和资金流方面对完整的供应链进行控制，从采购到终端整个过程提供低温运输、储藏、加工、仓储、配送等服务，接着通过分销网将产品送到消费者手中。这类企业将供应商、制造商、物流商、分销商连成一个整体的功能网链结构。代表企业有希杰荣庆、上海极冰供应链、九曳供应链等。

（6）电商型。企业大多为生鲜电商企业自主建设的冷链平台，除了自用之外，还能为电商平台上的客户提供冷链物流服务。代表企业有菜鸟冷链、京东物流等。

（7）平台型。企业在大数据、物联网技术、IT技术的基础上，融合物流金融、保险等增值服务，构建"互联网+冷链物流"的冷链资源交易平台。代表企业有码上配、冷链马甲等。

目前冷链物流的主要应用领域集中在生鲜食品和药品领域，其中以生鲜农产品居多。随着我国农产品经营方式的转型升级，农业生产与现代化大流通及城市大市场的有效衔接，客观上对农产品尤其是生鲜农产品的物流配送提出了更高的要求。

6.3 冷链物流企业内部效应灰色关联度分析模型建立

6.3.1 整体思路

冷链物流企业内部效应的分析可以从许多方面来切入，但考虑到需要分析扶持政策与冷链物流企业内部效应的关联性，有必要从企业内部容易受扶持政策影响的部分入手来进行分析模型的建立。前文提到扶持政策一般分为两类，一类是资金补贴类，另一类是方向指引类。这两类扶持项目中，资金补贴类项目可以直接进行量化计算，企业的受益程度能最直观地反映出企业的受影响程度，企业受益程度又包括企业的利润变化和市场份额的变化。企业的技术水平，包括运输干线的变化、冷库运营面积的变化等，也能够较好地反映扶持项目给企业内部带来的影响。因此，企业的管理水平、效益水平和技术水平将作为研究企业内部效应的3个一级指标。

就企业的内部效应而言，影响因素较多且关系复杂，因此在无法得到全面的可靠信息时，难以确认政府扶持项目与企业内部效应变化的关系。而灰色系统理论为研究数据提供了一种多因素分析法，即灰色关联度分析。灰色关联度分析的基本思想是，将两种数据以几何形式表示，用数学的方法研究它们的对应关系，因素形成的几何形状越接近，两者之间的关联度就越大，反之则越小。

由于灰色关联度分析法是按照事物的发展趋势做分析，因此要在数据的提取上体现出企业内部效应的动态变化。冷链物流是新兴行业，大部分冷链物流企业尤其是上市冷链物流企业，成立时间较短，无法提供大量的样本。因此，对样本量的大小要求不高，也不需要典型分布规律的灰色关联度分析法是建立分析模型时的首选。

6.3.2 冷链物流企业内部效应灰色关联度分析模型建立

6.3.2.1 原始数据处理

由于各个因素有不同的计量单位，因此进行灰色关联度分析时需要对不同量纲和量级的数据进行无量纲化处理。方法包括均值化、初值化等。

6.3.2.2 指标体系的设计

企业内部效应指标体系的建立不是为了计算权重，而是为了更加直观地观察企业内部效应包含哪些指标，以及哪些指标可以被量化。企业内部效应指标见表6-2。

表6-2 冷链物流企业内部效应指标体系

目标层	一级指标	二级指标
冷链物流企业内部效应 A	管理水平 A_1	冷链物流企业对于未来发展的计划是否改变 A_{11} 企业内部组织架构是否变化 A_{12} 人员变化 A_{13} 员工绩效变化 A_{14} 企业是否有有效的库存控制 A_{15}
	效益水平 A_2	企业营业收入变化率 A_{21} 企业市场份额变化率 A_{22}
	技术水平 A_3	冷库数量 A_{31} 冷库运营面积 A_{32} 运输干线数量 A_{33} 冷藏车数量 A_{34} 经过 GSP 认证的车辆数量 A_{35}

6.3.2.3 计算灰色关联度

在确认了企业内部可以被量化的指标后就要对政府扶持和企业内部效应之间的关联性做计算，这里用的是灰色关联度，首先列出矩阵以便计算（见表6-3）。

表6-3 灰色关联度系数矩阵

年份	政府投资额度 (Y_i)	企业管理水平 [$X_i(k)$]	企业效益水平 [$X_i(k)$]	企业技术水平 [$X_i(k)$]
2015	Y_1	X_{11}	X_{21}	X_{31}
2016	Y_2	X_{12}	X_{22}	X_{32}
2017	Y_3	X_{13}	X_{23}	X_{33}
2018	Y_4	X_{14}	X_{24}	X_{34}

计算步骤：

第一步，确定母序列为政府每年对冷链物流企业的投资额度。

第二步，采用均值法对数据进行无量纲化处理。

$$X_i(k) = \frac{x_i(k)}{x_i(1)}, k=1,2,\cdots,n; i=0,1,2,\cdots,m \tag{6-1}$$

第三步，计算每个企业内部效应参数与政府投资额度对应参数的关联系数。

$$\xi_i(k) = \frac{\min_i \min_k |Y_k^* - X_k^i| + \rho \max_i \max_k |Y_k^* - X_k^i|}{|Y_k^* - X_k^i| + \rho \max_i \max_k |Y_k^* - X_k^i|} \tag{6-2}$$

式（6-2）中 $\rho \in (0,1)$，一般取 $\rho = 0.5$。

第四步：计算关联度。

$$r_i = \frac{1}{n}\sum_{k=1}^{n} \xi_i(k), k=1,2,\cdots,n \tag{6-3}$$

第五步：根据关联度判断政府扶持与企业内部效应变化的关系。

6.4 企业内部效应变化实证分析

6.4.1 顺丰冷运

6.4.1.1 企业介绍

顺丰速运（以下简称顺丰）可以说是国内物流运输的龙头企业，而于2014年成立的顺丰冷运专攻冷链板块，政府相关扶持项目对顺丰冷运有着直接而巨大的影响。顺丰是上市公司，相关收益和管理变动情况较易得知，因此选择顺丰冷运作为冷链企业的范例进行实证研究具有一定的代表性和可参考性。

由于灰色关联度只能做横向的计算对比,即企业内部哪个指标的变化与政府投资额的变化更加相关,因此为了能够纵向地观察顺丰冷运总体在时间线上对政策的反应度,需要将顺丰冷运发展历程与相关扶持政策按照时间线做出比对(见表6-4)。

表6-4 顺丰冷运发展历程与扶持政策的时间线比对

年份	顺丰冷运发展历程	相关扶持政策推出
2013	12月,顺丰成立食品供应链事业部	
2014	3月,顺丰成立医药物流事业部。 9月,顺丰推出了"顺丰冷运"品牌。 11月,顺丰正式成立冷运事业部(食品+医药)	国务院发布《物流业发展中长期规划(2014~2020年)》,将农产品及加工品、医药冷链等物流标准的修订工作列为重点工作
2015	1月,顺丰成立包装技术实验室	
2016	1月,顺丰冷运成立北京、上海、京津冀等14个分公司;2016年5月,顺丰冷运新增8个项目型组织。 8月,顺丰冷运成立香港分公司。至此,全国共有17个冷运分公司;2016年8月,顺丰冷运食品陆运干线发布会在上海举行。 9月,冷运疫苗成功配送至青藏高原6个藏区派送点。 11月,顺丰冷运医药陆运干线网发布会在海口举行	1. 财政部和商务部发布《关于中央财政支持冷链物流发展的工作通知》,明确提出"十三五"冷链物流发展方向。 2. 商务部和国标委联合发布《关于开展农产品冷链流通标准化示范工作的通知》,进一步建立健全冷链流通标准体系
2017	2月23日,顺丰上市	2017年,国务院颁布《关于冷链物流保障食品安全促进消费升级的意见》,指出要提高生鲜农产品和易腐食品的冷链流通率、冷藏运输率,大幅降低腐损率
2018	8月,顺丰宣布与美国夏晖集团成立新夏晖,发展联合冷运	

6.4.1.2 顺丰冷运内部效应分析

(1) 管理水平

2014年,顺丰内部启用了ERP系统变革项目和SAP系统,将人(人力资源)、财(财务资源)、物(物资管理)集成一体化管理,实现了公司内部的统一化管理模式。

从2016、2017、2018年顺丰的年度报告摘要来看,顺丰的管理水平变化不大。从2016年起，顺丰内部以岗定薪，员工的薪酬水平由市场水平决定，奖金也是由贡献价值和业绩决定，这些计酬方式体现了差异，激励了员工绩效，业绩导向的多元化长短期激励机制吸引和保留了公司核心人才。公司董事会则设立了薪酬与考核委员会，公司的高级管理人员直接对董事会负责并接受董事会的监督和考核。由于责权统一，因此充分增强了公司管理团队和核心技术人员对公司的归属感，该方法有效地将股东利益、公司利益和员工利益结合在一起。

（2）效益水平

最能够直观反映顺丰冷运效益水平并且能够被量化的效益水平指标为营业收入，这里将营业收入的变化视为效益水平的变化进行计算，营业收入见表6-5。

表6-5 顺丰冷运2016~2018年营业收入

年份	营业收入（亿元）	同比增长（%）	占顺丰全部营业收入比重（%）
2016	13.55	93.03	2.35
2017	22.95	69.37	3.23
2018	42.40	84.75	4.66

资料来源：顺丰2016~2018年年度报告。

（3）技术水平

顺丰冷运的技术水平指标变化见表6-6。

表6-6 顺丰冷运2016~2018年技术指标

年份	食品冷库数量（座）	食品运输干线数量（条）	医药冷库数量（座）	医药干线数量（条）	食品冷库运营面积（万平方米）	医药冷库运营面积（万平方米）	冷藏车数量（辆）	GSP认证医药仓（座）	经过GSP认证车辆（辆）
2016	59	71	2	12	13	2.5	497	-	227
2017	51	108	3	12	22.4	2.4	916	-	244
2018	51	121	3	36	23.7	2.98	672	4	209

资料来源：顺丰2016~2018年年度报告。

但如果按照表6-6进行计算，单位过多且复杂，难以进行无量纲化，因此用顺丰冷运每年在冷链项目上的投资额来代替技术水平的量化值。投资额见表 6-7。

表 6-7 顺丰冷运 2016~2018 年相关项目投资额

单位：万元

年份	冷链运输车辆	EPP 温控箱	合计
2016	4739	3066	7805
2017	15188	7650	22838
2018	29802	11350	41152

资料来源：顺丰 2016~2018 年年度报告。

6.4.1.3 关联度分析

第一步：确定政府历年对顺丰冷运的资助额度。

一般来说，各地政府都会给当地的冷链物流企业相应的扶持，如果要计算全国范围内的政府扶助项目总金额有些不切实际，第一是数据难以收集，第二是顺丰冷运在很多偏远地区是没有服务项目的。因此在本书中只对广东省 2015~2018 年的政府扶持项目进行数据收集，并在后面进行灰色关联度分析计算。政府资助额度见表 6-8。

表 6-8 政府资助情况

年份	主要事件	资助金额（万元）
2015	深圳市财政委员会与深圳市经济贸易和信息化委员会联合印发了《深圳市"主打两个市场"资金商贸流通业发展项目资助操作规程》，对年销售额 2 亿元以上或纳税额 1000 万元以上的连锁企业，进行最高 100 万元的补贴	100
2016	广东省农业厅会同省财政厅联合下发《关于印发 2017 年省级农业发展和农村工作专项资金（第一批）项目入库申报指南的通知》，安排专项资金用于扶持农产品产地田头冷库的设施设备建设，单个项目申请补助资金不超过 100 万元	100
2017	广州市商务委、广州市财政局发布《关于印发广州市商务发展专项资金电子商务与商贸物流事项实施细则的通知》，对现代化冷链物流基础设施、冷链运输设施设备、车辆升级改造、农产品冷链、现代冷链技术应用、冷链物流标准应用及推广项目等冷链物流建设项目进行扶持，最高补助不超过 300 万元	300
2018	国务院印发的《物流业发展中长期规划（2014~2020 年）》对广东省内相关物流企业进行补贴，该项目对物流企业的单个项目直接补助不超过总投资额的 20%，最高直接补助不超过 300 万元	300

资料来源：广东省冷链协会官网。

第6章 政府扶持冷链物流企业发展的内部效应分析

第二步：确定历年顺丰冷运内部管理水平、效益水平、技术水平的相关数据。

由于顺丰冷运的管理水平难以量化，因此这里只量化了顺丰冷运内部效应中的效益水平与技术水平，并将两者与广东省政府资助额度进行对比。初始值矩阵见表6-9。

表6-9 初始值矩阵

指标	2016年	2017年	2018年
政府资助额度（X_0）	100	300	300
企业效益水平（X_1）	13.55	22.95	42.4
企业技术水平（X_2）	7805	22838	41152

第三步：将表格中数据用均值法进行无量纲化处理。

将政府资助额度作为参考序列 X_0，其余因素作为比较序列，将上述指标写成矩阵形式进行无量纲化处理，处理结果见表6-10。

表6-10 无量纲化数据

指标	2016年	2017年	2018年
政府资助额度（X_0）	0.4286	1.2857	1.2857
企业效益水平（X_1）	0.5152	0.8726	1.6122
企业技术水平（X_2）	0.3261	0.9543	1.7196

第四步：差序列。根据公式

$$\Delta i(k) = |x_0^{(1)}(k) - x_i^{(1)}(k)| \qquad (6-4)$$

计算结果如表6-11所示。

表6-11 差序列

指标	2016年	2017年	2018年
Δ1	0.0866	0.4131	0.3265
Δ2	0.1025	0.3314	0.4339

根据公式，两级最小差 $\min\limits_{i}\min\limits_{k}|x_0^{(1)}(k) - x_i^{(1)}(k)| = 0.0866$，两级最大差 $\max\limits_{i}\max\limits_{k}|x_0^{(1)}(k) - x_i^{(1)}(k)| = 0.4339$。

第五步：根据公式

$$L_{0i} = \frac{\min_i \min_k |x_0^{(1)}(k) - x_i^{(1)}(k)| + \xi \max_i \max_k |x_0^{(1)}(k) - x_i^{(1)}(k)|}{|x_0^{(1)}(k) - x_i^{(1)}(k)| + \xi \max_i \max_k |x_0^{(1)}(k) - x_i^{(1)}(k)|} \quad (6-5)$$

取 $\xi = 0.5$ 计算灰色关联度系数（见表 6-12）。

表 6-12　灰色关联度系数

指标	2016 年	2017 年	2018 年
X_1	1	0.4818	0.5586
X_2	0.9502	0.5536	0.4664

依据公式

$$r_{0i} = \frac{1}{m} \sum_{k=1}^{m} L_{0i}(k) \quad (6-6)$$

解得灰色关联度（见表 6-13）。

表 6-13　灰色关联度

指标	企业效益水平（X_1）	企业技术水平（X_2）
关联度（r_{0i}）	0.6801	0.6567
排序	1	2

依据表 6-13，$r_{01} > r_{02}$，即企业效益水平的敏感度高于企业的技术水平。

6.4.1.4　分析

从时间线可以看出，顺丰抓住了国家政策的机遇发展了顺丰冷运。有许多冷链物流企业一开始因为巨大的资金缺口或是市场份额不够而错过发展冷运的好时机，而顺丰不仅有前期的物流业务作为基础，更是抓住了国内冷链物流发展的机遇。不难看出，如今的顺丰冷运已经在农业和医药行业都有着极高的地位。

从表 6-13 可以看出，政策每年的变动不大，企业效益水平对政府资助的敏感度要高于企业技术水平对政府资助的敏感度。结合灰色关联度分析法和时间线，观察顺丰冷运的发展与出台政策的相关性，能够看出政策对于顺丰冷运的帮助，尤其是医药冷链。2014 年国务院出台的相关政策将医药冷链作为重点发展领域,随后顺丰就顺势进军医药冷链领域,在2016~2018年大力发展了医药冷链业务。医药冷链在之前可以说是冷链的一片"蓝海",因为药品对于运输和储藏的要求非常高,以至于很少有冷链企业愿意一开始就去做这方面的业务。但顺丰前期的资本雄厚,足以支撑它去开拓这一业务。自运行以来,顺丰的医药冷链业务占比逐年递增。

这也给其他冷链物流企业一个启示,即政府扶持政策的导向对企业的发展作用较大,企业应当多关注政策导向,争取政府资助。政府资助项目大多经过筛选过程,将补助资金给示范企业或已经达到一定投资额度的企业,同时企业还需要完成上一年的建设才可以申请下一年的资助。但企业更多地应该找准发展定位,发现市场商机并进行融资。政策资助相对于企业融资来说只占了很小一部分,企业发展更大程度上还是取决于企业自身的战略。

6.4.2 锦江低温

6.4.2.1 公司简介

锦江低温全称是上海锦江国际低温有限公司,是上海锦江国际实业投资股份有限公司(以下简称锦江投资)旗下经营冷链物流业务的子公司,成立于1993年。锦江投资主营业务分为两块,一是客运业务,二是物流业务。物流业务运营范围包括冷藏、分拣、理配、加工、运输、配销及信息处理等。锦江低温被称为最安全的冷链物流企业之一。

同样,将锦江低温的发展历程与政府扶持项目做时间线上的比对,见表6-14。

表6-14 锦江低温发展历程与政府扶持项目的时间线比对

年份	锦江低温发展历程	相关扶持项目
2013	锦恒供应链管理有限公司与上海综保联合发展有限公司合作改建的1.1万吨普通仓库,已改造为0°C至零下25°C低温库。该冷库目前是上海自贸区临港保税区内第一家商检指定食品备案库	上海市发改委发放扶持资金280万元给锦江低温新建位于吴淞罗吉公司的1万吨现代化综合冷库
2015	锦江低温所有吴淞新建冷库投入试运营,锦江低温与连锁餐饮配送合作业务快速增长	

续表

年份	锦江低温发展历程	相关扶持项目
2016	1. 锦江低温成为锦江投资全资子公司。 2. 锦江低温向供应链服务型企业转变，打造全程供应链模式。 3. 锦江低温重点发展与餐饮连锁的合作业务	
2017	锦江低温推进与餐饮业合作业务的仓配一体业务模式	上海市发改委对冷链物流和现代物流项目的发展给予 200 万 ~ 1000 万元的资金扶持
2018	无新式经营模式的转变	

资料来源：上海锦江国际实业投资股份有限公司 2015 ~ 2018 年年度报告。

6.4.2.2 锦江低温内部效应分析

（1）管理水平

锦江低温所属的集团大且复杂，锦江低温的管理层多年来一直在尝试转变为扁平化管理，简化管理结构。2017 年集团内部经历了大裁员，员工人数从之前的 125 人左右下降到了 30 人左右，2018 年公司内部员工人数为 36 人，裁员后公司内部结构更加简化。

（2）效益水平

本章研究中将锦江低温的营业收入视为效益水平指标（见表 6 - 15）。

表 6 - 15　锦江低温营业收入

年份	营业收入（亿元）	同比增长（%）
2013	1.01	-0.97
2014	1.11	9.9
2015	0.84	-24.32
2016	1.24	47.61
2017	1.23	-0.81
2018	1.40	13.82

资料来源：上海锦江国际实业投资股份有限公司 2015 ~ 2018 年年度报告。

（3）技术水平

技术水平指标由锦江低温对冷链及相关设备的投资额来表示，但 2013 ~ 2015 年锦江低温的年度报告中未把低温冷链的成本分离出来，因此这里只呈现 2016 ~ 2018 年的锦江低温冷链相关设施投资金额（见表 6 - 16）。

表 6-16 锦江低温冷链相关设施投资金额

单位：亿元

年份	相关投资
2013	—
2014	—
2015	—
2016	1.12
2017	1.10
2018	1.20

资料来源：上海锦江国际实业投资股份有限公司 2015~2018 年年度报告。

6.4.2.3 关联度分析

2013~2018 年锦江低温获得的政府资助金额如表 6-17 所示。

表 6-17 锦江低温获得的政府资助金额

单位：万元

年份	政府扶持资金数额
2013	280
2014	—
2015	—
2016	—
2017	1000
2018	—

资料来源：上海锦江国际实业投资股份有限公司 2015~2018 年年度报告。

计算过程：

第一步：建立初始矩阵（见表 6-18）。

表 6-18 锦江低温初始值矩阵

指标	2013 年	2014 年	2015 年	2016 年	2017 年	2018 年
政府资助额度（X_0）	0.028	0	0	0	0.1	0
企业效益水平（X_1）	1.01	1.11	0.84	1.24	1.23	1.4
企业技术水平（X_2）	0	0	0	1.12	1.1	1.2

第二步：对初始矩阵中的数据用式（6-1）进行无量纲化处理，得到表 6-19。

表 6-19 锦江低温无量纲化结果

指标	2013 年	2014 年	2015 年	2016 年	2017 年	2018 年
政府资助额度（X_0）	1.3125	0	0	0	4.6875	0
企业效益水平（X_1）	0.8873	0.9751	0.7379	1.0893	1.0805	1.2299
企业技术水平（X_2）	0	0	0	1.9649	1.9298	2.1053

根据公式，两级最小差 $\min_i \min_k |x_0^{(1)}(k) - x_i^{(1)}(k)| = 0$，两级最大差 $\max_i \max_k |x_0^{(1)}(k) - x_i^{(1)}(k)| = 3.607$。

第三步：根据式（6-5），取 $\xi = 0.5$，计算灰色关联度系数，得出结果见表 6-20。

表 6-20 锦江低温灰色关联度系数

指标	2013 年	2014 年	2015 年	2016 年	2017 年	2018 年
企业效益水平（X_1）	0.8092	0.6491	0.7096	0.6234	0.3333	0.5945
企业技术水平（X_2）	0.5788	1	1	0.4786	0.3954	0.4614

第四步：计算灰色关联度。根据式（6-6），得出结果（见表 6-21）。

表 6-21 锦江低温灰色关联度

指标	企业效益水平（X_1）	企业技术水平（X_2）
关联度（r_{0i}）	0.6199	0.6524
排序	2	1

根据表 6-21，$r_{01} < r_{02}$，即企业技术水平的敏感度高于企业效益水平。

6.4.2.4 分析

根据目前的时间线比对，锦江低温大多数情况与顺丰冷运一样，由扶持政策或项目来把控企业发展方向而非补贴资金。2017 年锦江集团进行了大幅度裁员，同年上海市发改委为锦江低温提供了 1000 万元的扶持资金。从 2018 年年度报告来看，锦江低温并没有受到裁员的影响，反而营业收入大幅增长，可以看出政府扶持项目给企业效益水平带来的积极影响。

从表 6-21 可知，锦江低温与顺丰冷运对政府扶持有不同的反应，顺丰冷运的效益水平对政府扶持更加敏感，而锦江低温则是技术水平对政府扶持更加敏感。也就是说，不同的企业对于政府的扶持有不同的效应，这一般与企业自身的市场定位和对冷链物流的投资程度有关。

6.5　总结

冷链物流企业的发展越来越受到社会的重视，相对普通物流企业来说，这些企业前期的发展较为困难，资金的短缺、行业标准的缺失使得它们不得不用更多元的方法使自己在物流行业生存下去。

本章用灰色关联度分析法分析了政府扶持与企业内部效应的变化，旨在使更多的冷链物流企业和政府部门认识到政府扶持对于冷链物流企业发展的重要性，从而更加重视政府扶持政策。

本章对顺丰冷运和锦江低温的分析是站在政府的扶持对冷链物流企业的发展有一定帮助的基础上。企业的发展离不开政府的帮助与支持，但企业在获得政府扶持的同时更应该拓宽融资渠道，找准市场定位，发现市场"蓝海"，获得更大的发展。

第7章 消费者视角下食品冷链物流观念的市场普及度

7.1 引言

自2010年国家发改委《农产品冷链物流发展规划》实施以来，冷链物流行业逐步进入快速发展的轨道。随着经济的发展和居民收入水平的提升，人们对食品的要求逐渐精细化和多样化，更加注重食品的品质安全。2017年国务院办公厅发布的《关于加快发展冷链物流 保障食品安全 促进消费升级的实施意见》（国办发〔2017〕29号）指出，要加强冷链物流知识的宣传与普及。该意见将冷链物流的地位提到了一个新的高度，也为冷链物流的发展带来了新的机遇。

但由于我国冷链物流起步较晚，针对食品（主要是生鲜食品、生鲜农产品）的冷链物流在软硬件方面还存在许多问题，特别是消费者对食品冷链物流的认识不足，我国食品的冷链物流流通率较低，食品安全也难以得到全面有效的保障。大多数消费者因为冷链食品相对较高的价格、对冷链食品的不信任心理以及消费习惯，很少购买冷链食品，导致冷链食品的市场消费需求难以被激发。

为了刺激和满足消费者的需求，保障生鲜食品的品质安全，大力发展食品冷链物流势在必行，而冷链物流的发展与消费者的认知密不可分。提高食品冷链物流的市场普及度，就是使消费者对食品冷链物流有足够的认识和了解，对食品冷链物流有较高的接受度，从而购买冷链食品、使用冷链物流。但目前,食品冷链物流观念的市场普及主要停留在人们感性的模糊认识上,亟待对此开展深入研究。

7.2 文献综述

7.2.1 关于冷链物流的市场认识

谢如鹤等(2020)基于变异系数确定食品冷链各指标权重,以美国为参照建立国际食品冷链发展指数,研究表明我国的冷链物流发展水平与发达国家存在较大差距,重要原因是在需求侧,美国、德国、日本三个国家对于冷鲜食品的接受程度较高,而在中国,居民大都偏好鲜活食品,不喜欢冷冻食品,因此在一定程度上阻碍了冷链物流的发展。陈皓琪(2018)认为,食品冷链物流在我国居民消费市场的开发程度并不高,人们不能很好地接受冷链食品。李宁等(2019)基于北京市消费者调查数据构建了消费者网购生鲜农产品的满意度影响因素模型,引入质量易评估性和食品安全风险感知作为调节变量,研究了消费者网购生鲜农产品满意度的影响因素。王勇等(2019)选择某冷链公司的客户为调查对象,对该公司冷链物流服务质量进行评价。评价结果显示某公司冷链物流服务质量总体评价值为70.98,表明消费者对该公司冷链物流服务质量的总体感知为"满意"。

7.2.2 关于食品购买的消费者行为

Sheth 和 Mittal(2004)将消费者行为定义为"家庭消费者与企业消费者所采取的、可以导致其决定对产品及服务进行付款、购买和使用的心理上及实际上的活动"。刘仁(2007)比较了几种代表性的消费者购买行为理论,并探讨了外部环境对消费者购买行为的影响。消费者在购买生鲜食品时首先会考虑到食品的品质安全、品种、价格等因素。此外,消费者的受教育程度、性别和家庭结构模式、生活方式都会影响对生鲜食品的购买行为。并且消费者群体中普遍存在从众心理和求奇心理,如果某种生鲜食品的价格骤降、推出新产品、宣传声势浩大等行为会引起消费者的好奇与抢购。对冷链物流市场而言,要使消费者对冷链食品有信心,就要从消费者的需求与消费心理入手，相应的宣传工作必不可少，减少消费者对冷链食品的偏见，适当降低冷链食品的价格也能激发消费者的购买意愿。黄文彦等（2013）认为，消费者感知与购买意愿之间存在着正相关的关系。吴春霞（2014）以北京市居民为例，研究消费者网购生鲜食品的意愿受主观感知因素的影响情况，结果显示感知有用性与易用性对消费者网购生鲜食品意愿产生显著影响。杨金凤等（2019）以每日优鲜用户作为调查对象，研究消费者生鲜食品意愿的形成机制，结果表明大部分消费者网购生鲜食品意愿受到品牌形象与商品价格的影响。而胡定寰等（2003）采用了计量经济学中的分类选择模型，发现现实中生鲜农产品新鲜度和价格是消费者最为关注的两个因素，超市蔬菜价格越高，去超市买菜的人就越少；超市蔬菜质量越好，去超市买菜的人就越多。张耘堂（2020）对生鲜农产品质量预期、配送效率预期与O2O模式接受度及重复购买意愿之间的关系进行了实证分析，指出质量预期是消费者对O2O模式接受度的首要影响因素。

综上所述，以往的研究很少涉及消费者对食品冷链物流的认知情况，相关研究设计的指标体系过于专业，消费者也很难理解和判断。国内外尚无针对食品冷链物流观念市场普及度的研究。

7.3 市场调查分析

7.3.1 问卷设计

食品冷链物流观念的市场普及度可从三方面来量化分析。首先是消费者对食品冷链物流的认识度，这是体现市场普及度的基本层次，只有认识和了解食品冷链物流的概念和意义，才能逐步接受进而使用食品冷链物流。其次是消费者对食品冷链物流的使用度，其高低更能确切地体现市场普及度的高低。最后是消费者对食品冷链物流的接受度。市场调查问卷可以围绕这三方面进行设计。

问卷第一部分针对被调查对象的结构，主要包括性别、年龄、人均收入水平和职业身份。第二部分考察冷链物流观念的普及度情况，包括如下3个层面。

其一是消费者对冷链物流的认识度，包括：①消费者对冷链物流概念的了解程度；②消费者对冷链食品储存方式的了解程度，如消费者是否有将冷链食品放置于冰箱进行冷藏存放的意识；③消费者对冷链食品包装方式的了解程度，如在超市、社区生鲜店以及网购冷链食品是否进行了冷链包装；④消费者主动要求商家使用冷链包装的意识；⑤消费者对食品的品质安全与保鲜状况的关注度。

其二是消费者对食品冷链物流的使用度，包括：①消费者购买冷链食品与非冷链食品的比例，直观体现了使用情况；②消费者对冷链食品售卖场所的光顾度，如是否经常在超市、社区生鲜店以及生鲜网站购买生鲜食品（上述场为冷链食品主要售卖场所）；③消费者对生鲜食品网站的使用度。

其三是消费者对食品冷链物流的接受度，包括：①消费者对冷链食品价格的关注度；②消费者在得知冷链食品价格更高的情况下，购买冷链食品的意愿；③消费者对冷链物流的支持度。

本问卷于2019年5~6月在问卷星平台面向全国发布，共回收639份问卷，剔除无效问卷31份，最终有效问卷数为608份，问卷回收有效率为95%。

7.3.2 调查对象分析

由表7-1可知，调查对象中男性占比40.3%，女性占比59.7%；年龄集中在36~55岁，占比达43%，基本符合食品购买者的性别与年龄结构。从收入方面来看，家庭人均月收入在6000元以下的占大多数（51.97%），其中，月收入3001~6000元的人数占比为34.7%，属于中等收入群体。其次是月收入在6001~10000元的群体和10000元以上的群体，分别占比27.47%和20.56%，属于高收入群体，具有较好的经济条件，对生鲜食品有相当高的需求，特别是对于一些品质更好、价格更高的冷链产品。此次调查群体属于购买生鲜食品的主要群体，所获取的数据对本研究具有典型参考意义。

表7-1 消费者结构分析

单位：%

	性别		年龄		家庭人均月收入		
	男	女	36~55岁	其他	6000元以下	6001~10000元	10000元以上
占比	40.3	59.7	43	57	51.97	27.47	20.56

7.3.3 消费者对食品冷链物流的认识度统计分析

如表7-2所示,在调查对象中,大多数消费者对冷链物流的了解停留在"听说过,但不了解"的程度,占比为41.45%;"没有听说过"冷链物流的高达39%;而对冷链物流"比较熟悉"的只有114人,仅占18.75%。从以上数据来看,大部分调查对象的意识较差,对食品冷链物流认识不足。

表7-2 消费者对冷链物流的认识情况

单位:%

	没有听说过	听说过,但不了解	听说过,只了解基本概念	比较熟悉
占比	39.0	41.45	0.8	18.75

此外,在有过网购生鲜食品经历的455个调查对象中,有46.15%的人会主动要求网站商家进行冷链包装及运输,说明这部分网购生鲜食品的消费者是具有较强冷链物流意识的,更注重食品质量安全。在网购生鲜食品时,收到的食品大部分会使用冷链包装,占比53%。

总体而言,参与调查的消费者中,有网购经验的消费者对食品冷链物流的认识情况良好,但多数消费者的冷链物流意识较差,对食品冷链物流了解不多,不能充分认识到食品冷链物流的重要性。

7.3.4 消费者对食品冷链物流的使用度统计分析

(1) 消费者购买生鲜食品的关注点

实地调查显示,超市和大多数社区生鲜店所售卖的基本上是冷链食品,其生鲜食品的运输、仓储、销售等环节都使用了冷链物流。

由表7-3可知,消费者在购买生鲜食品的时候最为关注的是食品的保鲜状况和品质安全,分别占比85.86%和83.55%;其次是食品的价格和购买环境,分别占比55.92%和46.55%。这些说明消费者对冷链物流存在较高的需求,相应使用到冷链物流的机会也会增加。

表7-3 消费者对生鲜食品的关注情况

单位：%

关注指标	占比	关注指标	占比
食品保鲜状况	85.86	品种数量	26.97
品质安全	83.55	购买场所距离	26.48
食品价格	55.92	食品温度	14.14
购买环境	46.55	能否送货上门	11.18
食品包装	32.57	能否网上订购	6.90

（2）消费者购买生鲜食品的主要场所

如表7-4所示，在购买生鲜食品的场所选择上，消费者购买新鲜肉类、鲜活水产的第一选择是菜市场，比例为83.22%；购买果蔬、蛋类和冷链食品的第一选择则是超市，占比分别为76.48%和79.93%。在菜市场购买生鲜食品的平均比例依旧较高，说明消费者对冷链的使用度较低。调查显示，消费者购买新鲜/鲜活类的食品较多，占比为86%；购买冷鲜/冷冻类食品的比例较低，只占到14%。可以看出消费者对冷链食品的购买率较低，对冷链物流的使用度也较低。二者之间相差较大，可能也存在消费者把平常购买的冷鲜肉当作新鲜食品的情况，这说明了消费者对冷链食品的了解不足。

表7-4 消费者购买各类生鲜食品的主要场所

单位：%

场所	果蔬、蛋类	新鲜禽肉类、鲜活水产	冷鲜/冷冻禽肉类、水产
菜市场	76.32	83.22	73.03
超市	76.48	74.51	79.93
社区生鲜/水果店	53.95	46.22	44.41
路边摊贩	16.94	9.87	7.24
生鲜网站	12.83	11.51	13.16
其他	1.48	1.48	1.64

（3）消费者的网购经历

调查显示，在608个调查对象中，有153个从未有过网购生鲜食品经历（占比为25%），而在3个月内有过10次以上购买经历的比例不足4%。说明调查对象网购生鲜食品的次数比较少。在食品冷链物流的使用情况上，消费者更多关注的是食品安全和品质问题，偏好购买新鲜、鲜活类的食品，说明消费者对冷链食品的接受度较低，没有充分认识和使用冷链物流。

7.3.5 消费者对食品冷链物流的接受度统计分析

（1）对冷链食品的价格接受情况

冷链食品既包含食品冷链物流的运输、仓储成本，也附加了冷链食品的预冷加工等成本，所以冷链食品的价格会比普通新鲜食品价格更高。调查结果显示，调查对象对食品价格的关注度较高，达到了56%。而当面对价格较高的冷链食品时，46%的人依旧愿意购买冷链食品，而54%的人则不愿意购买。虽然人数相差不是太多，但愿意购买的人数少于不愿意购买的人数这一问题不可忽视。虽然冷链食品有一定市场需求，但面对高价时更多人还是选择"不愿意"，说明消费者对冷链食品的接受度相对较低，冷链食品价格高也是消费者购买冷链食品的一大阻碍因素。

（2）消费者购买冷链食品的关注点与态度的交叉分析

如表7-5所示，在比较关注生鲜食品价格的调查对象中，只有42.94%的人表示愿意购买高价格的冷链食品，接受度低于50%，处于较低水平。在面对冷链食品的高价格时，多数人不会选择继续购买。由于我国消费者的消费习惯和对冷链食品缺乏信任，因此较少购买冷链食品，这种现象更不利于食品冷链物流的应用与发展。张耘堂（2020）指出，生鲜产品质量对价格接受度有重要影响。

表7-5 消费者购买冷链食品的关注点与态度的交叉分析

单位：%

关注指标	愿意者占比	不愿意者占比	关注指标	愿意者占比	不愿意者占比
食品保鲜状况	46.17	53.83	品种数量	50.00	50.00
品质安全	44.49	55.51	购买场所距离	42.24	57.76
食品价格	42.94	57.06	食品温度	55.81	44.19
购买环境	51.94	48.06	能否送货上门	61.76	38.24
食品包装	50.00	50.00	能否网上订购	62.16	37.84

79%的调查对象对食品冷链物流是持支持态度的,不支持的人占极少部分,只有不到4%的比例,说明消费者对食品冷链物流的接受度较高,对食品冷链物流有需求,能理解其必要性和重要性,有利于食品冷链物流的发展。但还有16.94%的被调查对象对食品冷链物流持无所谓的态度,这一部分人对于食品冷链物流没有详细的了解,只停留在表面,没有充分认识到食品冷链物流对食品安全的重要性。

7.4 市场普及度的量化分析

以消费者为主要研究对象,建立评价指标体系,根据专家打分和市场问卷调查,计算食品冷链物流观念市场普及度的评价等级和具体评估分数,由此得到我国食品冷链物流观念的市场普及程度,进而提出改进的建议。

7.4.1 市场普及度指标体系的构建

结合消费者对冷链食品消费的具体情况,将市场普及度评价问题所包含的因素分为目标层、准则层和指标层,评价层则表示最终评价结果(见表7-1)。由于消费者和销售商对食品冷链物流的认识度、使用度和接受度是分析市场普及度的代表性因素,因此把这3个方面作为准则层建立层次结构模型。一级指标有3个,分别用U_1、U_2、U_3表示;二级指标由多个具体指标组成,用U_{ij}表示。该层次结构模型如图7-1所示,建立相应的评价集:

$$V = \{v_1, v_2, v_3, v_4, v_5\} = \{低,较低,一般,较高,高\} \qquad (7-1)$$

7.4.2 确定指标权重

运用层次分析法来确定市场普及度评价体系中各个指标的权重,运用专家打分法来确定3个一级指标和11个二级指标的权重。专家对各个指标的重要程度进行主观打分,之后进行归一化处理,再进行加权平均,可算出各个指标的最终权重。

2019年6月本课题组向全国冷链领域39位知名专家发放调查表(全部有效),根据分值经过归一化处理得到一级指标权重,见表7-6。

```
目标 ──── 市场普及度指数 U
           │
准则 ── 认识度 U₁ ── 使用度 U₂ ── 接受度 U₃
```

指标(认识度 U₁):
- 对冷链物流概念的了解程度
- 对冷链食品储存方式的了解程度
- 消费者对冷链食品下存储方式的了解程度
- 对食品的品质安全与保鲜状况的关注度

指标(使用度 U₂):
- 购买冷链食品与非冷链食品的比例
- 对冷链食品售卖场所的光顾度
- 对生鲜网站的使用度

指标(接受度 U₃):
- 对冷链食品价格的关注度
- 对购买高价冷链食品的意愿
- 对冷链物流的支持度

评价：低　较低　一般　较高　高

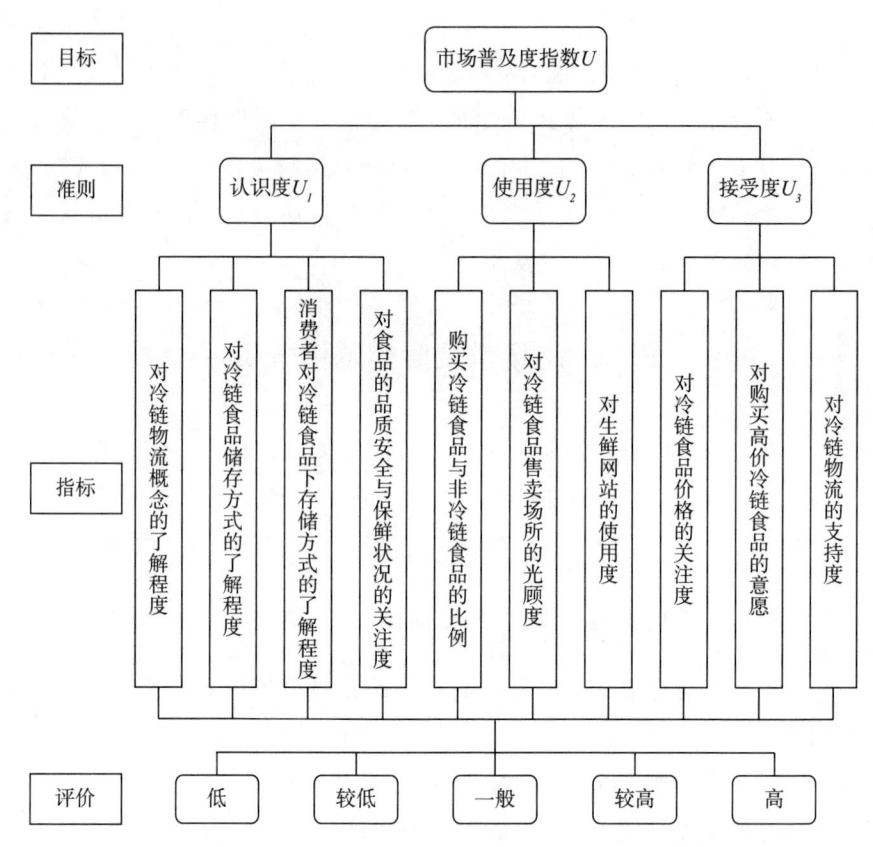

图 7-1　食品冷链物流观念的市场普及度评价层次与结构

表 7-6　一级指标权重

专家	U_1	U_2	U_3		U_1	U_2	U_3
专家 1	9	10	7		0.35	0.38	0.27
专家 2	10	8	9		0.37	0.30	0.33
专家 3	10	10	9	归一化处理	0.34	0.34	0.31
专家 4	8	9	6		0.35	0.39	0.26
专家 5	8	10	7		0.32	0.40	0.28
……	……	……	……		……	……	……
专家 39	5	9	7		0.24	0.43	0.33
	—			加权平均	0.31	0.36	0.33

第7章 消费者视角下食品冷链物流观念的市场普及度

由专家打分法可得一级指标权重为：

$$W = (U_1 \quad U_2 \quad U_3) = (0.31 \quad 0.36 \quad 0.33)$$

对于 $U - U_i$ 进行一致性检验，计算得出：$\lambda \max = 3.002$，$CI = 0.001$，$CR = 0.002 < 0.10$，表明通过一致性检验。

同理可得二级指标权重：

$$w_1 = (U_{11} \quad U_{12} \quad U_{13} \quad U_{14} \quad U_{15}) = (0.19 \quad 0.19 \quad 0.18 \quad 0.21 \quad 0.23)$$

对于 $U_i - U_{i1}$ 进行一致性检验，计算得出：$\lambda \max = 5.000$，$CI = 0.000$，$CR = 0.000 < 0.10$，表明通过一致性检验。

$$w_2 = (U_{21} \quad U_{22} \quad U_{23}) = (0.32 \quad 0.36 \quad 0.32)$$

对于 $U_i - U_{i2}$ 进行一致性检验，计算得出：$\lambda \max = 3.002$，$CI = 0.001$，$CR = 0.001 < 0.10$，表明通过一致性检验。

$$w_3 = (U_{31} \quad U_{32} \quad U_{33}) = (0.35 \quad 0.35 \quad 0.30)$$

对于 $U_i - U_{i3}$ 进行一致性检验，计算得出：$\lambda \max = 3.003$，$CI = 002$，$CR = 0.003 < 0.10$，表明通过一致性检验。

7.4.3 市场普及度的评价计算

（1）对问卷中能体现认识度、使用度以及接受度这3个一级指标的数据进行归纳整理，根据建立的指标评价集分成5个等级，整理后的问卷调查统计评价值如表7-7所示。

表7-7 食品冷链物流观念市场普及度问卷评价值

评价指标	低	较低	一般	较高	高
对冷链物流概念的了解程度 U_{11}	130	206	128	93	51
对冷链食品储存方式的了解程度 U_{12}	18	183	87	288	32
对冷链食品包装方式的了解程度 U_{13}	14	148	246	104	96
消费者主动要求冷链包装的意识 U_{14}	68	96	149	210	85
对食品的品质安全与保鲜状况的关注度 U_{15}	25	109	142	168	164
对冷鲜/冷冻食品的购买度 U_{21}	135	175	183	87	28
对售卖冷链食品场所的光顾度 U_{22}	103	173	213	80	39

续表

评价指标	低	较低	一般	较高	高
对生鲜网站的使用度 U_{23}	153	153	225	55	22
对生鲜食品的价格因素的关注度 U_{31}	67	92	187	218	44
对购买高价冷链食品的愿意度 U_{32}	142	84	136	166	80
对冷链物流的支持度 U_{33}	23	103	134	192	156

统计得出二级指标权重后，将表 7-7 中的评价值作归一化处理，得到归一化矩阵 R_{Ui}；再将二级指标权重与归一化矩阵 R_{Ui} 相乘，即可得到二级评价向量 R_n，如表 7-8 所示。

表 7-8 市场普及度评价表

一级指标	一级权重	二级指标	二级权重	二级评价向量 R_n
U_1	0.31	U_{11}	0.19	$R_1 = (0.0833\quad 0.2398\quad 0.2452\quad 0.2859\quad 0.1458)$
		U_{12}	0.19	
		U_{13}	0.18	
		U_{14}	0.21	
		U_{15}	0.23	
U_2	0.36	U_{21}	0.36	$R_2 = (0.2147\quad 0.2752\quad 0.3389\quad 0.1226\quad 0.0487)$
		U_{22}	0.32	
		U_{23}	0.32	
U_3	0.33	U_{31}	0.35	$R_3 = (0.1317\quad 0.1521\quad 0.2521\quad 0.3158\quad 0.1484)$
		U_{32}	0.35	
		U_{33}	0.30	

已知一级指标的权重为 $W = (0.31\quad 0.36\quad 0.33)$，将一级权重 W 与二级评价向量 R_n 相乘，求得综合评价值 Z。

$$Z = W \times R_n$$

$$= (0.31\quad 0.36\quad 0.33) \times \begin{pmatrix} 0.0833 & 0.2398 & 0.2452 & 0.2859 & 0.1458 \\ 0.2147 & 0.2752 & 0.3389 & 0.1226 & 0.0487 \\ 0.1317 & 0.1521 & 0.2521 & 0.3158 & 0.1484 \end{pmatrix} \quad (7-2)$$

可得综合评价值为

$$Z = (0.1464\quad 0.2234\quad 0.2809\quad 0.2366\quad 0.1115)$$

第7章 消费者视角下食品冷链物流观念的市场普及度

根据本章建立的评价集 $V = \{v_1, v_2, v_3, v_4, v_5\} = \{$低，较低，一般，较高，高$\}$，与综合评价值相对应分析，可知代表"市场普及度低"的评价值为 0.1464，代表"市场普及度较低"的评价值为 0.2234，代表"市场普及度一般"的评价值为 0.2809，代表"市场普及度较高"的评价值为 0.2366，代表"市场普及度高"的评价值为 0.1115。根据评价值对比可知，代表"市场普及度一般"的评价值 0.2809 为最大值。因此，按照最大隶属度原则，我国食品冷链物流观念的市场普及度综合评价结果为一般普及水平。

这种计算方法得出的评价值是由评价层级来反映市场普及度的水平，不是具体指数，结果不够直观，因此增加第二种计算方法，计算出具体的评价指数，结果更为直观清晰，更易于理解。

（2）对问卷调查所得数据进行频数分析，得到各个二级指标的频数百分比，如表 7-9 所示。

表 7-9 二级指标权重与频数百分比

二级指标	二级指标权重	频数百分比（%）
U_{11}	0.19	37.17
U_{12}	0.19	80.26
U_{13}	0.18	72.7
U_{14}	0.21	46.15
U_{15}	0.23	84.7
U_{21}	0.36	13.98
U_{22}	0.32	45.91
U_{23}	0.32	49.68
U_{31}	0.35	55.92
U_{32}	0.35	46.05
U_{33}	0.30	79.28

再将二级指标频数百分比与各个二级指标权重相乘，可算出各个一级指标的评价指数，如下所示。

$$U_1 = U_{11} \times 0.19 + U_{12} \times 0.19 + U_{13} \times 0.18 + U_{14} \times 0.21 + U_{15} \times 0.23 = 0.645702$$

$$U_2 = U_{21} \times 0.36 + U_{22} \times 0.32 + U_{23} \times 0.32 = 0.356216$$

$$U_3 = U_{31} \times 0.35 + U_{32} \times 0.35 + U_{33} \times 0.30 = 0.594735$$

上述结果表明，消费者对冷链物流的认识度和接受度指数分别为 0.65 和 0.59，处于较高水平；但对冷链物流的使用度较低，指数仅为 0.36。

将 U_1、U_2、U_3 分别与其对应的权重相乘，得到最终评价指数 U。

$$U = U_1 \times 0.31 + U_2 \times 0.36 + U_3 \times 0.33 = 0.524$$

即我国冷链物流观念的市场普及度 U 的具体评价指数为 0.524。

依据式（7-1），将评价值总分为 1 的评价集划分为 5 个分数段，那么 0~0.2 的评价值分数段表示"市场普及度低"，0.21~0.40 的评价值分数段表示"市场普及度较低"，0.41~0.60 的评价值分数段表示"市场普及度一般"，0.61~0.80 的评价值分数段表示"市场普及度较高"，0.81~1.00 的评价值分数段表示"市场普及度高"。本章通过计算得到的市场普及度评价指数为 0.524，处于 0.41~0.60 区间，表示"市场普及度一般"，说明目前我国食品冷链物流观念的市场普及度不高。

两种方法得出的最终评价结果都表明，我国食品冷链物流观念的市场普及度为一般普及水平。

从消费者的视角出发，对食品冷链物流的市场普及度进行量化分析，得出食品冷链物流市场普及度为一般水平的结论，与本章的定性分析也有符合之处。消费者对于食品冷链物流的认识度和接受度较高，但总体使用度一般，这是导致我国食品冷链物流需求受限制的重要原因。

7.5 结论与建议

7.5.1 结论

（1）实地调研表明，从生鲜食品的生产层面到销售层面，存在种种问题——预冷等冷处理环节被生产商忽视、冷链运输对接不规范、仓储环境和销售环节达不到低温要求等，这些都会造成食品损耗风险的增加。这些现象反映出生产商和供应商以及冷链运输企业的冷链意识不够强、冷链物流的效率不高、生鲜食品的损耗增加、冷链物流的体系不完善等问题。

（2）调查数据显示，消费者对食品冷链物流的认识度不高，80%以上的消费者对冷链物流并不了解；消费者购买冷鲜/冷冻类食品较少，比例只占到14%；消费者对冷链物流的使用度也较低，更偏好在菜市场购买生鲜食品，生鲜食品超市和社区生鲜店一般是第二选择，网购生鲜食品所占比例低；在比较关注生鲜食品价格的消费者中，只有42.94%的人表示愿意购买高价格的冷链食品，接受度低于50%，处于较低水平。相对于价格更高的冷链食品，消费者购买更多的是新鲜、鲜活类的食品。由于冷链食品价格较高和消费者对冷链食品的认知不足，冷链食品的购买率较低，导致冷链物流的使用度较低。一个好的趋势是79%的消费者对食品冷链物流是持支持态度的，不支持的人只占极少数。

（3）根据专家评价和市场调查，按照最大隶属度原则，我国食品冷链物流观念的市场普及度综合评价结果为一般了解程度。基于消费者的调查，应用AHP法计算得到我国食品冷链物流市场普及度综合评价值为0.524。

7.5.2 建议

为了提高食品冷链物流的市场普及度，要从消费者的角度出发，结合政府、冷链物流企业、销售商等主体，从认识度、使用度以及接受度等方面进行宣传、监督和奖励等工作。要从食品冷链的产地源头抓起，重视预冷处理，规范冷库建设与使用，保证生鲜食品始终处于低温环境中，降低生鲜食品在运输途中的损耗和成本，提高冷链物流的效率。只有提高了食品冷链物流的市场普及度，才能进一步释放和刺激对食品冷链物流的需求。具体而言，可从以下几方面发力。

（1）加大全社会冷链物流的宣传力度，提高民众的冷链物流意识。政府部门可在公共场所投放食品冷链物流知识的宣传品，使广大民众了解食品冷链物流的重要性与必要性。增加社区生鲜店的数量，吸引消费者，提高消费者对冷链食品的接触率和购买率。

（2）政府对食品冷链物流行业进行补贴和资金支持，提高冷链技术水平，降低食品冷链物流的成本，从而降低冷链食品的价格，提高民众对食品冷链物流的接受度和冷链食品的购买率。

（3）针对生鲜食品的生产商开展食品冷链物流的知识讲座，宣传食品冷链物流对生鲜食品品质安全的重要性与必要性，并推广使用食品冷链物流行业标准，加强监管，从源头上推广冷链物流的应用。

（4）规范销售商操作行为，加强冷链物流培训。规范超市以及社区生鲜店对生鲜食品的仓储以及销售过程，特别是加强对农贸市场的监督与管理，使其按标准严格进行生鲜食品的储存、加工以及摆放等销售行为。加强对相关企业员工的培训和食品冷链物流知识的普及，使相关企业员工了解食品冷链物流的概念，认识冷链物流过程中的环节，并掌握冷链物流相关操作技术。对于在生鲜网站上售卖生鲜食品的商家进行严格的资质认定，保证生鲜食品的品质安全。严格规范生鲜网站的运营，加大宣传力度，吸引消费者网购生鲜食品，扩大消费者对冷链食品的需求。

参考文献

艾青益：《电商背景下降低农村生鲜产品物流成本的研究》，《现代经济信息》2015年第14期。

毕国通：《我国生鲜农产品冷链物流发展现状与对策研究》，《中国商论》2017年第20期。

蔡依平、张文娟、张世翔等：《基于生命周期评估的冷链物流碳足迹计算》，《物流技术》2015年第1期，第34卷。

曹海平：《怎样提高蔬菜运输的效益》，《上海蔬菜》1987年第3期。

曹明霞：《灰色关联分析模型及其应用的研究》，南京航空航天大学，2007。

曹武军、樊苗：《农超对接下生鲜农产品的期权契约定价策略》，《物流技术》2012年第9期，第31卷。

曹武军、李新艳：《收益共享契约对生鲜农产品双渠道供应链协调研究》，《江苏农业科学》2014年第11期，第42卷。

常丽娜、韩星：《我国果蔬冷链物流建设现状及发展建议》，《中国果蔬》2015年第2期，第35卷。

陈灿平：《网上农产品交易平台的定价策略研究——基于双边市场理论》，《西南民族大学学报》（人文社科版）2019年第3期，第40卷。

陈皓琪：《我国生鲜食品冷链物流发展现状与思考》，《现代食品》2018年第8期。

陈红华、田志宏：《企业农产品可追溯系统的成本及定价策略——基于A企业调研数据的分析》，《中国农业大学学报》（社会科学版）2016年第4期，第33卷。

陈洪国、彭永宏：《常温泡沫箱加冰运输条件下荔枝的温度、品质、呼吸和乙烯释放变化》，《果树学报》2001 年第 3 期，第 18 卷。

陈厚彬：《荔枝产业综合技术》，广东科技出版社，2010。

陈军、但斌：《基于降价预期的生鲜农产品定价策略研究》，《管理工程学报》2011 年第 3 期，第 25 卷。

陈科、梁进社：《北京市生活垃圾定价及计量收费研究》，《资源科学》2012 年第 5 期，第 24 卷。

陈丽新、孙才志：《中国农产品虚拟水流动格局的形成机理与维持机制研究》，《中国软科学》2010 第 11 期。

陈锐亮、杨振德、赖家业、刘雪羡：《枇杷贮藏保鲜研究》，《中国南方果树》2002 年第 5 期。

崔雨欣：《基于 Lasso－BP 神经网络的河北省物流需求预测研究》，河北经贸大学，2019。

崔忠付：《冷链物流进入快速发展阶段》，《中国对外贸易》2014 年第 9 期。

邓超：《基于质量安全信息共享的苏果超市农产品定价决策研究》，东南大学，2015。

邓聚龙：《灰色系统综述》，《世界科学》1983 年第 7 期。

邓莉、冉光和：《重庆农村金融发展与农村经济增长的灰色关联分析》，《中国农村经济》2005 年第 8 期。

董千里、阎敏、董明：《关于区域物流理论在我国应用的研究》，《重庆交通学院学报》1998 第 2 期。

樊艳琳：《探索生鲜电商如何降低物流成本》，《现代经济信息》2015 第 15 期。

冯贺平、吴梅梅、杨敬娜：《基于 ZigBee 技术的果蔬冷链物流实时监测系统》，《江苏农业科学》2017 年第 6 期，第 45 卷。

冯贺平、吴梅梅：《基于 WSN 的果蔬冷链物流实时监测系统研究》，《保鲜与加工》2016 第 5 期，第 16 卷。

伏红勇、但斌：《天气影响产出下"公司＋农户"模式的风险补偿协调契约》，《管理工程学报》2015 年第 2 期，第 29 卷。

高海硕、陈桂葵、黎华寿、骆世明、段雄伟、刘亚玲：《广东省农村垃圾产生特征及处理方式的调查分析》，《农业环境科学学报》2012 年第 7 期，

第 31 卷。

高一兰:《我国冷链物流公共政策目标体系研究》,《商学研究》2017 年第 4 期。

龚建华:《瓜果蔬菜运输中的保鲜》,《上海蔬菜》1997 年第 2 期。

龚树生、梁怀兰:《生鲜食品的冷链物流网络研究》,《中国流通经济》2006 年第 2 期。

郭家德:《农产品冷链物流模式及对策研究》,武汉理工大学,2012。

郭明德、李红:《农产品冷链物流发展水平评价——基于 12 典型省市数据分析》,《商业经济研究》2019 年第 1 期。

韩松:《新时期我国农产品物流技术与装备发展探析》,《中国流通经济》2008 年第 5 期。

何明珂:《服务于区域物流发展需要 服务于现代物流理论研究——评〈湖南现代物流发展研究报告(1997~2005)〉》,《湖南商学院学报》2007 年第 3 期。

何品晶、张春燕、杨娜等:《我国村镇生活垃圾处理现状与技术路线探讨田》,《农业环境科学学报》2010 年第 11 期,第 29 卷。

何跃:《互联网背景下基于 EDA 的城市物流效率评价研究》,《现代商业》2020 年第 5 期。

贺盛瑜、马会杰:《农产品冷链物流生态系统的演化机理》,《农村经济》2016 年第 10 期。

洪岚:《我国生鲜农产品冷链投资不足的原因解析》,《中国流通经济》2010 年第 10 期。

胡定寰、俞海峰、T. Reardon:《中国超市生鲜农副产品经营与消费者购买行为》,《中国农村经济》2003 年第 8 期。

胡梦杰、孟凡婷:《基于物联网技术的冷链智能化应用研究》,《物联网技术》2020 年第 3 期,第 10 卷。

胡鹏基:《基于 Arima-BP 的城市物流需求预测及发展对策研究》,天津理工大学,2019。

胡小平、涂文涛:《中美两国小麦市场竞争力比较分析》,《管理世界》2003 年第 9 期。

胡雪梅：《烟台生鲜农产品物流节点选址研究》，北京交通大学，2016。

黄福华、周敏：《封闭供应链环境的绿色农产品共同物流模式研究》，《管理世界》2009年第10期。

黄建华、陈严铛、卢箫扬：《基于 ARIMA－PCR 模型的福建省物流需求预测》，《武汉理工大学学报》（信息与管理工程版）2019年第6期，第41卷。

黄利伟：《我国农产品冷链物流发展的问题与对策研究》，中国农业科学院，2007。

黄伟波：《变温管理对大棚黄瓜生长和产量影响》，《北方园艺》1997年第6期。

黄文彦、劳陈峰：《网络口碑质量对顾客感知价值和购买意愿的影响研究》，《消费经济》2013年第5期，第29卷。

黄循精：《世界荔枝生产与贸易综述》，《世界热带农业信息》2007年第5期。

霍伟、徐晓迪：《我国物流产业效率的区域差异性及影响因素》，《哈尔滨师范大学社会科学学报》2019年第5期。

季益清、张进疆、刘清化、陈永春：《产地型预冷保鲜库的推广》，《现代农业装备》2010第Z1期。

姜大立、杜文、张拥军：《易腐物品物流配送中心选址的遗传算法》，《西南交通大学学报》1998年第4期。

姜宁、黄万：《政府补贴对企业 R&D 投入的影响——基于我国高技术产业的实证研究》，《科学学与科学技术管理》2010年第7期。

蒋侬辉、刘伟、袁沛元等：《荔枝保鲜包装技术研究进展》，《包装工程》2016年第15期，第37卷。

金亮：《不对称信息下"农超对接"供应链定价及合同设计》，《中国管理科学》2018年第6期，第26卷。

靳明、李爱喜、赵昶：《绿色农产品的定价策略与博弈分析》，《财贸经济》2005年第3期。

赖修源：《我国区域生鲜农产品的物流模式与发展路径》，《商业经济研究》2016年第24期。

乐小兵：《区域物流与区域经济协同成长模型及其应用研究》，《科技广场》2015年第11期。

黎巧、马一茗：《基于协同理论的长江经济带城镇化与生态建设耦合系统的研究》，《河南农业大学学报》2020年第218期。

李翠、陈博、张光涛：《参照点公平视角下农超对接价格策略分析》，《商业经济研究》2017年第12期。

李凤艳：《Ⅰ-Ⅰ型农超对接模式下农产品转移价格的控制》，《农业经济》2015年第6期。

李建军、舒辉：《区域物流协同成长实证研究》，《中国流通经济》2014第9期，第28卷。

李磊、张彦玲：《易腐农产品配送中心选址问题》，《江南大学学报》（自然科学版）2013年第6期，第12卷。

李莉、刘超超、李蕾、林源：《我国水果包装现状及问题启示》，《保鲜与加工》2016年第2期，第16卷。

李琳、范体军：《零售商主导下生鲜农产品供应链的定价策略对比研究》，《中国管理科学》2015年第12期，第23卷。

李梦觉、曹伟、谢小良：《基于混合整数规划法的农产品物流配送中心选址模型》，《统计与决策》2011年第8期。

李宁、孙金华、李丹莉：《网购生鲜农产品消费者满意度影响因素实证研究》，《商业经济研究》2019第11期。

李秋月、龙桂英、巴良杰、邝健飞、陆旺金、陈建业：《不同物流条件对荔枝采后贮藏期间果实品质的影响》，《广东农业科学》2014年第16期，第41卷。

李志、何小勇：《果蔬物流流程建设研究》，《中国流通经济》2009年第1期，第23卷。

李志刚、刘丹丹、张小栓：《基于分簇数据融合的农产品冷链温度监控方法》，《农业机械学报》2017年第8期，第48卷。

梁东辉：《基于价值流分析的水产品冷链物流研究》，北京交通大学，2014。

梁芸志、陈存坤、吴昊等：《不同预冷温度对采后番茄贮藏品质的影响》，《食品研究与开发》2018年第13期，第39卷。

林逢春、陈静：《条件价值评估法在上海城市轨道交通社会效益评估中的应用研究》，《华东师范大学学报》（哲学社会科学版）2005年第1期。

林晶：《多目标模型下商贸流通业物流外部性的补偿性研究》，《商业经济研究》2015年第17期。

刘晨敏：《复合相变蓄冷材料研究进展及在冷链物流中的应用》，《应用化工》2020年第7期，第49卷。

刘烦康、叶健恒：《冷链物流管理》，北京师范大学出版社，2011。

刘劲：《生鲜食品冷链配送的LRP研究》，武汉理工大学，2015。

刘玲、陈淮莉：《基于双渠道联合库存策略的生鲜品产销》，《工业工程》2015年第4期，第18卷。

刘茜：《农产品营销中的价格影响因素及定价策略》，《价格月刊》2016年第7期。

刘倩晨：《考虑碳排放的冷链物流研究》，清华大学，2010。

刘仁：《绿色食品购买影响因素实证研究》，长沙理工大学，2007。

刘荣港、陈学中、王成波、姜琳琳：《绿色物流发展的外部性研究分析》，《物流工程与管理》2011年第3期，第33卷。

刘松毅、李伟、李文进、苏鑫、刘旭明：《厌氧发酵生物技术处理果蔬废弃物分析及展望——基于北京新发地农产品批发市场的调查》，《农业展望》2013年第10期，第9卷。

刘晓岚：《我国果蔬冷链物流发展对策分析》，《现代商贸工业》2009年第17期，第21卷。

刘洋、王利艳：《果蔬生鲜类农产品O2O、单一线上、单一线下3种运作模式的定价策略对比研究》，《世界农业》2017年第8期。

路茜、蒋雪梅：《贵州省区域物流与区域经济发展的关系研究》，《物流工程与管理》2020年第1期，第42卷。

罗诚：《广西崇左市江州区特色水果产业发展研究及品种引进》，浙江大学，2015。

罗建、何传磊、赵蕾、薛锋：《基于云模型的区域物流与经济耦合度研究》，《交通运输工程与信息学报》2020年第1期，第18卷。

罗毅、李昱龙：《基于熵权法和灰色关联分析法的输电网规划方案综合决策》,《电网技术》2013年第1期,第37卷。

吕红波、王清:《区域物流协同水平测度实证研究——以浙江省为例》,《物流科技》2017年第6期。

吕盛坪、吕恩利、陆华忠等:《不同预冷方式对荔枝贮藏品质的影响》,《现代食品科技》2014年第3期,第30期。

吕玥珊:《基于DEA模型对我国沿边与内陆地区物流效率研究》,《内蒙古科技与经济》2020年第4期。

马妙明:《我国冷链物流发展现状及财政支持政策研究》,《铁道运输与经济》2011年第11期。

马玉杰:《基于碳优化的农产品冷链物流体系研究》,《中小企业管理与科技(上旬刊)》2019年第12期。

买书魁:《基于灰色理论和GA～SVR模型的黑龙江省区域物流需求预测研究》,东北农业大学,2019。

梅宝林:《区块链技术下我国农产品冷链物流模式与发展对策》,《商业经济研究》2020年第5期。

孟庆松、韩文秀、金锐:《科技-经济系统协调模型研究》,《天津师范大学学报》(自然科学版)1998年第4期。

聂凯、谢丹凤、余曼:《生鲜农产品动态定价订货策略研究》,《商业研究》2015年第9期。

牛海鹏:《耕地保护的外部性及其经济补偿研究》,华中农业大学,2010。

牛娜:《区域物流需求合理化预测与我国农业经济发展格局关系研究》,《农业经济》2019年第3期。

欧海燕、王法进:《生鲜农产品冷链物流组织模式研究》,《蚌埠学院学报》2012年第1期。

庞燕、王忠伟:《基于混合整数规划模型的农产品物流网络优化》,《中南林业科技大学学报》2010年第9期,第30卷。

皮晓芳:《水果采后预冷的外部效应及预冷节点布局优化研究》,广州大学,2018。

钱大胜:《不同零售业态农产品定价机制探讨——以超市与集贸市场为例》,《商业经济研究》2016年第16期。

邱嘉昌、刘龙昌：《食品冷藏链的节能：第二届中国食品冷藏链新设备》，《新技术论坛文集》，2004。

邱绍浪、吴彪、尹静、柏寒苗：《欠发达地区物流与区域经济发展协同度评价模型》，《物流技术》2020年第2期，第39卷。

曲哲：《加拿大的冷链物流网》，《农经》2010年第7期。

阮文琉、刘宝林、宋晓燕：《荔枝的冷却方式选择》，《食品工业科技》2012年第11期，第33卷。

Sheth and Mittal：《消费者行为：管理视角（2e）》，罗立彬译，机械工业出版社，2004。

尚海涛、凌建刚、朱麟、郑永华：《生鲜农产品预冷与我国冷链物流的发展》，《农产品加工》（学刊）2013年第3期。

沈满洪、何灵巧：《外部性的分类及外部性理论的演化》，《浙江大学学报》（人文社会科学版）2002年第1期。

舒辉、李建军：《物流负外部性及其政府规制》，《中央财经大学学报》2013年第1期。

司金金、辛丹丹、王晓芬等：《温度和保鲜膜对红薯叶贮藏品质的影响》，《食品工业科技》2017年第17期，第38卷。

宋宝娥、朱文英、李晓明：《基于模糊综合评判的农产品冷链物流质量安全评价研究》，《食品与生物技术学报》2013年第10期，第32卷。

宋国君、杜倩倩、马本：《城市生活垃圾填埋处置社会成本核算方法与应用——以北京市为例》，《干旱区资源与环境》2015年第8期，第29卷。

苏云中、李敏清、林杰、阮钰深、陈声武：《枇杷保鲜技术研究及应用》，《中国南方果树》1999年第2期。

孙春华：《我国生鲜农产品冷链物流现状及发展对策分析》，《江苏农业科学》2013年第1期。

孙海云：《政府在物流产业发展中的作用研究》，山东大学，2018。

孙婕：《我国果蔬冷链物流发展对策的探讨》，《中国果蔬》2010年第7期。

孙敬宜、刘巧云：《F2C模式智联协同冷链物流系统方案设计》，《烟台职业学院学报》2019年第3期，第25卷。

孙明玮、齐玉东：《基于云模型和改进灰色关联分析模型的网络服务质量综合评估》,《计算机科学》2019年第5期,第46卷。

孙上明、谢如鹤、李展旺、杨永颖、陈宝星:《生鲜果蔬冷链物流前端集货运输优化》,《物流工程与管理》2017年第9期,第39卷。

孙曦:《农产品物流配送中心的选址模型构建及其应用》,《北京农学院学报》2014年第2期,第29卷。

孙莹、何维达、高文辉:《基于集对分析的东北地区国际物流节点规划研究》,《财贸经济》2009年第12期。

索志林、王栋:《农产品物流中心选址模型及其应用研究》,《农业技术经济》2007年第6期。

唐磊、赵小鹏:《辽宁省生鲜农产品冷链物流需求与供给分析》,《现代商贸工业》2019年第22期,第40卷。

唐润、范宇翔、彭洋洋:《保鲜温度影响下的生鲜农产品供应链收益共享契约》,《江苏农业科学》2017年1期,第45卷。

唐跃武、范体军、刘莎:《考虑策略性消费者的生鲜农产品定价和库存决策》,《中国管理科学》2018年第11期,第26卷。

田丽娜:《考虑碳排放的水果单级冷链效益优化分析》,西南交通大学,2012。

万艳春、何昱廷、胡雨鋆:《珠三角地区区域经济与物流的协同度评价——对珠三角地区物流投入的启示》,《科技管理研究》2019年第20期,第39卷。

汪传旭、李辉:《政府补贴下考虑碳排放限量的双渠道闭环供应链决策》,《复旦大学学报》(自然科学版)2018年第2期,第57卷。

汪旭晖、张其林:《电子商务破解生鲜农产品流通困局的内在机理——基于天猫生鲜与沱沱工社的双案例比较研究》,《中国软科学》2016年第2期。

汪旭晖、张其林:《基于物联网的生鲜农产品冷链物流体系构建:框架、机理与路径》,《南京农业大学学报》(社会科学版)2016年第1期。

王灿:《基于物流配送农民合作社的农产品定价博弈模型研究》,大连海事大学,2017。

王传伦、高培勇:《当代西方财政经济理论》,商务印书馆,1995。

王方杰：《电子商务环境下生鲜产品定价模型研究》，重庆师范大学，2016。

王红梅：《我国生鲜农产品冷链物流发展问题研究》，《农业经济》2016年第2期。

王家旭：《我国农产品冷链物流发展中存在的问题及对策》，《物流技术》2013年第5期。

王俊、孙睿：《京津冀都市圈区域物流对区域经济发展的影响》，《商业经济研究》2019年第24期。

王磊、但斌：《基于消费者选择行为的生鲜农产品保鲜和定价策略研究》，《管理学报》2014年第3期，第11卷。

王磊：《保鲜影响消费者效用的生鲜农产品订货、定价及供应链协调》，重庆大学，2013。

王美云、史峰：《基于博弈论的政府支持第三方物流产业发展条件与对策研究》，《铁道科学与工程学报》2015年第2期（第12卷）。

王敏、毛超、杨葱葱：《基于遗传算法的冷链物流节点选址研究》，《科技与管理》2009年第6期，第11卷。

王强、段玉权、詹斌、万桂林：《发达国家冷链物流的主要做法与经验》，《中国禽业导刊》2008年第14期。

王强、刘晓东：《实施蔬菜产地预冷、完善低温冷藏链》，《制冷》2001年第1期。

王文波：《基于"点-轴"系统理论的区域物流协同发展模式研究》，长安大学，2011。

王文铭、刘晓亮：《我国冷链物流能耗现状及对策研究》，《中国流通经济》2011年第10期（第25卷）。

王文生、杨少桧、闫师杰：《我国果蔬冷链发展现状与节能降耗主要途径》，《保鲜与加工》2016年第2期（第16卷）。

王小宁：《基于协同学理论的大气污染防治研究》，《现代经济信息》2019年第16期。

王勇、张培林：《产业融合下冷链物流服务质量评价实证》，《中国流通经济》2019年第4期。

王玥：《滇桂黔三省（区）物流业与区域经济增长关系研究》，《物流工程与管理》2019 年第 12 期，第 41 卷。

王云儿、刘朝明：《逆向物流外部效应及其政府干预研究》，《交通运输工程与信息学报》2006 年第 4 期。

王之泰：《冷链——从思考评述到定义》，《中国流通经济》2010 年第 9 期。

闻卉、陶建平、曹晓刚：《异质性生鲜农产品供应链的差别定价与协调策略》，《数学的实践与认识》2018 年第 16 期，第 48 卷。

问晨璐、董毅明：《基于 DEA 的西北地区物流效率评价实证研究》，《物流科技》2020 年第 4 期，第 43 卷。

毋庆刚：《我国冷链物流发展现状与对策研究》，《中国流通经济》2011 年第 2 期，第 25 卷。

吴春霞：《消费者网上购买生鲜农产品意愿及影响因素研究》，《现代商业》2014 年第 13 期。

吴冬燕、石瑞华、周霞等：《基于物联网的食品冷链安全监控系统研究》，《食品工业》2016 年第 9 期，第 37 卷。

吴光宇：《基于博弈论的农业经济合作组织产品定价策略研究》，《中国商贸》2011 年第 15 期。

吴振其：《基于协同学理论的雄安新区与周边地区协同发展研究》，燕山大学，2019。

肖锭：《生鲜农产品冷链物流模式及成本优化研究》，《农业经济》2014 年第 2 期。

肖建华、王飞、白焕新、李永开：《基于非等覆盖半径的生鲜农产品配送中心选址》，《系统工程学报》2015 年第 3 期，第 30 卷。

谢成华、唐学芳、付兴、侯座云：《四川阿坝州特色水果产业现状及其发展方向》，《资源开发与市场》2012 年第 9 期，第 28 卷。

谢高地、鲁春霞、冷允法、郑度、李双成：《青藏高原生态资产的价值评估》，《自然资源学报》2003 年第 2 期。

谢如鹤、刘广海：《冷链物流》，华中科技大学出版社，2017。

谢如鹤、陈梓博：《基于变异系数的国际食品冷链发展水平对比》，《科技管理研究》2020 年第 1 期。

谢如鹤、廖晶、赖月蓉：《基于 Stackelberg 博弈的蔬菜供应链利润分配及实证研究》,《广州大学学报》(社会科学版) 2017a 年第 6 期, 第 16 卷。

谢如鹤、刘广海、邹毅峰等:《不同物流条件对荔枝品质的影响》,《广州大学学报》(自然科学版) 2013 年第 1 期, 第 12 卷。

谢如鹤、刘伟坚、陈嘉韵、陈立驰、郭嘉敏、梅静怡、何树煌:《南方特色水果供应链的品质安全风险评价与管理——以龙眼为例》,《广东农业科学》2013 年第 22 期, 第 40 卷。

谢如鹤、余伟:《冷鲜鸡供应链过程的品质预测与动态优化》,《包装工程》2018 年第 5 期, 第 39 卷。

谢如鹤:《我国冷链物流现状及发展对策》,《物流技术》2014 年第 21 期。

谢婷、周骞、史鸽飞:《基于时间可靠性分析的农产品轴辐式物流网络节点选址》,《长沙理工大学学报》(自然科学版) 2015 年第 2 期, 第 12 卷。

须海丽:《不同的温度管理对草莓果实单果重及糖度的影响》,《北方园艺》2006 年第 6 期。

徐芬芬、樊生树、叶利民:《采收期和贮藏温度对上饶早梨保鲜效果的影响》,《保鲜与加工》2016 年第 3 期, 第 16 卷。

徐广业、黄胜忠、王磊:《农超对接供应链的效益分析——定价决策权威视角》,《中国流通经济》2014 年第 1 期, 第 28 卷。

徐宏峰、张言彩、郑艳民:《冷链物流研究现状及未来的发展趋势》,《生态经济》2012 年第 5 期。

徐云强、孙卫青、汪兰等:《储运过程中温度波动对食品品质及货架期的影响》,《食品工业》2018 年第 8 期, 第 39 卷。

许金立、张明玉:《农产品供应链协同机制研究》,《管理现代化》2011 年第 2 期。

许静艳:《安徽省区域物流竞争力与区域经济发展关系研究》,《安庆师范大学学报》(自然科学版) 2020 年第 1 期, 第 26 卷。

许为龙、张洪宾、郑琳:《冷链物流货柜监测系统的设计与实现》,《卫星电视与宽带多媒体》2020 年第 3 期。

严莲莲、冯定忠、蒋美仙等:《零售商主导的二级供应链联合定价协调模型研究》,《轻工机械》2010 年第 2 期, 第 28 卷。

严颖:《城市轨道交通的外部性对房地产的影响研究综述》,《经济研究导刊》2007 年第 11 期。

杨冲、谢晶：《贮藏温度对空心菜保鲜效果的影响》，《食品与机械》2018 年第 2 期，第 34 卷。

杨芳、谢如鹤：《生鲜农产品冷链物流系统结构模型的构建》，《系统工程》2012 年第 12 期。

杨光华、林朝朋、谢小良：《生鲜农产品冷链物流模式与对策研究》，《广东农业科学》2009 年第 6 期。

杨广青：《etal - Bertrand 竞争下融资策略与产品差异化策略的博弈分析》，《中国管理科学》2012 年第 4 期。

杨国柱：《政府支持物流业发展存在的问题及对策研究》，青岛大学，2017。

杨金凤、张瑶：《消费者网购生鲜产品意愿及其影响因素研究——以每日优鲜为例》，《中国市场》2019 年第 4 期。

杨磊、肖小翠、张智勇：《需求依赖努力水平的生鲜农产品供应链最优定价策略》，《系统管理学报》2017 年第 1 期，第 26 卷。

杨松夏、吕恩利、陆华忠、曾志雄、唐本源：《不同保鲜运输方式对荔枝果实品质的影响》，《农业工程学报》2014 年第 10 期，第 30 卷。

杨松夏、吕恩利、陆华忠等：《荔枝物流中保鲜技术的应用现状与分析》，《广东农业科学》2012 年第 16 期，第 27 卷。

杨玮、偶雅楠、岳婷、杨甜、李沁：《基于 AHPSO～SVM 的农产品冷链物流质量安全预警模型》，《包装工程》2018 年第 5 期，第 39 卷。

杨洲：《生鲜农产品预冷保鲜技术的研究》，中国农业工程学会，2005。

姚漫、汪传旭、许长延：《碳排放约束下双渠道两级供应链网络优化模型》，《工业工程》2013 年第 4 期，第 16 卷。

于浩然：《冷链中制冷系统节能技术应用研究》，《中国设备工程》2020 年第 4 期。

余华荣、周灿芳、万忠、刘洋、陈厚彬：《2009 年广东荔枝龙眼产业发展现状分析》，《广东农业科学》2010 年第 4 期，第 37 卷。

袁清：《我国生鲜农产品物流模式分析和冷链流通标准化建设建议》，《安徽农业科学》2013 年第 23 期。

袁旭梅、韩文秀：《复合系统协调及其判定研究》，《天津纺织工学院学报》

1998 年第 1 期。

曾艳英:《广东省农产品冷链物流优化的政策分析》,《南方农业》2015 年第 18 期。

张华强:《集装箱港口外部性》,大连海事大学,2009。

张江周、王斌、刘林等:《夏季不同采收时间对香蕉果实品质和加工特性的影响》,《热带作物学报》2018 年第 11 期,第 39 卷。

张俊华:《尿素用量及抑制剂施用对植蕉土壤 N_2O、NO 排放和香蕉碳氮分配的影响》,海南大学,2012。

张俊强:《电商环境下考虑退货的生鲜产品定价模型研究》,西安电子科技大学,2017。

张琦夫、龙妍、张竣澂、周红玉:《区域能源-经济协同趋势预测模型研究——以武汉市为例》,《能源与节能》2020 年第 4 期。

张庆、张旭:《不同公平关切行为下的生鲜农产品供应链定价策略》,《系统工程》2016 年第 9 期,第 34 卷。

张文峰、梁凯豪:《生鲜农产品冷链物流网络节点和配送的优化》,《系统工程》2017 年第 1 期,第 35 卷。

张向阳、周三元:《双序参量回收物流协同成长动力学模型》,《中国商论》2018 年第 15 期。

张馨月:《基于 DEA-Malmquist 指数模型的京津冀区域物流效率评价研究》,《现代商业》2019 年第 24 期。

张琰:《生鲜农产品冷链物流风险预警指标体系构建——基于成本约束的背景》,《商业经济研究》2017 年第 3 期。

张云宁、刘子琦、欧阳红祥、宋亮亮:《低碳环境下区域物流产业效率综合研究——基于长江大保护区域 19 个省的实证分析》,《管理现代化》2020 年第 2 期,第 40 卷。

张耘堂:《生鲜 O2O 线下要素作用及其运营规律探析》,《商业研究》2020 年第 1 期。

章镛初:《关于冷藏运输领域的"节能减排"技术》,《制冷技术》2008 年第 4 期,第 28 卷。

赵丛丛:《区域物流需求预测方法及实例研究》,兰州交通大学,2017。

赵德余、顾海英、刘晨：《双寡头垄断市场的价格竞争与产品差异化策略——一个博弈论模型及其扩展》，《管理科学学报》2006年第9期。

赵剑峰、张哲：《冷链物流管理分析及促进中国食品冷链物流发展的政策建议》，《世界农业》2008年第9期。

赵姜、吴敬学、杨巍、王志丹：《我国鲜活农产品价格波动特征与调控政策建议》，《中国软科学》2013年第5期。

赵伟、王莉、张平等：《荔枝果皮褐变机理与防褐保鲜技术研究进展》，《保鲜与加工》2002年第3期，第2卷。

赵奕凌：《我国绿色物流发展滞后性的经济学分析及对策》，《物流工程与管理》2010年第1期，第32卷。

赵英霞：《中国农产品冷链物流发展对策探讨》，《哈尔滨商业大学学报》（社会科学版）2010年第2期。

周海霞、韩立民：《我国水产品冷链物流需求分析及政策建议》，《中国渔业经济》2002年第4期。

周凌云、穆东：《区域物流系统的协同演化研究》，《北京交通大学学报》（社会科学版）2009年第2期，第8卷。

周启蕾、胡伟、黄业军：《绿色物流的外部性及其主体间的博弈分析》，《深圳大学学报》（人文社会科学版）2007年第2期，第24卷。

周树华、张正洋、张艺华：《构建连锁超市生鲜农产品供应链的信息管理体系探讨》，《管理世界》2011年第3期。

周兴建、金涛：《基于AHP的国内外农产品冷链物流发展水平综合比较研究》，《安徽农业科学》2012年第6期。

朱仕兄：《我国生鲜农产品冷链物流现状及发展对策分析》，《物流技术》2012年第23期。

朱自平、赵国杰、郭春丽：《农产品物流园区选址初探》，《中国农机化》2011年第1期。

祝俊明：《农产品批发市场竞争力测评：理论、方法与应用》，《农业技术经济》2006年第1期。

邹毅峰、谢如鹤、刘广海：《生鲜食品的品质动力学模型研究综述》，《包装工程》2015年第15期，第36卷。

〔美〕保罗·萨缪尔森:《经济学》,麦格劳-希尔出版社,1948。

〔美〕施蒂格勒:《生产和分配理论》,晏智杰译,华夏出版社,2008。

〔美〕威廉·鲍莫尔:《福利经济及国家理论》,郭家麟、郑孝齐译,商务印书馆,1982.

〔英〕马歇尔(Alfred Marshall):《经济学原理》,章洞易译,北京联合出版公司,2015。

〔英〕亚当·斯密、斯密:《国富论》,郭大力、王亚南译,商务印书馆,2014。

Ambani R. M., Hintsa T. Araya, et al., "The Quality of Baby Spinach as Affected by Developmental Stage as well as Postharvest Storage Conditions", *Acta Agriculture Scandinavica Section B-Soil and Plant Science*, 2019, 69.

Amorim P., Almada-Lobo B., "The Impact of Food Perishability Issues in the Vehicle Routing Problem", *Computers & Industrial Engineering*, 2014, 67 (1).

Ann Marucheck, Noel Greis, Carlos Mena and Linning Cai., "Product Safety and Security in the Global Supply Chain: Issues, Challenges and Research Opportunities", *Journal of Operation Management*, 2011 (7).

Anna N., Deniz B., Min Y., "Dynamics of Quality as a Strategic Variable in Complex Food Supply Chain Network Competition: The Case of Fresh Produce", *Chaos*, 2018, 28 (4).

Blackburn J., Scudder G., "Supply Chain Strategies for Perishable Products: The Case of Fresh Produce", *Production and Operations Management*, 2009 (2).

Brander J. A., Spencer, B. J., "Intra-industry Trade with Bertrand and Cournot Oligopoly: The Role of Endogenous Horizontal Product Differentiation", *Research in Economics*, 2015, 69 (2).

Cai X. Q., Chen J., Xiao Y. B., et al., "Optimization and Coordination of Fresh Product Supply Chains with Freshness-keeping Effort", *Production and Operations Management*, 2010 (3).

Chamberlin E., *The Theory of Monopolistic Competition: Awarded the David A.*

Wells Prize for the Year 1927 – 28, and Published from the Income of the David A. Wells Fund, Harvard University Press, 1933.

Chengming Qi, Lishuan Hu, "Optimization of Vehicle Routing Problem for Emergency Cold Chain Logistics Based on Minimum Loss", *Elsevier B. V.*, 2020, 40.

Clemhout, S., Wan, H. Y., "Learning-by-doing and Infant Industry Protection", *The Review of Economic Studies*, 1970, 37 (1).

Dantzig G. B., Ramser J. H., "The Truck Dispatching Problem", *Management Science*, 1959, 6 (1).

D'aspremont, Claude; Gabszewicz J. Jaskold; Thisse, J. F., "On Hotelling's Stability in Competition", *Econometrica: Journal of the Econometric Society*, 1979.

Defraeye T., Nicolai B., Kirkman W., et al., "Integral Performance Evaluation of the Fresh-produce Cold Chain: A Case Study for Ambient Loading of Citrus in Refrigerated Containers", *Postharvest Biology and Technology*, 2016, 112.

Dixit A., Stiglitz J., "Monopolistic Competition and Optimum Product Diversity", *American Economic Review*, 1977, 67.

Dong H., Cheng L., Tan J., et al., "Effects of Chitosan Coating on Quality and Shelf Life of Peeled Litchi Fruit", *Journal of Food Engineering*, 2004, 64 (3).

Druckman A., Jackson T., "The Carbon Footprint of UK Households 1990 – 2004: A Socio-economically Disaggregated, Quasi-multi-regional Input-output Model", *Ecological Economics*, 2009, 68 (7): 2066 – 2077.

Efimia D., Kalliopi F., Argiro O., et al., "Petros Taoukis. Modelling the Microbial Spoilage and Quality Decay of Pre-packed Dandelion Leaves as a Function of Temperature", *Journal of Food Engineering*, 2016, 184.

Eihab F., Mohamed G., Safdar M., et al., "Optimum Returns from Greenhouse Vegetables under Water Quality and Risk Constraints in the UAE", *Sustainability*, 2017, 9 (5).

Emodi N. V. , Ebele, N. E. , "Policies Enhancing Renewable Energy Development and Implications for Nigeria", *Sustain Energy*, 2016, 4 (1).

Erika P. , Sofía B. , Nieves B. , et al. , "Effect of Temperature on Glucosinolate Content and Shelf Life of Ready-to-eat Broccoli Florets Packaged in Passive Modified Atmosphere", *Postharvest Biology and Technology*, 2018, 138.

Florence C. , Phrutiya N. , David R. , et al. , "Visible Light as a New Tool to Maintain Fresh-cut Lettuce Post-harvest Quality", *Postharvest Biology and Technology*, 2018, 135.

Foley A. , &Olabi, A. G. (2017), "Renewable Energy Technology Developments, Trends and Policy Implications that can Underpin the Drive for Global Climate Change", *Renewable and Sustainable Energy Reviews*, 68.

Gabszewicz J. , Shaked A. , Sutton J. , etc. , "Price Competition among Differentiation Products: A Detailed Study of Nash Equilibrium", *Discussion Paper*, 81/37, ICERD. London: London School of Economics, 1981.

Gogou E. , Katsaros G. , Derens E. , et al. , "Cold Chain Database Development and Application as a Tool for the Cold Chain Management and Food Quality Evaluation", *International Journal of Refrigeration*, 2015, 52.

Guike Liu, Jiayao Hu, Yu Yang, Senmao Xia, Ming Kim Lim, "Vehicle Routing Problem in Cold Chain Logistics: A Joint Distribution Model with Carbon Trading Mechanisms", *Elsevier B. V.*, 2020, 156.

Hao S. B. , Zhu L. L. , De-Yu M. A. , "The Investigation of the Cold Chain Logistics Network Model Based on the Information Technology", *Logistics Sci-Tech*, 2013.

Hay D. A. , Morris D. J. , *Industrial Economics and Organization*, Oxford University Press, 1991.

Ilic A. , Staake T. , Fleisch E. , "Using Sensor Information to Reduce the Carbon Footprint of Perishable Goods", *IEEE Pervasive Computing*, 2009, 7 (1).

Ilshat Gafurov, Michael Panasyuk, Elena Pudovik, "Interregional Logistic Center as the Growth Point of Regional Economics", *Elsevier B. V.*, 2014, 15.

Jaber, M. Y., Marchi, B., Zanoni, S., "Learning-by-doing may not be Enough to Sustain Competitiveness in a Market", *Applied Mathematical Modelling*, 2019, 75.

Jason D. Lemp, Karats. Kockelman, "Quantifying the External Costs of Vehicle Use: Evidence from America's Top-selling Light-duty Models", *Transportation Research Part D*, 2008, 13 (8).

Ji Ming-Jun, Chu Yan-Ling, "Optimization for Hub-and-Spoke Port Logistics Network of Dynamic Hinterland", *Physics Procedia*, 2012 (33).

Jiang Y. M., Zhu X. R., Li Y. B., "Postharvest Control of Litchi Fruit Rot by Bacillus Subtilis", *LWT-Food Science and Technology*, 2001, 34 (7).

JohanssonB., *Road Pricing: Theory, Empirical Assessment and Policy*, Kluwer Academic Publishers, 1995.

Kou P. L., Ya G. L., David T., et al., "Open-refrigerated Retail Display Case Temperature Profile and its Impact on Product Quality and Microbiota of Stored Baby Spinach", *Food Control*, 2015, 47.

Lee J. H., An D. S., Lee D. S., "Fresh Produce Container Adaptively Controlled in Its Atmosphere Modification under Variable Temperature Conditions", *Biosystems Engineering*, 2018, 171.

Leng Longlong, Zhang Jingling, Zhang Chunmiao, Zhao Yanwei, Wang Wanliang, Li Gongfa, "A Novel Bi-objective Model of Cold Chain Logistics Considering Location-routing Decision and Environmental Effects", *Pubmed*, 2020, 15 (4).

Ling Z., Jie L. A., "Pricing Strategy of E-Commerce Advertising Cooperation in the Bertrand Game Model with Different Market Power Structure", *Algorithms*, 2019, 12 (1).

Liu S., Chan F. T. S., Chung S. H., "A Study of Distribution Center Location Based on the Rough Sets and Interactive Multi-objective Fuzzy Decision Theory", *Robotics and Computer-Integrated Manufacturing*, 2011, 27 (2).

Lu Liu, Yaning Zhao, Xinyan Dong, Yuanshuo Liu, Peng Qiao, Zhiyuan Xie, Cuihuan Ren, Fengchun Liu, Chunying Zhang, "Research on Logistics Demand Forecasting Model Combining Time Series and Neural Network", *Academic Publishing House*, 2018, 3 (3).

Lu X. L., Wei Z. Z., Zhi Y. L., et al., "Development and Application of Time-temperature Indicators Used on Food during the Cold Chain Logistics", *Packaging Technology and Science*, 2013, 26.

Marc J. Melitz, "When and How should Infant Industries be Protected?", *Journal of International Economics*, 2005, 66 (1).

Marshall, Alfred, *Principles of Economics*, Prometheus Books, 1997.

Ma, W., Wang, Q., Yang, H., & Zhang, Y., "An Analysis of Price Competition and Price Wars in Australia's Domestic Airline Market", *Transport Policy*, 2019, 81.

Miroslav Verbic, "Discussing the Parameters of Preservation of Perishable Goods in a Cold Logistic Chain Model", *Applied Economics*, 2006, 38 (2): 137 – 147.

Mir SamanPishvaee, Reza Zanjirani Farahani etc., "A Memetic Algorithm for Bi-objective Integrated forward/Reverse Logistics Network Design", *Computers & Operations Research*, 2010 (37).

Mu He, "Construction and Perfection of Integration of Ideological and Political Education in All Courses Based on Synergy Theory", Proceedings of 2019 9th International Conference on Social Science and Education Research (SSER 2019), Institute of Management Science and Industrial Engineering. 2019.

Muniz, ACC, Galati VC, et al., "Postharvest Quality of Red Gerberas Depending on the Storage Temperature", *Ciencia Rural*, 2016, 46.

Nathaniel Baum-Snow, Matthew E. Kahn, "The Effects of New Public Projects to Expand Urban Rail Trash", *Journal of Public Economics*, 2000, 77.

Nedaei, H., Teimoury, E., Ansari, S., et al., "A Multi-objective Analysis for Import Quota Policy Making in a Perishable Fruit and Vegetable Supply Chain: A System Dynamics Approach", *Computers & Electronics in Agriculture*, 2013, 93 (4).

Nnaemeka Vincent Emodi, Nebedum EkeneEbele, "Policies Enhancing Renewable Energy Development and Implications for Nigeria", *Sustainable Energy*, 2016, 4 (1).

Patricia Guarnieri, Jorge A. Cerqueira-Streit, Luciano C. Batista, "Reverse Logistics and the Sectoral Agreement of Packaging Industry in Brazil towards a Transition to Circular Economy", *Resources, Conservation & Recycling*, 2020, 153.

PengYan, Lin Zhang, Zhiyun Feng, Jing Zhang, "Research on Logistics Demand Forecast of Port Based on Combined Model", *Journal of Physics: Conference Series*, 2019, 1168 (3).

Pigou, A. C., Aslanbeigui, N., *The Economics of Welfare*, Routledge, 2017.

Poritosh Roy, Daisuke Nei, Hiroshi Okadome, et al., "Life Cycle Inventory Analysis of Fresh Tomato Distribution Systems in Japan Considering the Quality Aspect", *Journal of Food Engineering*, 2008, 86 (2).

Promoting Effect of Logistics Development on Economy in Coastal Area, 2019.

Purim Srisawat, Nopadon Kronprasert, Kriangkrai Arunotayanun, "Development of Decision Support System for Evaluating Spatial Efficiency of Regional Transport Logistics", *Elsevier B. V.*, 2017, 25.

PWMI (Plastic Waste Management Institute), "Report on the Assessment of the Effect of Increased Use of Plastics on the Global Environment" (in Japanese), 1993.

Qinmei Wang, Rui Luo, "The Mechanism and Empirical Study of Intelligent Logistics Technology Improving the Efficiency of Logistics Industry ——Taking the 'Core Area' of the Silk Road Economic Belt as Example", *Elsevier B. V.*, 2019, 83.

R. O. Goss, "A Comparative Study of seaport Management and Administration", *Government Economic Service*, London, 1979.

Reichel M., Carle R., Sruamsiri P., et al., "Influence of Harvest Maturity on Quality and Shelf-life of Litchi Fruit" (Litchi chinensis Sonn.), *Postharvest Biology and Technology*, 2010, 57 (3).

Roberto B., Valentina G., Alessio T., et al., "Application of Visible/near Infrared Spectroscopy to Quality Control of Fresh Fruits and Vegetables in Large-scale Mass Distribution Channels: A Preliminary Test on Carrots and Tomatoes", *Journal of the Science of Food and Agriculture*, 2018, 98.

Rong A., Akkerman R., Grunow M., "An Optimization Approach for Managing Fresh Food Quality throughout the Supply Chain", *International Journal of Production Economics*, 2011, 131 (1).

Rothengatter W., "External Effects of Transport", Analytical Transport Economics. An International Perspective, 2000.

Rui H. L. Jinn T. T., "Pricing and Lot-sizing Decisions for Perishable Goods When Demand Depends on Selling Price, Reference Price, Product Freshness, and Displayed Stocks", *European Journal of Operational Research*, 2018, 270.

Sahar Validi, Arijit Bhattacharya, P. J. Byrne, "A Case Analysis of a Sustainable Food Supply Chain Distribution System—A Multi-objective Approach", *International Journal of Production Economics*, 2014.

Salop S., Stiglitz J., "Bargains and Rip-offs: A Model of Monopolistically Competitive Price Dispersion", *Review of Economic Studies*, 1977 (44).

Sara Hosseini, Wout Dullaert, "17-Robust Optimization of Uncertain Logistics Networks", *Logistics Operations and Management*, 2011.

Shabani A., Saen R. F., Torabipour S. M. R., "A New Benchmarking Approach in Cold Chain", *Applied Mathematical Modelling*, 2012, 36 (1).

Shaked, A., & Sutton, J., "Natural Oligopolies", *Econometrica: Journal of the Econometric Society*, 1983.

Ship and OceanFoundation, "A Report on Research Concerning the Reduction of CO_2 Emission from Vessels", 2001.

Singh R. K., Singh N., "3-Quality of Packaged Foods", *Innovations in Food Packaging*, 2005.

Siracusa, Valentina, Rocculi, Pietro, Romani, Santina, et al., "Biodegradable Polymers for Food Packaging: A Review", *Trends in Food Science & Tech-*

nology, 2008（12）.

Siying Zhang, Ning Chen, Xiaoming Song, Jia Yang, "Optimizing Decision-making of Regional Cold Chain Logistics System in View of Low-carbon Economy", *Transportation Research Part A*, 2019, 130.

S. J. James, C. James, "The Food Cold-chain and Climate Change", *Food Research International*, 2010（43）.

Spence M., "Monopoly Quality and Regulation", *Bell Journal of Economics*, 1975（6）.

Strutt J., Wilson S., Shorney-Darby H., et al., "Assessing the Carbon Footprint of Water Production", *Journal*, 2008, 100（6）.

Teimoury E., Nedaei H., Ansari S., et al., "A Multi-objective Analysis for Import Quota Policy Making in a Perishable Fruit and Vegetable Supply Chain: A System Dynamics Approach", *Computers & Electronics in Agriculture*, 2013, 93（4）.

Tom Van Woensel, Ruth Creten, Nico Vandaele, "Managing the Environmental Extemalities of Traffic Logistics: The Issue of Emissions", *Production and Operations Management*, 2001, 2（20）.

Tom Van Woensel, Ruth C: reten, Nico Vandaele, "Managing the Environmental Extemalities of Traffic Logistics: The Issue of Emissions", *Production and Operations Management*, 2001, 2（20）.

Validi S., Bhattacharya A., Byrne P. J., "A Case Analysis of a Sustainable Food Supply Chain Distribution System—A Multi-objective Approach", *International Journal of Production Economics*, 2014, 152（4）.

Valli E., Manzini R., Accorsi R., Bortolini M., Gamberi M., Bendini A., Lercker G., Toschi T. G., "Some Suggestions for the Producers after the Simulation of an Oil Journey: the Risk can be Oxidation", The First International Workshop on Food Supply Chain. 2011.

Verbic Miroslav, "Discussing the Parameters of Preservation of Perishable Goods in a Cold Logistic Chain Model", *Applied Economics*, 2006, 38（2）.

Vittoria P., Antonio S., Antonio B., "Quality Preferences and Pricing of Fresh-cut Salads in Italy: New Evidence from Market Data", *British Food Journal*, 2017.

Wallis C. M., Rashed A. F., Workneh, et al., "Effects of Holding Temperatures on the Development of ZebraChip Symptoms, 'Candidatus Liberibacter Solanacearum' Titers, and Phenolic Levels in 'Red La Soda' and 'Russet Norkotah' Tubers", *American Journal of Potato Research*, 2017, 94.

Wang Qinmei, Luo Rui, "The Mechanism and Empirical Study of Intelligent Logistics Technology Improving the Efficiency of Logistics Industry—Taking the 'Core Area' of the Silk Road Economic Belt as Example", *Elsevier B. V.*, 2019, 83.

Wang Shenxiang, "Analysis of Cold Chain Logistics in the Implementation of Rural Revitalization Strategy in Guangdong Province", Institute of Management Science and Industrial Engineering. Proceedings of 2018 International Conference on Economics, Finance, Business, and Development (ICEFBD 2018). Institute of Management Science and Industrial Engineering (Computer Science and Electronic Technology International Society), 2018.

Wen Feng Liu, Hu Jiang Gong, Sun Jie, "Research on the Development of Wisdom Logistics of Regional Economical Integration of Beijing, Tianjin and Hebei Base on Low Carbon Economy", Trans Tech Publications Ltd., 2014.

Werner Rothengatter, "External Effects of Transport", in Polak J, Heertje A., *Analytical Transport Economics an International Perspective*, Oxford, UK: Blackwell Publishers, 2000.

Wujun Cao, "Cold Chain Logistics Enterprise Performance Evaluation Based on DEA-AHP and Its Improved Method", Research Institute of Management Science and Industrial Engineering. Proceedings of 2017 3rd International Conference on Innovation Development of E-commerce and Logistics (ICIDEL 2017). Research Institute of Management Science and Industrial Engineering (Computer Science and Electronic Technology International Society), 2017.

Xiangmei Ye, Cuifeng Li, *The Improved Grey Relation Degree and Its Application in Network Security Diagnosis*, 2013.

Xiaoyan Guo, "Promoting Effect of Logistics Development on Economy in Coastal Area", *Journal of Coastal Research*, 2019, 93.

Xiong Z. W., Guo Q. W., "Integrating Dynamic Pricing and Inventory Control for Fresh-agri Product under Consumer Choice", *Australian Economic Papers*, 2019, 58.

Xuelei Wang, Ying Yan, Jingping Feng, Jiandong Xiang, "Research on the Demand Forecasting Method of Sichuan Social Logistics Based on Positive Weight Combination", *Canadian Social Science*, 2018, 14 (6).

Yan F., Yi P. J., Xing X. H., "Bundle Pricing Decisions for Fresh Products with Quality Deterioration", *Journal of Food Quality*, 2018.

Yan Li, Ming K. Lim, Yingshuang Tan, Sir Yee Lee, Ming-Lang Tseng, "Sharing Economy to Improve Routing for Urban Logistics Distribution Using Electric Vehicles", *Resources, Conservation & Recycling*, 2020.

Yan Li, Ming K Lim, Yingshuang Tan, Sir Yee Lee, Ming-Lang Tseng," Sharing Economy to Improve Routing for Urban Logistics Distribution Using Electric Vehicles", *Resources, Conservation & Recycling*, 2020, 153.

Yan Z. Y., Sousa-Gallagher M. J., "Mathematical Modelling of the Kinetic of Quality Deterioration of Intermediate Moisture Content Banana during Storage", *Journal of Food Engineering*, 2007 (5).

Ying Chen, Qiuming Wu, Li jin Shao, "Urban Cold-chain Logistics Demand Predicting Model Based on Improved Neural Network Model", *EDP Sciences*, 2020, 11.

Yoshiaki Shimizu, HiroshiKawamoto, "An Implementation of Parallel Computing for Hierarchical Logistic Network Design Optimization Using PSO", *Computer Aided Chemical Engineering*, 2008 (25).

Zhang Siying, Chen Ning, Xiaoming Song, Yang Jia, "Optimizing Decision-making of Regional Cold Chain Logistics System in View of Low-carbon Economy", *Transportation Research Part A*, 2019, 130.

Zhang Yajuan, Fang Rong, Zhuang Wang, "Research on Cold Chain Logistic Service Pricing—Based on Tripartite Stackelberg Game", *Springer London*,

2020, 32 (1).

Zheng Wang, Longlong Leng, Shun Wang, Gongfa Li, Yanwei Zhao, Rodolfo E. Haber, "A Hyperheuristic Approach for Location-Routing Problem of Cold Chain Logistics considering Fuel Consumption", Hindawi, 2020.

图书在版编目(CIP)数据

农产品冷链物流与政府扶持 / 谢如鹤等著. -- 北京：社会科学文献出版社，2022.1
 ISBN 978-7-5201-9655-0

Ⅰ.①农… Ⅱ.①谢… Ⅲ.①农产品-冷冻食品-物流管理-政策支持-研究-中国 Ⅳ.①F252.8

中国版本图书馆CIP数据核字（2022）第006549号

农产品冷链物流与政府扶持

著　　者 / 谢如鹤　瑭　杰　等

出 版 人 / 王利民
责任编辑 / 高　雁
责任印制 / 王京美

出　　版 / 社会科学文献出版社·经济与管理分社（010）59367226
　　　　　 地址：北京市北三环中路甲29号院华龙大厦　邮编：100029
　　　　　 网址：www.ssap.com.cn
发　　行 / 社会科学文献出版社（010）59367028
印　　装 / 三河市尚艺印装有限公司

规　　格 / 开　本：787mm×1092mm　1/16
　　　　　 印　张：20.75　字　数：326千字
版　　次 / 2022年1月第1版　2022年1月第1次印刷
书　　号 / ISBN 978-7-5201-9655-0
定　　价 / 148.00元

读者服务电话：4008918866

版权所有 翻印必究